Diesterwegs Rote Reihe

Zur Psychologie des Literaturunterrichts

Schülerfähigkeiten – Unterrichts-methoden – Beispiele

Herausgegeben von
Heiner Willenberg in Verbindung
mit mehreren Fachkollegen

VERLAG MORITZ DIESTERWEG
Frankfurt am Main

CIP-Kurztitelaufnahme der Deutschen Bibliothek

Zur Psychologie des Literaturunterrichts: Schülerfähigkeiten –
Unterrichtsmethoden – Beispiele / hrsg. von Heiner Willenberg
in Verbindung mit mehreren Fachkollegen.
1. Auflage – Frankfurt am Main: Diesterweg 1987
  (Diesterwegs Rote Reihe)
  ISBN 3-425-01627-X

NE: Willenberg, Heiner [Hrsg.]

ISBN 3-425-01627-X

1. Auflage 1987

© 1987 Verlag Moritz Diesterweg GmbH & Co., Frankfurt am Main.

Inhaltsverzeichnis

3

1 Wegweiser

1. Wir haben dieses Buch für *verschiedene Temperamente* von Lesern geschrieben, für die Beobachter, die Praktiker und die Grundsatzdenker:
- für die Beobachter, damit sie aus den Stundentranskripten und den dazugehörigen Deutungen Anregungen für die Analysen der eigenen Klassen ziehen können,
- für die Praktiker, die eine Reihe von Unterrichtsmodellen mitsamt den Auswirkungen vorgeführt bekommen, so daß sie für ihre Situation zu wählen vermögen,
- für die Grundsatzdenker, denen wir ein breites Spektrum psychologischer Begründungen, verschiedener Deutungsperspektiven und methodischer Fundierungen anbieten – möge es ihnen Anlaß für eigene Schlußfolgerungen sein.

Für Eilige haben wir einige Ratschläge an den Schluß gesetzt: methodische Hinweise, Unterrichtsbeispiele und Analysen in nuce. Darüber hinaus könnte das Buch den Literaturwissenschaftlern Dokumente liefern, daß die Literatur außerhalb der Philologenkreise kein „Selbstgänger" ist, und Eltern einen Einblick in die Werkstatt derjenigen geben, die sich bemühen, ihre Kinder im Wahrnehmen und Denken zu fördern.

2. Mithilfe *psychologischer Durchblicke* wollen wir den Lehrern zu genaueren Beobachtungen verhelfen, die ja oft in der Routine des Alltags verlorengehen, und ihnen damit Ergänzungen des bisherigen Repertoires ermöglichen, was Inhalte, Methoden und Unterrichtsführung anlangt. Jedenfalls haben wir selbst viel durch die verschiedenen Sichtweisen gelernt, die hier vorgestellt wurden.

Zum Einstieg in die Untersuchung haben wir einen Kunstgriff angewandt, nämlich denselben Text in mehreren Klassenstufen von der 5. bis zur 12. zu unterrichten. Die Erzählung, die wir dafür ausgesucht haben, besitzt eine Spannweite, die von der fabelhaften Bärengeschichte über psychologisches Augenzwinkern bis zu tiefgehenden Reflexionen sozialer Art reicht – und das Ganze witzig geschrieben: Peter Hacks „Der Bär auf dem Försterball".

Anhand der *Transkripte* zeigt *Kaspar Spinner,* welche entwicklungspsychologischen Eigenarten sich in den Antworten und Deutungen der Schüler zeigen: wie sich realistische Orientierungsbedürfnisse Raum schaffen, wie der Möglichkeitssinn entsteht und sich zum Textbewußtsein fortentwickelt, so daß schließlich nach der Widerspiegelung von Identitätsproblemen im Unterricht eigenständige Weltentwürfe zutage treten.

Heiner Willenberg legt seinen Deutungen eine Textstruktur zugrunde, die in rezeptionspsychologischen Untersuchungen gewonnen wurde, und nimmt sie als Folie, um die Leistungen der einzelnen Klassen darauf festzuhalten. Auf diese Weise kommt die zunehmende Komplexität im Verstehen von Figuren, seelischen Motiven, Gefühlen und literarischen Qualitäten in den Blick – gleichfalls erscheinen die Lücken einzelner Gruppen wie auch ihre Spitzenleistungen.

Jürgen Krefts Beitrag fundiert seine Interpretationen auf gedanklichen Polaritäten, die aus der Moralpsychologie abgeleitet sind und solche Paare umfassen wie Faktum und Norm, Sein und Schein, Rolle und Individuum, absichtliches und unbewußtes Handeln. Zunächst macht sich der Zuwachs an Deutungsskalen überhaupt bemerkbar, Nuancen treten hinzu – am Ende attestieren die fast erwachsenen Leser fiktiven Personen klare Gegensätze als dennoch mögliche Motive des Handelns.

Waren diese drei Analysen auf die Ergebnisse der Klassengespräche ausgerichtet, so erfaßt *Hans-Georg Hölsken* die Verstehensprozesse im Verlauf des Unterrichtsdiskurses. Er benutzt Kategorien, die für das allgemeine Problemlösen wichtig sind: assoziative Ausfaltung, Vereinfachungen, Bildung von Begriffsspitzen, Analogien, Überbrückung einer Lücke und wendet sie auf die allmähliche Herstellung von Sinn im Gespräch an. Kleist als Ahnherr für die Unterrichtsforschung! Einleuchtend ist, daß in dieser Betrachtungsweise die Rolle des Lehrers und seiner sprachlichen Impulse klar hervortritt. Um den Einfluß des Unterrichts auf die Kognition einer Klasse aufscheinen zu lassen, untersucht *Els Andringa* die unbeeinflußte, „natürliche" Verstehensleistung von Schülern vor dem Unterrichtsgespräch. Sie entdeckt dabei, wie die Schüler (unserer Klassen) zunehmend die egoistische Sichtweise verlassen, mehrfache Perspektiven zu berücksichtigen beginnen und in der Sekundarstufe grundsätzlich (wenn auch nicht leicht) zur Integration auseinanderstrebender Erzählmotive in der Lage sind. Mit dieser aus der Sozialtheorie gewonnenen Optik kann sie gleichsam die Wahrnehmungsdichte von Klassen vorführen.

3. Die Analysen des Verstehens werden im zweiten Teil des Buches zur Basis für inhaltliche und methodische Entscheidungen, die sich genau auf die Fähigkeiten der Schüler ausrichten. Wir haben vier *methodische Ansätze* mit Beispielen vorgestellt und v. a. (so weit es möglich war) die Wirkungen eines solcherart fundierten Unterricht dokumentiert und analysiert.

Moralische Probleme in Erzählungen beschreibt *Jürgen Kreft,* er gibt mit seinen exemplarischen Deutungen Hinweise auf die verborgenen Schichten literarischer Vorlagen, anhand deren sich der Lehrer ein Bild über die moralische Sensibilität seiner Schüler verschaffen kann. Hier wird die erste Stufe der Unterrichtsvorbereitung betreten: welche Ziele kann ich mit meinen Texten erreichen?

Diesen Grundgedanken greift *Heiner Willenberg* auf, indem er solche bewußt ausgewählten Texte, die durch die Eingangsanalyse bestimmt wurden und die verschiedene Schichten enthalten, zu literarischen Zieltexten erklärt. Ihnen ordnet er dann, damit sie tief genug ausgeschöpft werden können, ein thematisches Umfeld zu, das die Zentralpunkte des Themas mit beschreibenden Texten oder mit anderen Medien bzw. mit direkter Erfahrung ausfaltet.

Die ersten beiden Vorschläge waren primär von der Auswahl der Texte und Kontexte geleitet, die beiden anderen beziehen sich auf die methodischen Konsequenzen im engeren Sinne. *Kaspar Spinner* schlägt den Bogen von seinen entwicklungspsychologischen Beobachtungen und wählt Methoden aus, die exakte Strukturierungen der Texte ermöglichen, und die danach mit dem Repertoire der Handlungsaufgaben den Sinn der Texte in den Horizont der Leser bringen. Er verwendet die Schreib- und Sprechaufgaben also nicht nur zur emotionalen Annäherung, sondern auch zur gedanklichen Durchdringung der Texte.

Gerhard Rupp vertritt das Konzept der Rezeptionshandlungen, d. h. er führt theoretisch und praktisch vor, wie Eingriffe der Schüler und Lehrer in den Text zunächst das Gespräch über die eigenen Erfahrungen initiieren, um dann – bei funktionaler Anwendung – nahe an die Machart, ja an die Textgrammatik der literarischen Vorlagen hinzuführen. Sein Ansatz führt die Leser (meistens der Oberstufe) zur Teilnahme am literarischen Leben, indem er sie zu Mitproduzenten werden läßt.

Ursprünglich wollte an dieser Stelle Harro Müller-Michaels sein Konzept vorstellen, welche Stadien Schüler im Verstehen durchlaufen, wenn sich die Methoden des Lehrers sinnvoll aneinanderfügen. Er hatte mit seinem Beitrag „Entfaltung des Verstehens" (Müller-Michaelis 1984) an den Planungen für dieses Buch teilgenommen, inzwischen haben sich seine Untersuchungen zu einem eigenen Werk ausgeweitet, so daß es schwer wurde, hier einen Ausschnitt unterzubringen.

Um noch einmal eine handliche Dosis Praxis anzubieten, haben wir zum Schluß einige *Ratschläge* versammelt, die aus unseren Untersuchungen gewonnen wurden. In ihrem Aufbau folgen wir den Gedanken eines Lehrers, wenn er den Unterricht vorbereitet. Zunächst die Analyse der Klasse – hier zur Rekapitulation die Stichworte aus den Beobachtungskapiteln. Dann die Auswahl der Texte und Kontexte – zur Übersicht eine Liste möglicher Einbettungen, der sich exemplarische Materialien anschließen. Dann gibt *Kaspar Spinner* drei Maximen zur Lehrersprache und am Ende ein ausführliches Repertoire der Strukturierungs- und Handlungsmethoden mit Begründungen und Beispielen.

4. *Psychologie* des Literaturunterrichts heißt für uns nicht, daß wir alle 55 Untergruppen aus dem „Psychologischen Index" heranziehen, sondern daß wir uns derjenigen Ergebnisse bedienen, die den Zweischritt Analyse und Methodenauswahl bzw. Begründung erlauben. Diese Kombination haben wir abwechselnd reflektierend und praktisch dokumentierend vorgeführt. Statistische Exaktheit konnten wir nicht – exemplarische Plausibilität aber wollten wir erreichen.

5. Das *Ziel* unserer Arbeit ist es, die Schüler im Verstehen literarischer Texte so weit zu geleiten, wie es irgend möglich ist. Wir möchten damit kein Kopftraining exerzieren, sondern die jungen Leser an zunehmende Komplexitäten heranführen, denn nur damit können sie (und wir) die Themen unserer Zeit angemessen verarbeiten, seien es soziale Wahrnehmungen, individuelle Reflexionen oder historische Einordnungen. Wir gehen auch davon aus, daß emotional fundiertes und zugleich komplexes Verstehen nicht nur das Wissen, sondern auch das Bewußtsein erweitert und damit den Anker für Primärwerte bildet, als da sind: Mitgefühl zeigen, sich Neuem öffnen, Verstehen praktizieren, aber auch Problematisches und Fremdartiges mit Genauigkeit gemeinsam lösen.

2 Beispieltext und Interpretation

2.1 Peter Hacks: Der Bär auf dem Försterball

Der Bär schwankte durch den Wald, es war übrigens Winter; er ging zum Maskenfest. Er war von der besten Laune. Er hatte schon ein paar Kübel Bärenschnaps getrunken; den mischt man aus Honig, Wodka und vielen schwierigen Gewürzen. Des Bären Maske war sehr komisch. Er trug einen grünen Rock, fabelhafte Stiefel und eine Flinte auf der Schulter; ihr merkt schon, er ging als Förster.

Da kam ihm, quer über den knarrenden Schnee, einer entgegen: auch im grünen Rock, auch mit fabelhaften Stiefeln und auch die Flinte geschultert. Ihr merkt schon, das war der Förster.

Der Förster sagte mit einer tiefen Baßstimme: „Gute Nacht, Herr Kollege, auch zum Försterball?"

„Brumm", sagte der Bär, und sein Baß war so tief wie die Schlucht am Weg, in die die Omnibusse fallen.

„Um Vergebung", sagte der Förster erschrocken, „ich wußte ja nicht, daß Sie der Oberförster sind."

„Macht nichts", sagte der Bär leutselig. Er faßte den Förster unterm Arm, um sich an ihm festzuhalten, und so schwankten sie beide in den Krug zum zwölften Ende, wo der Försterball stattfand. Die Förster waren alle versammelt. Manche Förster hatten Geweihe, die sie vorzeigten, und manche Hörner, auf denen sie bliesen. Sie hatten alle lange Bärte und geschwungene Schnurrbärte, aber die meisten Haare im Gesicht hatte der Bär.

„Juhu", riefen die Förster und hieben den Bären kräftig auf den Rücken.

„Stimmung", erwiderte der Bär und hieb die Förster auf den Rücken, und es war wie ein ganzer Steinschlag.

„Um Vergebung", sagten die Förster erschrocken, „wir wußten ja nicht, daß Sie der Oberförster sind."

„Weitermachen", sagte der Bär. Und sie tanzten und tranken und lachten; sie sangen, sie hätten so viel Dorst im grünen Forst. Ich weiß nicht, ob ihr es schon erlebt habt, in welchen Zustand man gerät, wenn man so viel tanzt und trinkt, lacht und singt. Die Förster gerieten in einen Tatendrang und der Bär mit ihnen; der Bär sagte: „Wir wollen jetzt ausgehn, den Bären schießen."

Da streiften sich die Förster ihre Pelzhandschuhe über und schnallten sich ihre Lederriemen fest um den Bauch; so strömten sie in die kalte Nacht. Sie stapften durchs Gehölz. Sie schossen mit ihren Flinten in die Luft. Sie riefen Hussa und Hallihallo und Halali, wovon das eine so viel bedeutet wie das andere, nämlich gar nichts, aber so ist das Jägerleben. Der Bär riß im Vorübergehn eine Handvoll trockener Hagebutten vom Strauch und fraß sie. Die Förster riefen: „Seht den Oberförster, den Schelm", und fraßen auch Hagebutten und wollten sich ausschütten vor Spaß. Nach einer Weile jedoch merkten sie, daß sie den Bären nicht fanden.

„Warum finden wir ihn nicht?" sagte der Bär, „er sitzt in seinem Loch, ihr Schafsköpfe." Er ging zum Bärenloch, die Förster hinterdrein. Er zog den Hausschlüssel aus dem Fell, schloß den Deckel auf und stieg hinunter, die Förster hinterdrein.

„Der Bär ist ausgegangen", sagte der Bär schnüffelnd, „aber es kann noch nicht lange her sein, es riecht stark nach ihm." Dann torkelte er zurück in den Krug zum zwölften Ende und die Förster hinterdrein.

Sie tranken gewaltig nach der Anstrengung, aber die Menge, die der Bär trank, war wie ein Schmelzwasser, das die Brücken fortreißt.

„Um Vergebung", sagten die Förster erschrocken. „Sie sind ein großartiger Oberförster."

Der Bär sagte: „Der Bär steckt nicht im Walde, und der Bär steckt nicht in seinem Loch; es bleibt nur eins, er steckt unter uns und hat sich als Förster verkleidet."

„Das muß es sein", riefen die Förster, und sie blickten einander mißtrauisch und scheel an.

Es war aber ein ganz junger Förster dabei, der einen verhältnismäßig kleinen Bart hatte und nur wenige Geweihe und überhaupt der Schwächste und Schüchternste war von allen. So beschlossen sie, dieser sei der Bär. Sie krochen mühsam auf die Bänke, stützten ihre Bärte auf die Tische und langten mit den Händen an der Wand empor.

„Was sucht ihr denn?" rief der junge Förster.

„Unsere Flinten", sagten sie, „sie hängen leider an den Haken."

„Wozu die Flinten?" rief der junge Förster.

„Wir wollen dich doch schießen", antworteten sie, „du bist doch der Bär."

„Ihr versteht überhaupt nichts von Bären", sagte der Bär. „Man muß untersuchen, ob er einen Schwanz hat und Krallen an den Tatzen", sagte der Bär.

„Die hat er nicht", sagten die Förster, „aber, Potz Wetter!, Sie selbst haben einen Schwanz und Krallen an den Tatzen, Herr Oberförster."

Die Frau des Bären kam zur Tür herein und war zornig. „Pfui Teufel", rief sie, „in was für Gesellschaft du dich herumtreibst."

Sie biß den Bären in den Nacken, damit er nüchterner würde, und ging mit ihm weg.

„Schade, daß du so früh kamst", sagte der Bär im Walde zu ihr, „eben hatten wir ihn gefunden, den Bären. Na, macht nichts. Andermal ist auch ein Tag."

(*aus:* Dichter erzählen Kindern, hg. v. G. Middelhouve. München: dtv 1969)

2.2 Interpretationen

Es folgen zwei Interpretationen des Textes von Peter Hacks. Zunächst die kürzere (mit einer Zusammenfassung für ganz Eilige). Wir empfehlen Ihnen aber sehr, auch die komplexeren zu lesen, damit Sie für den Nachvollzug der Stunden genügend Nuancen im Hintergrundswissen haben.

2.2.1 Interpretation von Heiner Willenberg

Kurz zusammengefaßt:

Wenige Attribute kennzeichnen die Personen in ihrer Rolle, und derjenige, der darüber besonders gut verfügt, wird sogar als Chef akzeptiert. In der Kommunikation zeigt er seine Überlegenheit durch die richtigen Formeln und Floskeln, so daß er – bestätigt in seiner Rolle – die Gruppe zur Tat anleiten kann. Die Untergebenen folgen ihm leicht, sie geraten in einen Rausch oder in eine Gruppendummheit. Ihre Einsichtsfähigkeit ist gering, und so reagieren sie sich dementsprechend am Falschen und zudem noch am Schwächsten ab. Vielerlei Antriebe werden erkennbar aber keine Hemmungen. Die Gründe des Bären werden zunehmend unklarer. Am Beginn ist noch der Wagemut zu vermuten, mit dem er sich statt in die Höhle des Löwen in die Kneipe der Förster begibt. Übermut ob des gelungenen Einstandes erklärt noch den Ausflug. Aber warum steigert er im Erfolg das Unternehmen so weit, daß er wirklich in Gefahr gerät? Der Erzähler schließlich signalisiert Distanz und – sehr wichtig – appelliert an das Alltagswissen der Leser. Vielleicht hätte das schon ausgereicht, um der Verführung zu widerstehen?

Etwas ausführlicher:

Nehmen wir hier schon die Textelemente zur Hilfe, die im Kapitel „Textstruktur und Rezeption" vorgestellt werden und verfolgen wir damit den Bären auf seinem Ballbesuch (hoffentlich erschlagen wir ihn nicht).

Zunächst werden dem Leser die *Figuren* sichtbar eingeführt. Der Bär erscheint und seine ungewöhnlichen Attribute fallen auf: Er riecht nach Schnaps, trägt einen grünen Rock, dazu Stiefel und Flinte – der Förster, der ihm begegnet, tritt gleichermaßen in

Erscheinung. Seine Kollegen im Gasthaus zeichnen sich des weiteren durch Bärte, Hörner und Geweihe aus – mit diesem Fundus ist ihre Beschreibung erschöpft. Vielleicht noch, daß man den jüngsten Förster betrachtet, der von alledem das wenigste vorzuweisen hat – ganz infach.

Handlungen gibt es nur ganz alltägliche: zwei Förster (wenn man nicht so genau hinschaut) befinden sich auf dem Weg zu einem Ball, dann sieht man, wie eine Förstergruppe feiert, d. h. lacht, singt und tanzt (mit wem bleibt unklar). Gegen Ende wird es wilder: sie gehen alle auf die Bärenjagd, fressen dabei auch Hagebutten, besuchen das Bärenloch, und schließlich greifen sie ihre Flinten, um einen jungen Kollegen zu durchlöchern. Es beginnt also eine ungewöhnliche Aggression, die aber gleich wieder durch Bemerkungen des „Chefs" gestoppt wird.

Die *Beziehungen* und die *Kommunikation* des Bären und der Förster beschränken sich auf weniges: der Oberförster/Bär animiert seine Kollegen zum Weitermachen, er ruft „Stimmung" und – das ist wichtig – er regt sie auch an, auf die Jagd zu gehen und den Bären zu suchen, ja er gibt ihnen das nötige Wissen an die Hand, wo man einen Bären findet und wie man ihn erkennt. Desgleichen ist er den Förstern ein großes Vorbild, wenn es ums Trinken geht. Die Förster ihrerseits danken es ihm mit Fröhlichkeit, bisweilen murmeln sie „Um Vergebung" – sie erkennen die großen Fähigkeiten ihres Chefs, die Hierarchie ist ihnen völlig klar.

Motive (Antriebe/Hemmungen/Lösungen): Ganz simpel muß man zunächst feststellen, daß es das Ziel des Bären ist, auf einen Ball zu gehen (auf welchen erfährt man dabei nicht). Sein Motiv wird vom ersten besten, den er trifft, umgebogen, hin auf den Ball der Förster. Auf dieser Schiene erfährt er nur Hilfestellungen: Der erste Förster akzeptiert ihn und nimmt ihn mit. Dem Ballbesuch setzt sich auch im Stammlokal der Förster kein Widerstand entgegen, und damit geht die Geschichte ungehemmt weiter. Die Ziele der Förster sind klar, sie wollen sich einen fröhlichen Abend machen. Gemeinsam entwickeln sie ein weiteres Ziel, nämlich den Bären zu schießen, und dieser Aktionsdrang wird nun gehemmt, denn der Bär ist nicht zu finden. Logischerweise entsteht dadurch Enttäuschung, die sich wie der Dampf einen Ausweg sucht, sprich einen Ersatzbären. Jetzt wechselt die Perspektive des Erzählers von der Gruppe zum Jungförster, der eine Bedrohung auf sich zukommen sieht, der er dringend ausweichen möchte. Zu seiner Erleichterung bekommt er Hilfe vom „Chef"! Bis zu dieser Rettung sind die Absichten noch verständlich, nun werden die Motive unklar: Warum begibt sich der Bär selbst in die Schußlinie? Hier entsteht eine *Leerstelle,* die von jedem Leser Deutung verlangt. War es Übermut, weil alles gut ging und nichts dazwischen kam? Oder war der Bär nur betrunken? Vielleicht ist er ja ein Spielertyp, vielleicht aber auf der Suche nach sich selbst, denn ist er nun Bär oder inzwischen schon der Oberförster? Wer weiß?

Eine *Lösung* ist mit dem Ende nicht gegeben. Wir erfahren nur, daß der Protagonist bei seinem Ziel, der Bärensuche, bleibt und daß er über den Mißerfolg nicht allzu betrübt ist, denn „andermal ist auch ein Tag". Irgendwann beginnt das Spiel aufs neue.

Der *Erzähler* spricht seine Leser ein paarmal direkt an. „Ihr merkt schon, er ging als Förster", sagt er gleich zu Anfang, obwohl jeder mit einem einigermaßen ungetrübten Blick dieses „als", diese Verkleidung durchschaut hätte. Oder er spekuliert auf die Erfahrungen des Normalbürgers: „Ich weiß nicht, ob ihr es schon erlebt habt, in welchen Zustand man gerät, wenn man soviel tanzt und trinkt, lacht und singt." Schließlich kritisiert er sogar das Jägerleben, indem er Rufe wie Halali und Hussa als bedeutungslos abqualifiziert. Mit diesen milden Einmischungen weist er den Lesern eine überlegene Position zu: Euch wäre das sicher nicht passiert, ihr kennt ja die Realitäten, ihr könnt einen Bären von einem Jäger unterscheiden, ihr kennt auch die Atmosphäre in einer Gruppe und wißt, wie sie einlullt!

2.2.2 Interpretation von Jürgen Kreft [1]

2.2.2.1 Rollenzuweisung

Der Bär, der angetrunken durch den Wald schwankt, ist auf dem Weg zum Maskenfest, nicht zum Försterball, zu einem Maskenfest der Tiere des Waldes vielleicht, wo die Förstermaske allerdings als „sehr komisch" gelten darf. Das „In-die-Maske-des-Försters-Schlüpfen" erweist sich als eine für den Bären ungeahnt folgenreiche Handlung, denn er gerät örtlich, sozial und im Identitätsaspekt in eine höchst ungewöhnliche „Entwicklung".

Diese beginnt damit, daß dem Bären „der" bzw. „ein" Förster, der zum Försterball (nicht zu einem Maskenfest) unterwegs ist, begegnet: „quer über den knarrenden Schnee ... entgegen" und ihn als Förster-Kollegen anredet, also erst als Förster, dann als Oberförster identifiziert und mitnimmt, auf anderen Kurs, auf einen „Abweg" bringt. (Der Text macht ganz deutlich, daß „der Förster" wirklich Förster und nicht ebenfalls maskiert ist, indem er gegenüberstellt: Vom Bären heißt es: „er *ging als* Förster", vom Förster: „*das war* der Förster".)

Der Bär wird Oberförster. Die Voraussetzungen dafür und der Weg dorthin müssen etwas genauer aufgedeckt oder verfolgt werden. – Auf die kollegiale Anrede des Försters und die Frage nach dem Wegziel antwortet der Bär auf „Bärisch", d. h. mit tiefstem Gebrumm. Für den Förster folgt daraus, daß der (maskierte) Bär kein einfacher Försterkollege, sondern der Oberförster sein muß, und er erschrickt. Den Oberförster als Kollegen anzureden ist eine Verletzung der hierarchischen Normen, die selbst als unabsichtliche beim Täter Erschrecken hervorruft und Vergebung erheischt. Indem der Bär diese gewährt, von „Bärisch" auf „Menschlich" wechselnd, übernimmt er die angetragene oder zugeschriebene Rolle und wird, auch seinem Selbstverständnis nach, zum Oberförster. Dreimal heißt es in der Geschichte „Um Vergebung", dreimal das Erschrecken des Försters oder der Förster, worauf dann beim ersten und zweiten Mal auf das entschuldigende Nichtwissen, „daß Sie der Oberförster sind", hingewiesen, beim dritten Mal aber einbekannt wird: „Sie sind ein großartiger Oberförster."

Warum wird dem Bären von den Förstern die Oberförsterrolle zuerkannt oder aufgedrängt? Warum wird sogar in bewundernder Steigerung festgestellt, daß der Bär diese Rollenerwartung vollkommen erfüllt, daß er ein großartiger Oberförster ist?

Der Bär hat die tiefste Baßstimme, die meisten Haare im Gesicht, den stärksten Schulterschlag und das größte Trinkvermögen, und in alledem übertrifft er die Förster bei weitem. Die Eigenschaften, durch die er sich als ein großartiger Oberförster qualifi-

---

1 Der Verfasser hatte diese Deutung auf dem V. Symposion Deutschdidaktik (1983) in Ludwigsburg vorgetragen. Eine einfachere Version findet sich in den Kongreßpapieren, s. Kreft (1984). Für den Leser, der die hier verwendeten Kohlbergschen Kategorien nicht kennt, findet sich eine Einführung auf den Seiten 164f.

ziert, sind aber nichts anderes als seine natürlichen Bäreneigenschaften. Das spezifisch „Försterliche" erweist sich als ein Tierisches. Und wenn die Förster, ihre Gruppen-strukturen und ihr Selbstverständnis für Menschen in bestimmten sozialen Institutio-nen, Zuständen oder Systemen typisch sein sollte, dann wäre in dieser Beziehung das „Tierische" das „Menschliche". Und tatsächlich gelten ja diese Eigenschaften: tiefe Stimme, Bartwuchs, körperliche Stärke, Trinkvermögen als typisch, ja als vorbildliche „menschliche", nämlich „männliche" Eigenschaften („mensch" ist von „Mann" abge-leitet: mannisc > mensch). In allen „echten" Männergruppen bestimmen sie das Selbst-verständnis. Der Bär ist der wahre Mensch, wie er der wahre Oberförster ist – und so ist auch der Oberförster der wahre Mensch (Mann).

(Und die Eigenschaft, durch welche die *Großartigkeit* des Oberförsters begründet wird, die Trinkfähigkeit, ist das eigentlich Humane am Menschen.)

Die Gruppe der Förster ist teils egalitär, teils hierarchisch strukturiert. Da gibt es die einfachen Förster, sie sind Kollegen, sie sind gleich, aber nicht schlechthin: denn Alter, Größe der Bärte usw. konstituieren eine Rangfolge, die aber nicht kontinuierlich zum Rang des Oberförsters hinführt. Dieser überragt die Förster in jeder Hinsicht und ist schlechthin Autorität. Alle Initiativen gehen von ihm aus, er führt an, „die Förster (ge-hen) hinterdrein" (dreimal); nennt sie „Schafsköpfe", sagt ihnen, daß sie von Bären „überhaupt nichts" verständen, und das wird einfach akzeptiert: der Oberförster hat immer recht. Sogar wenn er unbewußt bärisch handelt und Hagebutten frißt, dann ist auch das sofort nachzuahmen. Und selbst als er schon als Bär entlarvt ist, bleibt er für die Förster noch der Oberförster.

Die hierarchisch-egalitäre archaisch-maskuline Förster/Jäger-Welt ist in dieser Geschichte des weiteren durch eine eigenartige „Nichtigkeit" bestimmt. Die rituellen Jägersignale (Halali usw.) bedeuten alle dasselbe, „nämlich gar nichts, aber so ist das Jägerleben". Das Jägerleben erscheint als ein ungeschichtlich-konkretistisches In-den-Tag-hinein-Leben, von leeren Ritualen bestimmt.

Die Geschichte vom Bären auf dem Försterball ist die Geschichte des Bären, der die Maske des Försters anlegt und dann, ohne es zu wollen und ohne es zu wissen, was da mit ihm geschieht, nahtlos in die Rolle des Oberförsters schlüpft oder hineingleitet, weil er als Bär und Über-Mann in der maskulinen Förster-Jäger-Gruppe dazu prädestiniert ist. Zugleich aber ist sie auch die Geschichte des Bären, der sich als Oberförster rollenge-mäß auf die Jagd nach dem Bären, d. h. nach sich selbst, dem die Bärenidentität abhan-den gekommen ist, begibt und sich selbst findet und entlarvt, ohne zu merken, daß er das tut. Er findet den Bären, ohne *sich* in dem Bären zu finden. – Ein Oberförster muß mehr vom Bären verstehen als die Förster. Als Oberförster, der Bär ist, versteht der Bär natürlicherweise auch mehr von Bären. Die vom Bären als Oberförster betriebene Suche und Jagd nach dem Bären dürfte nicht nur durch die Oberförster-Rolle – und durch den alkoholisch stimulierten Tatendrang – motiviert sein. Der Bär ist das mäch-tigste Jagdtier der Förster/Jäger-Welt, also dem Oberförster als Jagdtier zugeordnet. In-sofern handelt der Bär rollengemäß. Es mag aber auch sein, daß der zum Oberförster ge-wordene Bär sich selbst vermißt und deshalb sich auf die Suche nach sich selbst begibt, die aber für den zum Oberförster gewordenen Bären nur als Jagd und Bärenschießen möglich ist. Mit unheimlicher Konsequenz erfolgt diese Suche und Jagd, im Wald erst, dann in der Höhle, schließlich im „Krug zum zwölften Ende" selbst, wo der Bär in dem Augenblick, wo er sich in den Augen der Förster als großartiger Oberförster erweist, den ersten der beiden entscheidenden Hinweise gibt, die aus der Jagd und Suche die Entlarvung machen: Der Bär muß sich als Förster verkleidet haben. Dieser scharfsinnige Schluß und hellsichtige Hinweis wird von den Förstern aus ihrer autoritär-gebundenen Denkweise zugleich akzeptiert und mißverstanden oder doch falsch angewendet. Befangen in hierarchisch-maskulinem Selbstverständnis, meinen sie im jüngsten, am wenigsten „försterlichen" Förster den Bären sehen zu müssen, wird für sie der Bär als Nicht-Förster definiert. Der junge Förster ist als am wenigsten försterlicher stigmatisiert und damit das prädestinierte Opfer, das von Zeit zu Zeit gebracht werden muß, um die Förstergruppe von allem zu reinigen, was nicht voll dem Försterideal entspricht. Der Stigmatisierte wird durch Beschluß zum Bären, zum Feind gemacht.

Die auf den ersten Blick so harmlos-lustige, feucht-fröhliche Geschichte vom Bären auf dem Försterball ist hier vielleicht am meisten genau und realistisch: Die harmloslustige Männergemeinschaft der biederen Förster schickt sich an, in aller Harmlosigkeit einen Totschlag zu begehen: „Wir wollen dich doch schießen . . . du bist doch der Bär" antworten sie mit entwaffnender Selbstverständlichkeit dem angstvoll „Wozu die Flinten?" rufenden Stigmatisierten, dessen „Opferung" – sie würde freilich die Geschichte völlig ins Makabre umkippen lassen – nur unterbleibt, weil der Oberförster-Bär mit seiner *unheimlichen* Konsequenz die Förster wieder auf die richtige Spur bringt, nicht um den jungen Förster zu retten, sondern um den Bären – sich selbst – zu finden.

Die Geschichte vom Bären auf dem Försterball ist gewiß eine höchst „amüsante" Geschichte, und sie ist es u. a. a., weil sie, die den „latenten Faschismus" der noch immer existierenden „archaischen" Männergesellschaft offenbart, diese ideologiekritische Leistung auf eminent poetische Weise, ohne Zeigefinger, ohne Didaxe vollbringt. Zum Poetischen der Geschichte soll noch einiges gesagt werden, doch zuvor das Nötige zur Einschätzung der Geschichte vom Kohlberg-approach aus. Es wird uns von selbst zum Poetischen zurückführen.

2.2.2.2 Der sozial-moralische Aspekt, die Entwicklungsstufe, Identitätsproblematik

Diese Geschichte enthält kein moralisches Dilemma und keine expliziten moralischen Urteile, aber die Interaktionen zwischen den fiktionalen Aktoren (zwischen den Förstern, zwischen dem Bär/Oberförster und den Förstern, zwischen dem jungen Förster und den Förstern und zwischen dem Bär und der Bärin) bestehen vor allem (auch) aus sprachlicher Kommunikation und enthalten moralisch Relevantes und Hinweise, aus denen – wie schon gezeigt wurde – die normativen Interaktionsstrukturen der Förstergruppe rekonstruiert werden können. Sie scheinen auf einem konventionellen Niveau zu liegen: Der Gehorsam der Förster gegenüber ihrem Oberförster ist Gehorsam gegenüber dem Positions-Inhaber oder Rollenträger, ist ein Agieren in den komplementären Rollen von Vorgesetzten und Untergebenen. Entsprechend agieren Bär und Bärin in den konventionellen Rollen von Mann und Frau. Die Bärin ist die Ehefrau, die die Kneipen nach dem trinkfreudigen Ehemann durchkämmt, und der Bär ist der – vielleicht ein wenig unter dem Pantoffel stehende – Ehemann, der sich nach der Eskapade geduldig in die Familie und seine familialen Rollenverpflichtungen zurückholen läßt. Für das Handeln der Förster untereinander gilt das Entsprechende.

Die Interaktionen und ihre Strukturen tragen aber zusätzliche Züge, die über den strukturell-entwicklungspsychologischen Ansatz hinausweisen: das Erstarrt-Rituelle und Nichtige wäre hier zu nennen, aber auch das Unverhältnismäßige des Erschreckens, das die Förster ergreift, wenn sie im Bären anstelle des vermeintlichen Försterkollegen den Oberförster zu erkennen glauben. Das Erstarrt-Rituelle, Entleerte kann zwar, was den Ritualaspekt betrifft, der präkonventionellen Stufe zugeordnet werden – Institutionen haben auf dieser Stufe Ritualcharakter –, es verweist aber auch auf das instinktgeleitete Verhalten von Tieren einerseits, auf das Moment von Erstarrung in konventionellen Institutionen andererseits, die sich gegen die Entwicklung auf postkonventionelles Niveau sperren. Die Analogie zwischen instinktgeleitetem tierischen Verhalten einerseits, rituellem oder erstarrt konventionellem menschlichen Handeln andererseits ist ja gerade das, was diese Geschichte mit ihrer real-irrealen Handlung ermöglicht. Während im archaisch geprägten Märchen zwischen Tieren und Menschen kein Wesensunterschied besteht und sich deshalb Tiere in Menschen, Menschen in Tiere umstandslos verwandeln können, während in der Fabel Menschen, und zwar typische Menschen sozusagen in Tiere verkleidet werden, weil bestimmte Tiere auf Grund bestimmter „Eigenschaften" bestimmte menschliche Charaktere oder Rollen repräsentieren können, liegt das, was in dieser Geschichte geschieht, auf einer anderen Ebene; denn hier wird im poetischen Spiel konventionelles Handeln in Rollen, zumal erstarrtes und damit re-ritualisiertes, in Frage gestellt, und zwar durch tendenzielle Identifizierung dieses Handelns mit tierischem Handeln.

Wir hatten schon gesehen, daß der Bär gerade als Bär (also als ein Tier) der vorbildliche (großartige) Oberförster ist. Das hat eine realistische Grundlage. Die Verhaltensforschung hat gezeigt, daß der Rangplatz unter den Bären tatsächlich von der Tiefe des Brummens bestimmt wird, in der sich Alter und Größe des Bären ausdrücken. Daß auch in menschlichen Gruppen zwischen Rangplatz, Autorität und tiefer Stimme Verbindung besteht, gilt zumindest in der Weise, daß für die höheren Positionen tiefe Stimme erwünscht ist. Nicht nur die Großartigkeit des Oberförsters in unserer Geschichte, auch die Großgeartetheit bei Aristoteles (Nikomachische Ethik 1125a bzw. IV, 8) hat eine Beziehung zum Sonaren, und daß der „Brustton der Überzeugung" den Mangel an rationalen Argumenten kompensiert und bei feierlichen Anlässen verbindlich ist, und wenn von den „heiligen Gütern der Nation" die Rede ist, das weiß man.

Unser Text macht sich also Instinktresiduen und -analogien im menschlichen Verhalten zunutze, wenn er den Bären Oberförster werden läßt und wenn er dadurch menschliches Verhalten als (quasi-) tierisches denunziert und ideologie-kritisch infragestellt. Im Kohlberg-Konzept heißt das aber, daß zwar die fiktiven Aktoren auf (verfremdeter) konventioneller Stufe interagieren, daß aber die „Sicht des Textes" auf dieses Interagieren auf postkonventioneller Stufe liegt. Auf dieser Stufe wird durch die – Märchen und Fabeln weit hinter sich lassende – „Verwandlung" des Bären in den Oberförster unter Beibehaltung der Bären-Natur, aber bei Verlust der bewußten Bären-Identität, die Frage nach der Identität im Rollenverhalten gestellt.

Rollen-Identität wird als Identitätsverlust erfahren. Das offenbart der Schluß der Erzählung. Der Bär hat den letzten entscheidenden Hinweis gegeben, der zu seiner Entlarvung führt. Die Förster stellen fest, daß ihr Oberförster die Kennzeichen trägt, die er selbst angegeben hat. Damit geraten die Förster in eine double-bind-Situation, aus der sie das Auftreten der Bärin – dea ex machina – erlöst.

Der Bär aber stellt gegenüber seiner Frau fest, daß sie den Bären, den *er* vor allem mit größter Konsequenz gejagt hat, gefunden haben, und er weiß nicht, daß er selbst der Bär ist.

2.2.2.3 Zum Poetischen des Textes

Kennzeichnend für den poetischen Charakter dieser Erzählung ist, daß so vieles, was dem gewohnten Blick entgeht, offenbargemacht und hinterfragt wird, daß aber zugleich alles in der Schwebe bleibt. Wie geschieht das?

Die Fiktionalität der Erzählung signalisiert schon das erste Wort, der bestimmte Artikel „der". Es ist nicht von der Gattung Bär die Rede, sondern von einem individuellen Bären, dennoch steht der bestimmte Artikel am Anfang, bevor überhaupt die Individualität des Bären irgendwie erläutert wird. Damit wird unterstellt, wir kennten den Bären schon, und wir akzeptieren das und haben die Dimension der Fiktionalität betreten.

Daß der Text kein realistischer Alltagstext ist, signalisieren nicht wenige Formulierungen, Stilfiguren u. ä. m.: Das Bild der tiefen Schlucht am Wege wird ironisch-parodistisch durch den Zusatz verfremdet „in die die Omnibusse fallen". Mannigfach wäre die übertreibende Stilisierung – teils bis ins Groteske – zu belegen, die die Darstellung der Förstergruppe und ihrer Lebensweise durchziehen. Besonders frappant und kompliziert sind die Dimensionen von Tier- und Menschenleben, von Realem und Irrationalem, Absurden, ineinander geschoben, z. B. wenn es heißt: „Er zog den Hausschlüssel aus dem Fell, schloß den Deckel auf...". Und hoch paradox oder „schizophren" ist es, wenn der Bär im Bärenloch sagt: „Der Bär ist ausgegangen ... aber es kann noch nicht lange her sein, es riecht stark nach ihm." – Bei alledem ist die Trunkenheit das Motiv, das alles ein wenig harmloser macht und ans Erklärbare heranrückt, doch nur scheinbar. Die Wahrheit, die im Bärenschnaps ist, bleibt hintergründig.

Der Text kann nur auf postkonventioneller Stufe oder im Übergang dorthin adäquat rezipiert werden, also etwa in der Sek. II. In der Elementar- und Grundschule (Kohlbergstufe I, 1 und 2) wird der Text als Märchen rezipiert, und was dem nicht entspricht, wird kaum oder nicht deutlich wahrgenommen oder wird uminterpretiert. Die Rezeption verläuft glatt, oder der Text gilt, weil doch viel Unverständliches diffus wahrgenommen wird, als etwas langweilig. Auf entwickelter Stufe (I, 2 voll etabliert) kann der Text etwa als Fabel rezipiert werden, jedenfalls kann der Versuch gemacht werden. Je weiter das formale Denken entwickelt und die Anforderungen an logische Konsistenz gestiegen sind, desto schärfer wird der Text abgelehnt und unter Eliminierung der poetischen Mehrdeutigkeit und der poetischen Ideologiekritik rational auf den realistischen Nenner gebracht. So wird z. B. entweder alles Handeln zweckrational (der Bär verstellt sich, spielt bewußt den Oberförster, um bestimmte rationale Zwecke zu erreichen) oder kausal („das macht alles der Alkohol") gedeutet.

3 Transkripte. Unterricht über Peter Hacks „Der Bär auf dem Försterball"

Unterricht über Peter Hacks: „Der Bär auf dem Försterball" in vier Klassen

Zeit: Frühjahr 1984

Klassen: 5. Realschulklasse, später als 6. im Nachfolgeunterricht
8. Gymnasialklasse
9. Realschulklasse, später als 10. im Nachfolgeunterricht
12. Jahrgangsstufe im Kurssystem des Gymnasiums, 13. Jahrgang im Nachfolgeunterricht

Zählung: es wird jede transkribierte Äußerung, also auch „Ja" oder „Mhm" des Lehrers durchnumeriert, so daß Sie in den Ausschnitten die Phasen des Unterrichts an der Zählung erkennen können.

Sprache: Die gesprochene Sprache wird in Syntax und Wortschatz getreu wiedergegeben. Schrägstriche / kennzeichnen Sprechpausen (ca. 1 sec); ein Stern * weist auf einen Satzabbruch hin. Die lautlichen Varietäten erscheinen der Lesbarkeit halber nicht.

Insgesamt entspringt es der Eigenart der jeweiligen Transkribenten, daß Pausen – und Satzzeichen unterschiedlich in den Fluß der gesprochenen Sprache eingefügt wurden.

3.1   5. Klasse

(Einzelstunde)

Dummheit der Förster

1   L: So / Ja, Mario?

2   Mario: Bloß weil er jetzt so 'ne tiefe Stimme hat, glauben sie jetzt daß er also ein großartiger Oberförster sei. Die sind so dumm, daß sie's gar nicht merken.

3   L: Aha. Schön. Ja weiter. Äußert euch mal. / Ja.

4   S: Der Bär hat wohl net einige Kübel getrunken, sondern zirka einige hundert Kübel getrunken. Wenn der's, wenn der sich selber stellt und zu den Jägern hingeht.

6   Nicole: Die Jäger, die waren ja wirklich dumm, weil sie ja alle betrunken waren.

7   L: Ja, das ist sicherlich wahr. Ja, Markus?

8   Markus: Daß das denen nicht aufgefallen ist ehm, daß der Bär*, woher hat denn der Bär den Schlüssel, daß er in die Wohnung reinkam von dem Bären? Das müßte denen doch auch aufgefallen sein.

9   L: Ja genau. Mhm?

10   S: Wo er (doch eigentlich) der Förster war.

11   L: Ja warum? Was hat das für einen Zusammenhang? / Weißt du noch nicht so genau? Warten wir noch ab. Elke!

12   Elke: Ja, ich hätte das auch gesagt mit dem Bären da, mit dem Schlüssel.

13   Mario: Als die Frau vom Bären reinkam, die sieht ja bestimmt auch so wie die Bären aus, da müßte sie eigentlich*, wenigstens jetzt müßte sie's merken, daß er der Bär ist.

14   L: Ja, eigentlich müßte sie jetzt Bescheid wissen, ne? Markus

18

5　Markus: Ehm, der wird da*, daß er n bißchen heiterer wird*, weil das würd bestimmt dann auffallen: wenn der das nicht getrunken hätt, dann hätt er irgendwas falsch gemacht. Dann hätten sie's gemerkt und hätten ihn vielleicht erschossen.

Wo war die Bärin?

20　Marcel: Dem Bären seine Frau, die ist ja später dann gekommen. Da, wo sie ins Bärenloch rein mußten, da war die Bärin noch nicht da! Die haben ja vorher den ganzen Wald abgesucht. Wenn sie im Wald gewesen wäre, hätten sie se im Wald gefunden – wenn sie im Loch gewesen wäre, hätten sie se im Loch finden müssen.

28　Jürgen: Vielleicht hat sie den Bären schon gesucht und ist schon im andere Eck (vom Wald) gewesen.

Wo war der Oberförster

41　Mario: Der Oberförster ist doch allgemein bekannt, der war doch bestimmt bei dem Ball dabei. Dann sind's ja zwei Oberförster. Da müßten sie doch eigentlich merken, das ist der richtige und das ist der falsche.

43　Marcel: Ah / das ist, wenn man ein Gläsle getrunken hat oder so und tanzt und lacht und immer und so. Dann wird's noch viel schlimmer, dann wird man immer lustiger und macht man lauter Scheißdreck und so.

49　Volker: Der Oberförster hätt ja auch krank sein können oder so.

50　L: Ja. Was gibts denn da noch für ne Möglichkeit, daß der andere Oberförster (...) nicht da ist?

51　S: (...) daß die (Förster) so arg betrunken waren, daß die schon nicht mehr gewußt haben, wer sie sind.

53　Tanja: Er könnt ja vielleicht irgendwie (eine) Besprechung haben. Weil Oberförster sind ja meistens dann net da oder so.

51　Alexander: Die Kleider von dem Oberförster. Vielleicht war er bei dem und hat sich Kleider geschmuggelt.

Warum haben sie den Bären anerkannt?

63　Jochen: Ich möcht noch was sagen. Wenn die net wissen, daß* wie der Oberförster aussieht, woher wollte der eine (am Anfang) dann wissen, daß er gar so eine tiefe Stimme hat?

72　Nicole: Ehm zum Beispiel, die wissen das ja gar net. Könnt ja auch sein, daß das gar keinen Oberförster mehr gibt, und die haben (ihn) nicht zu sehen gekriegt. Da kanns ja sein, daß die auf jeden hören, der daherkommt.

82　Elke: Also ehm, weil der Oberförster hat ne ganz schön tiefe Stimme gehabt. Und deshalb wahrscheinlich (haben sie den Bären anerkannt).

85　L: Aha. Gute Idee. Oberförster und eine tiefe Stimme. Warum denn? Warum haben Oberförster tiefe Stimmen? Hm?

86　S: Brauch' man doch gar keine tiefe Stimme.

Vermutungen über die Kleider des Bären

99　Tanja: Also ich meine das so: vielleicht hat der Bär den Oberförster* ... Wo soll der Bär jetzt die Kleidung her haben? Er hat ja die schönen Stiefel gehabt. Kann ja sein, er hat den Oberförster irgendwo eingesperrt, wo er seine Höhle hat, und hat dann seine Kleider genommen und hat sie angezogen.

00　L: Aha

01　Tanja: Und er hat die Kleider.

02　L: Ja das wäre ne gute Idee. / Setzt aber natürlich was voraus? / Hm?

03　S: Er (der Oberförster) darf ja nicht in der Höhle gewesen sein.

04　L: Richtig. Also hast Du gemerkt, so einfach geht's nicht. Aber trotzdem keine schlechte Idee. Wie kommt der zu der Kleidung? Na, wie kommt man zu 'ner Kleidung, um sich zu verkleiden? Frage an Markus da hinten.

05　Markus: Ins Kaufhaus.

06　L: Ins Kaufhaus? / Hm? Bitte Markus.

107 Markus: Kostümverleih.

108 L: Ja ne. Also das kann man irgendwie erklären. Vielleicht haben Bären auch 'nen Kostümverleih.
    (...)

140 L: Kai, was meinst du? Wieso kann der als Oberförster gehen?

141 Kai: Weil er so stark aussieht.

(Es geht dann um die Fragen, wieso man die Tatzen des Bären nicht sieht, warum er keine Geweihe mitgebracht hat wie all die andern.)

Zwischenfrage nach der Absicht des Bären

159 Jochen: Ich möcht noch fragen, warum hat er sich denn eigentlich* der hat sich doch selber eigentlich regelrecht verraten, an (dem Hinweis die) Krallen und so. Damit hat er sich doch fast selber verraten. Und dann, wo seine Frau reingekommen ist, da sagt er: Jetzt ist Schluß? Grad wo wir auf die Höhe gestiegen waren, war das doch schön.

162 L: Den Schluß müssen wir gleich noch besprechen. Wir sollten noch zu Ende machen, warum der Bär als Oberförster geht.

Zusammenfassung

200 L: Also es gibt schon Gründe, warum man den (Bären) nicht erkannt hat. Aber das wollen wir uns jetzt mal angucken: Also er hat eine tiefe Stimme, er kennt sich gut (im Wald) aus, er ist stark und groß, er hat die Kleidung an. Ha, es gibt vielleicht noch eins, weshalb er als Oberförster eingeschätzt wird, einen Punkt noch.

201 S: Vielleicht die Flinte.

202 S: Ein bißchen stolz laufen.

205 Thomas: Vielleicht kann der viel trinken.

206 L: Weshalb sagst du vielleicht? Was steht denn im Text drin?

207 Mario: Er trank / Schmelzwasser

208 L: Nein, nicht: er trank Schmelzwasser

209 Mario: Er trank „wie ein Schmelzwasser, das die Brücken fortreißt".

Der Bär füllt die Rolle aus

212 Alexander: Also der macht,* er*, der also, wenn er kein Bär wär, 'n guter Oberförster. / Der kann wie'n Bär brummen.

Zwei weitere Deutungen

224 Markus: Ehm, der war vielleicht schon öfters bei so 'nem Ball dabei, bei so 'nem Förster und hat des öfteren mitgespielt, das Spielchen / Bloß woanders.

228 Tanja: Oder beim zweiten „Um Vergebung", sagten die Förster erschrocken: „Sie sind ein großartiger Oberförster." Der Bär sagte: „Der Bär steckt nicht im Walde, und der Bär steckt nicht in seinem Loch. Es bleibt nur eins: Er steckt unter uns und hat sich als Förster verkleidet." Das ist eigentlich auch / daß er zwei verkörpert.

229 L: (...) Ja, mal kurz verschnaufen. Führen wir das vom Alexander noch einen Schritt weiter. Er sagte, wenn der kein Bär wär, wär er ein guter Oberförster. Warum?

230 Jürgen: Der (Alexander) sagt das, weil der kann viel, der weiß viel, der kann alles, was n' Oberförster können muß.

234 Marcel: Aber auch vielleicht deswegen: Der Oberförster, der trinkt viel, der trinkt so viel, wie sie alle zusammen getrunken haben, der verträgt so viel, das muß 'n Oberförster sein.

235 Petra: Vielleicht kann er lesen und hat so'n Brummton, wie Oberförster lesen.

236 L: Das wär natürlich ein besonders intelligenter Bär.

3.2　8. Klasse

(Doppelstunde)

Inhaltsangabe

L: Ja, was war da also eigentlich los? Fang' wir mal an, ganz kurz mal nur so die äußere Handlung uns noch mal ganz deutlich zu machen! Also, was ist los?

Notker: Ja, das war so'n Bär, der war betrunken und schwankte durch den Wald und ähm ... ging da und hat sich als Förster verkleidet auf dem Maskenfest. Dann traf er den richtigen Förster und ging mit dem Förster in 'ne Gastwirtschaft, wo die anderen Förster feierten. Dann nach 'ner Weile haben sie probiert, den Bären zu jagen, hab'n ihn ja nicht gefunden. Und der Bär hat irgendwie immer gegen sich selbst so'n bißchen gespielt, bißchen Versteck suchen. Nun, er hat immer so sich selbst probiert auszuliefern. Er hat immer gesagt: „So jetzt ist der Bär schon ...“

L: Tja // was sagt ihr nun // zu dieser Geschichte?

Ralph: Ja, also ich weiß nicht so recht, was ich von dieser Geschichte halten soll. Da sind so'n paar, also ich sag mal, Redensarten drin wie zum Beispiel: „Und sein Baß war so tief wie die Schlucht ...“

Katrin: Äh, ich wollt nur mal sa* // also die Geschichte ist eigentlich ziemlich weltfremd. Ich mein', das gibt es doch gar nicht. Also man würd' doch sofort 'n Bär erkennen, also wenn der sich verkleidet hätte.

Erstes Spiel mit der Identität

Notker: Sie können sich ja denken: vielleicht hat er sich als Bär, der sich als Förster tarnt, verkleidet.

L: Wie war das? Noch mal!

Notker: Als der Oberförster sich als Bär verkleidet, hat er seine Förstersachen angezogen. Kann ja angehen.

L: Was steht da immerhin? Guckt mal in den Text! Kann der Bär, der von den Förstern als Oberförster angesehen wird, wirklich der Oberförster sein, der sich als Bär verkleidet hat, nach dem, was in der Geschichte steht? Das war jetzt die Auffassung von Notker.

Birgit: Ich glaube, dann wäre die Bärenfrau bestimmt nicht gekommen ...

Zu welchem Maskenball wollte der Bär?

L: Der Fö* / der Bär hatte sich also als Förster verkleidet. Wo wollte der Bär hin?

Ulrike: Zu so'm Maskenfest

L: Zu einem Maskenfest. Was kann das für ein Maskenfest gewesen sein? Wer können da die Teilnehmer sein?

Frank: Auch nur Bären

L: Oder eventuell?

Volker: Naja, die anderen Tiere, die da so im Wald sind.

L: Ja, andere Waldtiere. Das könnte ein Maskenball der Waldtiere sein.

L: Auf einem Maskenball der Waldtiere als Förster zu erscheinen, das ist zumindestens merkwürdig. Aber eventuell wird es von den Tieren auch als komisch empfunden, nicht. Gut. Das ist also geklärt.

Ulrike: Der Bär muß jetzt so tun, als wenn er wirklich der Förster ist, weil er kann ja nicht sagen: „Ich geh jetzt zum Maskenball, oder“. // Der wird ja irgendwie aufmerksam, der Förster: also muß er so tun, als wenn er auch ein Förster ist. Und dann // das machen, was der andere macht.

Warum wird der Bär als Oberförster anerkannt?

Birgit: Also, der wird gleich zum Oberförster abgestempelt. Der Bär hat gar nichts dazu gesagt.

Jens: Äh ja, indem äh // mit dem Bären, als sie den gesucht haben, der wußte ja so viel über den Bären. Also, wann der Bär da und da nicht ist, dann muß er unter uns sein.

21

79 L: Naja, was willst du damit sagen? Was?

80 Jens: Ja, daß die Klugheit das bestätigt vielleicht.

81 L: Ah ja

82 Jens: Intelligenz

83 L: Jaa. / Bitte!

84 Volker: Er sagt zwar nicht, daß er der Oberförster ist, aber er sagt auch nicht, daß er nicht der Oberförster ist.

100 Jörg: Ja, weil er eben eine Förstermaske hat.

101 L: Wegen der Förstermaske. Und warum meint er nun, daß er es mit dem Oberförster zu tun hat? Jörg, du noch mal. Oder Stefan hat noch gar nichts gesagt.

102 Stefan: Ja, ich weiß nicht, vielleicht war der Oberförster immer der mit der tiefsten Stimme oder der stärkste.

103 L: Mhm. Ja. Dazu möchte Janna was sagen.

104 Janna: Ja, er spricht ihn so vertraulich an. Und dann brummt er so böse, als ob äh*. / / Dann denkt der Förster vielleicht: „Oh Gott, jetzt habe ich was Falsches gesagt." Und so, ne. Daß er da dann schon aus dem Brummen heraus denkt, der der Oberförster es ist, daß er ihn nicht so ansprechen darf als Kollege.

110 Katrin: Äh / / ja also jetzt / / Die Förster hieben dem Bär kräftig auf den Rücken, und er hat erwidert. Und das war also so stark, daß sie gedacht haben: Das ist der Oberförster.

Absichten des Bären

141 Birgit: (...) Er hat was getrunken und dadurch wurde er vielleicht ein bißchen tollkühn. Da wollte er so auch mal vielleicht ausprobieren, wie das ist bei den Förstern.

149 Notker: Vielleicht will er, statt gejagt werden, der Jäger sein.

179 Christian: Ich könnte mir vorstellen, daß der Bär jetzt sagt: „Also die sehn mich als Oberförster an und wagen wohl gar nicht zu sagen, daß ich der Bär sein könnte, weil also / / dann würde ich ihnen sofort widersprechen und mein Wort als Oberförster." / / Also ich glaube, der denkt so, daß sie es überhaupt nicht wagen könnten zu sagen, daß er der Bär ist.

206 Ulrike: Aber vielleicht sind sie erstmal vorsichtig, wenn sie jetzt sagen: „Sie sind der Bär." Und dann nachher wird der noch wütend, wenn der sich also, da / / könnt ja noch der* / / das sein, daß er sich noch als Bär zusätzlich verkleidet hat vorher noch. Und wenn sie dann sagen: „Sie sind der Bär", dann / / vielleicht wird der noch wütend / /, weil er es gar nicht ist, denken *die.*

207 L: Ah so, das müssen wir noch mal klar machen. Das war jetzt 'n bißchen sehr raffiniert. Du meinst, die Förster könnten die Auffassung haben, dieser – unser Oberförster – hat sich als Bär verkleidet. In dieser Bärenmaske steckt der wirkliche Oberförster, meinen sie. Und er hat sich nur so 'ne Bärenmaske da*, in eine Bärenmaske selber gesteckt, damit wir, die wir ihn zwar auch für den Oberförster halten, schließlich für den Bären halten. Und dann ist er doch wieder der Oberförster.

208 Ulrike: Ja.

209 L: Ja, Janna

210 Janna: Ja, ich glaub, daß die gar nicht mehr so weit denken können. Ich glaub', daß die jetzt voll sind und – das glaub ich – das alles da nur zum Spiel ansehn, das alles gar nicht ernst nehmen.

250 Christian: Einmal kann es sein, daß er Abenteuerlust hat. Und das anderemal könnte es sein, daß er die Bä* / / die Förster so bißchen* / / daß er die Förster wohl nicht so mag und die ein bißchen mit dem* / / veräppeln will. (...)

Um welche literarische Gattung handelt es sich?

290 L: (...) Wenn wir so etwas von einer Geschichte / / von einem Tier hören, ja was machen wir denn nun mit so einer Geschichte? Sagen wir nun: „Naja, mein Gott, Tiere oder so / / Worum geht es denn wohl so? Wird uns hier einfach eine Tiergeschichte erzählt? Oder, was meint ihr?
(Die Schüler nennen die Gattungen Märchen und Gleichnis.)

297 Notker: Vielleicht ist das so'n modernes Gleichnis.

298 L: Aha, da müßten wir noch wissen, was es besagt.

299 Bianca: Ja, ich mein das auch, daß es total unrealistisch ist, und das sind Märchen ja auch.

0   Birgit: Ja, vielleicht will Peter Hacks ja damit erklären, daß (...) wenn einer von der Menge in eine
        Rolle reingeschoben wird und sich dafür auch noch ausgibt, daß also praktisch*, / / also wenn
        jetzt die Oberförster* / / äh die Oberförster halten ihn für den Oberförster. Deshalb kommen sie
        gar nicht auf die Idee, daß das ein Bär sein könnte. Und der kleinste und schwächste also, auf
        dem können sie ja alle rumhacken. Das ist dann der Bär, den können sie ja ruhig erschießen.
        Und vielleicht ähm / / meint er, daß die große Menge praktisch vor den großen Leuten kuscht
        und also immer auf den kleinen rumpickt. Also vielleicht wollte / /

26   L: Birgit ja, kannst du nochmal sagen, was Deine Bedeutung des Gleichnisses wäre?

27   Birgit: Ja vielleicht, daß die also große Menge, also eben große Menge ähm / / jetzt irgendjemand in
        eine Rolle reinschiebt, und dieser Jemand vertritt sein Rolle. Die Rolle ist höher als die Menge,
        also also / /

28   L: Ja, eine Vorgesetztenrolle oder so etwas / /

29   Birgit: Ja genau. Und äh / / jetzt sagt der Vorgesetzte irgend etwas, und die Menge tut das vielleicht
        auch. Und dann geht sie gleich auf den Kleinsten (...)

Psychologische Deutung

32   Notker: Vielleicht, weil der Bär, / / der ist körperlich noch ein Bär, aber psychisch / /, weil sie
        immer sagen: „Du bist der Oberförster und so". / / Weil er auch schon ein bißchen betrunken ist,
        hat er gesagt: „Wenn wirklich alle sagen, ich bin der Oberförster, will ich auch mal der Ober-
        förster sein, warum nicht? Jetzt bin ich einfach der Oberförster!"

33   L: Ja

34   Birgit: Ja, ich würde sagen, die Menge, die hat ihn dermaßen beeinflußt, daß er selber so verwirrt
        war, und dann schließlich haben sie ihn überzeugt davon.

35   L: Mhm. Janna, was meinst du?

36   Janna: Ja, bei den Menschen sagt man dann so äh / /, wenn er anfängt, so von* / / sich für jeman-
        den andern zu halten / /, so Persönlichkeitsspaltung, ne.

37   L: Ja, Persönlichkeitsspaltung, ja / /

38   Janna: Aber ich glaub', daß das bei dem Bären noch nicht der Fall ist. Ich glaub', wenn der sich
        erstmal ausgeschlafen hat, daß er dann auch wieder weiß, was los ist.

39   L: Dann wär' es eine sozusagen vorübergehende

40   Janna: ja genau

41   L: nicht dauernde Persönlichkeitsspaltung. Ja gut / / wollen wir es mal damit genug sein lassen.

3.3 9. Klasse

(Einzelstunde)

Um welche literarische Gattung handelt es sich hier?

2   Claus: Ah, das is en Märchen.

3   L: Ein Märchen.

4   S: Fabel.

5   L: Ja –

6   Hans: Also eher eine Fabel, weil der Bär sprechen kann. Also weil Tiere sprechen.

7   L: Ja –

8   Michael S: Ja, ich würd sagen, keine Fabel, weil da, äh, also keine Moral (drin) vorkommt.

9   L: Andere Meinungen? Märchen, Fabeln – / / / Ja, Kai?

10   Kay: Ja es is vielleicht von beiden, äh, von beidem etwas vorhanden. Vielleicht 'ne Mischung
        davon – aus Fabel und Geschichte.

11   L: Mhm – / / Mich würd' interessieren: Diejenigen, die so dran denken, es könnte eine Fabel sein,
        sehen die eventuell so etwas wie eine äh, wie eine Lehre in der Geschichte drin? / / / Ja –

12   Volker: Vielleicht (auch) daß Kleidungen einen Menschen machen.

13   L: Daß Kleidung ...

14   Volker: Daß Kleidung oder Uniform, wie hier, einen Menschen machen.

15   L: Ja – / / / Andere Ideen? / Michael?

16 Michael: Ja, das rein Äußere bestimmt vielleicht den Menschen.

17 L: Ja –

18 Michael: So daß, wenn ich einen Menschen sehe, zuerst immer vom Äußeren ausgehe.

Thema der Selbstsuche

L: Ja – / Hans-Jürgen?

19
20 Hans-Jürgen: So daß man, äh wenn man etwas sucht, vielleicht zuerst einmal in sich oder in seiner Gruppe sucht, wenn man jemand Bestimmtes sucht, vielleicht ...

L: Daß, wenn man etwas sucht ...

21 Hans-Jürgen: man erst mal in sich selbst sucht, also jetzt im übertragenen Sinn.

22 L: In sich selbst.

23 Hans-Jürgen: Ja, oder in * wenn man sucht.

24 L: Ja – ja – / Ich verstehe jetzt noch nicht so ganz, wie du das meinst.

25 (Stimmgewirr)

26 Hans-Jürgen: Die suchen nach einem Bären, und dabei ist der Bär unter ihnen. Daß (sie vielleicht an irgend em Ort einen Schuldigen suchen ...),genau wie er dann in sich selbst dann noch sucht.

(Gemurmel)

32 L: Ja – / / / Ihr könnt vielleicht noch *so* an die Geschichte rangehen, äh * Wie findet er (ihr) denn die, wie findet ihr die Geschichte? Ist sie interessant, ist sie lustig, ist sie blöde, doof, langweilig? / / / Michael S.

33 Michael S: Ja, also ich find sie ganz lustig, und die erinnert mich auch mehr (als) so ein bißchen an Geschichten von Wilhelm Busch.

L: Ja, warum?

34
35 Michael S: Ja, also hier so die, ähm, ähm, die Ausdrücke sind also schon en bißchen alt, sagen wir mal: „Potzblitz" und so Sachen. Und überhaupt so die Art, wie sie geschrieben ist, erinnert mich sehr stark.

L: Ja, ja – / Hartmut?

36
37 Hartmut: Mich erinnert das irgendwie an die Geschichte von, äh, Hauptmann von Köpenick, nicht, der hat ja auch so (die) Uniform an (...) Voigt und auch als äh Hauptmann, (...) geht er in die, in die Försteruniform an (und nun ...) als Oberförster (...)

41 Michael: Ja, das, der Bär ist also in der Gruppe drin, und der sucht mit der Gruppe also praktisch sich selber.

L: Ja –

42
43 Michael: Und (daß, wenn) man in 'ner Gruppe ist und dann sich selber findet oder sich selber sucht durch eine Gruppe.

44 L: Ja – / / Könnt ihr, wenn man so etwas in der Geschichte sieht, könnt ihr dann auch einen Bezug herstellen zu eigenen Erfahrungen, Erlebnissen? / / Habt ihr so etwas selber schon bei euch erfahren?

(Gemurmel von Schülern)

L: Ja, Kay?

45 Kay: Ja, daß man vielleicht, um von sich selber abzulenken, auf andere Menschen hinweist.

46 L: Ja – ja –

47 Birgit: Man sieht vielleicht

48 L: Birgit, ja!

49 Birgit: Man sieht vielleicht durch eine Gruppe, was vielleicht noch in einem steckt.

50
64 Michael S: Ja, ich nehm an, der will jetzt wissen, ob, ob er en Bär ist oder nicht. Deswegen sagt er ja: (Wollen) wir den Bär schießen? Dann, denk' ich (dann) dachte der, die Förster würden, wenn er en Bär wär, auf ihn schießen. Aber das hat(ten) sie nicht getan. Und deswegen, also, spitzte sich die Sache nur noch zu. Also, ihr müßt noch nach dem und da suchen.

Welche Rolle spielen die Förster dabei?

71 L: Ich würde vorschlagen, daß wir jetzt, äh, wir kommen dann gleich wieder zum Bären, daß wir zwischendrin jetzt noch uns einiges überlegen zu den Jägern, und wie die Jä-, äh, zu den Förstern, und wie die Förster sich verhalten. Können wir auch zu den Förstern etwas sagen? Hans-Jürgen?

24

72 Hans-Jürgen: Also daß die Förster, ja also, wie die die Gesellschaft darstellen, indem, indem die
   dem Bären helfen sollen, sich selbst zu suchen, also, daß die Gesellschaft dem einzelnen helfen
   muß, also so, wie man (hofft), erklären, was er ist.

73 L: Ja – / / Michael?

74 Michael: Ja also, der Bär, der hat da die meisten Haare im Gesicht, kann am meisten vertragen und
   so, teilt die besten Schläge aus und so, und jetzt meinen die Förster alle, er wär' der Oberförster,
   und folgen dem Bären also und machen auch, was er sagt.

75 L: Ja – / / Noch etwas zu den Förstern und wie sie sich verhalten und was sie tun? / / Volker?

Versuch einer historischen Übertragung auf die Judenthematik

88 Michael S: Ja, ich dacht' nämlich, wenn die so um die Jahrhundertwende oder später noch, um 40
   geschrieben worden wäre, dann könnte das vielleicht so sein: Also daß der Mann, sagen wir mal,
   Jude is, und die Juden sind ja also verhaßt, wie der Bär bei den, äh, Förstern. Jetzt hat sich der
   Bär bei den Förstern eingeschlichen, hat sich als Förster ausgegeben, und dann wurde er schon,
   äh, akzeptiert. Ja, und jetzt, äh, wird das vielleicht auch auf so Juden bezogen sein, die sich als
   reiche Männer, oder was weiß ich, verkleidet haben oder ausgegeben haben. Ja, und dann
   wurden se ak-, akzeptiert. So könnte es vielleicht sein.

Die Dummheit der Förster

89 L: (...) Ich würd' vorschlagen, daß wir noch mal zurückgehen zu den Förstern. Das war, glaub ich,
   der Michael S. oder der Volker, einer hat davon gesprochen, daß die / dumm dargestellt würden.
   Können wir noch etwas über die Förster sagen, vielleicht auch ausgehend davon, daß sie offensichtlich als dumme Leute dargestellt werden, – kann man noch was dazu sagen? Das ist der
   Jürgen?

90 Jürgen: Ja, sie wollen eigentlich den Bären suchen gehn, von dem sie überhaupt nicht wissen, wo er
   is. Sie haben total keine Ahnung davon. Der Bär muß ihnen ja erst sagen, wo er is.

91 L: Ja – / Kay? Nicht? Claus?

92 Claus: Ja, also, sie nehmen den Bär als, äh, einen Führer an, also als Oberförster, ohne daß sie ihn,
   äh, auf den Namen nach durchschauen.

93 L: Sie schauen nur auf seine Stärke und nicht auf sein Aussehen –

94 Claus: Nicht direkt, aber, äh, sie schauen, schauen ihm nicht hinter die Maske.

95 L: Ja, sie schauen ihm nicht hinter die Maske, ja – ja – mhm – / / / Maria?

96 Maria: Sie suchen sich auch irgendwie so 'nen Führer oder so, und wenn der sagt: Also wir gehen
   jetzt, äh, wieder schießen und so, dann kommen se mit. Aber die kommen ja nicht selber auf so
   ne Idee und so. Die brauchen irgend immer einen, der sagt, wat jetzt gemacht wird.

97 L: (...) / / warum / machen die Förster den jüngsten Förster zum Bären? Frank?

98 Frank: Weil er der Schwächste ist, nur mit dem Bären hätten sie das gar nicht erst versucht, weil
   er der Stärkste ist.

99 L: Du bist die Melanie, ja? Stefanie. / Wird auch so sein, ja – Maria? / Michael?

00 Michael: Ja, also, weil der junge Förster da die wenigsten, die wenigsten Anzeichen für einen Förs-
   ster hat. Also, er hat noch keinen richtigen Bart und hat sich auch immer so zurückgehalten.

01 L: Maria?

02 Maria: Die sind auch irgendwie gewohnt, also, als von einer Ferne zu schießen, sondern immer,
   immer en Bären oder so, der kann denen nu nix anhaben und so. Und da haben sie sich eben son
   schwachen Förster (...) der ihnen auch nichts anhaben kann.

Selbstsuche und Gruppe

10 Michael: Ja, er ist doch praktisch nicht so in der Gemeinschaft drin wie die anderen Förster, und
   deshalb * da ist auch kein Verlust oder so.

11 L: Ja, das ist jetzt noch en neuer Gedanke, nich? – Hans-Jürgen?

12 Hans-Jürgen: Sie suchen die, die schwache Stelle in sich selbst, (... der Bär ist auch nicht) reingekommen in die Gruppe. Sie suchen nun die schwache Stelle, und sie nehmen nich an, daß die
   schwache Stelle eben ne starke ist. Sie meinen, daß die schwache Stelle immer 'ne schwache sein
   muß.

13 L: Ja – ja – ja / das find ich auch interessant. Ja – mhm. / Noch etwas zu / dem jungen Förster? /

25

Ja – / Dann würd' ich gerne jetzt noch einmal fragen – nachdem wir jetzt noch mehr gesagt haben über den Bären und die Förster –, noch einmal fragen, ob ihr / Beziehungen zu eurer Erfahrungswelt, zu eurem Leben usw. herstellen könnt oder Beziehungen zu der Welt, die ihr um euch herum seht. Beziehungen von der Geschichte zur eigenen Erfahrungswelt oder zur Welt, wie wir sie erleben. Kann man das? / / / Ja – Birgit?

114 Birgit: Man sieht vielleicht oft in einem Menschen was Falsches.

115 L: Ja – Michael?

116 Michael: Ja und auch, daß, wenn man in eine Gruppe reinkommt, daß man sich der Gruppe anpaßt.

117 L: Ja – / und beides erleben wir ja eigentlich immer wieder. / Noch solche Bezüge? / / Volker, oder, nein, äh, Michael S.?

118 Michael S: Ne äh, was ich noch sagen wollte, ach so: Daß der Stärkste also am wenigsten als der, äh, Störenfried, also angesehen wird, als der Pascha.

119 L: Ja – / Birgit?

120 Birgit: Der Schwächere ist auch benachteiligt, wie der junge Förster zum Beispiel. Den wollten se ja jetzt als Sündenbock dahinstellen.

Überlegungen zum Schluß

126 Stefanie: Ja, also, der Schluß ist so, als ob die ganze Geschichte en Traum wär. Und dann auf einmal kommt die, äh, Frau mit dem Biß, und da ist er dann durch den Traum dann erlöst, also, wieder zurück in die eigene Welt, also.

127 L: Ja – / / / Du bist (…), der Jürgen zuerst, ja?

128 Jürgen: Ja, äh, ich glaub, die Bärin bringt dem sozusagen sein Konzept durcheinander; also er will jetzt da dazugehören, aber die Frauen tun ihn dann wieder raus.

129 L: Michael?

130 Michael: Ja, das stimmt aber gar nicht, er sagt ja da im letzten Satz: Das macht nichts, andern Mal ist auch noch en Tag. Also er hat …

149 L: Ja – ja – also noch nicht abgeschlossen für ihn, sozusagen …

Mögliche Intentionen des Autors

/ / / Wenn ihr jetzt überlegt, daß die Geschichte ja von jemandem geschrieben worden ist, von Peter Hacks, könnt ihr euch vorstellen, warum jemand so 'ne Geschichte schreibt? / / / Kay?

150 Kay: Ja, vielleicht, daß man eigene Fehler einsieht, äh, wenn man diese Geschichte liest? Zum Beispiel den Stärke-, dem Stärkeren nicht immer recht zu geben.

151 L: Ja – Volker?

152 Volker: Ja, vielleicht hat er 'ne eigene Erfahrung so in etwa gemacht und das dann auf Tiere bezogen, also auf die Geschichte.

153 L: Michael?

154 Michael: Ich glaub, die Geschichte schreibt man als (Geschichte) an des des Menschens oder Personen in bestimmten Situationen.

155 L: Verhalten von Menschen in bestimmten Situationen. Ja, wobei natürlich interessant ist, in welches Verhalten wird es sozusagen aufgefächert – es sind ja auch so zwei Beiträge gekommen.

156 Michael S: Der Autor, der stößt also die, also die Leser in ihr eigenes Leben hinein. Also weil, also, man selbst sieht ja nicht in die Probleme, äh, die Nachteile, die man hat, (die sieht ein anderer) ja viel besser, (es wird also) aufgeschrieben, (…), so was unsere Nachteile sind.

157 L: Ja – Können wir das noch etwas genauer sagen? Also grundsätzlich leuchtet mir das ja ein. Also es ist schon gesagt worden: Die Geschichte zeigt, daß wir unter Umständen nicht von vornherein jetzt, äh, dem Stärkeren glauben sollen oder ihm folgen sollen, daß wir immer in der Gefahr sind, das zu tun. Was würdest du oder die andern, die da sozusagen etwas sehen, was als Aussage des Textes gelten würde, was würden sie sonst noch sehen? Also das Problem des Stärkeren, dem man folgt, haben wir genannt. Was kann man sonst noch dem Text entnehmen? / Über uns.

158 Hans-Jürgen: Die Sache mit dem (…), gegen dem *, gegen den die Stärkeren also, ihn unterdrücken möchten von sich aus oder das abstimmen möchten.

59 L: Ja – das wäre also vor allem die Sache mit dem jungen Förster, daß der, äh, sehr leicht eben unterdrückt wird, ja – Michael?

50 Michael: Das Anpassen an 'ne Gruppe, also, daß man dasselbe macht wie die Gruppe.

51 L: Ja – / Haben wir noch * ja?

52 S: Ja, Kleider, Kleider machen Leute.

53 L: Kleider machen Leute. Ja – ist auch sehr schön in der Geschichte drin. Haben wir noch etwas? Maria?

54 Maria: (Also daß man) total eins werden kann mit der Gruppe, dann fragt keiner mehr, äh, wenn die Gruppe das jetzt alles macht, fragt keiner mehr: Ja, stimmt das denn auch, oder so. Man macht einfach mit.

87 Maria: Ehm, bei den Bären is es eben einer von vielen Bären. Die sind alle gleich. Und wenn er sich jetzt unter die Menschen mischt und so, is er noch viel stärker als die und, ich glaube auch etwas klüger als die, also er spielt dann ne höhere Rolle.

92 Hans-Jürgen: Ja, dagegen spricht ja wieder mal, daß es auch, also, Menschen gibt (die bis jetzt gut leben), in Indien oder so was, die sitzen gar nicht in der Gruppe, die sitzen jetzt nicht hier alle in der Gruppe, in den Bergen – oder so was, es gibt, man braucht nicht unbedingt in der Gruppe sein, um sich jetzt dem, dem …

94 L: Das ist richtig, aber vielleicht kann man auch in der Gruppe sich finden, Anita?

95 Anita: Aber man muß sich vielleicht in 'ne Gruppe, um, um zu wissen, äh, ob man, ob die Kameraden, wie sie ihn jetzt finden oder, äh, ob sie ihn jetzt, äh, gut finden oder eben nicht. Und das will er jetzt selber rausfinden, und …

96 L: Ja – ja – Daß man also sozusagen das Bild, das die anderen von einem haben, wissen möchte, kennenlernen. Andere Erklärungen?

97 Michael: Ja, die anderen, die sehen die, die anderen sehn die eigenen Fehler besser als man selbst.

3.4   12. Jahrgangsstufe

(Doppelstunde)

Die Schüler lesen den Text in der ersten Stunde für sich und ohne das Ende (den Auftritt der Bärin). Sie schreiben einen eigenen Schluß und fügen ihrer Version dann noch eine Begründung hinzu. Die zweite Stunde beginnt mit der Besprechung einiger Schülertexte.

Stilzuordnungen

14 S5: Die haben eigentlich alle drei unterschiedliche Schlüsse gewählt / darum haben die auch 'ne unterschiedliche Art zu schreiben gewählt / das hängt vielleicht von der Vorstellung ab, die jeder hat über Enden und das Schreiben / Karsten hat so 'ne Wildweststory draus gemacht mit aus-dem-Fenster-Springen / und er hat das alles so schöne heile Welt gemacht / und Regina / / eh weiß ich nicht

15 L: Ja was war bei Regina vor allen Dingen? Die große Verwirrung wer ist wer / Ja weitere Beobachtungen?

16 S5: Wollen noch mehrere vorlesen

17 L: Ja klar / wir machen noch weiter / jetzt nur so 'ne kleine Zwischenbilanz / ob da jemand was dazu sagen möchte / Ralf

18 S6: Christian hat so mehr aktuelle Themen angegangen / mit dem sauren Regen

19 L: Ja das ist ja jetzt ein Widerspruch / Linda sagt, das ist so heile Welt / und wenn er jetzt auf den sauren Regen eingeht / das ist ja wirklich ein großes Problem / dann ist es ja doch nicht so heil / Klaus-Jürgen

20 S7: Ja das ist ja ein lustiger Stil / das ist ja in einem ziemlich lustigen Stil geschrieben bei der Regina / den haben die beiden / der Karsten und der Christian ja gar nicht berücksichtigt / wäh-

rend die Regina noch etwas von dem Stil in ihrem Text noch drinhat / also etwas von der Heiterkeit

21 L: Das ist 'ne wichtige Beobachtung / der Stil ist jetzt weitergeführt worden

22 S7: Obwohl ich weiß nicht, ob das Absicht beim Christian war oder nicht / aber da er den sauren Regen erwähnt hat und das übertrieben hat / hat er doch den Stil weitergeführt / indem er das alles ins Lächerliche gezogen hat

23 L: Und soweit ich mich erinnern kann, hat er auch diesen komischen Märchenschluß / „wenn sie nicht gestorben sind, dann streifen sie noch immer durch den Wald" / Ja gut machen wir mal weiter / Uwe hat so einen interessanten Schluß

Der dominante Bär macht die Förstergruppe lächerlich

46 S6: Ich würd' sagen / im ganzen Verlauf des Märchens wird ja eigentlich klar / daß der Bär mehr Grips hat als die ganzen Förster zusammen / und jetzt sehn sie zwar die Krallen und den Schwanz vom Oberförster / das heißt aber noch lange nicht, daß sie auch den Bären erkennen

47 L: Ja Christian

48 S4: Ich mein eigentlich doch / denn in der Mitte war ja mal so 'ne Stelle mit den Hagebutten / da hielten sie ihn auch für einen Schelm / da wollten sie ihn eigentlich dadurch lächerlich machen / vielleicht daß sie gedacht haben / / also die haben natürlich die Verkleidung / oder eben als Nicht-Verkleidung erkannt / also daß es kein richtiger Mensch war, das war klar / hamse schon entdeckt

49 L: Also Ralf meint / sie haben es die ganze Zeit nicht entdeckt / und an welcher Stelle würdest du das lokalisieren / haben sie von Anfang an gewußt / da ist also der Bär

50 S4: Ja wo die sagen / die haben alle Bärte und Schnurrbärte und er hat die meisten Haare im Gesicht / also da fällts wirklich schon auf / daß er der Bär war

51 L: Ja Linda

52 S5: Ja in der ganzen Geschichte werden die Ideale der Förster so lächerlich gemacht / also wer die meisten Geweihe hat, ist da der Oberförster / und so das Idol / und jetzt kommt da etwas dazu, was sie im Grunde verachten / und ich glaube nicht, daß sie das merken / dann würde die Intention der Geschichte in eine andere Richtung gehen

53 L: Was heißt hier Intention?

54 S5: Ich seh' das darin, daß der Bär so was Unsinniges tut und daß die das nicht merken, was eben die Lächerlichkeit ihres ganzen Tuns zutagebringt / genauso wie die da durch den Wald laufen und Halali schreien / wovon alles nichts bedeutet / was alles sinnlos war / wenn die das den ganzen Abend machen

55 S12: Die Meinung, die sie sich zuerst gefaßt haben, daß das der Oberförster ist / das ist so drin / daß die das übrige gar nicht mehr merken / daß der Hagebutten gefressen hat / daß er viel Haare im Gesicht hat / das wird jetzt nicht mehr so beachtet, weil die Meinung, die sich zuerst gefaßt haben / die ist drin / die können nicht mehr umdenken / weil wie er sich so gibt / das paßt auch so

Beziehungen der Förster zum Bären (und ihre Gefühle)

63 S6: Ich mein', die haben den Bär ja auch irgendwie immer bewundert / der Bär hatte den größeren Bart als sie / tieferen Baß / konnte mehr trinken und war auch stärker / und wenn der jetzt Hagebutten ißt, machen sie das auch / um sich auf eine Stufe zu stellen

64 S5: Man könnte ja aber auch sagen, daß sie das lieber mitmachen als sich bloßzustellen / daß sie das doch gemerkt haben

65 S12: Die hatten ganz einfach Angst vor dem Bären und haben deshalb den Schwächsten gesucht

66 L: Wodurch wird das deutlich / daß sie Angst haben / einmal die Sache mit den Hagebutten / daß sie sich auf eine Stufe stellen / und nicht auffallen wollen / wie wird das vielleicht noch deutlich / die reine Angst? Klaus-Jürgen

67 S7: Ja daß die immer um Vergebung bitten / das bedeutet ja / daß sie Angst vor seiner Meinung haben

(Pause)

28

Der Originalschluß wird vorgestellt

78 S2: Ich weiß nicht, wie hier das steht / fand ich das echt öde / da fand ich den Schluß vom Martin schon besser / lustiger / die Spannung da (im O-Text) geht dem Höhepunkt zu / und da nimmt das so eine ganz andere Wendung / das setzt eigentlich gar nicht fort, wo der Text aufgehört hat

79 L: Ja wieso / es kann doch sein / daß die Frau des Bären wirklich auftritt

80 S2: Das ist doch 'ne neue Person die da auftritt / das führt die Sache ja nicht da weiter / der Bär muß da ja nicht ma mehr antworten

81 L: Martin

82 S15: Ich hab mir ja auch überlegt, die Frau auftreten zu lassen / das paßt irgendwie nicht rein / in Verbindung mit der Frage

83 L: Ich mein, 'ne neue Person kann man ja einführn / der junge Förster ist ja auch ziemlich spät eingeführt

84 S15: Aber einer aus der Gruppe, die vorher schon da war

85 L: Ah so / also die Förster als solche warn schon da / und dann ist es nichts neues in dem Sinne / Linda

86 S5: Auch die Art und Weise wie die Frau hier eingeführt wird / jetzt muß ja irgendwie was Entscheidendes passieren / und dann an der Stelle 'ne neue Person einführen / das kann irgendwie nicht so belanglos gemacht werden, wie da is / also die kommt da rein, als wär' das ganz normal, daß da irgendwer reinkommt / hätt' anders eingeführt werden müssen / schon allein deswegen geht das nicht

Verallgemeinerungen: Beziehungen zwischen Förstern und dem Bären

98 S5: Ja also insgesamt / man muß ja nicht immer vom Förster und von den Bären ausgehen / daß die Förster eben für eine Gruppe stehen / die an sehr engen Traditionen und Vorstellungen hängen / und daß so 'ne Gruppe von den Bären / die sie abwerten / jetzt auch nicht als das Wahre angesehen werden

99 S4: Die Förster sind einfach autoritätsgläubig: wenn sie die tiefe Stimme von dem Bären hören / da glauben sie schon, es wär' der Oberförster / und später der Bär erweist sich ja auch als autoritätsgläubig / wenn seine Frau reinkommt und ihm in den Nacken reinbeißt / der auch / und dann scheint es mir so, als ob der Bär selber in einer Persönlichkeits krise drinstecken würde / denn er hat selbst gar nicht richtig gemerkt daß er der Bär ist (Heiterkeit) / „Eben hatten wir ihn gefunden, den Bären" / also der spricht doch von sich in der dritten Person / die ganze Zeit über / selbst seiner Frau gegenüber

00 S11: Dann auch aus Angst vor dem Oberförster und Respekt

01 L: Also einmal Respekt / dann wieder Angst / und wenn man sich jetzt mal das Verhalten gegenüber dem Jungförster ansieht / Martin

02 S15: Da zählt eben nur großer Bart / großes Geweih / und sobald mal einer da ist, der schwächer ist / und nicht soviel Erfolg errungen hat / da starten die sofort irgendwie Aktionen gegen den Schwächeren / an dem können sie sich dann auslassen

03 S6: Würd ich auch sagen / die Förster haben irgendwie so ein Ordnungsschema / nach dem sie alles einteilen

04 L: Es ist ja ein guter Gedanke / daß wir beide Aspekte genannt haben / auf der einen Seite Respekt und auf der anderen Seite Angst / das ist ja häufiger bei autoritären Personen / daß man denen auf der einen Seite Respekt entgegenbringt / auf der anderen Seite auch vor denen zittert / also da spiegeln sich eigentlich beide Elemente / die kann man also beide hier rausarbeiten

05 S11: Da ist aber ein dritter Aspekt / die Hilflosigkeit / die das Verhalten der Förster begründet

29

Beispiele für die eigenen Schlüsse der Schüler

Der Chef testet die Untergebenen

1.

„Oh, ihr Schafsköpfe. Ihr wollt Förster sein? Könnt ihr denn einen Bären nicht von einem Oberförster unterscheiden? Nun gut, so werde ich es euch zeigen." Mit diesen Worten zog er sein Bärengewand aus und präsentierte sich als Oberförster. „Seht, er ist wirklich der Oberförster", sagten die anderen Förster irritiert und beendeten ihren Ball mit einem tierischen Saufgelage.

Innere Ähnlichkeiten zwischen Förstern und Bären

2.

„Ja, wenn das so ist, bin ich wohl der Bär", sagte der Oberförster.

„Wie ist es aber möglich, daß wir euch nicht erkannten?" fragten die Förster.

„Dies liegt wohl daran, daß zwischen Bär und Förster kein so großer Unterschied besteht", erwiderte der Bär. Damit ging er schwankend in die Nacht hinaus, und man hörte ihn noch lange lachen.

Am nächsten Morgen fragten sich die Förster, wer der lustige Geselle gewesen sei. Man beschloß, den Oberförster des Bezirkes einzuladen und den Bär zu jagen.

Begründung:

Der Bär scheint schlauer zu sein als alle Förster zusammen. Die Tatsache, daß für die Förster derjenige der Oberförster ist, der den größten Bart hat, beweist dieses. Deshalb sollte das gute Ende auch auf der Seite des Bären liegen. Für die Förster ist jeder, der einen größeren Bart hat, einen tieferen Baß, der mehr trinken kann und der stärker ist, ein Oberförster.

Unkonventionelle Lösungen gegen den Strich

3.

Der junge Förster merkte, daß der Oberförster der Bär war, aber da er wußte, daß der Bär ihn gerettet hatte und ein guter Kumpel war, sagte er den anderen nichts.

Später merkten auch die anderen Förster, wer der Bär war, aber da sie zu betrunken waren, um etwas zu unternehmen und da sie den Bär sympathisch fanden, schlossen sie Freundschaft mit ihm.

Mit dem jungen Förster trank der Bär sogar Brüderschaft. Seit dieser Zeit schoß keiner der Förster mehr auf einen Bären und alle Förster besuchten den Bären und holten sich Rat für die Arbeit im Wald.

Der junge Förster und der Bär waren seitdem unzertrennlich und mit Hilfe des Bären wurde er einige Zeit später Oberförster und alle anderen Förster hatten nun Ehrfurcht vor ihm. Der Bär wurde vom Oberförster aufgenommen und begleitete diesen nun immer auf den Streifzügen durch den Wald und verhinderten öfter die sinnlose Tötung von Tieren, versorgten im Winter die kranken und schwachen Tiere und half dem Oberförster, den sauren Regen zu bekämpfen, indem er ein großes Plastikzelt über den Wald spannte. Und wenn sie nicht gestorben sind, streifen sie noch heute durch den Wald.

Begründung:

Ich habe ein Happyend gewählt, weil es mir so vorkam, als sei der Bär den Förstern sympathisch und hätte sich ein Ansehen bei diesen verschafft. Außerdem ist er ein gutmütiger Bär und in seinem Verhalten den dort anwesenden Förstern ähnlich und mußte den Förstern mal eine Lektion erteilen.

4.

Begründung:

Die Förster erkannten durch das Auftreten des Bären, der in eine menschliche Rolle geschlüpft war, daß sie die Gewalt über Leben und Tod hatten und daß ein Lebewesen von niedrigerer Intelligenz ihnen durchaus gleichwertig ist oder sogar in manchen Dingen überlegen war.

5.

„Was habt ihr denn erwartet? Das ist doch ganz natürlich!" brummte der Bär in seinem schluchtentiefen Baß. „Um Vergebung", sagten die Förster erschrocken.

In diesem Augenblick öffnete sich knarrend die Tür und ein Bär stand von Mondlicht umschienen in der Öffnung. („Was ist denn hier los", piepste der Bär, ihr wißt schon, wer). Er war von kleiner Gestalt.

6.

Zur Bestätigung zog der Bär noch sein Kostüm aus und trug nur noch seine Bärenhaut. Dann schwankte er nach Hause und kam dort glücklich an, denn keiner der Förster war fähig, ihm zu folgen. Auch in Zukunft ließen sie die Höhle des Bären in Ruhe, denn irgendwo hatten sie immer noch Angst, ihren Oberförster zu erschießen.

Begründung:
Der Schluß, den ich gewählt habe, ist so absurd wie die ganze Geschichte, bietet jedoch die ausreichende Erklärung für das Verhalten des Bären. Ich habe mich bemüht, die Unlogik der Geschichte fortzuführen, um keinen Stilbruch zu begehen.

7.

Der Bär brummte so tief wie die Schlucht, in die die Omnibusse fallen: „Nur weil ihr Geweihe habt, seid ihr auch keine Hirsche!" „Um Vergebung!" sagten die Förster erschrocken. Wieder nichts, ärgerten sich die Förster und erlegten den vollbärtigen, dicht behaarten Wirt, der ein Kerl wie ein Bär war. In dem Moment fiel ein Omnibus in die Schlucht.

Begründung:...

4 Analysen

4.1 Entwicklungspsychologische Interpretation der Unterrichtsprotokolle

(Kaspar H. Spinner)

4.1.1 5. Klasse (gegen Ende des Schuljahres)

Schon die erste Schüleräußerung in Klasse 5 zeigt die wesentlichen Merkmale, die das Gespräch in dieser Klasse bestimmen: „Bloß weil er jetzt so 'ne tiefe Stimme hat, glauben sie jetzt, daß er also ein großartiger Oberförster sei. Die sind so dumm, daß sie's gar nicht merken" (2). Das Schülerinteresse ist auf den kausallogischen Zusammenhang des erzählten Geschehens gerichtet: Ein verwunderliches Handlungselement wird aufgegriffen und soll nun erklärt werden. So kommen denn immer wieder „weil"-Formulierungen (insgesamt 23mal) im Unterrichtsgespräch vor, und auch die Mehrzahl der übrigen Äußerungen ist zu verstehen als Versuch einer kausalen Erklärung von Geschehenselementen. Die Formulierung „Aber wie kommt das, daß (…)" (36), mit der eine Schülerin eine Äußerung einleitet, zeigt sozusagen die Grundhaltung, mit der die Kinder an den Text herantreten. Fast detektivisch spüren sie auf, was alles der Erklärung bedarf: Sie fragen sich, warum der richtige Oberförster nicht auf dem Ball ist (49–53), warum die Förster wissen, daß der Oberförster eine tiefe Stimme hat (68), wo der Bär die Försterkleidung her hat (99–107), warum die Förster im Wald nicht die Bärin gefunden haben (20), warum es den Förstern nicht aufgefallen ist, daß der vermeintliche Oberförster den Schlüssel zur Bärenwohnung bei sich hat (8) usw. Zu allen diesen Fragen entwickeln die Schüler einfallsreiche Erklärungen, die fast durchgehend wiederum – erschlossene oder erfundene – Geschehenselemente enthalten. So sagt zum Problem, warum die Förster wissen, daß der Oberförster eine tiefe Stimme haben muß, ein Schüler z. B.: „Vielleicht hat der Oberförster bei jedem mal angerufen, dann haben die gehört, daß er 'ne tiefe Stimme hat (…)" (115). Auf diese Weise können die Erklärungen zu kleinen hypothetischen Zusatzgeschichten werden; die Herkunft der Oberförsterkleidung wird z. B. damit plausibel gemacht, daß der Bär den Oberförster eingesperrt und ihm die Kleidung abgenommen haben könnte (99). Die Schüler argumentieren nicht mit innerpsychischen Motiven der Figuren oder mit der Intention des Autors, sondern fast ausschließlich mit möglichen Vorgängen und Geschehnissen; so wird auch die für die Schüler zentrale Frage, warum die Förster den Bären nicht erkannt haben, als äußeres Wahrnehmungsproblem behandelt: Die Schüler diskutieren Erkennungsmerkmale wie Kleidung, Schnauze, Stimme, Krallen, Ohren, wackligen Gang, äußere Stärke („weil er so stark aussieht", 141). Das Argument der Trunkenheit, das die Schüler mehrfach (bezogen auf die Förster und den Bären) einbringen, entspricht demselben Deutungsmodell: Es erklärt das Verhalten der Figuren mit äußerem Einfluß. Mit der Trunkenheit wird auch die am Anfang des Unterrichtsgesprächs genannte Dummheit der Förster erklärt: „Die Jäger, die waren ja wirklich dumm, weil sie ja alle betrunken waren" (6). Die Schüler argumentieren hier also nicht mit einer Charaktereigenschaft, sondern erklären das Verhalten als direkte Folge äußerer Einwirkung. Auch bei den mehrfach wiederholten Fragen des Unterrichtenden, warum die Förster den Bären als Oberförster einschätzen, argumentieren die Schüler immer nur mit der äußeren Erscheinungsweise des Bären, so daß, wie gegen Ende der Unterrichtsstunde sichtbar, in diesem Punkt kaum ein Erkenntnisfortschritt möglich ist. Selbst das Argument „Also der macht,* er*, der also, wenn er kein Bär wär, 'n guter Oberförster" wird vom Schüler gleich begründet mit „Der kann wie 'n Bär brummen" (212).

So ist es nicht verwunderlich, daß das Problem der Verkleidung das Unterrichtsgespräch beherrscht: Es geht den Schülern um die äußeren Erscheinungen und die Täuschungen, die entstehen; ein Identitätsproblem des Bären als eines innerpsychischen Konflikts kommt nicht in den Blick.

Man kann zusammenfassend also bei den 5. Kläßlern von

einer Orientierung am äußeren Geschehen,

einem Interesse für die Kausalzusammenhänge des Geschehens,

einer Detailfreudigkeit und einem handlungsbezogenen Einfallsreichtum

sprechen.

Nach dem Entwicklungsmodell von Piaget sind die dokumentierten Schüleräußerungen als „konkrete Operationen" zu bezeichnen: Die Kinder richten ihr Interesse noch ausschließlich auf konkret vorstellbares Geschehen, nehmen dieses aber nicht einfach hin, sondern versuchen es logisch zu erfassen, stellen also kognitive Denkoperationen mit den konkreten Vorstellungen an (vgl. z. B. Piaget 1967, S. 149 ff.).

Mit Schenk-Danzinger ([11]1977, S. 208 ff.), Remplein ([17]1971, S. 339 f. und 491) und anderen deutschsprachigen Entwicklungspsychologen kann in bezug auf die vorliegenden Verstehensäußerungen auch von „kritischem Realismus" gesprochen werden. Der Begriff charakterisiert eine auf die Erfassung und kausallogische Durchdringung der Umwelt bezogene Grundeinstellung im Alter der Spätkindheit. Remplein ([17]1971, S. 333) spricht auch von einer „theoretischen Einstellung" in diesem Alter; damit verweist er auf das Bestreben der 9- bis 12jährigen, allgemein wirkende Gesetzlichkeiten hinter den Einzeldingen und -vorgängen erkennen zu wollen.

Das Interesse für das äußere Geschehen und seinen logischen Zusammenhang ist verbunden mit einer *normorientierten Argumentation* der Schüler. Sie gehen von der Vorstellung eines geregelten Weltzusammenhangs aus und nehmen deshalb Handlungselemente, die aus dem Rahmen fallen, aufmerksam wahr. Durch Erklärung wird das Befremdliche wieder in den geordneten Weltablauf integriert. Diese Normorientierung zeigt sich schon im ersten Wort der bereits zitierten ersten Schüleräußerung; mit dem „bloß" in „Bloß weil er jetzt so..." (2) wird ausgedrückt, daß das Beobachtete ja eigentlich nicht der gewohnten Norm entspreche. Im weiteren Unterrichtsgespräch sind dann Äußerungen wie „Das müßte denen doch auch aufgefallen sein" (8), „Da müßten sie doch eigentlich merken (...)" (41) usw. typisch.

Die Normorientierung zeigt, ebenso wie das fast ausschließliche Interesse am äußerlichen Geschehenszusammenhang, daß der literarische Text von den Schülern wie ein Stück Realität behandelt wird. Dabei enthält der vorliegende Text genügend Elemente, die den Gesetzen der Realität widersprechen und auf den Fiktionalitätscharakter hinweisen. Die Schüler stoßen auch darauf – wie ein Bär denn sprechen könne, wird einmal gefragt (125), und daß ein Bär doch auf allen Vieren ginge (183), wird vermerkt. Die erste Frage wird vom Unterrichtenden zurückgestellt, die zweite von einem Mitschüler entkräftet (ein Bär ginge „nicht immer" auf allen Vieren, 184). Die Schüler lassen sich das gefallen; die Konsequenz, daß das Muster der Alltagsrealität als Leitfaden für die Erklärung der Geschichte nicht ausreichen könnte, wird von ihnen nicht einmal erwogen.

Die Gleichsetzung von Fiktion und Alltagswirklichkeit drückt sich nun auch darin aus, daß die Schüler den Text durchweg *wörtlich verstehen.*

Was der Text in seiner wörtlichen Aussage offen läßt, wird von den Schülern nicht durch übertragene Bedeutungen und auch nicht durch erschließbare psychische Zusammenhänge, sondern ausschließlich durch zusätzliche Handlungselemente auf der Ebene des erzählten Geschehens aufgefüllt. Die Unmittelbarkeit, in der den Schülern das erzählte Geschehen im Bewußtsein ist, zeigt übrigens schon die pronominale Ausdrucksweise in der ersten Schüleräußerung; der Schüler sagt nicht „der Bär" und „die Förster", sondern „er" und „sie", weil er distanzlos den Verweisungszusammenhang der Geschichte für gegeben hält.

Das Problem des wörtlichen Verstehens ist vor allem von der amerikanischen Psychologie untersucht worden. Einschlägig sind insbesondere Experimente zum Verstehen von Sprichwörtern, bei denen sich gezeigt hat, daß Kinder vor dem 11. Lebensjahr die übertragene sprichwörtliche Bedeutung in der Regel noch nicht erfassen. Applebee (1978) hat diese Forschungsergebnisse in seine Untersuchung zur Frage, wie Kinder Geschichten verstehen, einbezogen; er charakterisiert dabei die Verstehensweise der Kinder mit dem Begriff „Literalism".

Eine Parallele ist auch zu sehen in den amerikanischen Versuchen, das Textverstehen (reading comprehension) in Einzelfähigkeiten aufzugliedern. Bei den entsprechenden Modellen erscheint oft die Kategorie „wörtliches Verstehen", „Verstehen des offen zutage liegenden Textsinnes" o. ä. als erste Teilfähigkeit, der dann weitere Teilfähigkeiten wie „Verstehen des impliziten Textsinns" o. ä. folgen (zusammenfassend dazu Groeben 1982, S. 20 ff. und Johnson/Barrett in Santa/Hayes 1981).

Der literarische Text dient, so könnte man zusammenfassend sagen, den Schülern der 5. Klasse dazu, ihre Fähigkeit zum genauen Nachvollziehen und kausalen Erklären von Geschehenszusammenhängen an den Tag zu legen. Das Lesen steht im Dienst der Weltaneignung, die aber nicht mehr, wie bei jüngeren Kindern, ein bloßes Hinnehmen und Vergegenwärtigen des Seienden ist, sondern nun im Erkennen der kausal-logischen Zusammenhänge besteht. Noch nicht dient der Text dazu, Welt und eigene Subjektivität zu *deuten,* eine Funktion, die Literatur erst in den folgenden Entwicklungsstufen gewinnt.

4.1.2 8. Klasse (Schuljahresanfang)

Im Unterschied zu Klasse 5 erörtern die Schüler von Klasse 8 nicht so sehr die äußeren Handlungsmerkmale und ihre kausale Verknüpfung, sondern vielmehr die Intentionen und Motive, von denen die handelnden Figuren geleitet sind. Immer wieder stellen die Schüler Vermutungen darüber an, was die Figuren gedacht haben könnten: „Dann denkt der Förster vielleicht: (...)" (104), „Und das war also so so stark, daß sie gedacht haben, (...)" (110), „(...) denkt er vielleicht auch, daß es für ihn gar nicht so gefährlich ist" (143) usw. Zweimal entwerfen die Schüler sogar einen kleinen inneren Monolog (104 und 179). In der 5. Klasse wurde noch kaum über Gedanken der Figuren gesprochen, und wenn das geschah, wurde das Denken als unmittelbare Reaktion auf äußere Wahrnehmung, nicht als steuernde Instanz für die Verhaltensweisen, aufgefaßt; so sagte z. B. eine Schülerin in Klasse 5: „(...), die Förster haben vielleicht gedacht, daß das sich halt verkleidet hat (...)" (111). In Klasse 8 dagegen sind Äußerungen möglich wie „(...) könnte sein, (...) daß er die Förster wohl nicht so mag und die so bißchen mit dem ...

veräppeln will; also sozusagen, daß er die anschmieren will, oder so ..., weil er vielleicht schon mit denen nicht so gute Erfahrung gemacht hat" (250). Hier wird die Verhaltensweise des Bären mit dessen Intention begründet, und es wird sogar erklärt, wie der Bär zu dieser Intention gekommen ist: Er hat „nicht so gute Erfahrung" mit den Förstern gemacht; ein ganzer psychischer Mechanismus wird hier aufgerollt. Man kann also bei den Schülern dieser Klasse von einem ausgeprägten *psychologischen Interesse* sprechen.

In der Entwicklungspsychologie gilt die hier zum Ausdruck kommende „Entdeckung der seelischen Innenwelt" (Remplein [17]1971, S. 433) und das „zunehmende Verständnis für psychische Gegebenheiten anderer Menschen" (Nickel [2]1976, S. 344) als ein Hauptcharakteristikum des Jugendalters.

Man kann bei genauerem Hinsehen das psychologische Interesse der Klasse 8 noch in 2 Interessensrichtungen ausdifferenzieren: Es fällt zum einen auf, daß die Schüler deutlich die wechselseitige Abhängigkeit der Verhaltensweisen und der Handlungsintentionen der Figuren im Blick haben. Sie sehen also nicht nur, daß Handlungen durch Motive und Intentionen begründet sind, sondern sehen auch, daß diese Motive und Intentionen von Erfahrungen mit anderen abhängig und auf Denken und Fühlen der anderen bezogen sind. Diese Verstehensweise ist z. B. deutlich in der folgenden Äußerung zur ersten Begegnung des Bären mit dem Förster: „Der Bär muß jetzt so tun, als wenn er wirklich ein Förster ist, weil er kann ja nicht sagen: ‚Ich geh jetzt zum Maskenball, oder ...'. Der wird ja irgendwie aufmerksam, der Förster; also muß er so tun, als wenn er auch ein Förster ist. Und denn ... das machen, was der andere macht" (60). An solchen Äußerungen kann man sehen, daß die Schüler einen ausgesprochenen *Sinn für die wechselseitige Abhängigkeit von Verhaltensorientierungen* entwickelt haben.

Es handelt sich hier um einen Aspekt, der in der Entwicklungspsychologie unter dem Begriff der „sozialen Kognition" abgehandelt wird. Nach dem Modell von Robert L. Selman handelt es sich bei den Äußerungen der Klasse 8 um einen Ausdruck der 3. Stufe des sozial-kognitiven Verständnisses, nämlich der „wechselseitigen Perspektivenübernahme" („mutual role taking"), vgl. Selman in Geulen 1982, S. 235 und Selman 1984, S. 53.

In bezug auf das psychologische Verstehen der Schüler kann ferner präzisiert werden, daß sie nun erkennen, daß ein und dieselbe Person in sich gespalten sein kann. Ein Schüler versucht es mit einer Unterscheidung von Leib und Seele (auf die Frage, ob man zugleich etwas sein und nicht sein könne): „Vielleicht, weil der Bär ... der ist körperlich noch ein Bär, aber psychisch ..." (332) und eine Schülerin spricht von „Persönlichkeitszwiespaltung" (336).

Der Entwicklung des psychologischen Verstehens entspricht die zunehmende Argumentation mit hypothetischen Erklärungen. Die psychische Dimension ist ja nicht direkt beobachtbar, so daß man immer wieder mit bloßen Vermutungen operieren muß. Deshalb verwenden die Schüler auch Formulierungen wie „denkt er vielleicht" (143), „Einmal kann es sein, daß er Abenteuerlust hat. Und das andere Mal könnte sein (...)" (250), „Ich würd' daraus folgern, daß sie den Bären greifen wollten" (218). Aber die Schüler erschließen nicht nur, was hinter den Verhaltensweisen der Figuren stecken könnte, sie entwickeln auch denkbare andere Verhaltensweisen der Figuren, um mit ihnen zu argumentieren. Das führt zu Konstruktionen wie: „Und wenn er jetzt sagen würde: ‚Nein, also ich komm' da jetzt nicht hin' und so, dann würde der andere ja mißtrauisch werden, ja und denn: ‚Wieso denn nicht?' Und dann würde der vielleicht sogar erkennen, daß er gar kein Mensch ist, sondern 'n Bär" (139). Es gab zwar schon hypothetische Argumentationen in Klasse 5, es handelte sich dabei allerdings noch überwiegend um mögliche Erklärungen im Stil von „Könnt' ja sein, daß (...)" (72) und nicht um „wenn ... dann"-Konstruktionen. In Klasse 8 ist also der *Möglichkeitssinn* und, damit verbunden, das *hypothetische Argumentieren* wesentlich weiter entwickelt. Der Verlauf der vorliegenden Geschichte wird in den „Wenn ... dann"-Konstruktionen der 8. Klasse sozusagen dadurch erklärt, daß er als die wahrscheinlichste Variante aus den vorstellbaren Möglichkeiten ausgegrenzt wird.

Die hier in Erscheinung tretende Unterordnung des Wirklichen unter das Mögliche und das hypothetische Denken gelten der Genfer entwicklungspsychologischen Schule als ein Hauptcharakteristikum des „formalen Denkens", das im Jugendalter das „konkrete Denken" der Kindheit abgelöst hat (vor allem Piaget/Inhelder 1977b; vgl. auch die Gegenüberstellung „wirklich versus möglich" und „empirisch-induktiv" versus „hypothetisch-deduktiv" bei Flavell 1979, S. 130ff.). Das hypothetische Denken ist durch ein hohes Maß an „Reversibilität", wie ein Schlüsselbegriff der Theorie Piagets lautet, gekennzeichnet: Verschiedene Möglichkeiten werden miteinander in Verbindung gebracht, erprobt und ggf. verworfen, denn jede vorgestellte Möglichkeit kann in Gedanken rückgängig gemacht werden, ist reversibel, weil das formale Denken nicht an das Gegebene gebunden ist.

Die ganze Komplexität der Argumentation, die durch die Verbindung des hypothetischen Denkens mit dem Sinn für die Wechselseitigkeit von Verhaltensorientierungen möglich ist, zeigt die folgende Schüleräußerung (es geht um das Problem, daß der Bär die Förster ausgerechnet zur eigenen Höhle führt): „Ja, weil grad, weil er ja der Bär ist, und die würden ja nicht denken, wenn er der Bär ist, will er ja auf sich ... also ... die wissen ja nicht, daß er so dumm ist, also denken nicht, daß er so dumm ist" (163). Der Bär, so führt die Schülerin hier aus, führt die Förster zur eigenen Höhle, weil er annimmt, daß die Förster annehmen, daß er, wenn er der Bär wäre, sie nicht ausgerechnet zur eigenen Höhle führen würde. Die Schülerin unterstellt also auch dem Bären reversibles, hypothetisches Denken und zeigt, wie Verhaltensweisen von den Annahmen abhängig sind, die der Handelnde bezüglich der Interpretation seiner Handlungen durch die anderen hat.

An solchen Argumentationen wird wiederum ein Grundcharakteristikum des formalen Denkens, wie es Piaget beschreibt, deutlich: Es besteht aus Gedankenoperationen, die über Gedankenoperationen (nicht nur über vorstellbare Sachverhalte) ausgeführt werden (vgl. z. B. Piaget 1967, S. 158).

Die Fähigkeit, eine Gedankenoperation über eine Gedankenoperation auszuführen, drückt sich auch in der Vermutung der Schüler aus, daß die Förster gedacht haben könnten, der Bär sei der Oberförster, der sich als ein, sich als Förster tarnender, Bär verkleidet habe: „Sie können sich ja denken: vielleicht hat er sich als Bär, der sich als Förster tarnt, verkleidet" (17) oder „(...) könnt ja (...) sein, daß er sich noch als Bär zusätzlich verkleidet hat vorher noch (...), denken *die*." (206; hier wird gleichsam rückwärts gedacht: Die Förster erkennen, daß es sich um einen verkleideten Oberförster handelt, und sie denken, daß der Bär hinter der Oberförsterverkleidung wiederum nur eine Maske sein könnte.) So komplizierte hierarchische Verknüpfungen von Gedankenoperationen findet man in den Äußerungen von Klasse 5 noch nicht. Die Fragen nach der Wahrscheinlichkeit äußerer Handlungsmerkmale, die in der 5. Klasse vorherrschten (wo hat der Bär die Oberförsterkleider her, wo ist der richtige Oberförster usw.), sind dafür in der 8. Klasse zurückgetreten.

Zur Fähigkeit, Gedankenoperationen hierarchisch aufeinander zu beziehen, gehören auch die ersten *Ansätze zum parabolischen Verstehen,* die in der 8. Klasse zum Ausdruck kommen. So vermutet ein Schüler: „Vielleicht ist das so 'n modernes Gleichnis" (298), und eine Schülerin versucht dann eine Aussageabsicht des Autors herauszuarbeiten: „Der Peter Hacks will ja vielleicht damit erklären, daß (...) die große Menge praktisch vor den großen Leuten kuscht und also immer auf den kleinen rumpickt." (302) Die Schüler sind also fähig, neben der wörtlichen Bedeutung des Textes auch eine übertragene ins Auge zu fassen; sie tun sich dabei allerdings noch schwer (die zitierte Äußerung wird von anderen Schülern kaum aufgegriffen, und die Schülerin hat selbst Mühe, ihren Gedanken klar zu entwickeln).

In der Entwicklungspsychologie hat man gezeigt, daß das parabolische Verstehen im wesentlichen erst auf der Stufe des formalen Denkens (ab 12. Lebensjahr) vorhanden ist, vgl. Applebee 1978, S. 114 ff. (dagegen allerdings Honeck/Sowry/Voegtle 1978).

Mit dem parabolischen Verstehen ist auch die Fähigkeit, den Text als sprachliches Gebilde zu thematisieren, verbunden. So diskutieren die Schüler (freilich angeregt durch den Lehrer) die Frage, ob es sich bei dem Text um ein „Märchen" (291 ff.) oder eine „Fabel" (314) handelt. In ähnlicher Weise sprechen sie von den „Redensarten" (12), die in der Geschichte „drin" seien. Sie behandeln also das Erzählte nicht mehr nur wie ein Stück Wirklichkeit, sondern denken über den sprachlichen Ausdruck nach. Darin kann man deutliche *Ansätze eines Textbewußtseins* sehen.

Piaget/Inhelder betrachten die hier sich zeigende Fähigkeit, zwischen „der Form und dem Inhalt" zu differenzieren, als ein Charakteristikum des formalen Denkens, das in der Voradoleszenz erworben wird (z. B. Piaget/Inhelder 1977a, S. 98).

Schließlich kann man bei Klasse 8 ein verstärktes Bewußtsein des eigenen Verstehensprozesses beobachten. Das wird schon deutlich bei der ersten interpretierenden Äußerung: „Ja, also ich weiß jetzt nicht so recht, was ich von dieser Geschichte halten soll. Da sind so 'n paar, also ich sag mal, Redensarten drin wie zum Beispiel (...). Also da weiß ich nicht so recht, was ich davon halten soll" (12). Der Schüler spricht hier nicht nur über die Geschichte wie die 5. Kläßler, sondern thematisiert ausdrücklich seine Verstehensschwierigkeiten. Man kann sagen, daß die Schüler nun eine gewisse *Distanz zum eigenen Verstehensprozeß* haben.

In der Lesepsychologie ist dafür neuerdings der Begriff „metacomprehension" vorgeschlagen worden (Baker/Stein in Santa/Hayes 1981, S. 42). „Metacomprehension" ist zu verstehen als Teilkompetenz der Metakognition, der Fähigkeit, über das eigene Denken nachzudenken (zum Problem der Metakognition in der Leseforschung vgl. Brown 1980).

4.1.3 9. Klasse (Schuljahresende)

Am Unterrichtsprotokoll von Klasse 9 kann man zunächst einmal feststellen, daß die Fähigkeit des *parabolischen Verstehens* und das *Textbewußtsein,* die in Klasse 8 in Ansätzen zum Ausdruck kamen, nun deutlich entfaltet sind. Das Textbewußtsein zeigt sich gleich am Anfang in der Diskussion darüber, ob es sich um ein „Märchen" oder eine „Fabel" handle (2 ff.), dann aber auch in Äußerungen wie „(...) die Ausdrücke sind also schon ein bißchen alt, sagen wir mal: ‚Potzblitz' und so Sachen. Und überhaupt so die Art, wie sie geschrieben ist (...)" (35). Das parabolische Verstehen zeigt sich in Deutungen wie „(...) die Förster, ja also, wie die die Gesellschaft darstellen" (72), „Ja, vielleicht hat er ([Peter Hacks]) 'ne eigene Erfahrung so in etwa gemacht und das dann auf

Tiere bezogen, also auf die Geschichte" (152) oder die Übertragung auf die Juden-thematik (88 ff.). Für die Schüler dieser Klasse ist es nun ganz selbstverständlich, nach übertragenen Bedeutungen zu suchen. Dabei fällt auf, daß im Gegensatz zu Klasse 8 die Schüler nun *verallgemeinernde Bedeutungsübertragungen* vornehmen. Während die Versuche parabolischen Verstehens in Klasse 8 noch dadurch charakterisiert waren, daß sehr umständlich analoge Situationen vorgestellt wurden, z. B. „(...) jetzt sagt der Vorgesetzte irgend etwas und die Menge tut das vielleicht auch. Und dann geht sie aber gleich auf den Kleinsten" (329), verwenden die Schüler der 9. Klasse zusammenfassende Formeln wie „Kleider machen Leute" (162).

In seiner wichtigen Untersuchung über „The Child's Concept of Story" unterscheidet Applebee zwei Stufen in der Überschreitung des wörtlichen Verstehens: Am Anfang der formal-operatorischen Phase herrscht noch das Verstehen über Analogie (oder, wie Applebee auch sagt, über „exemplification") vor, während in einer zweiten Phase des formaloperatorischen Denkens (ab 16. Lebensjahr) die Verallgemeinerung („generalization") zum Verstehensmodell wird (Applebee 1978, S. 108 ff.). Die Argumentation in Klasse 9 zeigt bereits deutlich die Tendenz zur Verallgemeinerung.

Auffälligstes Merkmal in den Deutungen der Klasse 9 ist nun allerdings der durchgehende Bezug auf das Identitätsproblem. Es taucht in mehreren Abschattierungen auf:

– Es steckt in der schon erwähnten Formel „Kleider machen Leute" (162) (vgl. auch am Anfang der Unterrichtsstunde: „Vielleicht (...) daß Kleidungen einen Menschen machen", (11); verwandt damit ist die Argumentation mit der „Maske": „(...) sie schauen ihm nicht hinter die Maske" (94).

– Besonders intensiv wird von den Schülern das Verhältnis Ich/Gruppe angesprochen, und zwar unter doppeltem Aspekt: Selbstfindung in der Gruppe, z. B.: „(...) der Bär ist also in der Gruppe drin, und der sucht mit der Gruppe also praktisch sich selber" (41) und problematische Anpassung an die Gruppe: „(Also daß man) total eins werden kann mit der Gruppe, dann fragt keiner mehr (...): Ja, stimmt das denn auch, oder so. Man macht einfach mit." (164)

– Mit dem Problem der Anpassung hängt die Bereitschaft, blind einem Führer zu folgen, zusammen: „Sie suchen sich auch irgendwie so 'nen Führer oder so (...). Die brauchen irgend immer einen, der sagt, wat jetzt gemacht wird" (96).

– Mit dem Problem der Anpassung wird auch die Stellung der Stärkeren („Pascha" 118) und die Unterdrückung der Schwächeren angesprochen („Der Schwächere ist auch benachteiligt, wie der junge Förster zum Beispiel. Den wollten se ja jetzt als Sündenbock dahinstellen" 120).

– Die Schüler weisen schließlich darauf hin, daß man durch andere sich selber besser einschätzen kann: „Ja, die anderen, die sehen (...) die eigenen Fehler besser als man selbst" (197).

Man kann die Lektüre der 9. Kläßler also als ein *Lesen im Horizont der Selbstfindungsproblematik* bezeichnen. In dieser Ausrichtung liegt auch begründet, daß die Schüler die Geschichte überwiegend am Leitfaden der Hauptfigur wahrnehmen. In Klasse 8 und vor allem in Klasse 5 stand noch sehr viel stärker die Beschäftigung mit den Förstern im Vordergrund (z. B. ausgehend von der Frage, warum sie den Bären nicht erkannt hatten). In Klasse 9 wird selbst die Lehrerfrage nach den Förstern zum Anlaß genommen, die Selbstfindung des Bären weiter zu entfalten: „Also daß die Förster (...) die Gesellschaft darstellen (...) indem die dem Bären helfen sollen, sich selbst zu suchen, also (...) erklären, was er ist" (72). Dabei gehen die Schüler davon aus, daß der Text auf eine Auseinandersetzung des Lesers mit seiner eigenen Identitätsproblematik hin angelegt ist: „Der Autor, der stößt also die (...) Leser in ihr eigenes Leben hinein" (156).

In dieser Leseweise spiegelt sich die starke Beschäftigung mit dem eigenen Ich, die immer wieder von der Entwicklungspsychologie als typisch für das Jugendalter bezeichnet worden ist. Spranger hat von „der Entdeckung des Ich" im Jugendalter gesprochen (Spranger [28]1966, S. 46), Remplein vom „kritischen Subjektivismus" und der „hochgradigen Selbstbezogenheit der Pubertierenden" (Remplein [17]1971, S. 429 und 450). Erikson bezeichnet in seinem Stufenschema zur Persönlichkeitsentwicklung die Adoleszenz als die kritische Phase, in der sich „Identität" vor dem Hintergrund drohender „Identitätsverwirrung" herausbilden muß (z. B. Erikson 1981, S. 95 und 131 ff.). Ausgehend von Piaget/Inhelder (1977b, S. 330) wird auch von der „Egozentrik" der Heranwachsenden (in Abgrenzung von der frühkindlichen Egozentrik) gesprochen, so vor allem Elkind (z. B. 1974, S. 90 ff.: „adolescent egocentrism"), auch Looft (z. B. 1972, S. 79 ff.).

4.1.4 Jahrgangsstufe 12 (gegen Ende des Schuljahres)

Das Unterrichtsprotokoll aus der Jahrgangsstufe 12 zeigt noch einmal einen deutlichen Fortschritt im Textbewußtsein, das jetzt als ein *Erkennen von Textstrukturen* in Erscheinung tritt. Die Schüler sprechen vom „Stil" (20, 22), von der „Spannung", die dem „Höhepunkt zu" geht (78), und von der „Art und Weise, wie die Frau hier eingeführt wird" (86). Die Begriffe, mit denen sie operieren, sind komplexer als die Gattungsbezeichnungen „Märchen" und „Fabel", an deren Verwendung sich das Textbewußtsein der unteren Klassen festmachen ließ. „Märchen" und „Fabel" können noch als konkrete Substantive aufgefaßt werden (die Fabel steht sichtbar auf dem Blatt, der Lehrer kann dem Schüler eine Fabel in die Hand drücken), während Begriffen wie Stil eine abstrahierende Denkoperation zugrundeliegt.

In der Entwicklungspsychologie ist immer wieder festgestellt worden, daß sich das „abstrakte Denken" erst im Jugendalter richtig entfaltet (vgl. Nickel [21]1976, S. 375 ff.).

Die Fähigkeit, Textstrukturen zu erkennen, bringt nun auch eine Aufmerksamkeit für die Erzählperspektive mit sich. Das wird deutlich an einer Äußerung wie „Ja in der ganzen Geschichte werden die Ideale der Förster so lächerlich gemacht (...)" (52). Einer solchen Interpretation liegt ein doppelter abstrahierender Deutungsprozeß zugrunde: Dem Verhalten der Förster wird entnommen, daß sie bestimmte Ideale haben; zugleich wird erkannt, daß durch die Konstruktion der Geschichte diese Ideale als lächerlich entlarvt werden (z. B. Ideale der Förster/sinnloses Halali-Schreien, 54).

Der entscheidendste Fortschritt gegenüber der 9. Klasse ist allerdings darin zu sehen, daß die Schüler nun die Handlungsweisen der Figuren auf Denkmuster und Bewußtseinsstrukturen zurückführen und damit nicht mehr nur einzelne Motive für einzelne Handlungen suchen. Dabei stellen sie auch Verhaltenssteuerungen in Rechnung, die den Figuren selbst nicht bewußt sind. Das zeigt sich in Formulierungen wie „(...) die können nicht mehr umdenken (...)" (55), „(...) daß die Förster eben für eine Gruppe stehen/ die an sehr engen Traditionen und Vorstellungen hängen" (98), „Die Förster sind einfach autoritätsgläubig" (99), „(...) die Förster haben irgendwie so ein Ordnungsschema/nach dem sie alles einteilen" (103). Man kann also davon sprechen, daß die Schüler der Jahrgangsstufe 12 nun in der Lage sind, *situationsübergreifende Bewußtseinsstrukturen* als Gründe für einzelne Verhaltensweisen erkennen zu können.

Schließlich ist zu beobachten, daß die Schüler nun aus größerer Distanz die Figuren beurteilen. Während die Schüler von Klasse 9 überwiegend nur die Identitätsproblematik, die ihre eigene ist, im Bären sahen und diesen Aspekt zugleich als allgemeinen darstellten, können die Schüler der Jahrgangsstufe 12 nun besser die wechselseitige Interaktion der Figuren von einem Standort außerhalb einschätzen. Dies wird z. B. deutlich in einer Äußerung wie „Ja also insgesamt/man muß ja nicht immer vom Förster und von den Bären ausgehen/daß die Förster eben für eine Gruppe stehen/die an sehr engen Traditionen und Vorstellungen hängen/und daß so 'ne Gruppe von den Bären/die sie abwerten/jetzt auch nicht als das Wahre angesehen werden" (98). Hier wird sehr deutlich, daß die Schüler zur *nicht-identifikatorischen Fremdwahrnehmung* fähig sind und Positionen wechselseitig zu relativieren verstehen.

Beim Erkennen von situationsübergreifenden Bewußtseinsstrukturen und bei der nicht-identifikatorischen Perspektivenübernahme liegt nach dem Modell von Selman die Stufe 4 der Perspektivenübernahme vor, nämlich die „Perspektivenübernahme mit dem sozialen und konventionellen System" (Selman in Geulen 1982, S. 237) bzw. die „tiefenpsychologische und gesellschaftlich-symbolische Perspektivenübernahme" (Selman 1984, S. 54).

4.1.5 Zusammenfassung

Als Grundbewegung von Klasse 5 bis zur Jahrgangsstufe 12 kann man eine zunehmende Abstraktionsfähigkeit feststellen: Immer mehr sind die Schüler in der Lage, die Orientierung am äußeren Geschehen und das wörtliche Verstehen zu erweitern durch Einordnung in größere Zusammenhänge, Erschließen impliziter Bedeutungen, hypothetische Argumentationen, Verallgemeinerungen und Erkennen von Textstrukturen. Das kann zu einem Verlust an Intensität und Lebendigkeit führen, wenn das Konkret-Anschaulich-Einzelne im Abstrakt-Allgemeinen aufgeht. Abstraktionsleistungen sind aber nur dann erkenntnisfördernd, wenn sie auf das Konkrete zurückbezogen bleiben. Dann sind, wie das z. T. im Unterrichtsprotokoll der Jahrgangsstufe 12 beobachtbar ist, Deutungen möglich, die an Differenziertheit die anschaulichen Verstehensleistungen übertreffen. Für die Förderung der Verstehensfähigkeiten ist es also wichtig, daß man einerseits den Schülern die abstrakteren Verarbeitungsprozesse erschließt, andererseits aber die Aufmerksamkeit für das Einzelne und die veranschaulichende Vorstellungskraft zu erhalten sucht.

Deutlich tritt in den Unterrichtsprotokollen zutage, wie sich Fähigkeiten, die zum Verstehen literarischer Texte notwendig sind, z. T. erst während der Sekundarstufe I entfalten. Das gilt insbesondere für das Textbewußtsein, das Verstehen der Bedeutungsdimensionen jenseits des wörtlichen Sinns und das psychologische Verstehen. So lassen sich die Schüler von Klasse 5 zwar sehr scharfsinnig, einfallsreich und mit lebendiger Vorstellung auf die kausallogischen Zusammenhänge des Geschehens ein, sie sehen aber noch kaum psychische Hintergründe, nehmen keine Bedeutungsübertragung wahr und behandeln den Text wie ein Stück Alltagsrealität. Die Schüler der 8. Klasse dagegen konzentrieren sich auf die psychologische Erklärung einzelner Verhaltensweisen, vermögen sich vom wörtlichen Sinn zu lösen und nehmen in Ansätzen Bedeutungsübertragungen vor. Zu einer Gesamtdeutung kommt es aber noch nicht, da die Fähigkeit zur Verallgemeinerung eingeschränkt ist. In Klasse 9 dagegen sind die verallgemeinernden Deutungsleistungen sehr ausgeprägt, allerdings inhaltlich deutlich bestimmt von der entwicklungsspezifischen Identitätsproblematik. Das Verhältnis des Ich zur sozialen Umwelt steht im Mittelpunkt des Interesses. Aussage des Textes, Deutung der sozialen Welt und persönliche Problematik werden so als eines gesehen. In der Jahrgangsstufe 12 ist dann eine größere Distanz zum Text und zu den Figuren festzustellen; von dieser Position aus gelingt eine kritische Durchleuchtung von Denk- und Verhaltensmustern der Figuren. Damit erst kommt der ideologiekritische Gehalt des Textes zum Vorschein. Zugleich wird deutlich, daß die Schüler nun auch die Textstruktur in ihrer Funktion für die Bedeutungskonstitution wahrnehmen (z. B. Ironisierung).

Gewiß können diese entwicklungspsychologischen Beobachtungen nicht unbesehen verallgemeinert werden. Arrangement der Stunde, Verhalten des Lehrers und mannigfache schulische und außerschulische Vorerfahrungen prägen die Reaktionsweisen der Schüler. Beobachtungen an anderen Klassen, mit anderen Unterrichtenden und anderen Texten haben aber erwiesen, daß die aufgezeigten Grundtendenzen doch recht repräsentativ für die Entwicklung der Verstehensfähigkeiten im Rahmen unserer gesellschaftlich-kulturellen Bedingungen ist (vgl. z. B. Spinner 1980 und 1984).

4.2 Textstruktur und Rezeption (Heiner Willenberg)

4.2.1 Vorbemerkung über eine Terminologie der Stufen

Seitdem die Literaturwissenschaft das Verstehen von Lesern erforscht, benutzt sie bevorzugt bestimmte Analogien, um ihre Erkenntnisse mitzuteilen. Es handelt sich dabei meistens um Gedankenmodelle, die mit Abstufungen arbeiten: Zunächst kann der Text verschiedene Schichten von Bedeutung anbieten, die nicht jeder Leser erfaßt, und die auch der Verstehensfähige nicht bei der ersten Lektüre entschlüsselt. Wir haben es also mit einem Schichtenmodell des Textes zu tun. Jede Schicht kann, besonders wenn sie ausgebreitet ist, Unterteilungen, Bezirke und Bereiche besitzen. Aufs Literarische übertragen heißt das, jede Textschicht kann von verschiedenen Inhalten und Themen konstituiert werden.

Da der Leser Fähigkeiten haben oder Mühe aufwenden muß, um in diese Schichten einzudringen, kann man davon sprechen, daß er sich auf Stufen, Ebenen oder Niveaus des Verstehens befindet (vom Alter und der Ausbildung her gesehen) oder daß er sich auf diese Stufen, Ebenen und Niveaus begibt (von seiner Verstehensanstrengung her gesehen).

Auf jeder dieser Stufen muß er sowohl über Fähigkeiten verfügen (die immer wieder anwendbar sind) als auch über die jeweils spezifischen Kategorien, Bezeichnungen und Begriffe zur Entschlüsselung des Textes, also im Grunde über die Fachterminologie, die sich ihrerseits nun um die Kategorien der Rezeptionsforschung erweitert, so daß die Benennung einer Verstehensstufe zur literaturwissenschaftlichen und v.a. zur literaturdidaktischen Kategorie wird. Und schließlich beschäftigt sich der Lehrer, wenn er auf die genannten Einsichten didaktisch reagiert, mit Abstufungen von Materialien und Methoden wie auch mit inhaltlichen Bereichen von Texten.

4.2.2   Vorschläge zur Notation von Textstrukturen

1. Vorschlag: Halten Sie Ihre Deutung eines Unterrichtstextes in einem Textschema fest (einem vertrauten oder einem neuen, das Ihnen sinnvoll erscheint) und notieren Sie nach der Stunde die Kernpunkte der Schüleraussagen in dieser Übersicht.

Diese Methode ist relativ einfach – zusätzlich verlangt sie von Ihnen nur eine gewisse Schematisierung und einige Notizen nach (manchmal auch während) der Stunde. Die Vorteile liegen darin, daß ein einigermaßen gescheites und begründetes Schema alle wesentlichen Elemente des Textes aufzeigt und damit auch die Schwerpunkte der Schüler bzw. ihre Vermeidungen und leeren Stellen andeutet. Darüberhinaus erhalten Sie ein Analysemittel, das eine bessere Einsicht in die Psychologie des Verstehens und in die Gefühlswelt der Leser ermöglicht.

Zu diesem Zweck will ich Ihnen eine kurze Darstellung derjenigen Textmodelle geben, die psychologisch begründet sind, und die sich in unserer Arbeit als stabil erwiesen haben. Danach soll eine schematische Deutung des „Bär(en) auf dem Försterball“ folgen und schließlich ein Blick auf unsere vier Klassen und deren Leseporträts.

Wenn man Rezipienten in allen Altersstufen danach befragt, was sie spontan von Texten verstanden haben oder was ihnen längere Zeit noch haften geblieben ist, dann kristallisiert sich ein Gitter mit drei Ebenen heraus:

a) eine Art Handlungsgerüst: Figuren, Taten und ein Hauptmotiv

b) die seelischen und dramatischen Motive, d. h. die erzählerischen Antriebskräfte der Spannung, die internen Gründe und Ziele

c) die Darstellungsweise des Autors in einem bewußt gestalteten Kunstprodukt

Die erste Kategorie taucht fast bei jedem Leser auf, denn ohne die klare Wahrnehmung der Hauptfiguren zerfließt ihm jeder literarische Text, und ein Mindestmaß an Handlungen muß er verstanden sowie einen einzigen Erklärungsversuch gemacht haben, damit er dem Gedächtnis überhaupt etwas Geordnetes übergeben kann.

Mit dieser „eisernen Ration“ kommen viele aus, so daß sie gar nicht zur zweiten Kategorie vorstoßen müssen. Auf dieser zweiten Ebene findet aber das eigentliche Verstehen statt, das sowohl die emotionalen Reaktionen der Leser auf die Vorgänge umfaßt wie auch die sprachlich gesicherte Beschreibung der psychischen und dramatischen Motive im Text. Es hat sich als wichtig erwiesen, daß diese beiden Anteile vorhanden sind: Jeder Leser reagiert idealiter zunächst subjektiv und gefühlsmäßig, bevor er seine sprachlichen Kategorien benutzt, mit denen er sich die Welt und die Menschen zurechtlegt.

Aus der Untersuchung von Heuermann/Hühn/Röttger schließlich ist klar geworden, daß literarische Beobachtungen nur selten vorkommen, also Benennungen für Perspektiven, Wertungen oder den besonderen Sprachgebrauch des Erzählers. Es ist also praktikabel, die Kernstellen des Textes bei der (ersten bzw. zweiten) Lektüre auf diese drei Kategorien zu verteilen, die ich dafür noch etwas differenzieren möchte (der Kommentar folgt nach der Schematisierung):

a) Figuren/Attribute – Taten/Handlungen – Beziehung zwischen den Figuren

b) Ziele/Gründe – Hemmungen / Bedrohungen – Lösungen

c) Erzählperspektive, Wertungen, Erzähldichte

2. Vorschlag: Notieren Sie Ihre Deutungen sowohl des Textes wie der Schüleräußerungen in ein Schema, das die folgenden drei Kategorien enthält:
a) Figuren, Attribute, Relationen, Handlungen
b) Motive, Hemmungen, Lösungen
c) Erzähler (Wertungen, Perspektive)

Mit dieser Einteilung ist ein Raster gewonnen, das nicht am grünen (linguistischen) Tisch hergestellt worden ist, sondern das aus dem Verstehen vieler Leser abgeleitet wurde. Damit wird Ihnen eine sinnvolle Eintragung der Leseräußerungen erleichtert.

4.2.3   Ein Textmodell zur Verstehenskontrolle

4.2.3.1   Figur(en), Attribute, Relationen, Handlungen

Eine sprachlich beschriebene Figur zu erkennen und auch immer wieder zu erkennen, wird ja bereits in der Grundschule zum festen Repertoire der Leser. Damit allein wäre nicht viel gewonnen, dann an das Grundmuster müssen sich die verschiedenen Merkmale assortieren, die im Verlauf von Erzählungen hinzukommen und die den Ablauf oft bestimmen. Entweder gibt der Autor seinem fiktiven Geschöpf direkt bezeichnete Qualitäten bei, oder er läßt sie durch die einzelnen Episoden langsam in Erscheinung treten.

Die Fülle der Beschreibungsmöglichkeiten, die ein Autor für literarische Figuren besitzt, läßt sich für die Lese-Erziehung von Schülern dadurch vereinfachen, daß man diese Charakterisierungen mit den Beschreibungen vom Menschen vergleicht, wie sie jedermann im alltäglichen Leben vornimmt. Auch dabei tritt eine Entwicklung vom Einfachen zum Komplizierten auf, die sich folgendermaßen kennzeichnen läßt: Als erste Merkmale, die eine Figur von der anderen unterscheiden, treten die Zuweisungen nach dem Muster: „er hat/ist/tut immer" auf. Äußerst einfache Beschreibungen sind meistens die Folge: „Er hat einen Bart", oder „Er ist ein Bär", oder „Er geht im Wald". Das heißt, die einfachsten Wahrnehmungen lassen sich als Aktor und Prädikat (Proposition) wiedergeben, Attribute kommen kaum vor.

Auf der nächsten Stufe des Verstehens verfügt der Leser bereits über mehrere Merkmale, die er allerdings nur lose sammelt und relativ willkürlich als Detailbeschreibung wiedergibt. In einer Schulstunde kann es dem Lehrer passieren, daß ihm solche Detailfreunde völlig unzusammenhängende Punkte zur Charakterisierung einer fiktiven Figur vorgetragen haben und sich dann zufrieden zurücklehnen, als wollten sie sagen „Na, haben wir nicht vieles gesehen?"

Eigentlich sollte es einer fünften Klasse gelingen, die Einzelheiten der Beobachtungen zu einem einfachen Bild oder zu einer Typik zusammenzufügen.

Als nächste Leistung folgt, die verschiedenen „Provinzen" oder Teile einer Person als dynamisches Gefüge zu betrachten und in einen kausalen Zusammenhang zu bringen. Auf den Bären bezogen, könnte das so formuliert werden: Weil er wagemutig ist und weil er gern spielt oder seinem Alltag entfliehen möchte, begibt er sich in Gefahr. Auf dieser Stufe gibt es sprachliche Wendungen für logische Überlegungen wie „Das führt dorthin", „Das hängt damit zusammen" oder „Das folgt daraus".

Die nächste Stufe, für Schüler und für viele andere die letzte, ist durch die Begründung der menschlichen Eigenschaften gekennzeichnet. Es werden psychische Verarbeitungen benannt oder Ereignisse aus dem Leben der Person, die eine Entstehung z. B. von Geiz, von Sehnsucht oder von Mut begründen.

Es ist auch für Erwachsene schwierig, direkte Widersprüche in der Erscheinung eines Menschen aufzuzeigen und sie als solche stehenzulassen, bzw. darauf gefaßt zu sein, daß eine Person manchmal in der einen Weise und manchmal in einer ganz anderen Weise reagiert. Es fällt vielen Leuten schwer zu akzeptieren, daß ein Mensch z. B. freundlich und raffgierig zugleich sein kann.

Komplexere Handlungen der fiktiven Figuren müssen dieser Sparte der sozialen Wahrnehmung zugeordnet werden, denn sie manifestieren fast immer innere Trends in äußeren Situationen. Literarische Texte enthalten in dieser Schicht oft ein Element der Unberechenbarkeit, da sich die Taten der Protagonisten gerade nicht als übliche entpuppen und da sich die Abläufe gern der automatischen Zuordnung entziehen. Es scheint, daß in den Taten oft die symbolischen Qualitäten eines Textes, d. h. die Verweise auf den zu deutenden Sinn verborgen sind.

4.2.3.2 Beziehungen (und Kommunikationen) zwischen den Figuren

Dialoge regen häufig konkrete Handlungen an und teilen Informationen mit, sie vermitteln aber auch die Beziehungen zwischen den fiktiven Figuren. Sie zeigen dem Leser die Art und Weise, in der die Personen miteinander umgehen; damit haben sie sowohl einen Anteil an der Beschreibung der Taten als auch einen Anteil an tieferen Bedeutungsschichten, die erst entschlüsselt werden müssen.

Robert Selman (1984) hat eine empirische Untersuchung vorgelegt, in der er den Grad der Wahrnehmungsbereitschaft für soziale Bezüge beschreibt. Damit verhilft er uns auch zu bestimmen, welche Stufen es für die Erkenntnis der Beziehungen zwischen literarischen Personen gibt (vgl. auch die Tabelle S. 114 f.).

Wenn man stark vereinfacht, arbeitet sich die soziale Wahrnehmung bei Selmans Versuchen in fünf Stufen empor:
– Zuerst erkennen Kinder lediglich, daß andere aus eigener Subjektivität handeln,
– dann realisieren sie, daß ihre und anderer Leute Taten immer Rückwirkungen zeitigen,
– im Übergang vom Kind zum Jugendlichen erkennen die meisten, daß Handlungen aus einer Idee, aus inneren Gründen stammt,
– später suchen die Beobachter nach Wertsystemen, die hinter den Taten von Menschen stehen könnten,
– und als fast Erwachsene schließlich denken sie über das Konzept des Selbst nach, das andere Menschen entwickelt haben.

Ich habe Selmans Stufen hier in Stichworten wiedergegeben, um anzudeuten, wie auch die Beziehungen zwischen literarischen Figuren mit zunehmender Komplexität und Tiefe gedeutet werden können. Ausführlich hat Els Andringa in diesem Buch die Selmanschen Kategorien benutzt, um die Fähigkeiten von Schülern für die Analyse von Textschichten darzustellen.

4.2.3.3 Motive (Gründe, Antriebe) – Hemmungen (Bedrohungen) – Lösungen/Emotionen

Diese drei Bereiche der psychischen Dynamik in literarischen Figuren hängen eng zusammen – sie sind es auch, die fast jegliche Handlung in Gang setzen und vielerlei

Spannung bzw. Dramatik erzeugen. Dabei ist die Reihenfolge, in der sie erkennbar werden, je nach Text unterschiedlich. Insgesamt ähnelt dieses Repertoire stark den inneren Kräften im Haushalt unserer Emotionen. Und das nicht ohne Grund, es ist ja schon seit Aristoteles offenkundig, daß wie mit all unseren Gefühlsfasern an einer literarischen Darstellung teilnehmen. In der neueren Psychologie (Euler/Mandl 1983) wie in der Rezeptionsforschung (Holland 1975, Willenberg 1978) wird der Anteil der Gefühle in sprachlichen Äußerungen generell und in der literarischen Lektüre speziell wieder hervorgehoben. Und jeder Lehrer weiß, daß verbale Deutungen und Begriffsbildungen dann auf hohlem Boden stehen, wenn sie nicht von der persönlichen Erfahrung getragen sind.

Ich versuche, in Kurzform die Parallelen zwischen den Gefühlen (soweit sie erforschbar sind) und literarischen Erzählelementen herzustellen. In der Emotionsforschung, die ja bis in die neurophysiologischen Substrate hineinreicht, gibt es eine Tendenz, die gedankliche Einschätzungen von Ereignissen mit den Gefühlen zu koppeln versucht (McClelland 1958, Izard 1981).

Die Grundthese dieser kognitiven Richtung lautet: Gefühle entstehen, wenn wir mit Erscheinungen oder Situationen konfrontiert werden, die wichtig für uns sind, auf die wir aber nicht unmittelbar mit sprachlicher Klarheit reagieren können: was es heißt, in jemanden verliebt zu sein ist genauso wenig überschaubar wie die untergründige Angst, in dieser Welt zu leben.

Trotzdem versuchen wir, solche diffusen inneren Zustände zu benennen und anderen davon etwas mitzuteilen. Die Sprachen besitzen Bezeichnungen für alle Arten der Gefühle, und die entsprechenden Wortfelder ufern nicht aus, im Gegenteil, sie lassen bei Befragungen immer wieder die gleichen zentralen Richtungen und Kräfte sichtbar werden. Machen wir uns diese Versuche zu nutze (s. Euler/Mandl 1983) und bringen wir ihre Kategorien mit den möglichen Motiven literarischer Figuren in Verbindung.

Für die Gefühlsrichtung „Freude, Liebe, Zuneigung, Neugier, Hoffnung" kann man das Grundmovens „hin zu etwas" oder „ich erstrebe etwas" ansetzen. Für die gegenteilige Regung wie „Ekel, Furcht, Angst" die kontroverse Reaktion „weg von etwas" oder „etwas bedroht mich, gefährdet mich, treibt mich in die Enge".

Gefühle von der Art „Wut, Zorn, Frustration" entstehen, wenn wir in unserem Streben nach einem Ziel deutlich gehindert werden, also die Empfindung haben „etwas hemmt mich, steht mir im Wege".

„Schuld oder Scham" resultieren wohl aus der möglichen oder tatsächlichen Einschätzung anderer, auch internalisierter Instanzen, so daß die Formulierung möglich würde „ich werde beurteilt, ich werde zu recht abschätzig bewertet."

Und der letzte Gefühlsaspekt, den man mit „Trauer, Gram" bezeichnen kann, kommt zur Wirkung, wenn geliebte Menschen oder Ziele der Reichweite auf länger oder für immer entzogen werden. Die Verbalisierung, wenn sie direkt möglich wäre, hieße „ich verliere etwas Geliebtes."

Man erkennt, daß der gesamte Bereich der Motivationen von den Annäherungsbestrebungen bis zu den Vermeidungsmotiven durch diese Schematisierung der Gefühle abgedeckt wird. Bewegung kommt in dieses Feld durch die Hemmungen, die Versagung hervorrufen und denen man zunächst mit Wut, eventuell mit Scham oder mit Trauer begegnet. Wichtig für die dramatische Umsetzung ist es, daß in einem Feld der Kräfte und Akteure die Gegenspieler stark genug sind, wie auch daß objektive Schwierigkeiten und Bedrohungen enthalten sind. Mit anderen Worten, eine solche Übersicht über die Gefühle registriert die möglichen Antriebe eines Akteurs („hin zu" oder „vermeidend"), und sie zeichnet auch die Hürden auf, die sich ihm entgegenstellen, seine Kontrahenten, die Tücke der Objekte oder auch seine eigene Unfähigkeit.

Wie jedes Gefühl zu einer Lösung tendiert, so auch jede fiktive Verwicklung. Mit ihrer Beendigung, mehr noch durch die Art ihrer Auflösung ermöglicht sie dem Leser oder dem Zuschauer eine kathartische Empfindung, d. h. eine Klärung seiner eigenen Gefühlsverwirrungen.

Auf den ersten Blick sieht diese Ordnung wie das Hintergrunds-Skript eines Western oder eines Krimi aus (s. Highsmith 1985), auf den zweiten erinnert man sich wahrscheinlich an manche klassischen oder trivialen Theaterstücke. Und bei einigem Nachprüfen werden sich viele Texte einer solchen Strukturierung öffnen. Keineswegs ist damit gesagt, daß alle Handlungsmotive erfaßt wären, es ist auch nicht gesagt, daß substile Texte auf diesem Weg ausdeutbar wären. Aber die Einteilung bietet eine Hilfe, die Kräfte hinter den Handlungen zu erkennen, gerade auch für Schüler, die ja erst an die tieferen Gründe menschlichen Denkens und Fühlens herangeführt werden sollen. Literatur als Propädeutik der Emotionen und Gedanken!

Auf Seite 47 versuchen wir, eine tabellarische Übersicht herzustellen.

Wie sind nun die Gefühlsregungen erkennbar, die von der Literatur bei den Lesern ausgelöst werden?

Emotionen entstehen ja per definitionem dann, wenn eine Situation nicht klar zu deuten ist, d. h. in der Literatur primär an den Leerstellen, an denen der Autor Lücken und Unschärfen entstehen läßt, sei es daß er Handlungen andeutet, Stücke davon ausspart oder sei es, daß die Motive der Figuren aus ihrem Verhalten, ihren Gesten, ihren Dialogen erschlossen werden müssen, weil sie dem Leser nicht eindeutig vorgestellt werden.

Und auf einer anderen Ebene berührt der Handlungsverlauf oder das Schicksal der fiktiven Personen den Leser gleichsam stellvertretend, denn wie sie Sehnsucht erfahren, Trauer empfinden oder sich vor Angst verkriechen möchten, so ergeht es dem mitfühlenden Leser gleichermaßen. Natürlich ist es dabei entscheidend, wie weit sich der Leser auf die Figuren einläßt, ob er sie an seine Subjektivität herankommen läßt. Leerstellen können deshalb sowohl Anlaß sein, ein verzwicktes Rätsel mit dem Verstand zu lösen, wie sie auch durch ihre Unschärfen Gefühle entstehen lassen können.

Literarisch hervorgerufene Emotionen äußern sich bei Lesern wahrscheinlich in vier Formen:
– Sie erkennen besonders diejenigen Handlungsstücke als wichtig, durch die emotional begründete Aufregungen zustande kommen. Und sie benennen die komplexen Zusammenhänge dafür wie z. B. die Verschiebung der Angst, die in den Förstern rumort, auf den Jüngsten in der Clique.
– Sie benennen auf einer einfacheren Stufe ihre Empfindungen beim Lesen, ohne Gründe dafür mitzuliefern.
– Sie geben dem Gespräch eine Richtung, in der sich die Bewertungen verändern. Das heißt die Schüler sammeln nicht nur einzelne Details oder Handlungen, die emotional getönt sind, sondern sie aktualisieren durch ihr Gespräch verschiedene im Text

Emotionen			
Grund-bewegung	*positive Tendenzen*	*negative Tendenzen*	*sprachliche Bezeichnungen*
a) Die Person tendiert zu etwas sehr Geschätztem hin	aktive Haltung		Interesse, Neugier, Intention
	sie erfährt dabei Neues		Erstaunen, Überraschung, Verwunderung
	die positive Einstellung zum Gegenüber dominiert		Zuneigung, Liebe, Hoffnung
	die Person bekommt Hilfe bei ihren Interessen		Dankbarkeit, Verehrung
	sie erreicht ihre hochgeschätzten Ziele		Glück, Freude, Stolz
		Verlust der Interessen, der Neugier	Leere, Langeweile
b) Das Ziel entzieht sich dem Handelnden		Hemmungen treten auf	Unruhe, Ungeduld, Gier
		Intentionen werden gebrochen	Neid, Mißgunst, Eifersucht
		Erfolglose Handlungen	Wut, Zorn, Frustation, Aggression
c) Gegenüber oder Ereignisse bedrohen die Person		Bedrohung	Furcht, Angst, Panik Sorge
		der Handelnde sieht die Bedrohung voraus	
d) Eine Bewertung trifft die Person	positiv		Stolz
		Negativ, zu recht	Scham, Schuld
e) Das geliebte Gegenüber wird der Person entzogen		eher dauernd	Trauer, Gram, Kummer
		eher zeitweise	Sehnsucht, Heimweh

Als Quellen für diese Zusammenstellung habe ich zuunterst die Wortfelder der Gefühlsbenennungen benutzt, die Marx 1982 und Schmidt-Atzert 1983 veröffentlicht haben. An einer Stelle habe ich sie um Izards Zentralmotiv, die Neugier, ergänzt (Izard 1981). Im Bewegungsablauf verknüpfen sich drei kognitive Theorien, die der situativen Barriere (McClelland 1958, Hunt 1958) mit der Beobachtung über die unmittelbare Einschätzung positiver oder negativer Wirkung der Ereignisse (Peters 1965, Kuhl 1984) schließlich mit der Dynamik der Grundbewegungen von Izard.

angelegte Emotionen. Ein gutes Beispiel dafür geben die Zwölftklässler, die den Förstern zunächst eine Überlegenheit über den Bären zuschreiben, bis sie über einige
Zwischenstufen die Angst der Untergebenen nachzeichnen. In Gesprächen anderer
Klassen nehmen die Schüler zuerst die Angst der Förster wahr und erkennen erst im
weiteren Verlauf ihren zunehmenden Wagemut.
- Schließlich zeigen sie subjektive Reaktionen in ihren analogen Verarbeitungen, wenn
  sie Texte umschreiben und dabei eine Handlung locker, harmonisch, beängstigend
  oder normativ ausgehen lassen.

4.2.4 Die Lektüre der vier Klassen

5. Klasse

Die fünfte Klasse beginnt sofort mit den *Figuren* und den vermuteten zentralen Motiven, der Dummheit und der Trunksucht. Lange bezieht sich das Gespräch auf die Möglichkeit, ob der echte Oberförster unbekannt, außer Gefecht gesetzt oder verhindert sei.
Die Frage im Hintergrund, die aber nicht offengelegt wird, lautet, was eigentlich eine
Person kennzeichnet: die Uniform, das Aussehen, seine Fähigkeiten? Die handelnden
(und die abwesenden) Personen sind also das zentrale und das realistisch gesehene
Thema in dieser Klasse.

In der nächsten Phase spielen einige Fünftklässler schon locker mit der Identität: der
Oberförster habe sich eben als Bär verkleidet, oder das sei ein Ball, auf den irgendjemand als Oberförster geht. Im Hauptteil der Diskussion kommen diese Schüler in
ihren Spitzen bis zu den *Attributen* als Kennzeichnungen von Rollen oder Berufen:
„Der macht'n guten Oberförster, der kann alles, was'n guter Oberförster können muß."

Im Bereich der *Motive* haben sie wenig gefunden: ihr grundlegender Gedanke ist, es
hätte doch gelingen müssen, den Bären zu erkennen. Das heißt, sie glauben stark an die
Kraft der Intelligenz, und sie gehen von einer völlig normalen Intention aus, alles ergründen zu wollen, nach dem Motto: ich kann und ich will. So ziehen sie keinerlei
Hemmnisse in Betracht, die von seelischen Motiven (der Selbstsuche) oder von Gefühlen der Einengung bestimmt sind, gleichermaßen auch keine fiktiven, ästhetischen
Komponenten, die den Text als bewußt gestaltet erscheinen ließen. Aus ihrer Hoffnung
auf die „normale Intelligenz" können sie nur das grundsätzliche Defizit akzeptieren, die
Dummheit, oder eine zeitweise Verschleierung durch die Trunkenheit. Vielleicht sind
sie damit den tieferen Einsichten von Peter Hacks über die Verführbarkeit der Menschen ziemlich nahe: Normale Einsichtsfähigkeit hätte doch reichen müssen!

Zwei Äußerungen ragen *in der Klasse* heraus: Jochen fragt einmal, warum sich der
Bär denn selber verraten habe (159) – er findet also die eine große Leerstelle des Textes,
ohne daß Klasse und Lehrer darauf eingehen können. Und Markus meint, der Bär sei
schon öfters auf solchen Bällen gewesen und habe das Spielchen (mit der Bärensuche)
schon öfters mitgespielt (224). Er erkennt offenbar so etwas wie eine fingierte Situation,
in der übliche Einschätzungen außer Kraft gesetzt sind, und in denen „Spiele" ablaufen.

8. Klasse

Zunächst beginnt die Klasse das Gespräch mit der *Identität der Figuren:* Eigentlich
müßte der Bär als solcher erkannt werden. Dann bricht dieses Thema ab und wird erst

später (100–121) mit den Attributen Stimme und Stärke aufgenommen, und nur auf starke Hinweise des Lehrers hin sind die Schüler in der Lage genauer zu formulieren, die Bäreneigenschaften seien die Förstereigenschaften (256–259).

Gleich zu Beginn hatte ein Schüler mit der Identität gespielt, indem er sagte: „Vielleicht hat er sich als Bär, der sich als Förster tarnt, verkleidet." (19) Dieser komplexe Gedanke paßt an einer so frühen Stelle keineswegs in den Plan des Unterrichts. Konsequenterweise besteht der Lehrer hier auf dem Text (der diese Verkleidung nicht andeutet), und er führt die Schüler auf anderem Weg in die Verwechslungskomödie ein, indem er fragt, zu welchem Ball ein verkleideter Bär eigentlich gewollt haben könnte: Dadurch kommen sehr früh die *Intentionen der Hauptfigur* in den Blick, die aber hier noch nicht voll erfaßt werden. Immerhin entdecken die Schüler die mögliche Angst des Bären, die ja selten von Klassen gesehen wird.

Im weiteren Verlauf gibt es nur sporadische Bemerkungen zu den *Beziehungen* zwischen Menschen und Tier. Im wesentlichen sehen die Schüler die Förster in der schwächeren Position: als Untergebene wollten sie dem Bären schmeicheln, sie wagten es gar nicht, den Sachverhalt aufzudecken, sie nähmen das ganze als Spiel.

Der Schwerpunkt dieser Klasse liegt in der Erörterung der *Gefühle,* und da beobachten sie mehrere Aspekte: Zunächst sehen sie die Angst des Bären, der ja mit dem Förster mitgehen müsse, da er sich sonst als echter Bär enttarnt hätte. Der Bär fliehe also zunächst die Entdeckung. In der nächsten Phase beflügele ihn der Erfolg des gelungenen Unternehmens, er werde tollkühn, leichtsinnig und gebe seiner Abenteuerlust nach. Auf dieser Ebene ist es nicht mehr schwer, eine grundlegende Absicht zu postulieren, er wolle mal sehen, wie es bei Förstern sei, oder noch stärker, er wolle sie einfach veräppeln.

Die Schüler spüren wahrscheinlich auch, daß sich der Bär oft bedrängt fühlt und daß er deshalb die Verhältnisse umkehren möchte. So formuliert Notker: „Vielleicht will er, statt gejagt werden, der Jäger sein." (149) In dieser Klasse gibt es also eine Vielzahl emotionaler Reaktionen, die aber zumeist in Äußerungen sichtbar werden, in denen nach Gründen gesucht wird. Interessant ist dabei v. a., wie sich die Wahrnehmung des Bären bei den Schülern verändert: Zunächst empfinden sie, daß er Angst hat, dann konstatieren sie Leichtsinn bei ihm und zuletzt trauen sie ihm einen Ulk zu.

Zum Schluß kommen komplexe Deutungen aus dem *sozialen Wissen:* Jemand wird (von einer Masse) in eine Rolle gedrängt, und da muß er bleiben, obwohl er dabei einer Persönlichkeitsspaltung unterliegt. Ein Schüler löst das Problem der doppelten Identität am Ende elegant, indem er sagt, der Bär sei körperlich noch ein Bär, aber psychisch schon Oberförster.

Literarische Wahrnehmungen lassen sich nur über die Gattungsbegriffe in Gang setzen wie z. B. Märchen und Gleichnis. Allerdings bringt es der Begriff „modernes Gleichnis" bei einer Schülerin zuwege, daß sie die Angst der Förster vor dem Oberförster als Angst der Menge vor einem großen Führer verallgemeinern kann.

9. Klasse

Die 9. Klasse hält sich nicht lange an den *Figuren* und ihren *Attributen* auf. Es kommen im ersten Teil sehr bald, aber ziemlich verstreut (12/16/74) die richtigen Hinweise: Aussehen, Trinkfestigkeit und Kraft des Bären verleiteten die Förster, ihren Gast für den Oberförster zu halten – und der Jüngste habe eben die wenigsten Anzeichen für einen Förster, deshalb komme er in Gefahr. Insgesamt gehen die 15jährigen nach dem bekannten Denkmuster vor, das Äußere bestimme den Menschen – beiläufig fällt gegen Ende des Unterrichts der Titel „Kleider machen Leute".

Die Klasse geht dann sofort in medias res und sucht die *Gründe* für die Ereignisse. Schnell wird das zentrale Motiv präludiert, der Bär suche in der Gruppe sich selber, später dann ganz bestimmt, er wolle sich finden, vorher habe er noch gewußt, daß er ein Bär sei, jetzt nicht mehr. Das Ziel des Bären wird also ins Psychologische gerückt, in die Selbstsuche, die erst in der Widerspiegelung durch andere Erfolg haben könne. Dementsprechend bestehen die meisten beim Gespräch über die Lösung darauf, daß der Bär beim nächstenmal erneut nach sich suchen werde, denn er beharre darauf, in einer Gesellschaft angenommen zu werden. Es ist kein Wunder, daß bei einer solchen Zuspitzung auch einige gescheite Übertragungen vorkommen, z. B. in der Äußerung, die Förster seien so gruppenfixiert, daß sie den Stärksten auf keinen Fall für einen Störenfried halten wollten, obwohl – so kann man hinzufügen, er es oft ist. Oder: man könne so sehr eins mit einer Gruppe werden, daß dann keiner mehr frage, ob alles stimme, man mache einfach mit. (162)

Im *literarischen* Teil greifen die Schüler zu Klischees wie, der Autor stoße uns in unser eigenes Leben hinein (ohne weitere Begründung), und am Schluß fallen einige Bemerkungen über die mögliche Gattung Geschichte, der Text sei entweder ein Märchen, ein Gleichnis oder eine Fabel.

Insgesamt übertönt in dieser Klasse das Motiv der Selbstsuche die Wahrnehmungsfähigkeit der Schüler für die Figuren, mit denen sie sich jeweils nur kurz beschäftigen. Diese Suche verhindert auch fast jedes weitere *emotionales Reagieren;* sie sei für den Bären so wichtig, argumentieren die Schüler, daß er sie bei nächster Gelegenheit fortsetzen werde.

Das *erzählerische Arrangement* dieses Textes vereinfacht sich für diese Schüler zu einem biographischen Bericht. Logischerweise spielen die Verblendungen der Förster kaum eine Rolle und ihre mögliche Vorbehalte gegenüber diesem seltsamen Chef werden kaum erwogen. So ist es in der Argumentation der Schüler lediglich die Bärin, die in der Lage ist, ihren Mann aus dem Konzept zu bringen. Ein solcher Widerpart gefällt vielen Schülern nicht, vielleicht denken sie, eine Ehefrau solle die Selbstsuche nicht behindern. Für manche der Neuntklässler zerfließt deshalb das Erzählte zu einem Traum, v. a. der Schluß wirke so, „als ob die ganze Geschichte ein Traum wär". (128)

12. Jahrgangsstufe

Literarisches Verstehen äußert sich in diesem Unterrichtsgespräch als Stilkritik, die sich auf die Produkte der Mitschüler richtet (heile Welt, Wildwestgeschichte). Solche zusammenfassenden Bezeichnungen vermitteln etwas von der Sinndeutung der Schüler, die ja ihre vielfältigen Produkte irgendwo und irgendwie einordnen müssen. Diese Sondierungen reichen aber nicht bis zur Originalgeschichte, für die nur Bezeichnungen wie „Märchen" und „absurd" gefunden werden.

In der *sozialen Wahrnehmung* sind die Schüler differenzierter: Die Attribute der Figuren werden völlig selbstverständlich in die Argumentation eingebracht; es geht den Schülern des 12. Jahrgangs nun nicht mehr um Rollen oder andere Zuordnungen, es geht ihnen um die wirkliche Leistung der Akteure, um ihre Erkenntnisfähigkeit: „Der Bär (hat) mehr Grips als alle Förster zusammen." (46) Und: Die Förster bemerkten nicht, daß der Bär „die Lächerlichkeit ihres ganzen Tuns zutage bringt". (54)

Die Oberstufenschüler haben im Gespräch über die *Personen* schnell das zentrale Thema des Textes, die Verblendung durch Macht, erkannt und auch die Leerstellen bezeichnet. Es gelingt ihnen aber noch nicht, die Erzählung als Arrangement des Autors zu sehen, als eine Konstellation von Figuren und Beziehungen, die man ins Allgemeine übertragen kann.

Auf einer darunterliegenden Ebene, der Deutung von Episoden, verfügen sie über erstaunlich komplexe Deutungen, z. B. bei der Besprechung der Passage, in der es um das Leben des Jungförsters geht. Die Schüler empfinden es als ausgesprochene Dummheit der Jäger, ausgerechnet einen schlanken und schüchternen Kollegen zum Bären zu erklären. Sie meinen, eigentlich solle es ein typischer Förster sein, der diese Kraft verlangende Rolle bekommt. Damit sind sie allerdings schon vom Erzähler eingefangen, indem sie unterstellen, daß ein typischer Förster leicht zum Bären werden könne! Dann interpretieren sie weiter, die Förster hätten vielleicht doch Angst vor der Wahrheit, nämlich zuzugeben, den Bock zum Gärtner gemacht zu haben, aus diesem Grunde reagierten sie sich am Schwächsten ab. Es gibt hier offenkundig eine umgekehrte *Gefühlsbewegung* wie in der 8. Klasse:

Förster sind dumm, sie spüren aber:	Der Bär ist stark und gewaltig	Das wirkt als Gefühl der Bedrohung, der Angst, des Respekts	Die Angst wird verschoben: auf den Schwächsten, auf den Jungförster

Die Schüler spielen alle Möglichkeiten durch, die sich im Rahmen der Geschichte für die Beziehung zwischen Mensch und Bär ergeben. Die folgende Tabelle gibt die Entwicklung des Gesprächs in Stichworten wieder und zeigt damit, wie sich der Beziehungsaspekt für die Gesprächsteilnehmer entwickelt hat:

Die Förster wollen ihn lächerlich machen / gestehen ihm Extravaganzen zu / erkennen ihn nicht / haben Angst vor ihm / wollen sich nicht bloßstellen

Im Verlauf dieser Deutung sinken die Förster von mutigen Jagdgenossen zu kleinmütigen Untergebenen.

Was fügen nun die *Eigenproduktionen* (vgl. S. 30 f.) dem Gespräch hinzu? Sie kommen, bedingt durch die Aufgabenstellung, wenig zur Beurteilung der Hacks-Geschichte, noch weniger charakterisieren sie die fiktiven Figuren. Im Zentrum dieser Aufsätze stehen die generellen Sinndeutungen, die nach den Zielen und Motiven des Bären fragen: zwei Hauptgedanken tauchen auf: zum einen die Vermutung, der Chef möchte seine Untergebenen prüfen (1), zum zweiten – auf ganz anderem Niveau – die Idee, der Bär wolle den schießgewaltigen Herren über Leben und Tod zeigen, wie freundschaftlich, gutmütig und fähig er sei, so daß die Förster mit ihm Frieden schließen, eine Freundschaft beginnen und ihn – nun aus Überzeugung – zum Oberförster machen könnten (2/3).

Einige Schüler spielen in einer dritten Hauptvariante mit der Figurenwahrnehmung, indem sie die Doppeldeutigkeit zum Thema machen: es tritt am Schluß der richtige Bär auf (mit piepsiger Stimme), oder es kommt der echte Oberförster in der Maske des Meister Petz. Noch größere Spiellaune zeigen zwei andere Schüler, die mit einem Witzwort die Oberflächlichkeit der Förster enthüllen, als sie den Bären sagen lassen: „Nur weil ihr Geweihe habt, seid ihr auch keine Hirsche!" (7)

Die nachfolgende Tabelle stellt die Interpretationsleistungen der vier Klassen v. a. in ihrer Verteilung auf die verschiedenen Beobachtungskategorien noch einmal in Stichworten dar. Das Pluszeichen (+) weist auf Deutungen hin, die über dem erwartbaren Niveau lagen.

Figur und Attribute	Beziehungen	Gründe / Ziele / Emotionen	Erzähler
5. Klasse (R)			
Die Personen werden nur allmählich mit ausreichenden Attributen gekennzeichnet. Eine Gesamtausstattung, eine Rolle ist nicht selbstverständlich + Rollenbegriff: Der Bär kann alles, was ein guter Oberförster können muß + Doppeldeutigkeit der Identität: Der Bär ist zwei Personen	Beziehungen werden kaum genannt, zweimal nur auf einfacher Stufe: Die Förster erkennen den Bären nicht Die Förster müßten den Oberförster kennen	Die Intelligenz der Förster hätte stark genug sein müssen (Intention), um die Verkleidung zu erkennen. Als Minderung dieser Fähigkeit kommem nur Trunksucht oder besondere Dummheit in Frage. Andere Emotionen als die des Staunens kommen deshalb bei den Schülern nicht vor. + Eine wichtige Leerstelle wird erkannt: Warum gibt sich der Bär zu erkennen? + ein Motiv wird genannt: der Bär kennt sich in solchen Spielchen aus. Damit ist die Ebene der puren Realität verlassen.	Keine literarische Wahrnehmung, aber Kritik an der Handlung auf realistischer Ebene
8. Klasse (Gy)			
Attribute der Figuren werden sporadisch als die bestimmenden Eigenschaften erkannt + Oberförster verkleidet sich als Bär, der sich tarnt (Spiel mit der Identität)	Beziehungen kommen auch nur ab und zu in den Blick: Förster schmeicheln dem Bären; sie wagen nicht, den Sachverhalt aufzudecken	Schwerpunkt in der Erörterung der Gründe des Bären. Intentionen des Bären: wohin will er eigentlich? zunächst hat er Angst dann wird er leichtsinnig zuletzt will er die Förster erforschen und gar veräppeln (Die Entwicklung der Gefühle des Bären von der Angst zur Sicherheit) Soziale Deutungen folgen: Jemand wird in eine Rolle gedrängt Psychologische Version: + er sei körperlich Bär, seelisch schon Oberförster (Persönlichkeitsspaltung)	Literarische Gattungen werden erörtert: Märchen und Gleichnis, dadurch kann die soziale Deutung initiiert werden, + die Menge kusche vor einem Großen

Figur und Attribute	Beziehungen	Gründe / Ziele / Emotionen	Erzähler
9. Klasse (R) Alle Attribute werden leicht genannt. Sie dienen zur Kennzeichnung der Rolle. Die Rolle wird durch Äußeres konstituiert	Der Einzelne sucht und findet seine Identität in der Gruppe. Die Gruppe ist ihm gegenüber verpflichtet (reversibel). Kritik an der Sogkraft der Gruppe. Detaillierung in Führer, Schwächster etc. + Umkehrung dialektisch: Auch der Stärkste kann ein Schwachpunkt sein	Die Suche nach dem Selbst (in der Gruppe). Indirekt wird der Begriff der Identität umspielt. Das Ziel des Bären, die Selbstsuche, ist so stark, daß andere Motive nicht gesehen werden. Eine Hemmung kommt nur von außen, in Gestalt der Bärin.	Gattungsbegriffe: Fabel, Märchen, Wilhelm Busch. Der Autor läßt die Sinndeutung für den Leser offen
12. Jahrgang (Gy) Die Attribute werden leicht als Auslöser für die Einordnung der Person erkannt. In den eigenen Produktionen wird die Identität spielerisch behandelt. + der echte Oberförster kommt nochmals verkleidet + sie wußten von dem Tag an nie, wenn sie einen Bären sahen, ob es nicht ihr Oberförster war + Nur weil ihr Geweihe habt, seid ihr noch keine Hirsche	Alle Varianten der Beziehung werden durchgespielt: – lächerlich machen – Extravaganzen gewähren – bewundern – Angst haben – Angst verschieben	In der Beziehung zwischen den Figuren werden die Emotionen sichtbar – sie reichen von der Überlegenheit bis zur Angstverschiebung. Direkte Motive sind: Der Chef will seine Untergebenen prüfen, Bären- und Förstereigenschaften sind gleich, also ist der Sprung selbstverständlich + Der launige, friedfertige Bär animiert die Herren über Leben und Tod zu Frieden, zur Freundschaft, ja dazu, daß sie ihn absichtlich zum Oberförster bestallen. (Überwindung des gegebenen Rahmens durch eigene Wertungen, z. T. auch witzig.)	Stilbegriffe und Gattungsmerkmale werden leicht auf die Produkte der Mitschüler angewendet, nicht aber auf den Originaltext.

4.3 Kognition in der sozialen Wahrnehmung – Moralstufen
(Jürgen Kreft)

4.3.1 5. Klasse

4.3.1.1 Beschreibung der Rezeption in der thematisch-inhaltlichen Dimension – Überblick

Die Schüler wundert, daß die Förster so dumm sind, den Bären nicht als Bären zu erkennen, obwohl ihn doch so vieles als Bären kenntlich macht. Des weiteren wundert sie, daß der Bär so dumm ist, zu den Förstern, seinen Feinden, zu gehen und sich denen quasi auszuliefern. Sie erklären diese Dummheit immer wieder mit dem Hinweis auf das Betrunkensein aller. Dann beschäftigt sie die Frage, wo die Bärin war, bevor sie auftrat und als die Förster Wald und Höhle durchsuchten. Sie untersuchen es mit Scharfsinn und machen einige erklärende Vorschläge. Die Frage, wo die Bärin war, führt zur analogen, wo denn wohl der richtige Oberförster war, ob es überhaupt einen gab, zu diesem Zeitpunkt usw. Hierzu werden die entsprechenden Überlegungen angestellt. Zwischendurch wird mehrfach wieder, zur Erklärung der Absurditäten, auf das Betrunkensein verwiesen. Die Frage verlagert sich dann vom örtlichen Problem (wo war der Oberförster?) auf die, ob die Förster den Oberförster kennen und woran er überhaupt kenntlich ist. Von der Kleidung oder Uniform leitet dies über zum Problem der „tiefen Stimme", das von den Schülern immer wieder aufgegriffen wird, insgesamt siebenmal, ähnlich wie der Komplex „Trinken, trinkfest, betrunken".

4.3.1.2 Das Problem der tiefen Stimme

Mario eröffnet die Aussprache über den „Bären" mit der verwunderten Feststellung, daß die Förster den Bären bloß deswegen für den (bzw. einen großartigen) Oberförster halten – obwohl doch vieles sichtbar dagegen spricht – „weil er jetzt so 'ne tiefe Stimme hat (...)" (2). Das wird den Förstern von Mario als Dummheit angerechnet. Die Erwähnung der tiefen Stimme des Bären – als Indiz für die Förster, daß es sich beim Bären um den Oberförster handelt – steht also bei Mario in Zusammenhang mit der Auffassung, die „Förster müßten merken, daß er der Bär ist". Diese Formulierung brachte Mario kurze Zeit später (13), wo er sich in demselben Sinne auf das Auftreten der Bärin bezieht. Mario ist es denn auch, der – immer noch mit der Dummheit des Bären beschäftigt – unterscheidet: „Der Oberförster ist doch allgemein bekannt, (...) der war doch auch bestimmt bei dem Ball dabei. Dann sind's ja zwei Oberförster. Da müßten sie ja eigentlich merken, das ist der Richtige, und das ist der Falsche." (41) Damit hat Mario die Diskussion über die „Oberförster-Frage" eröffnet: Es wird erörtert, ob der Oberförster an seiner Kleidung erkannt und von Förstern unterschieden werden kann. In diesem Zusammenhang kommt Jochen auf die „tiefe Stimme" zurück. „Wenn die net wissen, daß* wie der Oberförster aussieht, woher wollte der eine dann wissen, daß weil er gar so eine tiefe Stimme hat?" (63) Jochen faßt die tiefe Stimme als *persönliches* Merkmal dieses bestimmten (richtigen) Oberförsters auf. Dasselbe gilt für Markus und Elke. Der Lehrer (L) ist es dann, der verallgemeinert: „Warum haben Oberförster tiefe Stimmen?" (98) Diese Frage verallgemeinert das primär personengebundene Merkmal der tiefen Stimme im Kontext der Diskussion über das allgemeine, unpersönliche Merkmal

„Uniform". Diese Differenz kommt aber im Unterricht so wenig heraus wie die Differenz zwischen dem Oberförstermerkmal „tiefe Stimme" als einem unterstellten Faktum: „Oberförster haben (nun einmal) tiefe Stimmen" und als Norm: „Oberförster sollten tiefe Stimmen haben." Immerhin widerspricht ein Schüler unmittelbar der Verallgemeinerung durch den Lehrer: „Brauch' man doch gar keine tiefe Stimme." (86) Das Bewußtsein der Differenz zwischen Faktum und Norm fehlt den Schülern und ist doch für ein textadäquates Verständnis unerläßlich. Den Förstern fehlt es zwar auch – sie unterstellen nicht nur, daß der Oberförster eine tiefe Stimme haben kann – und *folglich* hat, sondern sie unterstellen, daß eine so tiefe Stimme wie der Bär *nur* der Oberförster haben kann. Daß sie der genannten Differenz nicht mächtig sind, gehört zur Konstituierung der Pointe.

Ein Schüler – leider wissen wir nicht welcher – widerspricht sofort: „Brauch' man doch gar keine tiefe Stimme" (86) nämlich um Oberförster zu sein. Danach nimmt der Lehrer seine Verallgemeinerung wieder auf, was Markus nicht hindert, einen Erklärungsvorschlag zu machen, der immer noch von der tiefen Stimme des *richtigen* Oberförsters, also vom persönlichen Merkmal, ausgeht. Auch Alexander baut auf derselben Voraussetzung auf. In der Äußerung 200 wiederholt der Lehrer dieses Kennzeichen der tiefen Stimme als eines unter mehreren, woran ein Oberförster erkennbar ist. Erst am Schluß scheint die vom Lehrer eingeführte Verallgemeinerung des „stimmlichen" Merkmals angenommen, von Petra nämlich: „Vielleicht kann er lesen und hat so 'n tiefen Brummton wie Oberförster lesen." Die tiefe Stimme der Oberförster wird von Petra als Faktum genommen, das zugleich normativ-notwendig ist. Die tiefe Stimme des Bären erscheint dagegen zufällig (eine seltsame Umkehrung): „Vielleicht vielleicht ..."

4.3.1.3 Identitätsproblematik und Perspektiven-Wahrnehmung

Fast ausschließlich gehen die Schüler dieser 5. Klasse die Identitätsproblematik des Bären nicht vom Bären aus an, sondern von den Förstern aus: Warum erkennen die Förster nicht, daß der Bär ein Bär ist bzw. warum halten die Förster den Bären für den Oberförster? Soweit nicht beide Fragen, vor allem aber die erste, mit der Alkoholisierung der Förster wegerklärt wird, wird die Diskussion auf der Ebene stofflichrealistischer Argumente geführt. (Ein Hinweis des Lehrers auf den Fabelcharakter der Geschichte verfängt nicht.) Die Perspektive des Bären wird fast gar nicht wahrgenommen. Es fragt sich, ob nicht in beiden Fällen dieselbe sozialkognitive Leistung zu vollbringen ist, ob nun die Perspektive der Förster oder des Bären eingenommen werden soll. Allerdings verlangt ein adäquates Verstehen noch mehr, nämlich (zumindest!) daß beide Perspektiven in ihrer Bezogenheit aufeinander, also beide gleichzeitig eingenommen werden. – Wie aber sieht die Rezeption der Schüler aus?

Wie schon gesagt, nehmen sie vor allem die Perspektive der Förster ein, aber auch das fällt teilweise recht schwer. Zunächst besagt die Perspektivenübernahme kaum mehr als: Wenn ich Förster wäre, würde ich nicht auf den Bären hereinfallen, so dumm wäre ich nicht. Hinter den vielen Hinweisen auf das Betrunkensein steht: „So dumm können die eigentlich gar nicht sein, denn ich bin es ja auch nicht, also liegt es daran, daß sie betrunken sind." Die Perspektive der Förster wird schon deswegen unvollkommen übernommen, weil die institutionelle Konstituierung der Situation, in der sich die Förster befinden und die ihre Perspektive bedingt, nur unvollkommen begriffen wird. Die normativ-hierarchischen Strukturen der Förstergruppe und die faktischen Beziehungen werden nicht klar getrennt, wie überhaupt die Differenz von Normativität und Fiktionalität noch nicht recht beherrscht wird. Das ist allerdings nach Schülern unterschiedlich. – Ich belege das am Beispiel:

Jürgen z. B. interpretiert den hypothetischen Fall einer vakanten Oberförsterstelle wie den Fall, daß der Lehrer nicht im Klassenzimmer ist und die Schüler über Tische und Bänke gehen.

Das Verhalten der Förster wird als durch Gehorsam gegenüber der Person des Oberförsters, nicht als Gehorsam gegenüber Normen einer Institution verstanden. Dasselbe zeigt sich an den schon genannten Beiträgen zur Frage der tiefen Stimme, die von den Schülern als persönliches Merkmal, nicht aber als normativ-institutionell gefordertes Merkmal verstanden wird. Entsprechendes gilt für das Merkmal der Größe. So sagt Petra: ,,Oberförster sind so groß.`` Sie spricht wie von einem Faktum im Indikativ, doch dürfte Normatives mitgemeint sein.

Parallel zu den Merkmalen der Stimme und Größe wird das Merkmal ,,Geweih`` diskutiert. Mehrere Schüler (Nicole, Anja, ,S‘, Tanja, Günther) vertreten ganz konsequent den Standpunkt, daß der Oberförster, also auch der Bär als Oberförster, das schönste Geweih haben müßte, wenn der Rang unter den Förstern mit der Qualität der Geweihe korrespondiert. Ein anderer Schüler löst das Problem, indem er den Oberförster als bereits jenseits der Konkurrenz stehend interpretiert, aber Günther vollzieht diesen Schritt nicht mit, sondern bleibt auf der Ebene der nicht-normativen Erklärung. – Alexander faßt diese, von den Förstern aus gesehene, Idealitätsdefinition des Bären in die bündige Formel: ,,Also der macht, ... wenn er kein Bär wär, ’n guten Oberförster.`` (212) Und Jürgen deutet das am Ende der Stunde so: ,,Der kann alles, was ’n Oberförster können muß.`` (230) Das ,,muß`` spricht aus, daß hier die Rolle des Oberförsters durchaus als normative begriffen ist. Freilich bleibt auch bei diesen Schülern offen, ob die Diskrepanz zwischen normativer Rollenerwartung und faktischem Handeln klar ist.

Die Schüler verfügen auf ihrer Altersstufe in der Regel über die Fähigkeit, die Perspektive eines anderen zu übernehmen. Die Übernahme der Försterperspektive muß aber, wie gesagt, mehr leisten. Da die Förster betont in normativen Rollen handeln, muß das Konzept der normativen Rollen, also die auf Dauer gestellte normative gleichzeitige Gegenseitigkeit der Perspektivenübernahme begriffen werden. Hier haben die Schüler Schwierigkeiten (nämlich zwischen Normativität und Faktizität zu unterscheiden). Ein volles Verständnis der Förster verlangt aber noch mehr, nämlich ein volles Verständnis ihres Gegenspielers, des Bären/Oberförsters. Um den Bären zu verstehen, muß aber etwas begriffen werden, was – anders als das Rollenhandeln – in der Realität der Schüler nicht oder nur in etwa als Grenzfall vorkommt, eine in ganz bestimmter Weise gespaltene und entfremdete Identität, die als irreale Tier-Mensch-Idealität fiktional dargestellt wird. Diese Idealität empathisch zu begreifen ist also mehr als die Wahrnehmung der Perspektive des Anderen und mehr als Verstehen der in eine komplementäre Beziehung verschränkten und normativ auf Dauer gestellten Rollen. Es ist deshalb nicht überraschend, daß die Schüler einer 5. Klasse hier noch nicht weit kommen. Nur wenige Äußerungen der Schüler beziehen sich auf das Selbstverständnis des Bären. Nach einigen Minuten sagt ein nicht identifizierter Schüler: ,,Ich glaub’, der Bär war so betrunken, daß er gemeint hätte, er wär’ selber ein Bär.`` Das soll wohl heißen: ein Förster. Dem Bären wird also hier immerhin unterstellt, daß er sich nicht verstellt, sondern sich selbst für einen Förster hält. Aber dieser Identitätsverlust und Wechsel wird nicht verstanden, nicht mit dem Verhalten der Förster, mit den Eigenschaften des Bären und den Strukturen der Situation in Zusammenhang gebracht. Statt dessen wird auf das Betrunkensein verwiesen, wie (vielleicht vom selben Schüler, 51) genauso von den Förstern gesagt wird „(...) daß die so arg betrunken waren, daß die nicht mehr gewußt haben, wer sie sind." – Zur Frage des Selbstverständnisses des Bären äußert sich dann noch Tanja (228). „Des isch eigentlich auch, daß er zwei ver(körpert)." Das dürfte die einzige Schüleräußerung sein, die so etwas wie ein „gespaltenes Bewußtsein" beim Bären unterstellt. Im übrigen wird das Problem, was der Bär für ein Selbstverständnis hat, durch die These eliminiert, daß nicht der Bär sich als Förster, sondern daß der Oberförster sich als Bär verkleidet habe. Mit dieser These, die mit dem Text nicht zu vereinbaren ist, wird freilich die Geschichte um ihre Pointe gebracht. Nicht der Bär wird von den Förstern wegen seiner tierischen Eigenschaften für den Oberförster gehalten (die tierischen Eigenschaften sind zugleich die försterlichen), sondern die Förster halten den Bären für den Oberförster, weil er wirklich der Oberförster ist, den sie durch die Bärenmaske hindurch an seinen Eigenschaften erkennen. Der Bär hat die Eigenschaften des Oberförsters, weil er der als Bär verkleidete Oberförster ist. – Mit der Pointe geht verloren, was den Text ästhetisch auszeichnet: Eine schwer beschreibbare Mischung von Humor und Ironie und Komik. Dies alles wird nicht wahrgenommen, so scheint es, und das ermöglicht die Umdeutung der Geschichte.

4.3.2   8. Klasse

4.3.2.1   Fortschritte im Verstehen

Anders als die Schüler der 5. Klasse und doch in manchem sehr ähnlich versuchen die Schüler einer achten gymnasialen Klasse (Schuljahrsanfang) die Inkonsistenz des Textes für sich konsistent zu machen. Auch sie nehmen am Nicht-Realistischen der Handlung Anstoß, auch sie verweisen immer wieder erklärend auf die Alkoholisierung der Aktoren. Die Hypothese, der Bär sei in Wahrheit der Oberförster, der sich als ein Bär vermummt habe, der sich als Förster verkleidet habe, taucht auch in dieser 8. Klasse auf. Worin liegen nun die wesentlichen Differenzen zwischen den Rezeptionen unserer Geschichte durch eine 5. und eine 8. Klasse? Ich nenne vorweg eine Reihe von Punkten, die ich dann näher ausführe und belege:

1. Während in der 5. Klasse die Differenz zwischen Rollenträger und Individuen den Schülern überwiegend unklar bleibt, verfügt die 8. Klasse fraglos über das Konzept der „Rolle" und damit über diese Differenz.

2. Die 5. Klasse bleibt sehr stark der Perspektive der Förster verhaftet. Hierzu gehört, daß sie die Identität von typischen Bären- und typischen Oberförstermerkmalen unter der Frage diskutiert, woran die Förster den/einen Oberförster erkennen. Im Gegensatz hierzu interessiert sich die 8. Klasse viel stärker für das Verhalten des Bären und seine Motive.

3. Die 5. Klasse kann mit dem Hinweis des Lehrers auf den Fabelcharakter der Geschichte nichts anfangen. Die 8. Klasse dagegen läßt sich auf die Frage nach der parabolischen Bedeutung der Geschichte ein. Freilich bleibt zu untersuchen, wieweit sie dies tut.

In der 8. Klasse wird auf die Frage des Lehrers, warum die Förster den Bären für den

Oberförster halten, sofort auf der Ebene des Rollenkonzepts geantwortet. Stefan (102): „(...) vielleicht war der Oberförster immer (!) der mit der tiefsten Stimme oder der Stärkste." Auf diesem Level der soziomoralischen Kognition (konventionelle Moral, eine volle Niveaudifferenz über dem präkonventionellen Niveau, auf dem noch nicht zwischen Rollenträger und Individuum klar unterschieden wird) liegt in der 8. Klasse generell die Diskussion (Rezeption). Deshalb kann auch das Verhalten des Bären als Übernahme der ihm von den Förstern (wegen seiner Oberförster-*Rollenmerkmale)* angetragenen, ja aufgedrängten *Rolle* verstanden werden:

Birgit (72): „Also der wird gleich zum Oberförster abgestempelt. Der Bär hat gar nichts dazu gesagt."

Hier werden nun vier Fragen wichtig:

1. Wird diese Übernahme als bewußt-beabsichtigte oder als nicht-intentionale verstanden?
2. Wie wird das Irreale interpretiert (daß ein Bär sprechen kann; daß die Förster nicht sofort den Bären unter der Maske erkennen usw.)?
3. Welchen Gebrauch machen die Schüler vom fiktional-parabolischen Charakter der Geschichte?
4. Verbinden die Schüler diese verschiedenen Aspekte in einer Deutung?

4.3.2.2 Fiktionaler Text und Realitätssinn

Jeder Rezipient muß, wenn er überhaupt zu einem Textverstehen kommen soll, die Inkonsistenzen der Oberflächenstruktur, die bei diesem Text sehr groß sind, durch Interpretation in Konsistenz verwandeln, d. h. eine „Tiefenstruktur" erschließen, in der die Widersprüche irgendwie aufgehoben oder doch in die Schwebe gebracht werden. Andernfalls muß der Text verworfen werden. Dieses Verwerfen, der Nachweis der Widersprüche, Irrealität bzw. der Dummheit der fiktiven Aktoren spielt in der 5. Klasse eine große Rolle. Die 8. Klasse hält sich nicht lange beim „naiven Realismus" des unmittelbaren Vergleichs der Handlung usw. mit der Alltagsrealität auf, sondern nimmt den Text als einen fiktionalen, d. h. als einen Text, der nicht unter der normativen Prämisse unmittelbarer Realitätsabbildung steht. Obwohl im späteren Verlauf des Unterrichts erst diese Frage unter den Stichworten Märchen, Fabel, (modernes) Gleichnis thematisiert wird, nehmen die Schüler den Bären von vornherein als eine literarische Figur, bei der die Sprachfähigkeit usw. unter der Prämisse eines erhöhten Bedeutungspotentials zu akzeptieren ist. Zwar wird der Text nicht von Beginn an als eine Art Fabel mit parabolischer Bedeutung rezipiert, aber der Bär wird von vornherein als ein „Mensch" genommen, und sein Verhalten wird an den Kriterien menschlichen Verhaltens gemessen.

Diese Kriterien sind rationale, d. h. entweder wird das Verhalten kausal (Alkoholisierung) oder aus zweckrationalen Motiven erklärt. Zweckrationalität liegt z. B. dann vor, wenn unterstellt wird, daß der Bär aus Vorsicht oder Angst oder umgekehrt aus Tollkühnheit handle: Angelika: „Da kann er ja nicht sagen, daß er da nicht hingeht. (...) Und dann hätte er (sc. der Förster) auch erkannt, daß er (sc. der Bär) kein Förster ist." Vom Alkohol inspirierte Tollkühnheit als teils kausale Erklärung bietet Birgit an: „Er hat was getrunken, und dadurch wurde er vielleicht auch ein bißchen tollkühn." Schlicht kausal deutet Markus: „Ach so, daß er schon zuviel Wodka mit Honig da getrunken hatte."

4.3.2.3 Einfaches Personenkonzept

Als zweckrational und bewußt beabsichtigt wird auch noch die Übernahme der von den Förstern angetragenen oder aufgedrängten Oberförsterrolle aufgefaßt. Birgit, die gesagt hatte: „Also der wird gleich zum Oberförster abgestempelt" (72) und dann vom Alkohol inspirierte Tollkühnheit festgestellt hatte, fährt fort: „Da wollte er so auch mal vielleicht auch ausprobieren, wie das ist bei den Förstern" (145). Auch Notkers, Bettinas, Ulrikes und Christians Argumentationen unterstellen durchweg beim Bären ein intentionales, also ein bewußt-absichtliches Handeln. Mit anderen Worten: Das Personkonzept der Schüler kennt noch keine Schichtung zwischen den Polen bewußt-unbewußt und damit auch nicht die Möglichkeit eines Widerspruchs zwischen bewußten und unbewußten Motiven.

Die Strategie des Lehrers zielt darauf, die Schüler immer wieder auf solche Widersprüche hinzuweisen und sie zur Überschreitung ihres einfachen Personkonzepts zu provozieren. Dies mißlingt eher, als daß es gelingt. Die Schüler erkennen zwar, daß die *Förster* in eine widersprüchliche Situation und selbst in Verwirrung geraten sind, Christian spricht von Zwiespalt, aber sie haben sehr große Schwierigkeiten, sich die Verfassung des Bären begreifbar zu machen – auf der „realpsychologischen" und auf einer parabolischen Ebene. „Weiß der Bär, am Ende, als die Bärin kommt, daß er der Bär ist?" fragt der Lehrer schließlich direkt und erhält von Frank zur Antwort: „Also, es sieht nicht so aus, weil er ja sagt: ‚Eben hatten wir ihn gefunden, den Bären.' Das sieht so aus, als ob er dessen gar nicht mehr bewußt ist, sondern daß er immer noch der Oberförster ist." Und die Schüler präzisieren auf Nachfrage, daß er für sich selbst der Oberförster ist, aber es scheint schwer für sie, diese Einsicht festzuhalten. Die Aufspaltung in bewußtes und unbewußtes Wissen wird als *vorübergehendes* „Nichtdrandenken" oder „Nichtwissen" aufgefaßt, also nach dem Modell von Vergessen und Wiedererinnern und insofern mißverstanden. Dies deutet sich schon bei Ulrike an, die wieder das Kausalmotiv der Betrunkenheit bemüht, ähnlich wie Janna, und Notker fällt wieder ganz in die Kombination von Betrunkenheit (unbewußt) und (bewußte) Intentionalität zurück.

Die Schüler haben, vom Lehrer dahin gelenkt, gegen Ende des Unterrichts den parabolischen Charakter der Geschichte entdeckt (Notker, 298/330): Wir selbst tendieren dazu, uns in Rollen hineinschieben zu lassen und Schwächere zum „Sündenbock" zu machen. – Aber obwohl im selben Teil des Unterrichts auch die „Selbstverlorenheit", „Selbstentfremdung" des Bären thematisiert wird, stellen sie keinen Zusammenhang zwischen diesem Thema und dem Gleichnischarakter her. Daß wir, sie selbst auch entfremdet und auf der Suche nach sich selbst sein könnten, ist für sie kein Thema. Das bestätigt erneut, daß sie noch nicht über ein Personenkonzept verfügen, in dem sich intrapersonale „Widersprüche" dieser Art denken lassen.

4.3.3   9. Klasse

Wo die 8. Klasse aufhört, da beginnt die 9. Klasse: an der möglichen parabolischen Bedeutung (Kleider machen Leute; die Klasse kennt auch den „Hauptmann von Köpenick"). Und im Unterschied zur achten stellt sie auch gleich einen Zusammenhang zwischen dem Parabolischen und der Entfremdung bzw. der Suche nach sich selbst her:

Hans-Jürgen: „... man erst mal in sich selbst sucht, also jetzt im übertragenen Sinn" (22). Die Äußerungen zu dieser Thematik sind zunächst wenig klar, aber in Verbindung mit Äußerungen zu den zugehörigen Aspekten (Verhalten der Förster/Suche nach dem Bären); Einzelner und Gruppe; Vorgesetzter und Gruppe; Gruppe und „Sündenbock", (der jüngste Förster als schwächster wird zum Bären gemacht) durchzieht sie den gesamten Unterricht, wobei die parabolische Bedeutung alles dessen und damit die Anwendung auf die (eigene) Realität nicht aus dem Auge verloren wird.

In dieser Klasse wird von den Schülern deutlich ausgesprochen, daß der Bär sich selbst verloren gegangen ist, indem er sich in die Gruppe der Förster integriert hat, und daß er sich unentwegt sucht und doch nicht findet (obwohl er den Bären gefunden hat):

Michael: „Ja, das, der Bär ist also in der Gruppe drin, und der sucht mit der Gruppe also praktisch sich selber." (...) Lehrer: „Findet der Bär sich selber?" Hans-Jürgen: „Er findet sich eben nicht (...)" (...) Maria: „Also zuerst is' er, wer er is', und da * erst in der Gruppe muß er sich dann suchen. Also, bevor er auf die Gruppe gestoßen ist, da wußte er noch, daß er en Bär war." Lehrer: „Ja, und in der Gruppe weiß er es plötzlich nicht." Maria: „Is' er verloren gegangen." (...) Michael Sch.: „Ja, ich nehm' an, der will jetzt wissen, ob, ob er en Bär ist oder nicht. Deswegen sagt er ja: (Wollen) wir den Bär schießen? Dann, denk' ich (dann), dachte der, die Förster würden, wenn er ein Bär wär', auf ihn schießen (...)"

Diese Äußerungen insgesamt vermitteln den Eindruck, daß die Schüler durchaus schon von der Möglichkeit ausgehen, eine Person könne sich über ihre Identität selbst täuschen, könne ein Wissen und Nichtwissen von sich zugleich haben und dergestalt sich entfremdet sein. Freilich ist zumindest in den Formulierungen die Differenz zwischen bewußt-absichtlichem und unbewußtem Motiv des Handelns nicht schon durchweg klar. Darauf verweisen die „um zu", „deswegen", „er will" usw. bei Hans-Jürgen, Michael Sch., Michael.

4.3.4 Zusammenfassung der Analysen der 5., 8. und 9. Klasse

Die 5. Klasse entdeckt – auf der Basis eines „naiven Realismus" alles Nichtrealistische am Text und setzt vor allem das Faktum der Alkoholisierung ein, um durch Kausalerklärung die Geschichte halbwegs mit der Wirklichkeit konsistent zu machen. Zwischen Rollenträgern/Rollenmerkmalen einerseits, Individuen/individuellen Eigenschaften andererseits wird kaum unterschieden. Das Konzept der Rolle steht als normatives noch nicht recht zur Verfügung. Die Schüler können deshalb weder des Bären Übernahme der Oberförsterrolle noch das Verhalten der Förster gegenüber dem Bären/Oberförster voll verstehen, obwohl Ansätze hierzu zu erkennen sind.

Die 8. Klasse geht darüber hinaus, indem sie den Gegensatz von real/irreal (im Rückgriff auf die literarische Gattung der Fabel oder Parabel) durch parabolische Deutung entschärft und ansatzweise die Möglichkeit eines „Zwiespalts" innerhalb einer Person ins Spiel bringt. Dabei wird aber unbewußtes Handeln immer wieder noch von der Wirkung des Alkohols her verstanden. – Während also die 5. Klasse dazu tendiert, das Handeln der Aktoren primär als durch Alkohol defizitäres und in diesem Sinne nicht-bewußtes zu verstehen, tendiert die 8. Klasse zu einem extensiven Gebrauch der

Kategorie des intentionalen (bewußt-absichtlichen) Handelns und hat noch Schwierigkeiten, unbewußt motiviertes und zugleich sinnvolles Handeln als Möglichkeit zu begreifen. Das heißt aber, daß das Konzept einer „geschichteten" Person erst ansatzweise vorhanden ist.

Für die 9. Klasse ist die Anwendung der Kategorie der parabolischen Rede auf den Text (im Rückgriff auf Fabel usw.) selbstverständlich. Dasselbe gilt für die Rollenkategorie und für die Kombination beider. Auch das Verständnis von „Selbstentfremdung" geht weit über das der 8. Klasse hinaus, insofern die Schüler von der Möglichkeit ausgehen, daß man *zugleich* wissen und nichtwissen könne, wer man ist. – Das alles setzt die Schüler instand, die Geschichte mannigfaltig auf die (eigene) Realität zu beziehen.

4.3.5 Jahrgangstufe 12

Einerseits sind im Umgang der Grundkursschüler mit dem Text gegenüber den jüngeren Schülern gewisse Veränderungen unverkennbar andererseits erkennen wir bestimmte Deutungsmuster wieder, die uns schon auf den früheren Klassenstufen begegneten. Da wird z. B. der Text als eine Fabel im traditionellen Sinne verstanden, also als ein Text mit einer bündigen Lehre, die er veranschaulicht (vgl. die Schlüsse 3 und 7). Aber zugleich wird diese Zuordnung zu einer Gattung sehr bewußt vollzogen, wobei vermutlich wesentlich ist, daß die Schüler selbst produzieren müssen, nämlich einen Schluß, der dann rückwirkend den vorgegebenen Text interpretiert.

Wie in den anderen Lerngruppen wird auch im Grundkurs das Handeln des Bären vor allem als bewußt-intentionales, zweckrationales aufgefaßt (womit die Fabel-Auffassung im Zusammenhang steht), und auch die hierzu passende Deutung fehlt nicht, daß der Bär in Wahrheit der Oberförster ist, der sich als ein Bär verkleidet hat, der sich als Förster verkleidet hat. Ob der Text eine solche Deutung nahelegt, zuläßt oder abweist, wird nicht überprüft, vermutlich weil die Rezeption vor allem als Produktion stattfindet.

Das schränkt freilich die Möglichkeiten eines Vergleichs mit den jüngeren Lerngruppen erheblich ein. Prinzipiell dürfen wir zwar dieselbe Grundkompetenz für Produktion und Rezeption annehmen, aber wir müssen zusätzliche spezifische Fähigkeiten unterstellen, die jeweils von den Produktions- oder Rezeptionsanforderungen aktiviert werden. Eine Herausforderung der Grundkursschüler zu einer intensiven Textanalyse hätte wohl eine wesentlich größere Differenz zwischen diesen und den jüngeren Schülern im Hinblick auf die Identitätsproblematik sichtbar gemacht.

Immerhin überschreiten mehrere Schülerinnen und Schüler des Grundkurses die plane zweckrationale Auffassung der Identitätsproblematik, nach welcher der Bär zu jeder Zeit weiß, wer er ist, während die Förster mit der Identität des Bären ihre Probleme haben, und gelangen mehr oder weniger zur Einsicht in die Selbstentfremdung des Bären. Daß diese Einsicht nicht mehr Schülern des Grundkurses kommt, hängt wahrscheinlich auch daran, daß sie vor allem vom Schluß der Erzählung her herausgefordert wird. Dieser Schluß aber war ihnen ja zunächst vorenthalten worden (vgl. verschiedene Schlüsse der Schüler u. a. 6; S. 30 f.).

Schließlich lassen Schüler des Grundkurses die zweckrationale Sicht auch hinter sich, indem sie die Fabel-Schlüsse mit Moral ausdrücklich als Stilbruch und damit als ästhetisch inadäquat kritisieren und die Geschichte als ironisch satirischen Text begreifen. So wird trotz der genannten Einschränkungen deutlich, daß die kognitiv-strukturale Fähigkeit des Verstehens literarischer Texte auch über die Klasse 9 hinaus weitergeht.

4.4 Der Text als Problem. Kognitive Textverarbeitung im Literaturunterricht (Hans-Georg Hölsken)

Im Literaturunterricht sollen Schüler nicht nur Texte verstehen, sondern auch ihr Verstehen sprachlich mitteilen. Um solche Verstehensmitteilungen geht es in diesem Kapitel. Im Vordergrund steht nicht so sehr die Frage, was Schüler aufgrund entwicklungspsychologischer Voraussetzungen verstehen, bzw. verstehen können, sondern wie sie ihr Textverstehen sprachlich umsetzen und aufgrund welcher Textverarbeitungsweisen sie das tun. Verstehensmitteilungen im Unterricht realisieren sich in einem interaktionalen Handlungszusammenhang von Problemstellen und Problemlösen als Rezeptionshandlungen[1], d. h. als zielgerichtete Äußerungen in einem Problemlösungsprozeß, dessen Lösungsziel auch die Textverarbeitungsweise mitbestimmt. Textverstehen, das wie das Problemlösen ein konstruktiver Vorgang ist[2], entwickelt sich im Unterricht interaktional, d. h. fortlaufend in bezug zu anderen Schüleräußerungen, so daß nicht nur der Vorgabetext, sondern auch andere Redebeiträge als zu interpretierende Texte in die Textverarbeitung des einzelnen miteingehen.

4.4.1 Textverarbeitungsweisen

4.4.1.1 Die ausweitende Textverarbeitung

Textverstehen als Textverarbeitung beschreibt den Umstand, daß Textverstehen nicht mit dem Erfassen der linguistischen Struktur gleichgesetzt werden kann, sondern die konstruktive Tätigkeit des Lesers voraussetzt. Erst wenn Bedeutungseinheiten eines Textes im Wissensvorrat ausgeweitet werden, bzw. durch Wissenselemente ergänzt werden können, kommt Textverstehen zustande. Im konstruktiven Vorgang einer Interaktion von Textinformation und Leserwissen werden Sinnstrukturen aufgebaut. Ausweitungen der Textinformationen im Wissen eines Lesers entwickeln sich durch elaborative Textverarbeitungen[3], die zusammen mit den Wissensergänzungen weiterführende Schlußfolgerungen, sogenannte Inferenzschlüsse, ermöglichen und damit neue, über den Text hinausgehende Informationen „schaffen". Solche elaborativen Inferenzen

---

1 Unter Rezeptionshandlungen werden alle Verstehensmitteilungen verstanden, die unter institutionellen Bedingungen, aber auch außerhalb von ihnen, Kommunikationspartnern hinsichtlich sprachlich vermittelter Sachverhalte das Verstehen solcher Texte dokumentieren. Ich gebrauche den Begriff also nicht in dem spezifischen Sinn, wie er im rezeptionspragmatischen Konzept verwendet wird. Vgl. hierzu den Beitrag von *G. Rupp* in diesem Band.
2 Problemlösen wird hier von Aufgabenlösen unterschieden. Textverstehen und Problemlösen sind konstruktive Vorgänge. Aufgaben stellen erwartet dagegen die Anwendung bereits bekannter Lösungsmethoden. Vgl. *Dörner, D.* 1976, S. 10.
3 Zum Begriff elaborativ und reduktiv vgl. *Ballstaedt, St.-P.* 1981.

bestimmen den Kreativitätsgrad einer Textverarbeitung. Wegen ihrer rezeptionsdidaktischen Relevanz seien hier einige wichtige Inferenztypen genannt:
- den Zusammenhang von Ursache und Wirkung herstellen
- bei Handlungen (auch bei Sprachhandlungen) auf Motive, Charakter und Einstellungen schließen
- bei Handlungen, Ereignissen, Sachverhalten auf Voraussetzungen schließen
- Resultate (Handlungs- und Ereignisfolgen) antizipieren
- vom Teil aufs Ganze schließen
- allgemeine Konzepte konkretisieren und spezifizieren[4]

Wie sind nun solche über Textinformationen hinausgehende Ausweitungen zu erklären? Oder anders gefragt, wie kann das Vorwissen als eine Bedingung dafür angesehen werden, daß Textbedeutungen im Wissen eines Lesers ausgeweitet werden können? Die Schematheorie[5], die hier zugrundegelegt wird, geht davon aus, daß unser gesamtes Wissen in Wissensschemata (Begriffs- und Handlungsschemata) nach der Art eines Netzwerkes miteinander verbunden ist. Das bedeutet zweierlei: zum einen handelt es sich bei einem Schema um einen kognitiven Inhalt, also nicht um eine sprachliche, bzw. lexikalische Einheit. Zum anderen sind in einem solchen Schema typische Zusammenhänge aus einem Wirklichkeitsbereich gespeichert, deren Verknüpfung durch die Erfahrung eines Individuums bestimmt ist. Solche Zusammenhänge können durch eine lexikalische Einheit im Text abgerufen werden. So wird zum Beispiel durch das in einem Text auftretende Lexem „Auto" das komplexe Auto-Schema aktiviert, was bedeutet, daß nicht nur unser Wissen über äußere Merkmale (Autoteile, Autotypen) angesprochen wird, sondern auch unser Wissen, wie man ein Auto fährt, also Handlungsprogramme, die vonnöten sind, wenn man sich auf den Gegenstand einläßt. Aber auch benachbarte Sachverhalte wie z. B. Verkehr, Straße, Verkehrsregeln usw. wären als Teilnetzwerke mit dem Auto-Schema verbunden. Solche Wissensschemata sind zusätzlich hierarchisch organisiert, und zwar nach Abstraktionsstufen (z. B.: Audi, Automobil, Verkehrsmittel) und nach Komplexionsstufen[6] z. B.: Rad (Reifen, Kappe usw.), Auto (Rad, Sitz, Servolenkung usw.), Verkehr (Auto, Fahrräder, Straßenbahn, Fußgänger).

Sprachliche Ausdrücke in Texten, soweit sie Begriffs- und Handlungsschemata abrufen, sind fast immer Bezeichnungen für Komplexionen, d. h. für ganzheitliche Zusammenhänge, die durch eine elaborative Textverarbeitung in ihre Elemente oder Komponenten ausgeweitet werden können. Die oben aufgezählten Inferenzschlüsse sind – mit Ausnahme der zuletzt genannten – unter diesem Aspekt Operationen, die die im Wissensschema angelegten Komponenten auffüllen, mit dem Ziel des Rezipienten, einen sinnvollen Sach- oder Handlungszusammenhang herzustellen. Auf der Basis dieser Überlegungen lassen sich mindestens zwei Formen von Verstehensmitteilungen als sprachliche Realisierungen elaborativer Inferenzen näher bestimmen: die *Komponentenausweitung* und die *analoge Beispielsdarstellung.*

---

4 Diese und ähnliche Inferenztypen finden sich bei *Samlowski, W.* 1979.
5 Zur Schematheorie vgl. die gut lesbare Darstellung bei *Ballstaedt, St.-P.* 1981; dazu *Rumelhart* 1980.
6 Zum Komplexionsbegriff vgl. Kluwe, R. 1979, S. 28; Dörner, D. 1976, S. 28 ff.

Komponentenausweitung

Beispiel 1

Lehrer: Warum meint der Förster, daß er es mit einem Oberförster zu tun hat?

Stefan: Ich weiß nicht, vielleicht war der Oberförster immer der mit der tiefsten Stimme.

Gabi: (1) Ja er spricht ihn so vertraulich an.

(2) Und dann brummt er so böse.

(3) Dann denkt der Förster vielleicht: „Oh Gott, jetzt hab ich was Falsches gesagt".

(4) Daß er da denn schon aus dem Brummen heraus denkt, daß es der Oberförster ist, daß er ihn nicht so ansprechen darf als Kollege.

Auf die Frage nach der Ursachenkomponente macht *Stefan* einen Lösungsvorschlag, indem er das Merkmal „tiefe Stimme" als eine Eigenschaft von Oberförstern erklärt. Damit beschränkt sich seine Deutung auf die Erwähnung der Komponente „äußeres Merkmal" als Ursache für die Fehleinschätzung des Bären. *Gabi* elaboriert nun die Ursachenkomponente, indem sie das Merkmal „tiefe Stimme haben" auf der Basis des Wissensschemas „Ansprechen von Vorgesetzten" ausweitet und in einen Handlungszusammenhang von Aktion (1) und Reaktion (2) hineinstellt und dieser wiederum als Voraussetzung für die innere Handlungsfolge (Introspektion) aufgefaßt wird: „Oh Gott, jetzt hab ich was Falsches gesagt." (3) Aus der Introspektion entwickelt Gabi in (4) die weitere Komponente eines internen Handlungsplans (Ziel): „(...) daß er ihn nicht so ansprechen darf als Kollege". Für den Förster ist – in der Deutung von Gabi – das böse Brummen des vermeintlichen Oberförsters eine erklärbare Reaktion auf unangemessenes Ansprechen und eine Erklärung dafür, daß er es mit einem Oberförster zu tun hat.

Der Charakter einer Komponentenausweitung als die eine Grundform einer elaborativen Textverarbeitung wird damit deutlich: Gabi konstruiert für sich Textsinn, indem sie auf der Basis ihres Wissensschemas „Ansprechen von Vorgesetzten" die zu erklärende Ursachenkomponente in der Lehrerfrage in weitere Teilkomponenten ausweitet, und zwar als Aktion (1) und Reaktion (2), als Introspektion (3) und als Plan bzw. Ziel (4). Wieviel Teilkomponenten aus einer übergeordneten Komponente wie z. B. Ursache entwickelt und sprachlich realisiert werden, hängt vom Komplexionsgrad eines Wissensschemas ab.

Analoge Beispielsdarstellung

Während in der Komponentenausweitung die zugrundegelegten Wissensschemata und ihre Komponenten dazu dienen, Phänomene der Textwelt zu organisieren und zu deuten, vergegenwärtigt sich in der analogen Beispielsdarstellung der Leser auf der Basis solcher Wissensschemata einen Sachverhalt aus einem anderen Wirklichkeitsbereich, bzw. aus einer fremden oder der eigenen Lebenswelt. Das für das Textverstehen herangezogene Schema konkretisiert sich in einer inneren Vorstellung und wird zum Thema einer sprachlich realisierten Beispielsdarstellung.

Als Beispiel für das Wissensschema „Uniform macht Leute" wird von den Schülern häufig „der Hauptmann von Köpenick" genannt, die „Andorraner" als Konkretisierung für das Verhalten der Förster gegenüber dem jungen Förster und die Marlboro-Reklame als Verbildlichung für die in der Geschichte dargestellte Männerwelt.

Nur ein einziges Mal wird ein Beispiel aus der eigenen Lebenswelt gewagt. Das Begriffsschema „Identitätswechsel" bzw. „Annahme einer anderen Identität" dient hier als Deutungsgrundlage für das Verhalten des Bären und veranlaßt Kai zu seiner Beispielsdarstellung:

Beispiel 2
Kai: (1) Ja, auch z. B., wenn man nicht richtig anerkannt wird, man versucht sich da rauszuhelfen, indem man so Geschichten erzählt, indem man lügt.

    (2) Ich hab das mal gemacht und so ... und indem man also sagt, indem man also zeigt: „Ich bin ein ganz toller Typ."

    (3) Und hinterher, wenn es daran geht, es auch mal zu beweisen, es den anderen zu zeigen, wie man so etwas gemacht hat, dann steckt man eben in so 'na ja, mißlichen Lage, daß man nicht mehr weiß, was man machen soll, daß man sich dann eben selbst in diese Sache reingerissen hat.

Für Kai besteht eine Analogie zwischen dem Verhalten des Bären, der in der Gegenwart der Förster eine fremde Identität annimmt, und der eigenen Erfahrung. Angesichts des persönlichen Bezuges überrascht es nicht, daß sich seine Beispielsdarstellung zwar als Ich-Erlebnis ankündigt (ich hab das auch mal gemacht), sich dann aber in einer distanzierenden Verallgemeinerung weiterentwickelt. Der elaborative Charakter dieser Beispielsdarstellung äußert sich zum einen in der Ausweitung der Komponenten des Wissensschemas „Identitätswechsel", als da sind: Ursache (1), äußere Handlung (2), Handlungskonsequenzen (3) und zum anderen in der Konkretisierung dieser Komponenten im Beispiel aus der eigenen Lebenswelt.

4.4.1.2 Die zusammenfassende Textverarbeitung

Mit der ausweitenden Textverarbeitung ist nur eine Seite des Verstehensvorganges beschrieben. Verstehen bedeutet auch die Fähigkeit, die ausgeweiteten und durch Wissen ergänzten Strukturen eines Textes in globalere, makrostrukturelle Bedeutungseinheiten umzuwandeln. Gemeint sind damit semantische Organisationen der durch Elaboration ausgeweiteten Textbasis, Transformationen also, die die Ergebnisse elaborativer Textverarbeitung wieder verdichten und für das Gedächtnis behaltensfähig machen.

Dieser Vorgang beschreibt die Tatsache, daß wir einen gelesenen oder gehörten Text im Hinblick auf seine lexikalischen und syntaktischen Gegebenheiten zwar sehr schnell wieder vergessen, aber dafür in der Lage sind, den Textinhalt zusammenfassen zu können. Wir können wohl kaum wörtlich wiederholen, was einer gesagt oder geschrieben hat, sind aber unter bestimmten Umständen in der Lage, auf die Frage zu antworten, wovon ein Text handelt oder was sein Thema ist. Das Thema ist die globalste Form einer Textzusammenfassung bzw. das dichteste Resultat einer „reduktiven" Textverarbeitung[7], mit einer thematischen Zusammenfassung werden Textbedeutungen auf einen Begriff gebracht. Rezeptionshandlungen, die auf reduktive Textverarbeitung zurückgehen, enthalten somit im Vergleich zum Vorgabetext makrostrukturelle Bedeutungen und lassen sich an zwei Realisierungsformen festmachen: in der *Tilgung unwesentlicher Textstellen* und in der *Bildung neuer „Begriffsspitzen".*[8]

Tilgung unwesentlicher Textstellen

Beispiel 3
Notker: (1) Ja das war son *Bär,* der war *betrunken* und *schwankte* durch den *Wald* und ähm *ging* da und hat sich als *Förster* verkleidet auf dem *Maskenfest.*

---

7 Vgl. Anm. 3.

8 Der Ausdruck „Begriffsspitze" ist von *Aebli, H.* 1981 übernommen. Begriffsinhalte sind demnach hierarchisch aus einzelnen Elementen (Komponenten) und ihren Beziehungen zueinander aufgebaut. Die Benennung der obersten Relationen durch einen sprachlichen Ausdruck – bei unterschiedlichen Sprechern unterschiedlich „hoch" – stellt eine Begriffsspitze dar.

(2) Dann traf er den richtigen *Förster* und ging mit dem Förster inne *Gastwirtschaft,* wo die anderen *Förster* den *Försterball* feierten. Dann, *nach 'ne Weile* haben die probiert, den *Bären* zu jagen, haben ihn ja *nicht gefunden.*

Die Verstehensmitteilung von Notker basiert auf einer reduktiven Textverarbeitung, die die für ihn unwesentlichen Textstellen eliminiert. Dabei bleibt seine sprachliche Realisierung im ganzen auf der gleichen Abstraktionsstufe wie der Vorgabetext. Alle kursiv gesetzten Lexeme stammen aus der Textvorlage und erhalten in seiner Äußerung den Stellenwert von Themawörtern bzw. Themasätzen.

Bildung von Begriffsspitzen

Im Unterschied zum Tilgungsvorgang werden in der Bildung von Begriffsspitzen Textinhalte auf eine höhere Komplexionsstufe gestellt, indem verschiedene Bedeutungseinheiten (Textstellen) des Textes in einem Verdichtungsvorgang auf einen neuen Begriff gebracht werden, der sich auch in einer textübergeordneten sprachlichen Formulierung niederschlägt. Notker setzt seinen Redebeitrag auf der Basis einer solchen begrifflichen Verdichtung fort:

Beispiel 4

(1) Und der Bär hat irgendwie immer gegen sich selbst so 'n bißchen gespielt.
(2) Nun hat er immer so sich selbst probiert auszuliefern.
(3) Er hat immer Hinweise zu seiner Erfassung gegeben.

Die sprachlichen Ausdrücke „gegen sich selbst spielen", „sich selbst ausliefern", „Hinweise zur Erfassung geben" sind einerseits unterschiedliche Formulierungen des Wissensschemas „Selbstgefährdung", das hier Notker als Deutungsgrundlage einbringt, andererseits aber auch begriffliche Verdichtungen im Sinne von Begriffsspitzenbildungen für eine Reihe von Verhaltensformen des Bären, die sich an konkreten Textstellen festmachen lassen.[9]

Die Entwicklung eines „vertieften"[10] Textverständnisses im unterrichtlichen Diskurs läßt sich als Wechsel von ausweitenden und aufbauenden Textverarbeitungsweisen darstellen: Textverstehen wächst in dem Maße, wie Textinformationen mit dem Wissen eines Schülers verknüpft und auf der Basis solcher Ergänzungen auf den Begriff gebracht werden können. Die Fähigkeit zur Elaborierung ist kognitive Voraussetzung für jede schöpferische Verarbeitung literarischer Texte, auch für eine im Sinne der Rezeptionspragmatik.[11] Komponentenausweitung und Beispielsdarstellung sind Indikatoren dafür, wieweit ein literarischer Text den Erfahrungshorizont eines Schülers erreicht. Ein rezeptionsdidaktisches Ziel könnte sein, den Schüler erfahren zu lassen, daß eine „genußvolle" Lektüre literarischer Texte beginnt, wenn die Ausweitungen im eigenen Wissensraum zu neuen Erfahrungen und Sehweisen hinführen.

---

9 Vgl. hierzu auch Beispiel 7, das eine interaktional entwickelte Begriffsspitzenbildung erkennen läßt.
10 Zum Begriff der Verstehenstiefe vgl. *Ballstaedt* u.a. 1981, S. 59; *Anderson, J.R./Reder, L.M.* 1979: Verstehenstiefe wird in diesem Beitrag als didaktischer Begriff gebraucht, als allgemeines Ziel des Verstehens literarischer Texte.
11 Vgl. hierzu den Beitrag von *G. Rupp* in diesem Band.

4.4.2 Textverarbeitungen als Strategien der Problemlösung

Den Vorgang des Verstehens als Problemlösungsprozeß aufzufassen, wird in rezeptions-didaktischen Ansätzen nur unter Vorbehalt diskutiert. Der Charakter von Problem-lösungstypen aus Technik und Naturwissenschaft hat möglicherweise diesen Begriff für eine Verstehensdidaktik vorbelastet, obwohl Problemlösungsvorgänge und Prozesse des Textverstehens aufgrund ihres konstruktiven Charakters als vergleichbare kognitive Tätigkeiten aufgefaßt werden können. Wir wollen in diesem Abschnitt versuchen, Textverarbeitungsweisen im Unterricht und die daraus resultierenden Verstehensmit-teilungen als zweckgerichtete Handlungen im interaktionalen Rahmen von Problem-stellung und Problemlösung darzustellen.

Problemsituationen treten überall dort auf, wo ein Ausgangszustand und ein wün-schenswerter Zielzustand durch eine Verstehensbarriere unterbrochen ist.[12] Für das Textverstehen als Problemsituation bedeutet dieses, daß ein Schüler beim Lesen zu einem nur fragmentarischen Verständnis eines Textes gelangt; er kann dann zwar Be-deutungen einzelner Textstellen erfassen, ihm erschließt sich aber noch kein ganzheit-licher Textsinn. Textverstehen als Problem beginnt darum auch immer mit der Ab-sicht, Sinn zu konstruieren.[13] Dieser ist im Hinblick auf den Leser immer relativ und ab-hängig von den Wissensvoraussetzungen eines Individuums. Schüler können oft nicht einsehen, warum ihre Sinnkonstruktionen nicht ausreichen und sie durch Anstöße im Unterricht zu immer wieder neuen Sinnkonstruktionen veranlaßt werden. Hier liegt auch das eigentliche rezeptionsdidaktische Problem: Problemlösungen im Bereich lite-rarischer Texte haben keinen Endzustand; Textverstehen als Konstruktion von Sinn hört nicht auf; das überrascht auch nicht, wenn man daran denkt, daß die Lösungsideen aus ganz unterschiedlichen Wissensschemata bestehen können und aus den auf sie an-gewandten Inferenzschlüssen. Die Wissensschemata von Schülern unterscheiden sich ontogenetisch, d. h. nach Entwicklungsstufen, aber auch aufgrund ganz unterschied-licher sozialer Erfahrungen, sie divergieren auch innerhalb einer Klasse nach Inhalt und Komplexionsgrad.

4.4.2.1 Problem als Komplexität

Schwierigkeiten mit einem Text zu haben, stellt aber noch keine Problemsituation dar. Erst wenn Schüler nach weiteren Einlassungen auf den Text die Schwierigkeiten in er-sten Verstehensmitteilungen auch benennen können, wird ein Text zum Problem[14], was immer einschließt, daß damit auch Lösungsrichtungen für eine Sinnkonstruktion ange-deutet werden. Bei solchen ersten sprachlichen Äußerungen zum Text geht es zunächst um eine Herausfilterung des eigentlichen Problems mit der Absicht, damit die Komple-xität eines Textinhaltes zu vereinfachen, bzw. Strukturen übersichtlicher zu machen.

Solche Komplexitätsreduzierungen sind grundlegende Strategien der Problemlösung und äußern sich in Verstehensmitteilungen, die sich auf reduktive Textverarbeitungen zurückführen lassen.

---

12 Zum Begriff Problem und Problemtyp (Problem als Komplexität und als Lücke) vgl. *Dörner, D.* 1976; *Kluwe, R.* 1979; *Aebli, H.* 1981.
13 Vgl. *Hörmann, H.* 1976; für Hörmann ist Textverstehen identisch mit der Absicht, aus einem Sprachprodukt einen sinnvollen Zusammenhang zu konstruieren;
14 Vgl. Anm. 12.

Bevor es aber zu solchen Verstehensmitteilungen kommt, die z. B. auf Fragen reagieren wie: „Worum geht es in diesem Text?" entwickelt der Rezipient als „Problemlöser" – das ist der vorausgehende psychologische Vorgang – in seinem Gedächtnis[15] eine *innere Repräsentation des herausgefilterten Problems*.

Diese ist das Resultat eines Vergleiches zwischen den beim Lesen erfaßten Bedeutungseinheiten eines Textes und dem bereits verfügbaren Wissen. Man kann davon ausgehen, daß dem Individuum unterschiedliche, interne Repräsentationsweisen zur Verfügung stehen.[16] Einige von ihnen lassen sich in ihrer Typik näher charakterisieren und zwar als bildhafte Vorstellung, Prototyp, formale Struktur, Begriffsschema und Analogiebildung.

Bildhafte Vorstellung

Bei narrativen Texten liegt es nahe, daß Komplexität reduziert wird, indem beim Lesen die Wahrnehmung von wichtigen Figuren, Handlungsfolgen und Situationen[17] zur Voraussetzung einer internen bildhaften Repräsentation wird. In ihrer sprachlichen Realisierung bewegt sich dann die Verstehensmitteilung im sinnlich anschaulichen Sachverhaltsbereich der Textwelt und verwendet konkrete anschauliche lexikalische Einheiten aus dem Vorgabetext oder deren Synonyme als Themawörter oder Themasätze. Im Beispiel 1 werden in diesem Sinne sprachlich anschaulich Handlungsfolgen zusammengefaßt.

Bedingt durch den irritierenden Charakter der Kurzgeschichte von Peter Hacks, resultiert aus dem inneren Vergleich der im Textgeschehen wahrgenommenen Handlungsabläufe mit dem eigenen Handlungswissen eine bildhaft anschauliche Repräsentation des Problems als Widerspruch zwischen Textwelt und wirklicher Welt, der sich in entsprechenden Verstehensmitteilungen äußert:

Beispiel 5
(1) Bloß weil er jetzt so 'ne tiefe Stimme hat, glauben sie jetzt, daß er also ein großartiger Oberförster sei.
(2) Die sind so dumm, daß sie's gar nicht merken.

Beispiel 6
(1) Der Bär hat wohl net einige Kübel getrunken, sondern zirka einige hundert Kübel.
(2) Wenn der's, wenn der, wenn der sich selber stellt und zu den Jägern hingeht.

Beispiel 5 reduziert die Komplexität der Textgeschichte auf das Problem der Anerkennung des Bären als Oberförster. Dieser Sachverhalt erscheint dem Schüler widerspruchsvoll, weil nach seiner Vorstellung über Merkmale von Vorgesetzten das Phänomen „tiefe Stimme" nicht ausschlaggebend sein kann für die Anerkennung des Bären als „großartigen Oberförster". Der Widerspruch wird rational erklärt mit der Dummheit der Förster. Das aber zeigt, daß die innere Repräsentation des Problems sich im Bildhaft-Anschaulichen bewegt: der Begriff „tiefe Stimme" kennzeichnet für den Schü-

---

15 Richtiger wäre es, in diesem Zusammenhang von einem operativen Gedächtnis zu sprechen. Wissensschemata sind demgegenüber in einem Langzeitgedächtnis gespeichert. Auf die gedächtnispsychologischen Zusammenhänge soll hier jedoch nicht näher eingegangen werden.

16 Unsere Darstellung der inneren Repräsentationsweisen erfolgt in teilweiser Anlehnung an *Joffe-Falmagne, R.* 1981, S. 303 ff. und überträgt dieses Phänomen auf die Reduktion von Textproblemen.

17 Vgl. hierzu den Beitrag von *H. Willenberg* in diesem Band.

ler ein akustisches Phänomen und wird nicht im Sinne einer höheren Komplexionsstufe in einer übertragenen Bedeutung verstanden.

In Beispiel 6 reduziert sich die Textkomplexität auf das Problem der Selbstgefährdung des Bären, und zwar auf der Basis eines Vergleichs zwischen dem Verhalten des Bären in der Textgeschichte und der inneren Vorstellung, d. h. dem Wissen des Schülers über die sonst übliche Jäger-Bär-Beziehung. Die sprachliche Realisierung bewegt sich auch hier im Anschaulich-Bildhaften: „Wenn der sich selbst stellt und zu den Jägern na geht." Auch die Begründung bleibt bildhaft: „(...) net einige Kübel, sondern zirka einige hundert Kübel getrunken."

Prototyp

In dieser Repräsentationsart vollzieht sich die Herausfilterung des Problems in der Weise, daß die konkreten Sachverhaltszusammenhänge einer Textgeschichte auf Grundmerkmale zurückgeführt werden, so daß Verallgemeinerungen aufgebaut werden, die die Textgeschichte zum konkreten Einzelfall eines Prototyps erscheinen lassen. In der sprachlichen Realisierung einer Verstehensmitteilung äußert sich diese Repräsentationsweise des Problems in Allgemeinsätzen, Sentenzen oder Maximen, z. B.:

- Was Alkohol aus den Menschen machen kann
- Kleider oder Uniformen machen einen Menschen
- Man sieht in einer Gruppe, was selber in einem steckt
- Man soll keine Angst haben vor der angeblichen Autorität
- ... daß die Leute glauben, sobald einer so 'n bißchen entschiedener auftritt, daß er die Obrigkeit ist
- ... daß in unserer Gesellschaft mehrere Leute verkannt werden und für etwas gehalten werden, was sie gar nicht sind

Formale Struktur

Bei Textproblemen erfaßt diese Repräsentation das Medium sprachlicher Darstellung als das Resultat eines inneren Vergleichs mit vorhandenem Sprachwissen. Hier sind nicht mehr die Inhalte eines Textes Ziel einer Komplexitätsreduzierung, sondern sprachliche Mittel, Strukturen und Textschemata; letztere beziehen sich auf den Text als Ganzen, unabhängig von seinem Inhalt, auf Kategorien des Textaufbaus und die Zuordnung von Textteilen. Bei argumentativen Strukturen erfassen Leser z. B. aufgrund solcher verfügbaren Textschemata die Textteile: Annahme, Beweis, Schlußfolgerung; bei narrativen Texten etwa die Kategorien: Situation, Ereignis, Höhepunkt, Auflösung.[18] Schüler identifizieren die Kurzgeschichte von Peter Hacks als Märchen, Fabel, Kindergeschichte und als Gleichnis und sehen in dieser Art der Problembenennung Lösungsideen für eine Sinnkonstruktion. Mit der formalen Repräsentationsweise ist oft ein Übergang zu prototypischen verbunden, z. B. das Textschema „Fabel" verlangt den Begriff „Lehre" und diese wieder die Repräsentation eines prototypischen Verhaltens.

Begriffsschema

Wenn Schüler wie in Beispiel 3 Texte unter dem Gesichtspunkt des Wesentlichen zusammenfassen und dabei überwiegend Lexeme des Textes als Themawörter verwenden,

---

18 Zum Problem der Textschemata vgl. *van Dijk* 1980, S. 128 ff. hier werden sie als Superstrukturen gekennzeichnet.

so daß ihre Verstehensmitteilung sich auf der gleichen Abstraktionsstufe bewegt wie der Vorgabetext, haben sie zwar einiges von dem Text verstanden, aber noch keine Deutungen, d. h. Sinnkonstruktionen gefunden. Erst wenn in einer inneren Repräsentation im Zuge einer reduktiven Ausfilterung Textstellen auf einen Begriff gebracht werden können, beginnt eine Deutung, d. h. eine neue Sichtweise des Textes. Sinnkonstruktionen sind – so könnte man sagen – ein neues Sehen von in Texten abgebildeten Sachverhalten unter dem Gesichtswinkel eines Begriffsschemas. Hierzu folgendes Beispiel:

Beispiel 7

Ilka (1) Ich find das ziemlich deutlich, daß sie sich ja so von dem Bären ziemlich beeinflussen lassen

(2) weil immer, wenn er was sagt, sagen sie: „ach ja, das stimmt ja!", das ist häufig vorgekommen im Text.

(3) und sie sind sich gar nicht sicher, sie wissen ja eigentlich gar nicht, daß das der Oberförster ist.

(4) Nur vorsichtshalber sagen sie immer „ja und amen".

Susanne (1) Ich hatte sowas Ähnliches gedacht,

(2) daß man hier eben das Problem dieser unbedingten Autorität hat,

(3) daß also alles, was der Bär macht, bedingungslos übernommen wird;

(4) zum Beispiel das mit den Hagebutten, als er die Hagebutten ißt.

(5) Daß alle das nachmachen.[19]

Als sprachliche Realisierung der begriffsschematischen Repräsentation finden sich bei Ilka und Susanne folgende Ausdrücke:

(a) sich ziemlich beeinflussen lassen
(b) sie sind sich gar nicht sicher
(c) sie sagen immer „ja und amen"
(d) das Problem der unbedingten Autorität
(e) alles wird bedingungslos übernommen
(f) daß alle das nachmachen

Alle unter (a) bis (f) genannten Ausdrücke verwenden weder Lexeme des Textes als Themawörter, noch sind sie als deren Synonyme interpretierbar, vielmehr fassen sie verschiedene Bedeutungseinheiten des Textes unter einem übergeordneten begriffsschematischen Aspekt zusammen, sie verbalisieren Sinnkonstruktionen. Das geschieht allerdings auf unterschiedlichen Komplexionsstufen: In den Ausdrücken von Ilka ([a], [b], [c]) werden Textstellen zu Bedeutungselementen einer Begriffs- bzw. Sinnkonstruktion aufgebaut. „Sich ziemlich beeinflussen lassen" ist z. B. die begriffliche Konstruktion aus Textstellen, die das Sprachverhalten der Förster dokumentieren. („Ach ja, stimmt ja".) Bei Susanne sind die Ausdrücke (e) und (f) ebenfalls begriffliche Konstruktionen aus Textstellen wie z. B. „das mit den Hagebutten". Ihre Sinnkonstruktion bleibt aber nicht auf der von Ilka verbalisierten Komplexionsstufe stehen, sondern erreicht eine höhere Stufe: (e) und (f) werden zu neuen Bedeutungselementen für einen weiteren begriffshierarchischen Aufbau, also zu begriffsinhaltlichen Voraussetzungen für die Bildung der neuen Begriffsspitze (d): „das Problem der unbedingten Autorität". Damit gelingt ihr im Rahmen eines interaktionalen Verstehensprozesses die Herausfilterung des Problems auf einer nunmehr höheren Komplexionsstufe, die gleichzeitig auch eine Sinnkonstruktion dieser Stufe darstellt. Mit ihrem Rückbezug „Ich hatte sowas Ähnliches gedacht" dokumentiert Susanne, daß auch die Deutungen (a), (b), (c) aus Ilkas Redebeitrag in die Entwicklung ihrer Begriffs- bzw. Sinnkonstruktion mit eingehen.

---

19 Vgl. Anm. 21.

Analogiebildung

Die innere Repräsentation eines Textproblems durch Analogiebildung ist nicht im Sinne bloßer Assoziation richtungslos, sondern entwickelt sich über den Umweg einer prototypischen bzw. begriffsschematischen Repräsentation: d. h. daß sich das Resultat der reduktiven Textverarbeitung zunächst in der Abstraktion eines Begriffes oder Prototyps präsentiert und sich dann (oder gleichzeitig) in einem analogen Sachverhalt aus einem anderen Wirklichkeitsbereich konkretisiert. Diese sprachliche Ausfüllung des so gefundenen analogen Beispiels basiert dann wieder auf einer ausweitenden Textverarbeitung und dokumentiert sich in Beispielsdarstellungen und Erzählungen. Dabei gehen Sprecher davon aus, daß ihre „Fälle" im Hinblick auf eine durch ihre Textverarbeitung herausgefilterte begriffliche Struktur mit dem Vorgabetext analog sind, in dem Sinne, daß Beispiel und literarischer Text Konkretisationen desselben Themas sind.

Für den interaktionalen Verstehensprozeß haben solche Verstehensmitteilungen eine doppelte Funktion: zum einen veranschaulichen sie ein herausgefiltertes aber noch abstraktes Problem – unter diesem Aspekt haben sie Belegcharakter – zum anderen initiieren sie neue Sinnkonstruktionen. Im Hinblick auf solche Analogiebildungen liegt die didaktische Bedeutung dieser Textverarbeitungsweise für den Leser darin, daß er – in spezifischer Weise gilt dies bei literarischen Texten – zusammen mit seinen Sinnkonstruktionen Begriffsschemata aufbaut, die ihm dazu verhelfen können, Ereignisse aus der eigenen oder einer fremden Lebenswelt unter neuen Gesichtspunkten zu ordnen (vgl. Beispiel 2).

Die hier beschriebenen inneren Repräsentationsweisen eines Textproblems sind aus heuristischen Gründen getrennt aufgeführt. Das schließt nicht aus, daß ihre Ebenen innerhalb einer Verstehensmitteilung wechseln können. Oft ändert sich in einem Redebeitrag die Repräsentationsweise des Problems, z. B. von der bildhaft-anschaulichen zu einer begriffsschematischen oder von der prototypischen zur analogen Repräsentation und umgekehrt. Als unmittelbare Reaktionen auf den Text wird mit ihrer sprachlichen Realisierung aber nicht nur das Problem herausgefiltert, sondern auch für weitere Lösungsschritte die Richtung einer Sinnkonstruktion vorgegeben, so daß mit einer Komplexitätsreduzierung die Eingrenzung des thematischen Aspekts ebenso wie die Vorgabe der Verstehensebene verbunden ist. Zum Thema „Uniform des Bären" finden sich Verbalisierungen auf ganz verschiedenen Repräsentationsebenen:

Der Bär trägt Försteruniform (bildhaft)
Die Uniform *beeindruckt* die Förster (Begriffsschema)
Uniform macht Leute (Prototyp)
Uniform bedeutet *absolute Macht* (Begriffsschema)
Wie im Hauptmann von Köpenick (Analogie)

Für den Unterricht bedeutet dies, daß Verstehenstiefe dann erreicht werden kann, wenn Schüler angesichts eines Vorgabetextes im Rahmen ihres herausgefilterten Problems in der Lage sind, unterschiedliche Weisen ihrer inneren Repräsentation sprachlich umzusetzen und auf verschiedenen Ebenen der Repräsentation in anschließenden Rezeptionshandlungen elaborative Textverarbeitungen gelingen.

4.4.2.2 Problem als Lücke[20]

Die am häufigsten vorkommende Problemsituation entsteht beim Textverstehen durch den Umstand, daß ein globales Anfangsverstehen verbessert werden soll, so daß zwischen einem ersten Verstehen und einem erwünschten Verstehensziel erst durch Elaboration im Wissen Kohärenz hergestellt werden kann. Oft sind es gerade literarische Texte, die ein hohes Maß an elaborativer Textverarbeitung erforderlich machen. Das Problem besteht hier also nicht so sehr in der Komplexitätsreduzierung, sondern in der Anforderung, zwischen einem Ausgangsverstehen und einem Verstehensziel auf der Basis des verfügbaren Wissens Konsistenz aufzubauen. Solche Typen von Problemsituationen (Interpolationsprobleme) finden sich im Unterricht überall dort, wo Fragen ein anzustrebendes Verstehensziel formulieren. Dabei läßt sich diese Art von Problemsituation nach dem Bekanntheits- bzw. Spezifikationsgrad von Anfangsverstehen und Verstehensziel weiter unterscheiden, so daß sich daraus einzelne *Typen von Fragen als Problemstellungstypen* ableiten lassen. Zwar wird zur Lösung von Interpolationsproblemen generell eine elaborative Textverarbeitung vorausgesetzt, das Ausmaß der Elaboration wird aber vom jeweiligen Fragetyp beeinflußt.

(1) Anfangszustand und Zielzustand sind in spezifischer Weise vorgegeben.
Als Lösung müssen Zwischenhandlungen eingeschoben werden.

Bei Textproblemen findet sich dieser Typ, wenn z. B. bei einer gewünschten Einsicht in den Ablauf von Einzelhandlungen eine Wissenslücke auftritt. In Fragen wie z. B. „Wo hat der Bär seine Uniform her?" wird ein spezifischer Anfangs- und Endzustand (Uniform nicht haben und Uniform haben) vorausgesetzt. Konsistenz kann in diesem Fall erreicht werden, wenn Zwischenhandlungen gefunden werden, die diese Wissenslücke auffüllen können. Für das Auffinden solcher Lösungen sind handlungslogische Kriterien und Vereinbarkeit mit anderen Textinformationen richtungsweisend. Für Schüler, die an äußeren Handlungsabläufen interessiert sind, spielt dieser Problemstellungstyp oft eine große Rolle. Als „Zwischenstationen" bieten Schüler der 5. Klasse auf die Frage (s. o.) folgende Lösungen an: „aus dem Kaufhaus", „im Kostümverleih". Tanja elaboriert ihre Wissenslücke durch eine logische Abfolge von Zwischenhandlungen:

Beispiel 8
Tanja: Kann ja sein, er hat den Oberförster irgendwo eingesperrt, wo er seine Höhle hat; Er hat dann seine Kleider genommen, und hat se angezogen.

Tanja interpoliert auf der Basis des Handlungsschemas „Gewaltanwendung", indem sie Teilhandlungen aus diesem Schema sprachlich ausweitet: Einsperren, Kleider nehmen, Kleider anziehen, und damit eine nach ihrer Meinung handlungslogische Kette hergestellt. Das Beispiel von Tanja macht allerdings deutlich, daß solche Einschübe von Zwischenhandlungen nicht nur handlungslogischen Gesichtspunkten standhalten, sondern auch mit anderen Textinformationen übereinstimmen müssen. Tanjas Lösungsvorschlag mißglückt, weil er mit anderen Textinformationen unvereinbar ist.

---

20 Vgl. Anm. 12.

(2) Ein Zielzustand ist in spezifischer Weise vorgegeben, so daß das Lösungsmaterial dadurch schon definiert ist.

Bei Textproblemen findet sich dieser Problemstellungstyp, wenn im Zusammenhang mit einer Frage eine spezifische, aus bestimmten Textstellen abgeleitete Sinnkonstruktion vorgegeben ist, mit der dann implizit auch die als Lösungen in Frage kommenden Textstellen bereits definiert sind. Hierzu ein extremes Beispiel:

Beispiel 9

L. (1) Mir ist aufgefallen, daß in dieser Geschichte eigentlich der Bär sich sehr seltsam verhält,
(2) weil er von vornherein eigentlich – äh – dafür sorgt, daß er geschossen wird.
(3) Nich, man muß sich das vorstellen, die Förster, die wollen sowieso den Bären schießen.
(4) Jetzt is 'n Ball. Was macht der Bär? Er verkleidet sich als Förster und geht wohin?
(5) Was macht der Bär als erstes, wo man sagen könnte: das war eigentlich ziemlich dumm?

Die vom Lehrer selbst schon herausgefilterte Sinnkonstruktion bewegt sich zunächst auf einer begriffsschematischen Ebene: seltsames bzw. dummes Verhalten des Bären; diese wird aber im Laufe der weiteren Problementwicklung in (2), (3) und (4) auf einer mehr bildhaften Ebene (man muß sich das vorstellen . . .) konkretisiert. Im Zuge dieser Spezifizierung werden alle in Frage kommenden Textstellen vorweg definiert, dadurch daß ein eingegrenztes Suchschema vorgegeben wird, indem die Seltsamkeit des Verhaltens als ein gefahrvolles (2) und dieses wieder durch seine Spezifik definiert ist (3): Der Verfolgte liefert sich seinen Verfolgern aus. Auf der Basis dieser Vorgabe bestehen die Lösungsstrategien der Schüler nur noch im Sammeln von Textstellen (Datensammlung), die dem vom Lehrer vorgegebenen Deutungsschema zuzuordnen sind. Ihre Auffindung setzt keine weiteren elaborativen Textverarbeitungen voraus und veranlaßt auch nicht zu neuen Sinnkonstruktionen.

(3) Der Ausgangszustand ist bekannt, der anzustrebende Zielzustand ist unter einem bestimmten Aspekt vorgegeben, aber so, daß das Lösungsmaterial nicht näher definiert ist und Erklärungen im Sinne von Plausibilitätsgründen erwartet werden.

Bei Textproblemen tritt dieser Fall ein, wenn z. B. ein bestimmtes Verhaltensschema in einer Sinnkonstruktion zwar erkannt ist, aber dessen spezifische Komponenten (Ursache, Absicht, Ziel, Folgen usw.) noch Verstehensprobleme aufwerfen. Dieser Problemstellungstyp äußert sich in Fragen, die für eine bestimmte Komponente eines bereits identifizierten Handlungs- oder Begriffsschemas Erklärungen suchen, z. B.:

(a) Was hat das für Folgen, daß sich Bär und Förster treffen? (Schema: Bär und Förster treffen sich)
(b) Warum glauben schließlich alle Förster, daß der Bär ein Oberförster ist? (Schema: Bär als Oberförster ansehen)
(c) Warum meint der Förster, daß er es mit einem Oberförster zu tun hat? (Schema: Es mit einem Oberförster zu tun haben)

Problemlösungen setzen in diesem Falle eine elaborative Textverarbeitung voraus, d. h. die Ausweitung im Wissen hinsichtlich der in der Frage spezifizierten Komponente des angesprochenen Handlungsschemas. Als Beispiel für eine elaborative Komponentenausweitung vgl. zu (c) das Beispiel 1.

(4) Anfangs- und Zielstand sind allgemein durch ein Schema vorgegeben; das Lösungsmaterial ist unbekannt. Unterschiedliche Erklärungen müssen aufgebaut und miteinander in Beziehung gesetzt werden.

Bei Textproblemen tritt dieser Problemstellungstyp auf, wenn in einer Frage das Ausgangsverstehen und das Verstehensziel in einem allgemeinen Begriffsschema benannt ist. Im Unterschied zum Problemtyp 3, bei dem die zu erklärende Komponente eines spezifischen Handlungsschemas als Verstehensziel vorgegeben ist, beschränkt sich dieser Problemstellungstyp auf eine nur schematische Vorgabe des Verstehensziels. Für Lösungen sind vielseitige Ausweitungen im Wissen nötig, wobei zunächst alle möglichen in Frage kommenden Komponenten eines Schemas abgerufen und in Beziehung gesetzt werden müssen, und diese dann wieder in weiteren Elaborationen für neue Sinnkonstruktionen zugrundegelegt werden.

Das Inbeziehungsetzen von Komponenten wie z. B. Ursache, Folge, Absicht, Wirkung usw. erschließt bei Handlungsschemata den interaktionalen Bezug zwischen Handlungspartnern. In der Art folgender Fragen äußert sich dieser Problemstellungstyp:

(a) Was für eine *Lehre* steckt in dieser Geschichte?
(b) Können wir noch etwas dazu sagen, wie sich die Förster *verhalten?*

Zur Frage (b), die Verhalten als Schema allgemein vorgibt, äußern sich im unterrichtlichen Diskurs drei Schüler, die in einem aufbauenden Verstehensprozeß zunächst eine Komponentenausweitung vornehmen, ihre Ergebnisse dann auf einen Begriff bringen (Begriffsspitze) und diesen wieder zum Anlaß nehmen für weitere elaborative Textverarbeitungen die neue Sinnkonstruktionen aufbauen.

Beispiel 10

Michael (1) Ja, also der Bär, der hat die meisten Haare im Gesicht, kann am meisten vertragen und so, teilt die besten Schläge aus und so,
   (2) und jetzt meinen die Förster alle, er wär' der Oberförster,
   (3) und folgen dem Bären also und machen auch, was er sagt.
Klaus (1) Ja, also die nehmen den Bären als einen Führer an, also als Oberförster,
   (2) aber, äh, aber sie schauen ihm nicht hinter die Maske.
Maria (1) Sie suchen sich auch irgendwie so 'nen Führer oder so,
   (2) und wenn der sagt: also wir gehen jetzt, äh, wieder schießen und so, dann kommen 'se mit
   (3) aber die kommen nicht selber auf so 'ne Idee, und so,
   (4) die brauchen irgend immer einen, der sagt, was jetzt gemacht wird.

Michael eröffnet den Problemlösungsdiskurs mit einer Komponentenausweitung seines Wissensschemas „Verhalten", indem er Phänomene des Textes einzelnen Komponenten zuordnet, und zwar: in (1) Ursachenphänomene, (2) innere Handlungen als Reaktion, (3) äußere Handlungsfolgen:

(1) Merkmale als Ursache	(2) Innere Handlung als Reaktion	(3) Äußere Handlungsfolgen
– die meisten Haare im Gesicht	– meinen, er wär der Oberförster	– folgen dem Bären
– kann am meisten vertragen		– machen, was er sagt
– teilt die besten Schläge aus		

Der interaktionale Bezug dieser Komponenten wird auch sprachlich in entsprechenden Fügewörtern zum Ausdruck gebracht: und jetzt, und dann.

Klaus schließt sich dem Lösungsversuch von Michael an, indem er dessen Komponente „Folge" (2), (3) auf den Begriff bringt: „(...) die nehmen den Bären als einen Führer an". (Begriffsspitzenbildung)

Maria nimmt in (1) den Führerbegriff von Klaus wieder auf, begreift aber das Suchen der Förster nach einem Führer als ein charakterliches Defizit und als psychologische Voraussetzung ihres Verhaltens. Damit erweitert sie die Ursachenkomponente, die Michael als ein Bündel äußerer Merkmale identifizierte, um einen neuen psychologischen Gesichtspunkt. Als Auswirkung dieser inneren Einstellung (und wenn..., dann...) versteht Maria die weiteren Folgehandlungen der Förster: „(...) und wenn er sagt: also wir gehen jetzt, äh, wieder schießen, dann kommen 'se mit". Damit elaboriert sie noch einmal die von Michael bereits angesprochene Komponente der Handlungsfolge (3) als konkrete Aufforderung des Bären und als konkrete Reaktion. Nach dem kritischen Hinweis in (3) resultiert die elaborative Textverarbeitung auf der Basis der Komponentenausweitung (Ursache, Folge) in einer neuen Sinnkonstruktion, die das Untergebenenschema als Deutungsgrundlage für das Verhalten der Förster heranzieht: „(...) die brauchen irgend immer einen, der sagt, was jetzt gemacht wird."

Alle Komplexität reduzierenden Textverarbeitungen sind – aus didaktischer Sicht – eigenständige, aus dem Wissen eines Schülers resultierende Verstehensprozesse, die, soweit sie sich in Rezeptionshandlungen sprachlich umsetzen, mit der Problemfilterung auch Schüler interessierende Richtungen für Sinnkonstruktionen zum Ausdruck bringen. Dem gegenüber privilegieren Fragen aus den vier Problemstellungstypen mit ihrem angestrebten Verstehensziel mehr oder weniger spezifisch mit der Problemfilterung auch die Richtung für die Sinnkonstruktion. Außerdem beinhalten Fragen in interaktionalen Verstehensprozessen nicht nur die Ausfilterung des Problems im Hinblick auf den thematischen Aspekt, sondern geben auch vor, auf welcher inneren Repräsentationsebene eine Problemfilterung stattfinden soll. So zielen Fragen wie z. B. die nach dem Aussehen des Bären auf das Thema „Merkmal" und privilegieren gleichzeitig eine bildhafte Repräsentationsweise des Textproblems. Fragen nach dem Lehr- oder Gleichnischarakter der Geschichte, aber auch solche nach der Absicht des Autors initiieren eine prototypische, Fragen nach Beispielen eine analoge Repräsentationsweise.

Je spezifischer Fragen innerhalb von Problemstellungstypen formuliert sind, desto geringer sind auch die Anforderungen an elaborative Textverarbeitungen. Im Typ 1 sind Ausweitungen im Wissen durch Bedingungen der Handlungslogik und Textvereinbarkeit eingeschränkt. Im Typ 2 verhindert die Spezifik in der Vorgabe der Sinnkonstruktion fast gänzlich eine elaborative Textverarbeitung. In Typ 3 verlangt die Komponentenfrage die Erklärung von Textdaten im Hinblick auf eine bestimmte Komponente, und zwar auf der Basis einer ausweitenden Verarbeitung im Wissen. Die Schemafrage im Typ 4 erwartet eine noch extensivere Elaborierung: Hier müssen zunächst einmal alle in Frage kommenden Komponenten eines Schemas im Wissen gesucht werden, im einzelnen elaboriert und wieder miteinander koordiniert werden. Elaborierungen, die durch den Problemstellungstyp 3 und 4 aktiviert werden, sind darum weiterführende Voraussetzungen für neue Sinnkonstruktionen. Fragen in interaktionalen Problemlösungssituationen, wie sie bei Textproblemen immer wieder vorkommen, nehmen –

dessen muß sich der Lehrer bewußt sein – in mehrfacher Hinsicht Einfluß auf die Textverarbeitung von Schülern: Sie
– geben die Problemfilterung vorweg,
– machen Angaben über die Richtung einer Sinnkonstruktion,
– privilegieren die innere Repräsentationsweise des Problems,
– beeinflussen das Ausmaß der elaborativen Textverarbeitung.
Nach diesen Überlegungen sollten darum solche Verfahren im Unterricht Berücksichtigung finden, die den Schüler veranlassen, in produktiven Auseinandersetzungen mit dem Vorgabetext die ihm eigene Repräsentationsweise des Textproblems in den Unterricht einzubringen.

Das bedeutet allerdings nicht, daß die Lehrerfrage grundsätzlich verbannt werden soll. Wo Schüler in ihren Elaborierungen nicht weiterkommen, sind Fragen didaktisch sinnvoll, die Ausweitungen im Wissens- und Erfahrungsraum anregen und neue Sinnkonstruktionen evozieren. Auch dann, wenn die Textverarbeitung in einer Klasse sich einseitig und eindimensional immer wieder auf einer Repräsentationsebene vollzieht, erscheinen bei dem allgemeinen Ziel, ,,Verstehenstiefe'' anzustreben, Fragen didaktisch vertretbar, die einen Wechsel der inneren Repräsentation des Textproblems beabsichtigen.

4.4.3   Die Entwicklung von Sinnkonstruktionen im unterrichtlichen Diskurs

In der folgenden, exemplarischen Analyse soll der Aufbau von Sinnkonstruktionen als Resultat eines interaktionalen Verstehens- und Verständigungsprozesses aufgezeigt werden. Die Analyse kann verdeutlichen, wie der einzelne Schüler im unterrichtlichen Diskurs für sein Textverstehen nicht nur den Vorgabetext, sondern auch die Beiträge von anderen Schülern als zu deutende Texte in seine Textverarbeitung einbezieht. Vertiefte Sinnkonstruktionen entwickeln sich in der sprachlichen Realisierung verschiedener Repräsentationsweisen und im Wechsel von ausweitenden Textverarbeitungen und Prozessen von Begriffsspitzenbildungen.

Die hier untersuchte Unterrichtsphase stammt aus einer 7. Klasse[21] und wird durch die Frage des Lehrers nach der Ursachenkomponente eingeleitet.[22]

Beispiel 11
L.:   Weshalb machen sie den Bären zum Oberförster?
Nicola: (1) Weil er so stark ist
          (2) und weil sie so ein bißchen Angst vor ihm haben.
          (3) Und weil sie sich den Oberförster vielleicht so riesig und stark vorstellen.
Frank: (1) Ja, er drückt so 'n richtigen Mann so aus.
L.:   (1) Was ist ein richtiger Mann?
          (2) Ja nun man los!

Das Problem, die in der Lehrerfrage gestellte Ursachenkomponente (Problemstellungstyp 3) zu erklären, löst *Nicola,* indem sie zunächst äußere Merkmale als Gründe be-

---

21 Diese Unterrichtssequenz einer 7. Klasse (Beispiel 11) und die Textbeispiele 2 und 7 stammen aus der Materialsammlung der Staatsexamensarbeit von *Gabriele Leidalt / Birgit Antona Copulos-Müller:* Grundlagen und Bedingungen der Rezeption literarischer Texte bei Kindern und Jugendlichen, untersucht am Beispiel ,,Der Bär auf dem Försterball'' von Peter Hacks, Hamburg 1982.
22 Zum Verfahren der Sequenzierung von Redebeiträgen vgl. *Grewenig, A. / Hölsken, H. G.* 1981.

nennt (stark, riesig), aber dann auch die Auswirkung dieser Merkmale auf die Förster (2) als zusätzliche Komponente miteinbezieht: „Sie haben Angst." Im dritten Erklärungsansatz (3) basiert die Komponentenausweitung auf einer Introspektion. Nicola benennt damit in ihrem Lösungsvorschlag drei miteinander in Beziehung gesetzte Komponenten des Handlungsschemas „jemanden zum Oberförster machen": äußere Merkmale (Ursachen), Auswirkung (Reaktion) und Erwartungshaltung (Einstellung).

Frank kann, darauf aufbauend, die von Nicola elaborierten Komponentenbeziehungen von Ursache und Wirkung und die im Rahmen dieses interaktionalen Bezuges genannten Merkmale auf einen Begriff bringen: „so 'n richtiger Mann." Für den weiteren Verstehensprozeß bedeutet dieses zweierlei: Die von Frank eingebrachte Begriffsspitze wird als neue Sinnkonstruktion zum handhabbaren Identifikationsmittel für andere Textphänomene und zum anderen – damit wird der inhaltliche Bezug zu Nicolas Antwort wieder aufgenommen – zur argumentativen Stütze dafür, warum solche Merkmale bei den Förstern zur Einschätzung des Bären als Oberförster führen.

Die anschließende Schemafrage des *Lehrers* (Problemstellungstyp 4), den eingebrachten Begriff „richtiger Mann" zu erklären, hat an dieser Stelle einen kognitiven und didaktischen Sinn: Sie erwartet die weitere Explizierung des Begriffs, mit dem nun auch andere Textdaten unter einem neuen Gesichtspunkt gesehen werden können und zielt gleichzeitig damit auf eine elaborative Textverarbeitung, und zwar auf der Basis der im Begriffsschema „Männlichkeit" angelegten interaktionalen Komponenten von Ursache und Wirkung. Aus der Lehrerfrage entwickelt sich folgende Diskurssequenz:

Markus: (1) So tiefe Stimme, ja und breite Schultern, kräftig; ja, daß er auch ordentlich was vertragen kann, so mit dem Trinken.
Jann: (1) Er hat auch so 'ne tiefe Stimme und hat am meisten getrunken.
       (2) Das hat ihnen wahrscheinlich ziemlich imponiert.
       (3) Die haben ja alle um Vergebung gebeten.
L.:   Ja, warum bitten die um Vergebung?

Markus nennt zunächst unter dem neuen Aspekt des Begriffs weitere Textstellen, die äußere Merkmale von Männlichkeit andeuten. Damit erweitert er die schon von Nicola angesprochenen Merkmale im Rahmen einer Ursachenkomponente.

Jann veranlaßt nun die begriffsschematische Frage des Lehrers zu einer neuen elaborativen Komponentenausweitung, in der das Männlichkeitsphänomen in seinem interaktionalen Bezug von Ursache (1), Wirkung (2) und Handlungsfolge (3) verstanden wird. Im Unterschied zu Nicolas Beitrag, die auch schon die Komponente Ursache (1) und Wirkung (2) verbalisiert hatte, kommt bei Jann die Handlungsfolge als neue Komponente hinzu: „Die haben ja alle um Vergebung gebeten." (3) Diese Sinnkonstruktion erscheint dem Lehrer offensichtlich so wichtig, daß er in einer neuen Frage (Problemstellungstyp 3) eine Ursachenerklärung für das Handlungsschema „um Vergebung bitten" erwartet, die die Schüler zu folgenden Elaborationen veranlaßt:

Jann: (1) Die haben Respekt und auch Angst vor ihm.
Voyta: (1) Ja, es ist so 'n Höhergestellter,
      (2) und er wird immer akzeptiert,
      (3) und vielleicht haben sie Angst vor ihm, daß sie entlassen werden.
Martina: (1) Nicht Angst, sondern Respekt irgendwie,
      (2) wenn er ein Höhergestellter ist, dann wollen sie ihm auch gefallen, so vielleicht auch wegen der Beförderung oder so.

Jann: (1) Das ist ja praktisch 'ne Fabel, die ist ja auch so in echt.
(2) Man muß sich das nur vorstellen:
(3) daß das vielleicht irgend so ein Büro ist, und da ist da der Dicke, der Boß da, irgendwie so in der Firma, und der ... und dann wollen natürlich alle befördert werden und schmieren ihm dicken Honig um den Bart und so, „Ich bitte um Vergebung" und so.

Jann nennt als mögliche Ursache im Handlungsschema „um Vergebung bitten" Angst und Respekt.

Voyta kann diese Ursachenkomponente um ein neues Inhaltsmoment (Angst, daß sie entlassen werden) ausweiten, indem sie das Wissensschema „Arbeitswelt" ihrer elaborativen Textverarbeitung zugrunde legt (so 'n Höhergestellter ... immer akzeptiert ... entlassen werden).

Immer noch im Rahmen der Ursachenerklärung (Warum bitten die um Vergebung?) weitet *Martina* auf der Basis des angesprochenen Arbeitswelt-Schemas ihre Textverarbeitung um eine neue Komponente der Absicht aus: „Sie wollen ihm gefallen, vielleicht wegen der Beförderung." Nachdem das „um Vergebung bitten" der Förster mit Hilfe des Arbeitswelt-Schemas hinsichtlich seiner Ursachen-Inhalts- und Absichtskomponente (Inferenzen) gedeutet worden ist und sich damit auch gleichzeitig eine Erklärung für die Ausgangsfrage gefunden hat, entwickelt *Jann* seine analoge Beispielsdarstellung als sprachliche Konkretisierung des Arbeitswelt-Schemas. In seiner anschaulichen Sprache, die kritische Potenzen enthält, realisiert sich diese Analogiebildung (der Dicke, Boß, dicken Honig um den Bart schmieren; – Büro, Firma, befördern).

Mit dem Hinweis auf den Fabelcharakter der Geschichte (1) kündigt sich ein Wechsel der inneren Repräsentationsweise des Problems an: Während sich alle vorangegangenen Verstehensmitteilungen im Rahmen des anschaulichen Sachverhaltsbereiches der Texte bewegten, wird dieser Bereich in Janns Deutung aufgegeben, weil im Laufe des Verstehensprozesses für ihn das Problem der Textgeschichte in allgemeinen, prototypischen Sinnstrukturen interpretierbar wurde und diese nun für seine Analogiebildung Voraussetzung werden.

Diese einmal angesprochene Repräsentationsebene bleibt auch die Grundlage der folgenden Beiträge:

Wolfgang: (1) Das soll wahrscheinlich nur eine Geschichte sein,
(2) genau wie beim Voigt, wo eben das Militärische also vor dem Ersten Weltkrieg eben kritisiert wird,
(3) und hier wird eben kritisiert,
(4) daß immer der Stärkste der Chef ist, und der Schwächste der Feind oder so.
(5) Ich glaub', das ist damit genau so, daß der Schwächste dann immer automatisch, ja diskriminiert wird.
L.: Also eine Kritik soll das sein.
Jann: (1) Es war ja vor dem Ersten Weltkrieg, daß auch die ganzen Bajonette, so war das auch in dem einen Akt da, bedeuten absolute Macht.
(2) Und hier ist das eben die tiefe Stimme und die Uniform, die Jägeruniform.
(3) Mit den Sachen ist man sofort höher gestellt.
(4) Und der kleine Schwache, der war dann eben schwach und konnte nicht so viel trinken, und der wurde dann gleich so runtergestellt wie der Voigt.

Die Repräsentation des Problems in Analogiebildungen wird in einer zweiten Beispielsdarstellung von *Wolfgang* fortgesetzt, die auf literarisches Wissen zurückgreift (2).

Im Unterschied zu Jann erschöpft sich das Resultat seines Vergleiches zwischen dem „Hauptmann von Köpenick" und dem Vorgabetext nicht in der sprachlichen Konkretisierung des Beispiels, sondern liefert auch die Deutungsgrundlage für eine kritische Verarbeitungsperspektive (3) und damit für eine neue Sinnkonstruktion: „und hier wird eben kritisiert..." Daß Analogiebildung und prototypische Repräsentationsweise ineinander übergehen können, wird hier deutlich: Wolfgang gewinnt aus seinem Analogiebeispiel auch den Anstoß für eine neue prototypische Repräsentationsweise des Problems, die sich in kritischen Allgemeinaussagen äußert: „daß immer..." Das Beispiel des „Hauptmanns" ist damit aber nicht nur Beleg für die Wirkung des Militärischen, bzw. der Uniform (2), sondern gleichzeitig auch Modell für neues Verstehen: Auf der Basis des Wissensschemas „antagonistische Gesellschaft" werden neue Sinnkonstruktionen entwickelt, die auch außerhalb des Sachverhaltsbereichs der Textwelt für Wolfgang allgemeine Bedeutung haben: Der Stärkste ist immer Chef, der Schwächste wird immer diskriminiert.

Mit dem Einwurf des *Lehrers* an dieser Stelle (Hinweis auf Kritik) wird die Relevanz der Beobachtung von Wolfgang unterstrichen.

Auch *Jann* gewinnt in seiner Ausweitung des Beispiels (1) neue Ansätze für die Deutung der Textgeschichte: Tiefe Stimme und Jägeruniform werden nun nicht mehr nur als äußere Merkmale imponierender Männlichkeit verstanden, sondern werden in seiner Sinnkonstruktion – vergleichbar mit den Bajonetten – zu allgemeinen Symbolen äußerer Macht. Auf der Basis einer so ausgeweiteten Analogiebildung wird Verständnis für die Symbolfunktion literarischer Sprache erreicht und gleichzeitig eine neue Erklärung für die Ursachenkomponente gefunden: „Weshalb machen die den Bären zum Oberförster?"

Der hier analysierte, fortschreitend sich aufbauende Verstehens- und Verständigungsprozeß ist das Resultat eines Zusammenwirkens von Lehrerverhalten und wechselnden Repräsentations- und Textverarbeitungsweisen auf der Basis verschiedener, integrierbarer Wissensschemata.

Mit der Ausweitung des Begriffsschemas „richtiger Mann" in die Komponenten äußere Merkmale, Wirkung, Folgehandlung (Jann) gewinnt der Begriff eine interaktionale Bedeutungsqualität und situative Gebundenheit. Ähnliches läßt sich für die Ausweitung des Handlungsschemas „um Vergebung bitten" sagen (Voyta, Martina): Seine Leerstellen werden als Komponentenrelation von Ursache, Inhalt, Absicht und Ziel sprachlich aufgefüllt und auf der Basis des Wissensschemas „Arbeitswelt" als eine in der Textwelt denkbare Interaktionssituation ausgeweitet. Damit stellen Voyta und Martina die Komponentenrelation bereit für die Konkretisierung einer Beispielsdarstellung (Jann), die gleichzeitig auch einen Wechsel der inneren Repräsentationsweise (Analogiebildung) bedeutet. Auf dieser Repräsentationsebene schließlich entwickelt Wolfgang eine neue Beispielsdarstellung, die nicht nur Gesagtes konkretisiert, sondern auch die Vorgabe bildet für eine neue Sinnkonstruktion: Kritik und Diskriminierung. Jann gewinnt in seiner weiteren Elaborierung dieses Analogiebeispiels eine neue Sinnkonstruktion; die übertragene Bedeutung von „tiefe Stimme und Uniform" als Ausdruck absoluter Macht. Markiert wird dieser Aufbauprozeß von Sinnkonstruktionen durch eine fortschreitende Bildung von Begriffsspitzen:

– tiefe Stimme
– richtiger Mann
– Höhergestellter
– Chef ist der Stärkste
– absolute Macht

Dieses vollzieht sich auf der Basis eines auch sozialpsychologisch erklärbaren Zusammenhangs von Wissensschemata wie „Männlichkeit", „Arbeitswelt", „antagonistische Gesellschaft von Starken und Schwachen".

4.4.4 Lehrerverhalten und Tendenzen der Textverarbeitung in den Klassen 5, 8, 9 und im Grundkurs der Jahrgangsstufe 12

Nachdem im vorangegangenen Abschnitt in einer Mikroanalyse der interaktionale Aufbau von Sinnkonstruktionen beschrieben ist, soll nun unter Zugrundelegung der Kriterien einer Problemsituation die für die einzelne Klasse charakteristische Tendenz der Textverarbeitung skizziert werden. Dabei sollen Verstehensmitteilungen von Schülern nach dem Grad ihrer Elaboriertheit, nach ihrer Funktion in dem jeweils spezifischen Problemlösungsprozeß und hinsichtlich ihrer sprachlichen Realisierung innerer Repräsentationsweisen gekennzeichnet werden. Ausgegangen wird von der Annahme, daß der Grad der Elaboriertheit und der Wechsel von Repräsentationsweisen innerhalb eines Interpretationsdiskurses als Anzeichen für Verstehenstiefe gewertet werden können.

Klasse 5

Die sprachlichen Dokumente des Verstehens sind in dieser Klasse durchgängig Realisierungen einer bildhaften, inneren Repräsentation des Textproblems. Dieses äußert sich in einem spezifischen Interesse an der Linearität äußerer Handlungsfolgen und in der Bevorzugung von Identifikationen wahrnehmbarer faktischer Merkmale der Textfiguren. In den versprachlichten Komplexitätsreduzierungen der Schüler äußern sich Problemfilterungen, die aus dem Vergleich zwischen der wahrgenommenen Textwelt und ihrer wirklichen Welt, d. h. zwischen den Handlungen der Textfiguren und ihrem eigenen, verfügbaren Handlungswissen resultieren und sich als handlungslogische Widersprüche festmachen:

– Weil der 'ne tiefe Stimme hat, glauben sie, daß er ein großartiger Oberförster sei
– Der Bär, der sich selber stellt und zu den Jägern hingeht ...
– Der Bär verrät sich doch selber

Ihre häufigsten Wissensschemata, auf denen ihre Deutungen basieren sind:
– das Schema „Dummheit" (die Förster erkennen nicht aus eindeutigen Merkmalen die Identität des Merkmalsträgers),
– das Schema „Vorgesetzter" (wird in zweifacher Weise verwandt: tiefe Stimme ist kein charakteristisches Merkmal für einen Oberförster [a] und der Bär kann alles, was ein Oberförster können müßte [b]),
– das Schema „Jäger–Gejagter" (Der Bär geht zu den Jägern), damit verbunden
– das Schema „Selbstverrat" (Der Bär hat sich selber verraten).

Ein anderer Typ einer Problemfilterung, der ebenfalls aus einer inneren, bildhaften Repräsentation resultiert und für diese Klasse charakteristisch ist, äußert sich in Rezeptionshandlungen, die Wissenslücken im Sinne des ersten Problemstellungstyps formulieren. Das sich hier dokumentierende Interesse an äußeren, handlungslogischen Zusammenhängen weckt das Bedürfnis, überall, wo es sich anbietet, Verstehensprobleme durch Interpolation von Zwischenhandlungen zu lösen:

- Wo hat der Bär seine Kleider her?
- Wieso ist der richtige Oberförster nicht auf dem Ball?
- Woher hat der Bär (als Oberförster) den Schlüssel? usw.

Bei solchen von den Schülern immer wieder eingebrachten Problemstellungen werden Leerstellen in Ereignisfolgen zweckrational auf der Basis ihres Alltagswissens interpoliert (vgl. Beispiel 8). Oft verselbständigen sich aber ihre Interpolationsangebote zu Randproblemen auf Kosten von ganzheitlichen Sinnkonstruktionen. Bei Komponentenfragen (Problemstellungstyp 3) beschränkt sich z. B. ihre Ursachenerklärung auf das Nennen von faktischen Voraussetzungen, die an Textstellen festgemacht werden, ohne daß es dabei zu nennenswerten elaborativen Komponentenausweitungen im Sinne des Beispiels 1 kommt. Die im ganzen reduktive Textverarbeitung dokumentiert sich auch in der bevorzugten Verwendung von Textwörtern als Themawörter in den Redebeiträgen.

Da es Schülern dieser Klassenstufe grundsätzlich schwerfällt, Verstehensmitteilungen ihrer Mitschüler in die eigene Textverarbeitung einzubeziehen, so daß es auf der sprachlichen Ebene zwischen Schülerbeiträgen selten zu paraphrastischen Bezügen kommt, überrascht es auch nicht, wenn in dieser Klasse so gut wie keine Begriffsspitzenbildungen gelingen. Der Verstehensvorgang bleibt eindimensional, weil die Schüler in ihren Problemfilterungen die bildhafte Repräsentation als einzige in ihren Versprachlichungen bevorzugen und von ihnen selbst kein Wechsel etwa zu prototypischen oder analogen Repräsentationsweisen vollzogen wird.

Diese, sicherlich alterstypische Tendenz der Textverarbeitung, wird allerdings auch durch ein spezifisches Lehrerverhalten stabilisiert: Einerseits werden keine Problemstellungen vorgegeben, die einen Wechsel zur prototypischen bzw. analogen Repräsentationsweise initiieren, andererseits stimuliert der Lehrer durch seine Reaktion auf die Interpolationsangebote der Schüler („gute Möglichkeit", „gute Ideen", „noch andere Ideen") zu weiteren zweckrationalen Erklärungsweisen auf der bildhaft-anschaulichen Repräsentationsebene. Außerdem veranlaßt das durch den Lehrer häufig spezifisch vorgegebene Verstehensziel mit der Vorwegnahme einer bereits definierten Sinnkonstruktion die Schüler zu einer mehr additiv-sammelnden Textverarbeitung und reduziert – gestützt durch die Methode, Textstellen an der Tafel zu sammeln – den Verstehensvorgang im wesentlichen zur Textdatenbenennung, ohne daß dabei neue Sinnkonstruktionen aufgebaut werden.

Solchen Verarbeitungstendenzen sollte der Lehrer dann durch Fragen entgegensteuern, die zu elaborativen Textverarbeitungsweisen und zum Wechsel der einmal privilegierten Repräsentationsebene initiieren. Die begriffsschematische Frage (Problemstellungstyp 4), z. B. nach der allgemeinen Bedeutung der tiefen Stimme im zwischenmenschlichen Verkehr (evtl. anhand von Beispielen), könnte hier zur Ausweitung von Bedeutungskomponenten veranlassen, die dann wieder, wie im analysierten Beispiel der 7. Klasse, zu neuen Begriffsspitzen führt und damit auch zu neuen argumentativen Stützen für Erklärungen wahrgenommener Textdaten. Es kann angenommen werden, daß mit der Fähigkeit zur elaborativen Textverarbeitung auch die Sensibilisierung für die Spezifik der symbolischen Funktionen literarischer Sprache entfaltet werden kann.

Klasse 8

Der Unterricht in dieser Klasse erstreckt sich auf eine Doppelstunde. Im Unterschied zur 5. Klasse dokumentieren sich in den Verstehensmitteilungen größere Fähigkeiten zur elaborativen Textverarbeitung. Vor allem bei Antworten auf Komponentenfragen (Problemtyp 3) wird dieses deutlich, wenn es z. B. darum geht, den interaktionalen Zusammenhang von Ursachen und Folgen zu erklären. Hier offenbart sich das für diese Klasse typische Interesse an psychologischen Phänomenen, soweit sich diese in interaktionalen Beziehungen der Textfiguren festmachen lassen. Daraus folgt für die Textverarbeitung, daß das Textgeschehen – dieses steht letztlich immer noch im Vordergrund – nicht mehr nur von der einen Basiskomponente „äußere Handlungsabfolge" erfaßt, sondern von einer differenzierten Komponentenkomplexion gedeutet und ausgeweitet wird. Zum äußeren Ablauf von Handlungen gehört nun auch inneres Verhalten (Einstellung, Absicht, Motiv, Ziel und Plan) (vgl. Beispiel 1). Solche wechselseitigen Komponentenbezüge sind es, die sich in einer Vielzahl von Schülerbeiträgen sprachlich realisieren. Dabei äußert sich das Interesse an inneren, psychologischen Vorgängen beobachteter Interaktion in einem für diese Klasse charakteristischen Verfahren der Repräsentation und sprachlichen Umsetzung: im inneren Monolog, bzw. im konstruierten Gestus des Sprechens. Darunter ist – unter dem hier vorgetragenen Aspekt – eine spezifische Form bildhafter Repräsentation gemeint, die darin besteht, daß z. B. ein Motiv, eine Einstellung, also ein inneres Verhalten, nicht mit einem sprachlichen Ausdruck „benannt", sondern unmittelbar im Vollzug einer Sprachhandlung „vorgeführt" (Gestus) und damit veranschaulicht werden, z. B.:

– Dann denkt der Förster: „Oh, ich hab etwas falsch gemacht."
– Ich könnte mir vorstellen, daß der Bär jetzt sagt: „Also die sehen mich jetzt als Oberförster und wagen gar nicht zu sagen, daß ich der Bär sein könnte."

Solche konstruierten Reden als Formen der Introspektion sind in solchen Verstehensmitteilungen demnach sprachliche Ausfüllungen von Komponenten des inneren Verhaltens und Indiz für elaborative Textverarbeitungen, die in dieser Klasse vor allem durch Komponentenfragen (Problemstellungstyp 3) ausgelöst werden.

Trotz der vielseitigen Ansätze zur elaborativen Textverarbeitung im Rahmen von Komponentenfragen kommt es im Laufe des weiteren Unterrichts auf seiten der Schüler selten zu eigenständigen, interaktional aufgebauten Sinnkonstruktionen. Das wird zum Teil durch ein Frageverhalten des Lehrers verursacht, in dem spezifische Sinnkonstruktionen im Sinne des Problemstellungstyps 2 vorgegeben sind, so daß die Schüler auf Kosten elaborativer Textverarbeitungen sich zum Benennen von Textdaten aufgefordert fühlen. Elaborationen werden aber zusätzlich noch verhindert durch „Einfügungsfragen", die, als Frageketten gestellt, dem Schüler nur noch die Möglichkeit der Einfügung eines einzigen Bedeutungselements zulassen:

L.: In welchem Zusammenhang hat er sich verkleidet?
S.: Für den Maskenball.
L.: Für den Maskenball von wem?
S.: Von den Tieren.

Auch Wortdefinitionen bringen für den Aufbau von Sinnkonstruktionen wenig ein, wenn sie nicht im interaktionalen Kontext von Begriffsbildungsprozessen am Textbeispiel entwickelt werden können; z. B.:

L.: Was heißt komisch?
S.: So lustig.
L.: Das lustige. Und inwiefern könnte man das sagen?
S.: Ich hab noch nie einen Bären gesehen, der so 'ne komische Kleidung an hat.

Bis kurz vor Schluß der 2. Stunde bleibt der Verstehensprozeß eindimensional. Der Versuch von Ralf, am Anfang der Stunde mit einem Hinweis auf „Redensarten" eine formale Repräsentationsweise einzubringen, wird schon im folgenden Schülerbeitrag aufgegeben, mit dem eine bildhafte Repräsentationsweise privilegiert wird (Widerspruch von Textwelt und wirklicher Welt). Der sinnlich wahrnehmbare Sachverhaltsbereich der Textwelt bleibt dann auch bis fast zum Schluß die einzige Ebene, auf der Sinnkonstruktionen entwickelt werden, gestützt durch das Konzept des Lehrers, Textverstehen im schrittweisen Nachvollzug der Textereignisse zu überprüfen. Sein Festhalten an diesem Konzept führt nicht nur zu den oben skizzierten Problemstellungstypen mit den sich daraus ergebenden Einschränkungen elaborativer Textverarbeitung, sondern auch zur Verhinderung schülereigener Problemfilterungen auf unterschiedlichen Repräsentationsebenen. Erst am Schluß der Doppelstunde wird durch eine sehr spezifische Vorgabe des Verstehensziels (Problemtyp 2) („Wird hier denn einfach eine Tiergeschichte erzählt?") ein Wechsel der Repräsentationsweise evoziert. Der Hinweis auf Textschemata wie Märchen, Fabel, Gleichnis verursacht dann bei Birgit einen weiteren Wechsel in Richtung einer prototypischen Repräsentation: „(...) daß die große Menge praktisch vor den großen Leuten kuscht und also immer auf den Kleinen rumpickt."

Klasse 9

Im Unterschied zur 5. und 8. Klasse haben die Schüler dieser Klasse ein spezifisches Interesse an prototypischen Problemausfilterungen. Das mag damit zusammenhängen, daß, hervorgerufen durch eine altersbedingte Affinität zu Beziehungsproblemen, das allgemeine interaktionale Schema „Einzelner-Gruppe" als deutungsrelevantes Grundschema für diese Textgeschichte immer wieder herangezogen wird. Für diesen Unterrichtsdiskurs ist der Wechsel von Repräsentationsweisen charakteristisch. Er beginnt zunächst mit einer formalen Repräsentation des Problems auf der Ebene von Textschemata; dadurch werden einzelne Textkategorien – man könnte hier von Komponenten eines Textes sprechen – verfügbar. Diese formale Repräsentation des Problems durch Textkomponenten findet ihren sprachlichen Ausdruck in den Begriffen „Moral" und „Lehre", die sich dann in der inhaltlichen Elaborierung des Lehrhaften in prototypischen Aussagen manifestieren, wie z. B.: Das rein Äußere bestimmt den Menschen, das Nächstliegende entdeckt man am wenigsten usw. Ausgelöst durch die formale und prototypische Repräsentation des Problems entwickeln Schüler ihre Analogiebildungen in formaler („Ausdrücke wie bei Wilhelm Busch") und in thematischer Hinsicht („Hauptmann von Köpenick"). Ein weiterer Versuch des Lehrers, andere Analogien aus der eigenen Lebenswelt herauszulocken („Habt ihr so etwas selber schon bei euch erfahren?") mißlingt: Die Schüler bleiben bei ihren prototypischen Aussagen und liefern damit höchstens Themen für Geschichten aus ihrem Leben, die sich im Sinne einer Rezeptionspragmatik in produktiven Textbildungen konkretisieren ließen.

Ein Wechsel der Repräsentationsebene in Richtung auf den sinnlich-anschaulichen Sachverhaltsbereich der Textwelt wird seitens des Lehrers durch Komponenten- und Schemafragen (Problemstellungstyp 3 und 4) erreicht (vgl. auch Beispiel 10). Dabei zeigt sich, daß das allgemeine interaktionale Schema „Einzelner-Gruppe", das auch Deutungsgrundlage für die prototypischen Aussagen war, auch bei unmittelbaren, textbezogenen Sinnkonstruktionen relevantes Deutungsschema bleibt, so daß das, was diese Klasse am meisten an der Geschichte interessiert, das Problem der Verhaltensreziprozität zwischen dem Bären als Förster und den Förstern als Gruppe, immer wieder als Thema in Schülerantworten aufgenommen wird. Auch bei einem erneuten Wechsel der inneren Repräsentationsweise zur prototypischen Problemausfilterung, die durch die Frage des Lehrers nach der Absicht des Autors privilegiert wird („Wozu schreibt jemand so 'ne Geschichte?"), wird das gleiche Deutungsschema als Erklärung für die Motivation des Autors bestimmend:

„Also wenn man total eins werden kann mit der Gruppe, dann fragt keiner mehr, wenn die Gruppe das jetzt alles macht: ja stimmt das denn auch oder so. Man macht einfach mit."[23]

Die Verwendung dieses Wissensschemas als Deutungsgrundlage auf verschiedenen Ebenen der inneren Repräsentation, der bildhaften, prototypischen und analogen Ebene, scheint ein guter Hinweis für Verstehenstiefe zu sein und für einen Unterricht, der die Verstehensprozesse nicht eindimensional organisiert und schülereigene Problemfilterungen sich entwickeln läßt. Im ganzen fällt ein für diese Altersstufe relativ hoher Grad an Elaboriertheit auf, der sich in der sprachlichen Ausfüllung von Komponenten und Teilkomponenten realisiert (vgl. Beispiel 10). Textwörter spielen tendenziell in den Schülerantworten keine große Rolle mehr als Themawörter.

Grundkurs der Jahrgangsstufe 12

Auch dieser Unterricht umfaßt eine Doppelstunde. Er wird eingeleitet durch eine Problemstellung, die sich aus dem Verfahren der Rezeptionspragmatik herleitet[24]: Die Schüler sollen den Schluß durch eigene Produktion ergänzen und ihre gewählten Textschlüsse begründen. Damit wird zunächst einmal eine innere Repräsentation des Textproblems auf der formalstrukturellen Ebene privilegiert (Wissen über Textschlüsse). Gleichzeitig wird aber auch mit der Aufforderung zu einer Begründung eine Kohärenz zwischen Text und Textschluß vorgegeben und erwartet, so daß die Schüler ihre Lösungsversuche so anlegen, daß der innere Zusammenhang zwischen Texthandlung und den selbstverfaßten Textschlüssen durchsichtig wird und auch charakteristische Stilmerkmale des Vorgabetextes in die eigene Produktion aufgenommen werden. Wie sehr hierbei zusammen mit der Problemfilterung auf der formalen Repräsentationsebene textschematisches Wissen und Wissen über die Funktion sprachlicher Mittel in den eigenen Produktionen zum Tragen kommen, wird in den Einschätzungen der verfaßten Textschlüsse deutlich: Schüler identifizieren die „Schlüsse" ihrer Mitschüler aufgrund textschematischer Zuordnungen als „Märchenende" oder als charakteristisch für eine „Wildweststory", bzw. als „schöne Heile-Welt-Geschichte" mit einem „Happyend". Das explizite Nennen einer Moral wird dagegen von den Schülern als unpassend für die Geschichte von Peter Hacks abgelehnt: „Ich find', das paßt nicht so gut mit der Moral, (...) Der ganze Text ist originell geschrieben und dann 'ne Moral (...)". Angemessener erscheint ihnen ein Schluß, der „das Ernste wieder mit dem Lustigen ausgeglichen hat". „Etwas von der Heiterkeit" des Vorgabetextes muß sich auch im Schluß wiederfinden. Abgelehnt wird der Originalschluß von Peter Hacks, weil hier im

---

23 Vgl. hierzu den Redebeitrag von Maria in Beispiel 10.
24 Vgl. hierzu den Beitrag von *G. Rupp* in diesem Band.

Widerspruch zum textschematischen Wissen über Textschlüsse die Bärin unvermittelt als neue Person eingeführt wird.

Konsequent begründet Linda auf der Ebene formaler Repräsentation und auf der Basis ihres textschematischen Wissens ihren eigenen Schluß:

„Der Schluß, den ich gewählt habe, ist so absurd wie die ganze Geschichte, bietet jedoch die ausreichende Erklärung für das Verhalten des Bären. Ich habe mich bemüht, die Unlogik der Geschichte fortzuführen, um keinen Stilbruch zu begehen. Außerdem hatte ich Lust, den Schluß so zu schreiben, und ich wüßte nicht, wie ich das Bedürfnis, Unsinn als Schluß einer unsinnigen Geschichte zu schreiben, begründen könnte."

Die Aufforderung, den selbstverfaßten Textschluß auch zu begründen, veranlaßt die Schüler aber nicht nur zu Problemausfilterungen auf der formalen, inneren Repräsentationsebene. Die Absicht, Textschlüsse mit inhaltlicher Kohärenz zu produzieren, regt zu Problemfilterungen an, die auf unterschiedlichen, inneren Repräsentationsebenen liegen. Es ist offensichtlich der didaktische Vorzug dieses Einstiegs, daß mit der aus dem Konzept der Rezeptionspragmatik abgeleiteten Problemstellung die Schüler zu unterschiedlichen, inneren Repräsentationsweisen des Problems angeregt werden, so daß sich in den jeweiligen Begründungen neben formalen auch die sprachliche Realisierung von prototypischen und begriffsschematischen Repräsentationsweisen finden. Während Linda (s. o.) ihren Schluß aufgrund von formalen-strukturellen Überlegungen begründet, sind es bei anderen Schülern thematische Begründungen, die auf prototypischen (a), bzw. begriffsschematischen (b) Repräsentationsweisen basieren. Moralische Schlüsse werden aufgrund prototypischer Problemausfilterungen begründet, z. B.:

– Man soll sich nie in die Rolle eines anderen versetzen (wie der Bär),
– Man soll Personen nicht vom Äußeren beurteilen, sondern auch nach anderen Kriterien (a).

Andere Schüler wieder betonen in ihren Begründungen den thematischen Zusammenhang von Textvorgabe und selbstverfaßtem Schluß, indem sie den Textinhalt auf einen Begriff bringen und so das Textproblem auf einer begriffsschematischen Repräsentationsebene ausfiltern. Als Begriffsspitzen, die nach Auffassung der Schüler für die eigene Produktion leitend waren, werden u. a. genannt: Überlegenheit des Bären, Selbstvergessenheit des Bären, Unfähigkeit der Förster (b).

Alle Begründungen der Schüler verbalisieren Makrostrukturen des Vorgabetextes, sind also Resultate einer reduktiven Textverarbeitung. Das didaktisch fruchtbare Moment der Problemstellung besteht nun darin, daß mit der erwarteten Begründung und eigenen Produktion eines Textschlusses bei den einzelnen Schülern nicht nur unterschiedliche Ebenen der inneren Repräsentation ausgelöst werden, also Problemfilterungen auf der formalen, prototypischen und begriffsschematischen Ebene, sondern auch gleichzeitig die den Begründungen zugrundeliegenden Makrostrukturen in den Textschlüssen wieder konkretisiert, d. h. in anschauliche Situationen umgesetzt werden. Der sich gegenseitig bedingende Wechsel von reduktiver und elaborativer Textverarbeitung, der jedem „tieferen" Textverstehen zugrundeliegt, dokumentiert sich, ausgelöst durch die vom Lehrer eingebrachte Problemstellung, hier auch sprachlich in den Schülertexten, in ihren Begründungen und Textschlüssen.

In den Begründungen der Schüler zu ihren Textschlüssen dokumentieren sich aber auch gleichzeitig eigenständige Deutungsgrundlagen ihres Textverstehens, die auch im weiteren Verlauf des Unterrichtsdiskurses eingebracht werden, wenn es um andere, auf den Vorgabetext bezogene Problemstellungen geht. So antwortet z. B. Linda, die ihren

Textschluß mit der „Unlogik" und dem „Unsinn" der Geschichte begründet hatte (s. o.), auf die Frage des Lehrers nach der Intention mit dem gleichen Deutungsmuster:

„Ich seh' das darin, daß der Bär sowas Unsinniges tut und daß die das nicht merken, eben die Lächerlichkeit ihres ganzen Tuns zutage bringt, genau so wie die da durch den Wald laufen und Halali schreien, wovon alles nichts bedeutet, was alles sinnlos war, wenn die das den ganzen Abend machen."

Für Linda bleibt die formale Repräsentation des Textproblems (Unlogik, Unsinn, Absurdität) auch für die Lösung der Schemafrage nach der Intention (Problemstellungstyp 4) leitend. Der Gesichtspunkt ihrer Problemfilterung in ihrer Begründung (s. o.) bleibt für sie durchgängige Deutungsgrundlage der Textgeschichte. Erst nach der Kenntnis des originalen Schlusses kommt es zu einer neuen Deutung der Geschichte, als der Lehrer noch einmal nach der Intention fragt. Hier ist es wiederum Linda, die auf der Basis ihres textschematischen Wissens vom Ende der Geschichte her eine neue Sinnkonstruktion entwickelt.

S. (1) Ich finde, der Schluß sagt doch was aus,
   (2) daß die Frau des Bären die Förster als schlechte Gesellschaft bezeichnet, stellt einen ganz anderen Standpunkt (dar) als die Förster z. B. haben, die würden Bären auch als schlechte Gesellschaft bezeichnen.
   (3) Das ist gegen Intoleranz oder so.
L.   Also wer soll da was tolerieren?
S. (4) Man muß ja nicht immer vom Förster und den Bären ausgehen,
   (5) daß die Förster eben für eine Gruppe stehen, die an sehr engen Traditionen und Vorstellungen hängen
   (6) und daß so 'ne Gruppe von Bären, die sie abwerten, jetzt auch nicht als das Wahre angesehen werden.

Der Einstieg über die eigene Produktion von Textschlüssen aktiviert nicht nur auf der formalen Repräsentationsebene textschematisches Wissen, sondern sensibilisiert die Schüler auch hinsichtlich der Funktion von Textschlüssen für das Gesamtverstehen von Texten. Sozusagen „von hinten her" kommt Linda zu einer Korrektur ihrer Textdeutung: nicht mehr Unsinnsgeschichte, sondern eine Texthandlung, die unter dem Begriffsschema „gegen Intoleranz" neuen Sinn ergibt.

Lindas Antwort ist im Hinblick auf den Komplexitätsgrad ihrer Textverarbeitung für diese Jahrgangsstufe charakteristisch: Einzelne Repräsentationsweisen des Textproblems werden nicht mehr wie in den unteren Klassen additiv verknüpft, so daß mit einem Wechsel der Repräsentationsebene in der Regel auch ein Redebeitragswechsel verbunden ist, vielmehr werden unterschiedliche Ebenen der inneren Repräsentation in ein und derselben Schülerantwort miteinander koordiniert. So elaboriert Linda z. B. in ihrem Redebeitrag in (1) und (2) auf der formal-strukturellen Ebene zunächst ihr textschematisches Wissen über die Bedeutung von Textschlüssen für einen Gesamttext („sagt doch was aus", „stellt einen ganz anderen Standpunkt dar"); in (3) faßt sie in der Begriffsspitze „gegen Intoleranz" ihre Gesamtdeutung zusammen, und zwar auf der Basis einer begriffsschematischen Repräsentation; in (4) kündigt sich eine prototypische Repräsentationsweise an, die dann in (5) und (6) ausgeführt wird („stehen für eine Gruppe, die …") und den Begriffsinhalt „gegen Intoleranz" erläutert.

Auch wenn es in diesem Unterricht zu keinen analogen Beispielsdarstellungen kommt, verläuft der Verstehensprozeß mehrdimensional: Über den Einstieg eigener Textproduktionen werden die Schüler zu elaborativen und reduktiven Textverarbeitungen auf unterschiedlichen Repräsentationsebenen veranlaßt, die im Laufe des Unter-

richtsdiskurses koordiniert werden können. Dabei unterscheidet sich die begriffsschematische Repräsentation des Textproblems von den unteren Klassenstufen durch den
höheren Grad an Abstraktheit und Komplexion. Schüler dieser Jahrgangsstufe verfügen
über ganz andere Wissensbereiche, so daß für sie mit Hilfe der interaktional aufgebauten Begriffsspitzen wie Intoleranz, Tradition, Autoritätsgläubigkeit, Persönlichkeitskrise, Ordnungsschemata u.a.m. die Texthandlung z. B. unter sozial-psychologischen
und politischen Gesichtspunkten deutbar wird.

4.4.5 Voraussetzungen eines ‚vertieften‘ Textverstehens im unterrichtlichen Diskurs

Die Analyse der Unterrichtsstunden und der Unterrichtssequenz aus der 7. Klasse
können verdeutlichen, daß das im Literaturunterricht anzustrebende „vertiefte" Textverstehen nicht allein durch das Ausmaß der Elaboriertheit in der Textverarbeitung
erreicht wird, sondern auch von den Bedingungen eines mehrdimensionalen Verstehensprozesses abhängt. Diese werden eingelöst, wenn die Schüler ihre eigenen, inneren
Repräsentationsweisen des Textproblems auch sprachlich einbringen können, d. h.
wenn sich die bildhafte, formale, prototypische, analoge und begriffsschematische
Repräsentation in den Rezeptionshandlungen der Schüler sprachlich realisieren. Im
Hinblick auf eine Einschätzung von Schülerantworten hinsichtlich ihrer Funktion für
„vertieftes" Textverstehen sind solche Rezeptionshandlungen für den Aufbau von Sinnkonstruktionen bedeutsam, die

– das einmal Angesprochene, der Deutung zugrundeliegende Wissensschema durch
  neue Komponenten ausweiten (elaborative Textverarbeitung),
– durch analoge Beispielsdarstellungen aus der eigenen oder fremden Lebenswelt ab-
  straktere Deutungsschemata konkretisieren (Wechsel der Repräsentationsebene),
– aus Beispielsdarstellungen neue prototypische Sinnkonstruktionen ableiten (Wechsel
  der Repräsentationsebene),
– aus verschiedenen Bedeutungseinheiten der Textvorgabe oder vorangegangener
  Redebeiträge Begriffsspitzen bilden im Sinne begriffsschematischer Deutungen
  (Wechsel der Repräsentationsebene bzw. reduktive Textverarbeitung).

Ein Unterricht, der dies ermöglicht, setzt allerdings ein Lehrerverhalten voraus, das
an den Problemfilterungen der Schüler anknüpft und gleichzeitig durch die Vorgabe
von geeigneten Problemstellungstypen zu elaborativen Textverarbeitungen und zum
Wechsel von inneren Repräsentationsweisen des Textproblems anregt.

4.5 Wer sieht wen wie? Entwicklungen in der Wahrnehmung fremder Perspektiven (Els Andringa)

Als Ergänzung zu den Analysen der Klassengespräche über „Der Bär auf dem Försterball" habe
ich versucht, den Entwicklungsstand der Klassen noch durch eine andere Methode zu „diagnosti-
zieren". Dazu habe ich mit einem zweiten Erzähltext gearbeitet. Der Text wurde nicht im Unterricht behandelt. Die Schüler bekamen jeder für sich die Geschichte und einen Fragebogen, den sie
schriftlich in der Klasse ausfüllten. So wurden auch individuelle Leseergebnisse der Schüler gewonnen, die mit den Leistungen der Gruppen verglichen werden konnten. Es ging in der Untersuchung
vor allem um die Fähigkeiten zur Unterscheidung von verschiedenen Perspektiven und perspektivischen Ebenen.

4.5.1 Die Stufen der Wahrnehmungsentwicklung im sozialen Bereich

Eine der zentralen Fragen in den Arbeiten Jean Piagets war: Wie entwickeln sich beim Kind die Fähigkeiten, mehrere Wahrnehmungsaspekte simultan miteinander zu verbinden (zu koordinieren), statt sie vereinzelt und nacheinander zu vollziehen. Eine weitere von ihm verfolgte Frage, die jedoch die erste mit einschließt, lautete: Wie kommt das Vermögen zustande, vom eigenen Standpunkt zu abstrahieren und die Umwelt nicht nur von der eigenen direkten Wahrnehmung aus zu gliedern, sondern in der Vorstellung andere Perspektiven zu übernehmen? Beide Fragen sind im sogenannten „Drei-Berge-Experiment" in anschaulicher Weise von Piaget operationalisiert worden (Piaget 1972, frz. 1947, nach Geulen 1982). Attribute in dieser Untersuchung waren drei Pappberge von verschiedener Größe, Form und Farbe, die zu einer „Gebirgsgruppe" angeordnet wurden, und weiter eine kleine Holzpuppe. Informanten waren Kinder zwischen 4 und 12 Jahren. Die Kinder blickten von einem bestimmten Standort (A) aus auf die Berge. Dann wurde die Puppe an verschiedene andere Standpunkte (B, C, D) hingestellt und das Kind wurde gebeten, jeweils die „Photographie", die die Puppe jetzt machen könnte, mit drei den „Bergen" ähnlichen Pappstücken nachzubilden. Als zweite Aufgabe bekam das Kind eine Reihe von fertigen Bildern; es sollte das jeweils zum Blickwinkel der Puppe passende Bild herausfinden. Bei der dritten Aufgabe sollte es umgekehrt den Standort der Puppe zu einigen Bildern rekonstruieren.

In seiner Analyse der Fehlversuche gelangte Piaget zu den folgenden Stufen in den Fähigkeiten zur Lösung der Aufgaben:

(*Stufe I:* Das Kind versteht die Aufgabe nicht)

Stufe II A:

„Das Kind ist nicht imstande, sich die verschiedenen Bilder, die die Puppe je nach ihren Standorten betrachtet, vorzustellen, es betrachtet vielmehr seine eigene Perspektive in jedem Augenblick als absolut und schreibt sie der Puppe zu, ohne diese Verwechslung zu ahnen" (S. 81).

Im Anschluß an seine entwicklungstheoretischen Begriffe nennt Piaget diese Stufe *egozentrisch;* die folgenden Stufen sind jeweils Stadien der *Dezentrierung.*

Stufe II B:

Es finden Versuche zur *Perspektivendifferenzierung* statt, aber sie mißlingen, und das Kind fällt in Stufe II A zurück.

Stufe III A (7/8 bis zu 9 Jahren):

Gewisse Relationen werden differenziert, aber die verschiedenen perspektivischen Aspekte wie z. B. vorne–hinten, rechts–links, höher als–niedriger als, werden noch nicht alle zueinander in Beziehung gesetzt.

Stufe III B (ab 9/10 Jahre):

Die *Koordination* der perspektivischen Aspekte gelingt immer besser bis zur *Gesamtkoordination*[1]. Piaget wies auf die kommunikative Bedeutung dieser Entwicklungen hin, indem er den Anstoß zu den aufgezeigten Entwicklungen aus der sozial-kommunikativen Notwendigkeit erklärte:

„Weshalb möchte sich das Subjekt eigentlich an einem bestimmten Punkt seiner geistigen Evolution die räumlichen Beziehungen vorstellen, statt einfach handelnd auf sie einzuwirken? Allem Anschein nach, um mit jemand anderem zu kommunizieren oder um von einer anderen Person eine Auskunft über eine Realität bezüglich des Raumes zu erhalten" (S. 83).

---

1 In einer Wiederholung des Experiments gelangen *Coie* u. a. durch eine genauere Fehleranalyse (ebenfalls in *Geulen* 1981) zu einer Präzisierung der Entwicklung und einer Kritik am Egozentrismusbegriff; ich gehe darauf hier nicht weiter ein.

Für sozial-kommunikative Zwecke reicht freilich die Vergegenwärtigung räumlicher Perspektiven nicht aus. Piagets Ansatz erwies sich aber als übertragbar auf andere Bereiche. So ist die Entwicklung der Perspektivendifferenzierung u. a. an emotionalen, informationsbezogenen und intentionalen Perspektiven untersucht worden. Selman (1976) hat z. B. eine ähnliche Reihe von Entwicklungsstufen in der moralischen Kognition herausgearbeitet. Es ging Selman vor allem um das Verstehen von Fairness- und Gerechtigkeitsproblemen; seine Stufenfolge kann aber allgemein als Modell für die Entwicklungen im Denken über das Denken anderer verwendet werden. Sein System sozialer Perspektivenübernahme ist wesentlich differenzierter als das anfängliche System Piagets und verfolgt auch Entwicklungen über die Kinderjahre hinaus. Wir kommen noch auf Selmans System zurück.

Zunächst soll hier aber die Frage aufgeworfen werden, welche Bedeutung solche Entwicklungen für das Lesen fiktionaler Texte haben, oder auch umgekehrt, ob das Lesen fiktionaler Texte sich irgendwie auf die Entwicklungen auswirken könnte. Die erste Frage wäre für die Literaturdidaktik z. B. in dem Sinne interessant, daß ihre Beantwortung Einfluß auf die Auswahl von Texten für bestimmte Altersgruppen haben könnte. Andererseits könnte aus der zweiten Frage ein mögliches Ziel des Literaturunterrichts abgeleitet werden, indem man sich fragt: Wie kann man durch den Umgang mit Literatur die Fähigkeiten zur differenzierten Perspektivenwahrnehmung und generell zur sozialen Kognition fördern? Dies wäre eine Zielsetzung, die z. B. der „enthüllenden" oder „gesellschaftskritischen" Funktion der Kunst und Literatur entgegenkäme.

Wie unterscheidet sich aber die soziale Wahrnehmung in der Realität von der Wahrnehmung fiktiver Figuren in Texten? Zumindestens zwei Faktoren sind dabei von Bedeutung: Erstens kann eine Vorstellung von Figuren erst aufgrund dekodierter sprachlicher Zeichen zustande kommen. (Dazu müssen u. a. Leerstellen – vgl. z. B. Ingarden 1968, Iser 1976 – ausgefüllt und „Unbestimmtheitsstellen" „konkretisiert" werden.) Zweitens hat man immer mit der Vermittlung des Erzählten durch einen Erzähler zu tun, der das Erzählte unter eine bestimmte Perspektive, die *Erzählperspektive,* stellt.

Nach strukturalistischen Einsichten unterscheidet man in der Erzähltheorie zumindest zwei[2] Ebenen in erzählerischen Texten.

Der Erzählung liegt eine chronologische Reihe von Ereignissen und Handlungen zugrunde, an denen eine Anzahl Figuren und Attribute beteiligt ist und die in bestimmten Räumlichkeiten stattfinden (1). Dieser *Stoff* wird nun in der Erzählung angeordnet und sprachlich präsentiert (2). Bei der Gestaltung des Stoffes in der erzählten Form wird die Eigenart der jeweiligen Erzählung geprägt, z. B. indem die chronologische Reihenfolge der Ereignisse abgeändert wird, indem die Ereignisse evaluiert werden, indem das Ganze stilistisch gefärbt wird, und nicht zuletzt auch durch die Art und Weise, wie der Erzähler *mittels* der Präsentierung zu den erzählten Ereignissen Stellung nimmt.

Zu den Perspektiven der dargestellten Figuren gesellt sich also die Perspektive des Erzählers. Sie schiebt sich als vermittelnde Instanz zwischen die Perspektiven der Figuren und die Perspektive des Lesers (Erfahrungen, Einstellungen, Erwartungen des Lesers in bezug auf die gegebene Thematik). Die Erzählerperspektive kann sich mehr oder weni-

---

2 Es werden meistens sogar mehr – bis zu 5 – Ebenen unterschieden. Sie alle in die Überlegungen einzubeziehen, würde aber die Sache m. E. unnötig komplizieren, (vgl. für nähere Information z. B. das Kapitel von *Stierle* in *Ludwig* 1982, für die Grundlagen der Theorien z. B. *Labov/Waletzky* 1967, *Chatman* 1981).

ger stark von den Perspektiven der dargestellten Figuren unterscheiden und sich auch formal mehr oder weniger stark von diesen distanzieren: Ein auktorialer Erzähler z. B. markiert oft eine übergeordnete Perspektive, durch die die Standpunkte der Figuren relativiert, ironisiert oder begründet werden können; in einer einfachen Ich-Erzählung sind Erzählerperspektive und Figurenperspektive oft kaum mehr zu unterscheiden, usw. Je nach der verwendeten Erzählweise wird es dem Leser erleichtert bzw. erschwert, sich mit gewissen Perspektiven zu identifizieren. Der Text gibt dem Leser meist Hinweise darauf, welche Stellungnahme vom Erzähler bevorzugt wird, sei sie neutral oder parteilich, einseitig oder nuanciert, eindeutig oder ambivalent, einfach oder mehrfach.

Lesen heißt in diesem Sinne also, daß eine Auseinandersetzung zwischen verschiedenen perspektivischen Ebenen stattfindet; diese sind:

1. die Ebene der Figuren; d. h. die Standpunkte (Einsichten, Wissen, Emotionen und Motive) der Figuren, insofern sie aus dem Erzählten erschlossen werden können,
2. die Ebene des Erzählers; d. h. die Erzählmittel, durch die die Erzählerinstanz ihren Standpunkt in bezug auf das Erzählte und die Standpunkte der Figuren hervortreten läßt,
3. die Ebene des Lesers; d. h. die Einsichten, Haltungen, Überzeugungen, Kenntnisse und Erfahrungen des Lesers, die durch das Lesen aktiviert werden und in Wechselwirkung mit dem Gelesenen seine Stellungnahme zu den Figuren und zum Erzählerstandpunkt bestimmen.

Die Fragen, die hier gestellt wurden, um den Entwicklungsstand der in diesem Buch vorgestellten Klassen auch am individuellen Schüler zu überprüfen, sind:

1. Inwiefern sind die Schüler imstande, mit verschiedenen Perspektiven auf der Ebene der Figuren umzugehen?
2. Wie weit sind sie imstande, die verschiedenen perspektivischen Ebenen zu unterscheiden?

Für die Untersuchung wurde eine Kurzgeschichte verwendet, die verschiedene Perspektiven enthält: Rainer Brambachs „Känsterle" (Text im Anhang). Dazu wurde ein Fragebogen entworfen, der vor allem die Fähigkeiten zur Differenzierung und Koordination der Perspektiven sichtbar machen sollte.

4.5.2 Literarische Figuren: Verkörperungen verschiedener Wahrnehmungsfähigkeit

Zunächst eine kurze Analyse des Textes, in der der Akzent auf der Figurenkonstellation liegt.

Die knapp dreiseitige Erzählung besteht aus zwei Teilen, die durch eine Leerzeile getrennt sind. Der erste Abschnitt zeigt den „einfachen Schlosser" Wallfried Känsterle vor dem Fernsehen: Er ist an der Meisterschaft im Gewichtheben interessiert. Seine Frau hantiert im Haus herum, plappert fast ununterbrochen, unterbricht ihm das Programm, redet von den Winterfenstern, die neu gestrichen werden sollen, so, wie es „Herr Hansmann im Parterre" gemacht hat. Schließlich überrascht sie ihren Mann mit der Mitteilung, daß sie von der Witwe eines verstorbenen Nachbarn ganz billig eine Nikolauskutte mit Zubehör bekommen könne, und daß Wallfried für die Kinder den Nikolaus spielen solle. Känsterle protestiert, er sei dazu nicht geeignet, aber nun reagiert die Frau so heftig, daß er nachgibt. Im zweiten Teil sehen wir, wie Känsterle sich mit dem Anzug herumschlägt. Alles geht schief, er stürzt die Treppe hinunter und die Geschichte endet mit einem Wutausbruch, bei dem Wallfried seiner Frau eine „Backpfeife versetzt" und ihren Porzellanpfauen und Gummibaum durch die gelobten Winterfenster schmeißt. Eine nicht ganz eindeutige Pointe bekommt die Geschichte, wenn mit den anderen Nachbarn, die auf das Geschrei Rosas herbeieilen, auch der schon erwähnte Herr Hansmann erscheint. Er wagt sich als erster in die Stube hinein, mustert die Katastrophe, und fragt mit einem Glitzern in den Augen: „Mein lieber Känsterle, ist das alles?"

Aus etlichen Einzelheiten der Geschichte lassen sich das soziale Milieu und der „Lebensstil" der dargestellten Figuren rekonstruieren: Arbeitermilieu (einfacher Schlosser), Wohnsituation (Parterre, Treppenhaus); der Mann verbringt die Freizeit vor dem Fernseher („Wo denn sonst?"), die Frau kümmert sich um das Haus und die Kinder. Vor diesem Hintergrund läßt sich das rollengebundene und hier polarisierte Verhalten der Figuren verstehen: Der Mann ist zuhause müde und passiv, er interessiert sich nur für das statische, körperlich bestimmte Gewichtheben, wozu die Frau meint: „Der könnte seine Kraft auch für etwas Besseres gebrauchen!" Weiter ist er kein guter Redner, wie er selbst gut weiß: „Was soll ich denn den Buben sagen? Ein Nikolaus muß ein geübter Redner sein." Dagegen hat die Frau einen kleinbürgerlichen Ehrgeiz: Sie strebt einen bestimmten Lebensstil an, den sie sich u. a. aus den Vorbildern der Nachbarn aufbaut („Niemand hat so schäbige Winterfenster wie wir") und für den wohl auch der kitschige Porzellanpfau und das Standardattribut Gummibaum repräsentativ sind. So könnte auch die „echte" Nikolausfeier als eine Art „muß", vielleicht sogar als Aufstiegsversuch interpretiert werden (der verstorbene Nachbar hat es ja auch gemacht). Auch verbal ist die Frau der Gegenpol ihres indolenten und einsilbigen Gatten; sie redet ununterbrochen und bisweilen mit scharfer Zunge: Ihren Mann nennt sie einmal einen „vermaledeiten Stockfisch".

Vor dem Hintergrund des Milieus und der Rollen der Figuren, der den normativen Rahmen der Ereignisse bildet, lassen sich die beiden typischen Haltungen, die Mattheit und Passivität des Mannes und der häusliche Ehrgeiz der Frau, nachvollziehen. Psychologisch ist der tragikomische Ausbruch am Ende aus der Überspitzung der Polarität erklärlich:

„Oh! Jetzt hat sicher der Nikolaus angeklopft!" tönt Rosas Stimme hinter der Tür. Sie öffnet und sagt: „Mein Gott .. was machst du denn da am Boden? Zieh den Bart zurecht, die Kinder kommen!"

Außer dem Ehepaar treten noch einige Nebenfiguren auf. Es sind zum einen die Kinder, deren Blickpunkt man sich auch vergegenwärtigen könnte, die aber im Text nicht hervorgehoben werden; sie fungieren eher als Attribute Rosas. Zum andern die Nachbarn, und es ist wohl nicht zufällig, daß Herr Hansmann, der nach Rosa so brav seine Ferien für die Winterfenster geopfert hat, die Szene beschließt. Man darf wohl hinter seinen Worten Verständnis, vielleicht Schadenfreude oder Befriedigung über diesen Ausbruch gegen den weiblich-bürgerlichen Zwang vermuten. Er kennt wohl Rosa auch und urteilt halb spöttisch, halb billigend. Eine gewisse Ironie ist unverkennbar, wodurch seine Position eine bestimmte Superiorität gewinnt.

Steht nun der Erzähler den von uns rekonstruierten Figuren unparteilich gegenüber? Er nimmt nicht selber an der Handlung teil und ist auch sonst nicht im Text nachweisbar. Seine Perspektive muß also aus der Anordnung der Geschichte und aus sprachlichen Einzelheiten erschlossen werden. Trotz der nachdrücklichen Anwesenheit Rosas und ihres Übergewichts im gesprochenen Wort liegt das Zentrum der Wahrnehmung bei Känsterle:

1. Der Titel lautet „Känsterle" und beide Abschnitte der Erzählung fangen mit ihm an.
2. Ab und zu werden seine Gedanken und Wahrnehmungen direkt wiedergegeben: „Känsterles Gemüt verdüstert sich. Er denkt an das schwere, ihm aufgezwungene Amt" oder „Sein Blick streift die Stiefel, und dabei versucht er sich an die Füße Weckhammers zu erinnern."
3. Die (Sprach)handlungen Känsterles werden manchmal von Adjektiven begleitet, die seine Gemütsverfassung andeuten; dies ist bei Rosa nicht der Fall: „,, Ja, ja', sagt Känsterle *abwesend*", „,,Aber Rosa' murmelt Känsterle *hilflos*", „*Elend* hockt der Weihnachtsmann im Sessel."
4. Känsterles Passivität wird den Worten nach weniger negativ beschrieben als Rosas „Aktivität". Rosa erscheint als rücksichtslos, während Känsterle anfänglich nur als wehrlos dargestellt wird.

Auch die abschließende Frage Hansmanns scheint die Sympathie auf die Seite Känsterles zu ziehen, während Rosa am Schluß zunächst als hart und dann als unsympathisch hysterisch in Erscheinung tritt, wenn sie kreischt: „Er schlachtet die Buben ab."

Insgesamt ist der Stoff so gestaltet, daß im Text der Figur des Känsterle mehr Sympathie entgegengebracht wird als der Figur der Rosa und ein Leser so gesteuert werden dürfte, daß er diese Perspektive übernimmt, wenn er nicht aufgrund seiner Rekonstruktion des Stoffes eine eigene Stellungnahme durchsetzt.

Die verschiedenen Perspektiven und perspektivischen Ebenen sind in Fig. 1 schematisiert.

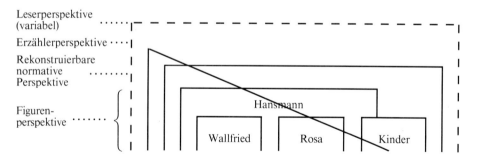

Fig. 1 Perspektivische Ebenen im Text

Zentrale Fragen sind nun, wie sich der Leserstandpunkt gegenüber der rekonstruierten Geschichte und dem Einfluß der Erzählerperspektive gestaltet, inwiefern die Stellungnahme bewußt ist, und welche Stufen der Dezentrierung dabei in den Klassen sichtbar werden. Diese Fragen waren Ausgangspunkt beim Entwerfen des Fragebogens. (Der Fragebogen ist im Anhang aufgenommen. Tabellen einiger informativer Ergebnisse finden sich ebenfalls im Anhang.)

92

4.5.3 Ausformung der Perspektivenwahrnehmung in Schulklassen

Wegen der räumlichen Beschränkung ist es nicht möglich, alle Ergebnisse zu behandeln; ich werde deshalb nur auf die Beobachtungen eingehen, die für die erwähnten zentralen Fragen relevant sind. Als Leitfaden der Präsentierung dienen die von Selman im Jahre 1976 vorgeführten und 1980 (Deutsch 1984) revidierten Entwicklungsstufen der Perspektivendifferenzierung (vgl. Tabelle S. 114 f.). Sie werden aber den Ergebnissen des vorliegenden Materials angepaßt und um Entwicklungen in der Wahrnehmung spezifischer sprachlich-literarischer Qualität erweitert. Auch die Bezeichnungen der Stufen werden teilweise ersetzt. Zunächst werden die Stufen einzeln vorgeführt und anhand des Materials belegt. Zugleich wird versucht, die Zusammenstellung des Fragebogens zu erläutern. Am Schluß werden die Gesamtergebnisse noch einmal in einer tabellarischen Übersicht (Tab. I) zusammengefaßt.

Stufe 0: Egozentrische Perspektivenübernahme

Auf der frühesten Ebene kann das Kind nicht klar zwischen seiner eigenen Perspektive und der eines anderen unterscheiden. Es versteht z. B. Handlungen eines anderen aus seinen eigenen Motiven und Bedürfnissen und ist also nicht fähig, das Verhalten des anderen kausal aus „fremden" Motiven zu begründen. Diese Stufe, die nach Selman (1976) zwischen dem 4. und dem 6. Lebensjahr, nach Selman (1980) zwischen dem 3. und dem 8. Lebensjahr liegen soll, war in unserem Material nicht nachweisbar.

Stufe 1: Einseitige Perspektivenübernahme

Auf dieser Stufe erkennt das Subjekt, daß der andere „eine eigene, in *seinem* Denken begründete Perspektive hat und daß diese seiner eigenen Perspektive ähnlich oder auch nicht ähnlich sein kann". (Selman 1976, S. 240) Es kann sich aber jeweils nur auf eine Perspektive konzentrieren und ist noch nicht imstande, mehrere Perspektiven in einen Zusammenhang zu stellen: „Die Beziehungen zwischen Perspektiven werden nur aus einer Richtung gesehen, einseitig aus der Perspektive eines Beteiligten und lediglich unter Berücksichtigung der Folgen der Interaktion für diesen einen" (Selman 1984, S. 51).

In unserem Material handelt es sich um die Kinder, die wohl aufgrund des Wiedererkennens bekannter und von ihnen geschätzter Verhaltensschemata und Rollenmuster eine bestimmte Perspektive übernehmen, andere perspektivische Möglichkeiten außer Acht lassen und sich trotz Informationen oder Darstellungsweisen, die dem gewählten Standpunkt zuwiderlaufen, auf diese Perspektive festlegen. Diese Stufe ist noch bei 2 Schülern der 6. Klasse zu finden. Diese Schüler wählen den Standpunkt Rosas in Frage 9, beschreiben sie positiv in Frage 5 und 7, und sehen Wallfried als neutral oder negativ; außerdem identifizieren sie in Frage 10 auch den Erzählerstandpunkt mit dem in 9 angekreuzten Figurenstandpunkt. Das folgende Beispiel möge dies erläutern:

6-k
Frage 3: Ja, Es ist oft in Familien so, daß der Vater oder die Mutter faul ist.
Frage 5: Sie möchte ordentliche Fenster haben, kümmert sich um die Kinder.
Frage 6: Möchte nichts tun, regt sich schnell auf, schaut nur Fernsehen, und kümmert sich nicht um die Familie.
Frage 9: Rosa – sie benimmt sich anständig, ist freundlich, hat sich noch nicht scheiden lassen.
Frage 10: Rosa (ohne Begründung)

In dieser Phase bleiben dem Subjekt also sowohl die Möglichkeit eines nuancierten Standpunkts, als auch textuelle Hinweise und erzähltechnische Steuerungsmittel verschlossen.

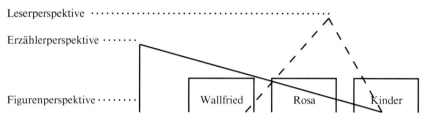

NB. Fixierung auf Wallfried ist weniger als einseitig nachweisbar, weil sie mit der Ebene der Erzählerperspektive im Einklang ist.

Fig. 2 Einseitige Perspektivenübernahme

Die Perspektivenübernahme ist, wenn nicht unbedingt egozentrisch bestimmt, doch von einem sozialen Stereotyp bedingt, das, wenn es einmal aktiviert ist, keine perspektivischen Verschiebungen mehr zuläßt.

Stufe 2: Mehrfache, nicht koordinierte Perspektivenübernahme

In dieser Phase kann das Subjekt mehrere Perspektiven unterscheiden, es ist aber noch nicht imstande, ihre wechselseitige Abhängigkeit simultan zu erkennen. Verschiedene Perspektiven können nacheinander nachvollzogen, aber noch nicht spontan zu gleicher Zeit zueinander in Beziehung gesetzt (koordiniert) werden. Die Mehrheit der 6. Klasse befindet sich auf dieser Stufe: Die Schüler wählen z. B. den Standpunkt Wallfrieds oder Rosas in Frage 9, aber benutzen Frage 10, um eine andere Perspektive zu ergänzen (die Erzählerperspektive unterscheiden sie noch kaum).

Auch in den Fragen 5/6 und 7/8 versuchen sie, die Handlungsweisen teilweise von verschiedenen Standpunkten aus zu begründen. So werden zu verschiedenen Fragen Bruchstücke verschiedener Perspektiven sichtbar, während das Gesamtbild des Fragebogens inkonsistent ist.

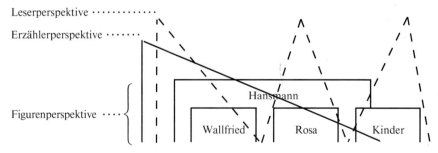

Fig. 3 Mehrfache, nicht koordinierte Perspektivenübernahme

Daß das Vermögen zur Koordination noch fehlt, stellt sich weiter in Frage 9 heraus: Es werden noch kaum die Möglichkeiten „beide" und „weder ... noch" angekreuzt und differenziert begründet. Im folgenden Beispiel sind zwar drei verschiedene Perspektiven übernommen worden, aber sie stehen unverbunden nebeneinander; es fehlen Hinweise auf Reziprozität:

94

6-j

Frage 4: Weil der Mann von der Arbeit heim kommt und ihn Gewichtheben interessiert. Und er sich am Fernsehen ausruhen will.

Frage 5: Sie hängt dem Mann alles auf und will alles, was die anderen haben.

Frage 6: Wenn er von der Arbeit kommt, ist er sehr nervös und will seine Ruhe. Will nichts wissen.

Frage 7: Er ist aufgeregt und abgeschafft.

Frage 8: Sie ist Hausfrau und sieht viel und will dann auch für andere Leute kein schmutziges Haus und Familie haben.

Frage 9: Rosa, weil als Hausfrau muß sie auch viel arbeiten und wenn manche Leute erzählen, das sieht nicht schön aus, dann glaubt sie das und will es gleich erneuert haben.

Frage 10: Die Kinder, die wollen auch einmal Nikolaus mit Nikolaus haben.

Stufe 3: Koordinierte Perspektivenübernahme

Die Schüler haben jetzt die Fähigkeit, mehrere Standpunkte in simultaner Weise zueinander in Beziehung zu setzen. Das bedeutet, daß sie wechselseitige Beeinflussung von Standpunkten und Verhaltensweisen *(interpersonale Kausalität)* erkennen; es entsteht Einsicht in die psychologischen Bedingungen von Gegensätzen und in die daraus hervorgehenden Konflikte. Eine Perspektive wird im Licht der anderen Perspektive betrachtet und die Interaktion beider Perspektiven wird von einem dritten, unabhängigen Standpunkt aus wahrgenommen. Das heißt auch, daß z. B. eine Perspektive, die weniger deutlich sichtbar ist – in fiktionalen Texten also weniger deutlich dargestellt wird – aufgrund des erkannten Zusammenhangs ergänzt, rekonstruiert werden kann. Es handelt sich um einen wesentlichen Schritt im Leseprozeß, indem sich nicht nur einzelne Figuren, sondern *Personenkonstellationen* auf der Vorstellungsebene konstituieren. Erst wenn diese Stufe erreicht ist, wird eine aktive Auseinandersetzung mit den Figuren im Text und mit den verschiedenen perspektivischen Ebenen möglich.

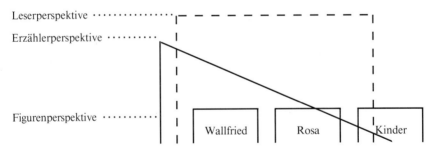

Fig. 4 Koordinierte Perspektivenübernahme

Die Fähigkeit zur Koordination hat sich im Vergleich zur 6. Klasse in der 8. Klasse sprunghaft vollzogen, und manifestiert sich in verschiedenen Fragen. Zu Frage 9 wird jetzt regelmäßig geantwortet, daß man für beide oder weder für den einen, noch für den anderen Verständnis hat:

8-b

Frage 9: Weder – noch, weil Rosa sich ihrem Mann gegenüber nicht sehr verständnisvoll gezeigt hat, es aber gut meint, und weil Wallfried sich viel zu jähzornig und faul benommen hat.

8-c

Frage 9: Beide, weil er noch nicht mal in Ruhe was machen kann ohne von Rosa genervt zu werden. Und für Rosa weil sie so einen passiven Mann hat.

95

Die Fähigkeit zur Koordination zeigt sich aber auch in den Fragen 4 und 12: Von manchen Schülern wird z. B. dem Fernsehen eine interaktive Bedeutung im Handlungsverlauf zugeschrieben:

8-c
Frage 4: Sie hätte auch mit was anderem anfangen können, jedoch etwas, was dem (sic) Mann sehr beschäftigt damit man sieht, daß die Frau ihm mit ihrem Gespräch auf die Nerven geht und keine Rücksicht auf das nimmt, was er tut.

In Frage 12 wird auch dem Porzellanpfauen und dem Gummibaum von manchen eine psychologische Bedeutung zuerkannt, wenn der Leser sieht, daß es „Lieblingsstücke" Rosas sind, die also wohl nicht zufälligerweise von Känsterle zerstört werden. Die „psychologische" Motivierung wird bereits in der 6. Klasse erwähnt (24%, gegenüber „Zufall" 40% und keine Antwort 28%), erscheint aber in der 8. Klasse sehr oft (42%, gegen „Zufall 38%, keine Antwort 8%) und nimmt im 10. und 13. Jahrgang zugunsten einer symbolischen Deutung – die noch zur Sprache kommt – wieder ab (siehe für eine Übersicht der Deutungskategorien Tabelle 5 im Anhang).
Beispiele:

6-f
Frage 12: Der Mann hatte eine Wut auf seine Frau, und diese Dinge hatte die Frau am liebsten, deshalb wollte der Mann sie zerstören.
8-f
Frage 12: Nee, ich glaube daß das Dinge sind, die Frau Känsterle sehr erfreut haben, und daß ihr Mann sich damit sozusagen „rächen" wollte.
10-c
Frage 12: Der Porzellanpfau ist Rosas Lieblingsstück. Und der Gummibaum gehört auch sehr wahrscheinlich Rosa, denn er würde ihn bestimmt nicht durch die Fenster werfen wenn es seiner war.

Eine weitere, strukturell ausgearbeitete Deutung findet sich im 12. Jahrgang:

13-i
Frage 12: Es ist kein Zufall, daß diese Gegenstände genannt werden, da sie die Lieblingsstücke Rosas sind und im Kontrast zu Wallfrieds Lieblingsstück dem Fernseher stehen.
Sie verbietet ihm fernzusehen – logische Konsequenz Wallfrieds: er zerstört ihre Lieblingsgegenstände.

Es sei hier noch hinzugefügt, daß die Fähigkeit zur Koordination in der 8. Klasse vor allem bei den Mädchen zu finden ist. Dieser Unterschied zwischen Jungen und Mädchen ist auch in der 10. Klasse noch sichtbar. Im letzten Jahrgang ist er zwar nicht mehr zu sehen, aber die Gruppe ist vielleicht zu klein, um einen solchen Unterschied festzustellen.

Stufe 4: Perspektivenintegration

Selman nennt diese Stufe „Perspektivenübernahme mit dem sozialen und konventionellen System", d. h. daß die Subjekte erkennen, daß die momentanen Handlungen und Motive oft in einen weiteren Kontext eingebettet sind und aus einer übergeordneten Perspektive weiter interpretiert werden können. Die Bedeutung einzelner Motive und interaktiver Vorgänge wird durch die Integration in einem normativen Hintergrund tiefer erfaßt.

In dem vorliegenden Text wird z. B. neben dem direkten Handlungsverlauf und seinen (psychologischen) Ursachen noch ein weiterer sozialer Kontext angedeutet, mit dem das faktische Verhalten verwoben ist. Es werden Hinweise auf das Milieu und den angestrebten Lebensstil der Figuren gegeben. Stellt man den Konflikt der Figuren in diesen breiteren Kontext, so abstrahiert man in gewissem Sinne von den direkten Motiven und kommt man zu tieferen und allgemeineren Ursachen: Die fast ausschließlich körperliche Arbeit eines Schlossers, das passive Fernsehen, und das Interesse für Gewichtheben verbinden sich mit verbaler Ungeschicklichkeit und Wehrlosigkeit. Die Wohnsituation und der enge Kontakt der Frau mit den Nachbarn läßt sich – Motiv des Sozialprestiges – mit dem hausfraulichen Ehrgeiz zur Führung eines bestimmten Lebensstils in Zusammenhang bringen. Die Bekanntschaft mit den Nachbarn (vor allem der Frauen untereinander) erklärt zum Teil die Einsicht Hansmanns. Der übergeordnete Rahmen der Ereignisse muß also aus Einzelheiten im Text rekonstruiert und auch zum Teil mittels Konzepten der Realität ergänzt werden. Das bedeutet auch, daß hier eine wichtige Beziehung von der Fiktivität zur Realität liegt. Die Bedeutung des Dargestellten kann erst unter Bezugnahme auf erworbene Konzepte der Realität erschlossen werden; andererseits dürften die Konzepte durch die Art und Weise der Darstellung kritisch gedeutet und dadurch vielleicht erweitert oder revidiert werden.

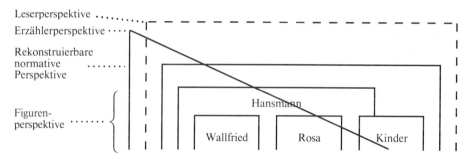

Fig. 5 Integrierte Perspektivenübernahme

Sprachliche Indikatoren für integrative Ansätze sind u.a. der Ausdruck „typisch (für)", oder der Gebrauch des generalisierenden bestimmten Artikels: „die Frau (im allgemeinen)", „der Stadtmann" u.a.

In Klasse 8 sind die ersten Andeutungen der integrierenden Fähigkeiten zu finden in den Antworten zu Frage 12, obwohl sie noch nicht bewußt als solche eingesetzt werden. Im folgenden Beispiel wird z.B. ein allgemeiner Kontext angedeutet, ohne daß sich der Schüler den weiteren Zusammenhang realisiert:

8-t
Frage 12: Ich meine es ist Zufall, weil so ein Pfau oft vererbt wurde und ein Gummibaum oft in mittleren Haushalten zu finden ist.

In Klasse 10 kann einer der Schüler den Zusammenhang bereits ironisierend deuten:
10-j
Frage 12: Ich glaube schon an einen Zusammenhang. Diese Gegenstände fand sie wahrscheinlich wunderschön, er konnte sie nie leiden. Wahrscheinlich waren es Gegenstände von der „lieben Schwiegermutter".

Näher an den Zusammenhang heran kommt in der 8. Klasse noch folgender Schüler:
8-p
Frage 12: Vielleicht nervt ihn, daß seine Frau *solche Sachen* besonders pflegt.

Doch der Zusammenhang mit dem Lebensstil und der sozialen Lage wird noch nicht expliziert. Auch die 10. Klasse kommt hier im allgemeinen nicht weiter. Erst im 13. Jahrgang werden von einem Schüler Zusammenhänge voll ausformuliert:

13-j
Frage 12: Die beiden Gegenstände sind Kitsch. Sie gehören zur modernen Plastikkultur, genau wie das tägliche Fernsehen, das alberne Verkleiden als Weihnachtsmann und das Verhalten der beiden Ehepartner.

Dieser Schüler ordnet also verschiedene Einzelheiten *und* insgesamt „das Verhalten der Ehepartner" in einen Rahmen des Lebensstils ein, den er als „moderne Plastikkultur" zusammenfaßt. Auch sonst setzt sich die Fähigkeit zur Integration noch nicht in der 10. Klasse durch. Am ehesten wird das Problem des Fernsehens generalisiert; dies findet ausnahmsweise schon in der 8. Klasse statt:

8-w
Frage 4: Sie fängt mit dem Fernsehen an, weil dies eine typische Alltagsszene ist. Der Mann sitzt vor dem Fernseher und die Frau erzählt, der Mann hört aber gar nicht zu.

10-u
Frage 4: Weil dies zu der Lieblingsbeschäftigung des „Stadtmannes" gehört. Es ist auch ein Problem für die Frau, gegen den Fernseher anzukommen.

Nach der 6. Klasse nehmen integrierende Antworten auf Frage 4 allmählich zu:

Kl. 6	*Kl. 8*	*Kl. 10*	*Kl. 13*
–	8%	25%	43%

Erst im 13. Jahrgang tritt die Tendenz zur Integrierung auch in anderen Fragen hervor, z. B. in den Antworten zu Frage 3:

13-h
Frage 3: Verhalten der Personen ist typisch für den größten Teil unserer Gesellschaft. Spießbürgergesellschaft!

Oder zu Frage 6:

13-m
Frage 6: Stilisierter Durchschnittsmann

Oder zu Frage 7:

13-a
Frage 7: Wallfried ist ein sehr gehemmter Mensch. Er ist genau der Typ, der meistens auch einen unschöpferischen Beruf ausübt. Der Nikolausrolle fühlt er sich in keiner Weise gewachsen. Deshalb muß er seine Aggressionen über die eigene Unfähigkeit am Porzellan auslassen.

Oder zu Frage 9:

13-a
Frage 9: Sie tun mir beide leid. Ihr Verhalten ergibt sich aus ihrer Erziehung und ihrem sozialen Umfeld. Beides muß ziemlich negativ gewesen sein, daß sich solche Persönlichkeiten entwickeln konnten.

Und noch einmal zu Frage 12:

13-b
Frage 12: „Kitschige" Gegenstände, die meistens von Frauen gekauft werden und sich durch Unnutz auszeichnen.

Die Fähigkeit zur Integration nimmt zwar generell zu, ist aber bei kaum einem Schüler so voll entwickelt, daß sie als Grundlage im Gesamtbild der Antworten erkannt werden kann. Die Mehrheit der Schüler des 13. Jahrgangs antwortet auf der Stufe der Koordination. Stufe 1 und 2 kommen nicht mehr vor.

Obwohl die Fähigkeit zur integrativen Perspektivenübernahme sich im 13. Jahrgang also weiter entwickelt hat und der Handlungsverlauf von manchen in einen größeren Zusammenhang eingeordnet werden kann, führt dies meines Erachtens nicht immer zu einem tieferen Verstehen. Ich habe den Eindruck, daß in dieser Klasse *trotz* oder gerade wegen des Vermögens zur Abstrahierung zugleich eine größere *Distanz* zum Handlungsverlauf und zu den Figuren entsteht, die zu der Beteiligung am psychologischen Geschehen in der Geschichte in Konkurrenz tritt.

Wenn ein Leser einen übergeordneten Standpunkt einnimmt, so kann dies manchmal auch eine Wertung mit einschließen, z. B. ein Gefühl der Überlegenheit der Ebene der Figuren gegenüber: Die Figuren stecken in einer sozialen Rolle auf einem Niveau, das der Leser überblickt und durch das er hindurchschaut. Es durfte in dem Fall Widerstand entstehen, die Perspektive der Figuren zu übernehmen und seinem Einfühlungsvermögen Raum zu geben. Er gibt gleichsam die koordinative Ebene zugunsten einer höheren Ebene auf, statt die Koordination in einen weiteren Rahmen einzubetten. Dazu ein Beispiel aus dem 13. Jahrgang.

Informant 13-h stellt sich in der Antwort auf Frage 3 auf einen übergeordneten, integrativen Standpunkt:

13-h
Frage 3: Verhalten der Personen ist typisch für den größten Teil unserer Gesellschaft. Spießbürgergesellschaft!

Rosas Verhalten (Frage 8) findet er „unerklärlich", und für Wallfried zeigt er nur zögernd Verständnis:

13-h
Frage 9: Wallfried. Zuerst will ich noch etwas sagen, daß ich nur für das Verhalten am Ende der Geschichte etwas Verständnis habe. Und zwar deswegen, weil ich in ähnlichen Situationen eventuell auch die Fassung verlieren könnte.

Bei ihm überträgt sich die Beurteilung der Figuren auf die ganze Erzählung:

13-h
Frage 4: Ja, weil die Geschichte so banal ist, Fernsehen ist auch banal und für diese Personen typisch.

Ein ähnliches Urteil wird auch von einem anderen Schüler angedeutet:

13-o
Frage 2: Eigentlich nicht, denn besonders schwierig ist die Geschichte ja gerade nicht!

Auch er widersetzt sich der Perspektivenübernahme in Frage 9:

13-o
Frage 9: Beide oder weder ... noch; kann ich schlecht beantworten, denn beide sind mir im Grunde unsympathisch. Am meisten Verständnis habe ich für die Kinder.

Die Einfachheit oder sogar Primitivität des äußeren Handlungsverlaufs gilt gleichsam als Kriterium für den Wert der Erzählung. Daß aber diesen Schülern der Zusammenhang von „Stoff" und „Gestaltung" noch nicht klar ist, geht noch deutlicher aus anderen Antworten hervor. 13-h erkennt, daß ihm etwas entgeht, er antwortet in Frage 2;

13-h
Frage 2: Warum hat die Geschichte so ein Ende. Ist überhaupt eine Pointe vorhanden? Ich sehe keine. Die Intention ist unklar. Was haben die Winterfenster mit dem Nikolaus zu tun?

13-o erkennt die Form der Erzählung:

13-o
Frage 3: Nein, weil sie zu typisch für Kurzgeschichten aufgebaut ist, als daß sie wahr sein könnte.

Diese Schüler ärgern sich gewissermaßen über das Verhalten der Figuren. Sie erkennen aber nicht, daß diese Kurzgeschichte vielleicht gerade deshalb „einen Stachel im Herzen" zurückläßt, weil sie ein solches Verhalten in prägnanter Weise als Teil gesellschaftlicher Verhältnisse aufdeckt und ironisiert.

In der Entwicklung zur Generalisierung und Abstraktion könnte man also verschiedene „Linien" vermuten: Einserseits das Erkennen bekannter Konzepte und die Verwendung der dazu geläufigen Begriffe, was aber auf die Anwendung klischeehafter Vorstellungen oder Vorurteile hinauslaufen kann. Andererseits das Erkennen größerer Zusammenhänge, wobei allerdings individuelle Differenzen nicht verloren gehen, sondern in ihrer Bedeutung im Verhältnis zum Verallgemeinerten erfaßt werden. Erst die zweite Möglichkeit wird zu einem tieferen Verstehen führen. Die Frage ist, ob die erste Möglichkeit Voraussetzung für die zweite Möglichkeit ist. Das könnte bedeuten, daß eine weitere Entwicklungsstufe hinzukäme. Das Material ist aber zu beschränkt, um eine solche Entwicklungsfolge mit Sicherheit festzustellen.

Daß die Fähigkeit zur Integration in der 13. Klasse noch nicht voll entwickelt ist, geht wohl auch daraus hervor, daß noch keiner der Schüler in Frage 11 die Aussage von Herrn Hansmann explizit als mehrdeutig oder als „indirekten Sprechakt" auffaßt. Seit der 8. Klasse findet kaum eine Entwicklung in der Wahrnehmung und Deutung dieser „Pointe" statt. Um diese Stagnation in der Entwicklung sorgfältiger zu erfassen, werde ich etwas tiefer auf das Verstehen dieser zentralen Stelle eingehen.

Daß die Stelle überhaupt erläuterungsbedürftig sein könnte, kommt in der 6. Klasse noch gar nicht auf. In den Antworten auf Frage 2 wird die Stelle nicht erwähnt. Dies geschieht erst in der 8. Klasse:

Frage 2: Hansmanns Aussage schwer zu verstehen
Kl. 6   –
Kl. 8   5×
Kl. 10   3×
Kl. 13   2×

Wir haben die Stelle bereits gedeutet als ein mild ironisches Zeichen des Verstehens: Herr Hansmann kennt die Familie Känsterle, durchschaut und interpretiert die Situation und evaluiert das Ganze von einer umfassenden Perspektive aus. Daß seine Aussage Verständnis für Känsterle bedeuten dürfte, wird in allen Klassen von weniger als 35% der Schüler gesehen:

6. Kl.	*8. Kl.*	*10. Kl.*	*13. Kl.*
4%	33%	23%	31%

Von den anderen wird Herr Hansmann als eine willkürliche Person ohne jegliche Beziehung zur Familie und ohne Zusammenhang mit anderen Informationen in der Geschichte betrachtet. Ihm werden willkürliche Gedanken zugeschrieben wie: „Was ist da los?", Varianten von „Der ist verrückt" oder buchstäbliche Deutungen seiner Aussage „Mein lieber Känsterle, ist das alles?" wie:

8-a
Frage 11: Er dachte vermutlich, daß Wallfried noch mehr zerstört hat, als einen Porzellanpfauen, einen Geschirrschrank und einen Gummibaum.

Von denjenigen, die Herrn Hansmann als verständnisvoll sehen, versuchen die meisten noch immer eine buchstäbliche Deutung der Aussage. Manche fassen sie als Enttäuschung oder Erleichterung auf, daß Wallfried nicht wirklich die Buben abgeschlachtet hat, oder als Erstaunen, daß er nicht noch mehr zerschlagen hat.

8-d
Ich glaube, er hat vollstes Verständnis für K. und hätte vielleicht an seiner Stelle mehr zerstört.

10-u
– Vielleicht ist 's bei ihm ähnlich gewesen, aber er hat mehr zerstört.
– Oder er kennt W's Frau und wundert sich über die „Milde" W's gegenüber der Wohnung.

Nur wenige versuchen eine „indirekte" Lösung als Ironie oder Sarkasmus:

8-f
Ich denke, daß Herr H. spöttisch denkt, daß Herr K. ja doch nichts Vernünftiges zustande bringt. Deshalb auch seine Frage: Mein lieber Herr K., ist das alles? (was sie können)

8-w
Er nimmt ihn nicht für voll und fragt ironisch: Mein lieber K., ist das alles?

13-i
Alter Besserwisser, der W. durch seine Frage zu tadeln versucht nach dem Motto: Ist das alles, mehr hast du nicht drauf?

13-l
Macht sich lustig über K.

In der 10. Klasse fehlt ein indirekter Versuch ganz. Das Verstehen von Indirektheit, die man als Form übertragenen Sprachgebrauchs betrachten kann, scheint aber auf einer anderen Ebene zu liegen als z. B. die Wahrnehmung von Symbolik, die zu Frage 12 bis ins Unwahrscheinliche hervortritt (vgl. Tabelle 5 im Anhang) z. B.:

10-p
Frage 12: Ich finde die Gegenstände wie Rosa, sie ist leicht verletzbar und dennoch zäh.

13-e
Frage 12: Der Porzellanpfau gleicht Rosa: Genau wie sie ist er überheblich und aufgedreht. Der Gummibaum ist wie Känsterle behäbig, im Wachstum, braucht nicht viel Pflege.

Die Bereitschaft zur Übertragung ist also da, aber tritt erst unter dem Einfluß von (mit dem Unterricht assoziierten?) Fragen hervor und erscheint hier zwanghaft und zusammenhanglos. Indirektheit wie z. B. verdeckte Ironie wird anscheinend nur selten spontan erkannt. Die 13. Klasse scheint in diesem Fall nicht weiter zu kommen als die 8. Klasse. Die denkbare Vermischung von Einfühlung, Humor und Überlegenheit kann also nicht zur Geltung kommen und die Integration, die Herr Hansmann als Brücke zwischen der koordinativen Ebene und dem breiten Kontext verkörpert, kommt noch nicht aus eigener Kraft zustande.

Tabelle 1

	Einseitige Perspektivübernahme	Mehrfache, nicht-koordinierte Perspektivübernahme	Perspektiven-koordination	Perspektiven-integration	Wahrnehmung der Erzählerperspektive	Metasprache und Wahrnehmung von Indirektheit und Aufbau
Kl. 6	Kommt noch vor (2×): Wird sichtbar, wenn Rosas Gesichtspunkt gewählt und in allen Fragen beibehalten wird.*	Kommt regelmäßig vor: manchmal werden 9 und 10 verschieden beantwortet, ohne daß die EP „richtig" erfaßt wird (8×). Inkonsistenzen ergeben sich auch zu den Fragen 5/6 und 7/8.	Nur in 2 Fällen wird die Fähigkeit zur Koordination sichtbar, wenn in Frage 9 „beide" entsprechend begründet wird. Am ehesten wird die psychologische Bedeutung des Fernsehens erfaßt.	—	Wird nur von 2 Schülern erkannt. Die Art und Weise der Darstellung wird noch nicht vom Dargestellten unterschieden.	• Metasprachliche Begriffe kommen nicht vor. • Aussage Hansmanns wird nicht als deutungsbedürftig wahrgenommen. • Strukturelle Deutungen (Funktion des Dialogs oder des Fernsehens) kommen nicht vor.
Kl. 8	—	Kommt noch vor (6×).	Hat sich stark entwickelt, vor allem *bei den Mädchen*. In Frage 9 werden „beide" und „weder ... noch" relativ oft angekreuzt und entsprechend begründet. Die psych. Deutung des Pfauen und des Gummibaums als Lieblingsstücke Rosas wird von 7 Mädchen und 2 Jungen gegeben.	—	Meistens klare Trennung, in 2 Fällen am Text belegt. Ausdrücke wie „Es wird dargestellt / geschildert / beschrieben" belegen die Unterscheidung zwischen Darstellung und Dargestelltem.	• Metasprachliche Begriffe kommen nicht vor. • Aussage H's wird als erklärungsbedürftig wahrgenommen (5×) und von 2 Schülern als indirekt gedeutet. • Funktion von Attributen (Fernsehen) wird zum Teil erfaßt. Dem Fernsehen wird Symbolwert zuerkannt, ohne den Begriff Symbol zu verwenden: „Es wird der Feierabend ausgedrückt."

* Weil die Perspektive Wallfrieds etwas verstärkt wird, indem sie vom Erzähler geteilt wird, haben die Jungen es etwas leichter als die Mädchen, den „männlichen" Gesichtspunkt wiederzuerkennen und zu übernehmen. In allen Klassen liegt die Wahl Wallfrieds in Frage 9 bei den Jungen höher als bei den Mädchen.

Tabelle 2

	Einseitige Perspektivübernahme	Mehrfache, nicht-koordinierte Perspektivübernahme	Perspektiven-koordination	Perspektiven-integration	Wahrnehmung der Erzählerperspektive	Metasprache und Wahrnehmung von Indirektheit und Aufbau
Kl. 10	—	Nur noch in 2 Fällen	Idem. Die Ungleichheit zwischen Mädchen und Jungen hat etwas abgenommen, aber besteht noch.	Es finden sich die ersten Ansätze (in Frage 4 und 12) zur Generalisierung und zur Rekonstruktion des sozialen Rahmens.	Idem. EP aber oft „neutral" eingeschätzt. Kaum Belege am Text. Die in Kl. 8 verwendeten Ausdrücke nehmen eher ab als zu.	• *Symbolbegriff* wird angewandt und in Frage 12 bis zur unwahrscheinlichen Verselbständigung vom Text weitergeführt (20%). • Weitere metaspr. Begriffe sind selten. • Aussage H's wie in Kl. 8: Zwei versuchen Deutung als Ironie. • Beobachtungen zum Aufbau nehmen nicht weiter zu.
Kl. 13	—	—	Idem. Die Ungleichheit zwischen Mädchen und Jungen ist nicht mehr sichtbar.	Nimmt zu und tritt in mehreren Fragen hervor; ist aber noch nicht voll entwickelt und prägt noch nicht das Gesamtbild, d. h. es werden nicht alle Einzelheiten unter dem Gesichtspunkt einer übergeordneten Perspektive integriert. Die Beteiligung an den Figuren nimmt in einigen Fällen bis zur Herablassung ab.	Die Fähigkeit zur Unterscheidung nimmt nicht mehr zu. Es gibt einige Rückfälle (vgl. Kl. 6). Auch hier kaum Belege am Text.	• Deutung als Symbol (Frage 12) nimmt noch zu (31%). • Metasprachliche Begriffe wie Kurzgeschichte, Pointe, Aufbau, Perspektive, kommen vor. • Aussage H's wird als deutungswürdig wahrgenommen. Ein integrativer Deutungsversuch (vgl. Perspektiveninte-gration) liegt nicht vor. Deutungsversuche als „verständnisvoll" sind nicht häufiger als in der 8. Kl. Manche Antworten sind noch denen der 6. Kl. ähnlich.

4.5.4 Zusammenfassung

In der Tabelle 1 sind die wichtigsten Ergebnisse der oben dargelegten Entwicklungsstufen noch einmal nebeneinandergestellt und durch weitere Aspekte, z. B. die Wahrnehmung der Erzählerperspektive ergänzt.

Zum Schluß fasse ich die auffälligsten Ergebnisse noch einmal zusammen und nenne Desiderata für den Unterricht.

In der *6. Klasse* fehlt fast noch in jeder Hinsicht die Unterscheidung zwischen „Stoff" und „Gestaltung". Vielleicht könnten einer Klasse auf dieser Stufe die Augen für den Unterschied zwischen Erzählerstandpunkt und Figurenperspektiven geöffnet werden und könnte ihr mit einfachen Beispielen klargemacht werden, mit welchen sprachlichen Mitteln Erzähler im Erzählten eingreifen oder parteiisch sein können.

Was die Perspektivendifferenzierung betrifft, könnte es ein Ziel sein, zur Koordination, die sich in dieser Klasse noch kaum manifestiert, fortzuschreiten. Ausgehend von der mehrfachen, nicht-koordinierten Perspektivenunterscheidung, könnte man versuchen, den Aspekt der Gegenseitigkeit einzubringen.

In der *8. Klasse* war die Fähigkeit zur Koordination schon stark entwickelt, aber es bestand eine gewisse Diskrepanz zwischen den Mädchen und den Jungen. Deshalb könnte es vielleicht in einer solchen Klasse empfehlenswert sein, die Koordination zu konsolidieren. Ein Schritt zur Integration wäre in dieser motiviert erscheinenden Gruppe (die Schüler lesen ja fast alle gerne, vgl. Tab. 6 im Anhang) wohl auch möglich.

In dieser Klasse scheint schon eine Grundlage für die Unterscheidung zwischen Darstellung und Dargestelltem vorhanden zu sein. Hier könnte man leicht anknüpfen und z. B. tiefer eingehen auf die Art und Weise, wie Standpunkte der Figuren und des Erzählers gestaltet werden.

Die *10. Klasse* war nicht wesentlich weiter als die 8. Klasse. Auch in dieser Klasse könnte es darum gehen, die Fähigkeit zur Koordination zu verfestigen und die Ansätze zur Integration zu erweitern. Weiter könnte hier die Wahrnehmung von Gestaltungsweisen wohl noch gefördert werden. Weil die Lesemotivation dieser Gruppe nicht so groß ist (vgl. Tab. 6 im Anhang), könnte man erwägen, Arten der Gestaltung und Perspektivierung anhand von Vergleichen mit anderen Textsorten, etwa Reklame, bewußt zu machen.

Im *13. Jahrgang* finden sich zwar Ansätze zur integrativen Fähigkeit, sie ist aber noch nicht voll entwickelt. Es wäre die Frage, wie man hier der nivellierenden Verallgemeinerung und Anwendung von Vorurteilen entgegensteuern und zugleich zur Einordnung in größere Zusammenhänge anregen sollte. Abstimmung von Elaboration und Begriffsspitzenbildung im Sinne H.-G. Hölskens (in diesem Band) wäre dazu wohl eine Voraussetzung.

Was die Gestaltung der Figurenkonstellationen und der Interaktion betrifft, entstand der Eindruck, daß die Wahrnehmung von Mehrdeutigkeit und Indirektheit in dieser Gruppe der Förderung bedarf. Vielleicht könnte die Einsicht z. B. durch Beschäftigung mit indirekten und mehrfachen Sprachhandlungen gestärkt werden. Auch Thematisierung anderer Formen der Indirektheit (Metaphorik, offene Stellen) könnte dazu beitragen.

4.5.5 Anhang

4.5.5.1 Der Beispieltext

Rainer Brambach: Känsterle

Wallfried Känsterle, der einfache Schlosser, sitzt nach Feierabend vor dem Fernsehschirm. Wo denn sonst? – Tagesschau, Wetterkarte; die Meisterschaft der Gewichtheber interessiert Känsterle. „Mach den Ton leiser, die Buben schlafen!" ruft Rosa, die in der Küche Geschirr gespült hat und nun hereinkommt.
Känsterle gehorcht.
„Es ist kalt draußen", plaudert sie, „wie gut, daß wir Winterfenster haben. Nur frisch anstreichen sollte man sie wieder einmal. Wallfried, im Frühjahr mußt du unbedingt die Winterfenster streichen. Und kitten muß man sie! Überall bröckelt der Kitt. Niemand im Haus hat so schäbige Winterfenster wie wir! Ich ärgere mich jedesmal, wenn ich die Winterfenster putze. Hast du gehört?"
„Ja, ja", sagt Känsterle abwesend.
„Was macht denn der da?" fragt Rosa und deutet auf den Fernsehschirm. „Der könnte seine Kraft auch für was Besseres gebrauchen! Stell das doch ab, ich hab mit dir zu reden!"
„Gleich, gleich!" sagt Känsterle und beugt sich etwas näher zum Schirm.
„Herr Hansmann im Parterre hat im letzten Sommer seine Winterfenster neu gekittet und gestrichen, obwohl es gar nicht nötig war. Nimm dir mal ein Beispiel an Herrn Hansmann! Seine ganzen Ferien hat er dran gegeben. So ein ordentlicher Mann ... Übermorgen ist Sankt Nikolaus. Erinnerst du dich an Herrn Weckhammer? Ich hab heut im Konsum seine Frau getroffen, ganz in Schwarz. Der alte Weckhammer ist umgefallen, beim Treppensteigen, Herzschlag."
Känsterle drückt auf die Taste ‚Aus'.
„Ein Trost", fängt Rosa wieder an, „daß die Weckhammerschen Kinder aus dem Gröbsten raus sind. Die Witwe fragt, ob wir den Nikolaus gebrauchen könnten. Eine Kutte mit Kaninchenfell am Kragen, schöner weißer Bart, Stiefel, Sack und Krummstab, alles gut erhalten. Nur vierzig Mark will sie dafür, hat sie gesagt. Mein Mann wird kommen und ihn holen, hab ich da gesagt. Nicht wahr, Wallfried, du wirst Paul und Konradle die Freude machen?"
Känsterle schaut auf die matte Scheibe.
„Wallfried!" ruft Rosa.
„Aber Rosa", murmelt Känsterle hilflos, „du weißt doch, daß ich nicht zu so was tauge. Was soll ich denn den Buben sagen? Ein Nikolaus muß ein geübter Redner sein! Muß gut und viel sprechen ..."
Rosa glättet mit der Hand das Tischtuch und schüttelt den Kopf, wobei der Haarknoten, trotz des Kamms, der ihn wie ein braunes Gebiß festhält, eigensinnig wackelt.
„Vermaledeiter Stockfisch!" zischt sie. „Nicht einmal den eignen Buben willst du diese Freude machen! Dabei hab ich schon im Konsum Nüsse, Datteln, Feigen, ein paar Apfelsinen und alles eingekauft!"
Känsterles Gemüt verdüstert sich. Er denkt an das schwere, ihm aufgezwungene Amt.
Eine verstaubte Glühbirne wirft trübes Licht. Känsterle steht auf dem Dachboden; er verwandelt sich zögernd in einen Weihnachtsmann. Die Kutte, die den Hundertkilomann Weckhammer einst so prächtig gekleidet hat, ist dem gedrungenen Känsterle viel zu geräumig. Er klebt den Bart an die Ohren. Sein Blick streift die Stiefel, und dabei versucht er sich die Füße Weckhammers zu erinnern. Er zerknüllt ein paar Zeitungen und stopft sie in die steinharten Bottiche. Obwohl er zwei Paar grobwollene Socken anhat, findet er noch immer keinen rechten Halt. Er zieht die Kapuze über den Kopf, schwingt den vollen Sack über die Schulter und ergreift den Krummstab.
Der Abstieg beginnt. Langsam rutscht ihm die Kapuze über Stirn und Augen; der Bart verschiebt sich nach oben und kitzelt seine Nase. Känsterle sucht mit dem linken Fuß die nächste Treppenstufe und tritt auf den Kuttensaum. Er beugt den Oberkörper vor und will den rechten Fuß vorsetzen; dabei rollt der schwere Sack von der Schulter nach vorn, Mann und Sack rumpeln in die Tiefe.
Ein dumpfer Schlag.
In Känsterles Ohren trillert's.
Ein Gipsfladen fällt von der Wand.

„Oh! Jetzt hat sicher der Nikolaus angeklopft!" tönt Rosas Stimme hinter der Tür. Sie öffnet und sagt: „Mein Gott ... was machst du denn da am Boden? Zieh den Bart zurecht, die Kinder kommen!"

Känsterle zieht sich am Treppengeländer hoch, steht unsicher da. Dann holt er aus und versetzt Rosa eine Backpfeife. Rosa heult auf, taumelt zurück; Känsterle stampft ins Wohnzimmer, reißt Rosas Lieblingsstück, einen Porzellanpfauen, von der Kommode und schlägt ihm an der Kante den Kopf ab. Dann packt er den Geschirrschrank; er schüttelt ihn, bis die Scherben aus den Fächern hageln. Dann fliegt der Gummibaum samt Topf durch ein Fenster und ein Winterfenster; auf der Straße knallt es.

„Er schlachtet die Buben ab!" kreischt Rosa durchs Treppenhaus. Auf allen Stockwerken öffnen sich Türen. Ein wildes Gerenne nach oben. Man versammelt sich um Rosa, die verdattert an der Wand steht und in die offene Wohnung zeigt. Als erster wagt sich Herr Hansmann in die Stube, betrachtet die Zerstörungen; ein Glitzern kommt in seine Augen, und er sagt:

„Mein lieber Känsterle, ist das alles?"

Elend hockt der Weihnachtsmann im Sessel, während Paul und Konradle unter dem Sofa hervorkriechen.

Ein kalter Wind zieht durch die Stube.

(*Aus:* R.B.: Für sechs Tassen Kaffee. Zürich: Diogenes 1972, S. 36–40)

4.5.5.2 Der Fragebogen

– Alter:
– weiblich ☐ männlich ☐

– Datum:
Lest bitte die Erzählung „Känsterle" und beantwortet die folgenden Fragen.
1. Gefällt dir die Geschichte?
   – ja, sehr ☐
   – ja, ziemlich ☐
   – nicht besonders ☐
   – gar nicht ☐
2. War irgendetwas im Text unklar? Wenn ja, was?
3. Glaubst du, daß die Geschichte wirklich passiert sein könnte?
   – ja ☐
   – weiß nicht ☐
   – nein ☐
   Kannst du deine Meinung erläutern?
4. Kannst du einen Grund angeben, warum deiner Meinung nach diese Geschichte mit dem Fernsehen anfängt?
5. Charakterisiere Rosa bitte in ein paar Stichworten.
6. Charakterisiere Wallfried bitte in ein paar Stichworten.
7. Wie erklärst du Wallfrieds Benehmen?
8. Wie erklärst du Rosas Benehmen?
9. Für wen hast du das meiste Verständnis?
   – für beide ☐
   – für Rosa ☐
   – für Wallfried ☐
   – weder für sie noch für ihn ☐
   Warum?
10. Für wen hat deiner Meinung nach der Erzähler der Geschichte die meiste Sympathie?
    – für beide ☐
    – für Rosa ☐
    – für Wallfried ☐
    – für die Kinder ☐
    – für Herrn Hansmann ☐
    – für keine der Personen ☐
    Warum denkst du das?

11. Was denkt deiner Meinung nach Herr Hansmann, als er in die Stube eintritt?
12. Auf der letzten Seite ist die Rede von einem Porzellanpfauen und einem Gummibaum. Meinst du, daß diese Gegenstände „Zufall" sind, oder kannst du sie mit der übrigen Geschichte in Zusammenhang bringen? Erläutere bitte deine Antwort.
13. Kannst du dich an eine andere Erzählung oder ein Buch erinnern, die/das dieser Geschichte irgendwie ähnlich war? Wenn ja, an welche(s) und von welchem Schriftsteller?
14. Liest du gerne?
   – sehr   ☐
   – ziemlich   ☐
   – nicht besonders   ☐
   – gar nicht   ☐
15. Nenne bitte einige (max. 5) Bücher, die du in der letzten Zeit gelesen hast und die dir gut gefallen haben.

   Titel   *Autor*

   1. ....

   2. ....

   3. ....

   4. ....

   5. ....

4.5.5.3 Daten

Tabelle 2

Frage 1: Gefällt dir die Geschichte?

	weiblich		männlich	
	positiv	negativ	positiv	negativ
Klasse 6	20	80	57	43 %
Klasse 8	42	58	58	42 %
Klasse 10	45	55	36	64 %
Klasse 13	43	57	12	88 %

NB. Die extremen Werte „ja, sehr" und „gar nicht" wurden nur ausnahmsweise angekreuzt; deshalb wurden die „positive" und die „negative" Bewertungen in zwei Spalten zusammengefaßt.

Tabelle 3

Frage 3: Glaubst du, daß die Geschichte wirklich passiert sein könnte?

	ja	weiß nicht	nein
Klasse 6	59	33	8 %
Klasse 8	63	21	16 %
Klasse 10	46	36	18 %
Klasse 13	69	—	31 %

Tabelle 4

Frage 9: Für wen hast du das meiste Verständnis?

	weiblich				männlich			
	beide	Rosa	Wallf.	weder – noch	beide	Rosa	Wallf.	weder – noch
Kl. 6	10	40	50	—	8	8	62	22 %
Kl. 8	25	8	42	25	8	17	50	25 %
Kl. 10	27	—	36	36	7	7	60	26 %
Kl. 13	43	—	43	14	15	—	50	35 %

Tabelle 5

Frage 12: Auf der letzten Seite ist die Rede von einem Porzellanpfauen und einem Gummibaum. Meinst du, daß diese Gegenstände „Zufall" sind, oder kannst du sie mit der übrigen Geschichte in Zusammenhang bringen? Erläutere bitte deine Antwort.

	Sym.	Liebl.	Int.	andere	Zufall	keine Antw.
Kl. 6	–	24 %	–	8 %	40 %	28 %
Kl. 8	4 %	42 %	8 %	–	38 %	8 %
Kl. 10	20 %	28 %	8 %	16 %	12 %	16 %
Kl. 13	31 %	25 %	25 %	13 %	6 %	–

Sym.   = symbolische Deutung
Liebl.   = Deutung als Lieblingsstücke Rosas
Int.   = integrative Deutung

Tabelle 6

Frage 14: Liest du gerne?

		sehr	ziemlich	nicht besonders	gar nicht
Klasse 6	weiblich	80 %	20 %	–	–
	männlich	42 %	29 %	29 %	–
Klasse 8	weiblich	84 %	8 %	8 %	–
	männlich	75 %	17 %	8 %	–
Klasse 10	weiblich	40 %	40 %	10 %	10 %
	männlich	13 %	27 %	53 %	7 %
Klasse 13	weiblich	29 %	57 %	14 %	–
	männlich	22 %	33 %	45 %	–

4.6 Exkurs: Einfluß der Lehrersprache auf Unterrichtsergebnisse (Heiner Willenberg)

Der Leser hat in diesem Buch durch den Beitrag H. G. Hölskens einen neuen Einblick in die fördernde Kraft der Lehrersprache bekommen. An dieser Stelle soll mit Hilfe traditioneller Beschreibungskategorien der Frage nachgegangen werden, ob die entwicklungspsychologischen Einordnungen der einzelnen Stunden nicht relativ sind, d. h. abhängig vom jeweiligen Lehrerstil? Aus Voruntersuchungen zu diesem Buch ergab sich folgende These: Die Sprache des Lehrers beeinflußt unterschwellig die Unterrichtsergebnisse.

Um die These zu untermauern, seien einige Ergebnisse aus dieser vergleichenden Untersuchung vorgestellt: Drei siebente Realschulklassen lasen im Deutschunterricht denselben Text (Reiner Kunze: Clown, Maurer oder Dichter). Zunächst eine kurze Zusammenfassung:

In Erwartung von Gästen beauftragt ein Vater seinen Sohn, „allen Kuchen auf den Teller zu legen". Der Sohn interpretiert den Auftrag so, daß er sämtliche Stücke auf einem kleinen Unterteller aufeinanderschichtet. Ein kurzes Streitgespräch folgt, und der Vater fragt sich, was einmal aus einem solchen Menschen werden solle – da treffen die Gäste ein: der erste meint, der Sohn könne mit seinem Sinn für Balance Maurer oder Clown werden, der zweite sagt, er habe den Mut zum Niegesehenen, also werde er Dichter, der dritte sieht in dem Buben einen genialen Soldaten, der auch einen dummen Befehl sinnvoll ausführen könne. Im abendlichen Gespräch mit der Schwester schließt der Sohn aus, Soldat zu werden, da er es dann mit Vorgesetzten wie seinem Vater zu tun hätte. Der Vater aber überlegt sich künftig, wen er zu Gast hat, bevor er eines seiner Kinder kritisiert.

Die Deutungen der drei Klassen in der Übersicht:
– Sie hatten alle die Hauptfiguren gleich ausführlich beschrieben,
– sie benannten keine Attribute oder Orte, die im Text auch nur eine geringe Rolle spielen,
– sie hatten jeweils nur eine einzige Beziehung zwischen den (immerhin sechs) fiktiven Personen näher besprochen,
– sie kommen alle erst spät dazu, mögliche Motive der Figuren zu ergründen. Anlaß dazu bietet in allen Klassen die Frage, was der Vater mit seiner Überlegung am Schluß meine.

Nun zu den unterschiedlichen Stilen der Lehrer und zu ihren möglichen Einflüssen auf die Interpretationen der Klassen. Man kann die Lehrersprache sinnvoll in sieben Kategorien einteilen:
1. Organisation (Aufrufe, Aufforderungen)
2. Informationen (z. B. „Kunze hat die Geschichte in seinem Buch ‚Die wunderbaren Jahre' veröffentlicht")
3. Fragen (in W-Form, rhetorisch, alternativ)
4. Inhaltliche Reaktionen (Zusammenfassung/Weiterführung einer Schüleräußerung: „Karl hat von der Enge gesprochen, dieses Motiv gibt es bei Kunze öfters". – Kognitive Organisation: „Da ist noch einiges unklar, wir sollten jetzt dieses Thema klären." – Kommentare)

5. Kommunikationsanregungen / Impulse (z. B. „Geht mal auf die Äußerung von Karl ein!" „‚Enge' hat er gesagt".)
6. Bewertungen (z. B.: „Prima, das ist gut." „Nein, das paßt nicht.")
7. Persönliche Äußerungen über Schüler, über den Lehrer (z. B.: „Du hast grad ziemlich geschmunzelt ..." „Ich bin im Augenblick etwas sauer ...")

Die sprachlichen Vorlieben der drei Lehrer, die alle an derselben Schule unterrichten, lassen sich folgendermaßen darstellen:

Lehrer A   Fragen mit Begriffsvorgaben / Inhaltliche Reaktionen. Es ging besonders darum, die richtigen Formulierungen zu finden.

Lehrer B   Fragen ohne Vorgaben (Verweise auf den Text) / Inhaltliche Reaktionen / Bewertungen

Lehrer C   Inhaltliche Reaktionen / Persönliche Äußerungen zu Schülern (fast immer positiv) Kommunikationsanregungen / Fragen zum Text

Alle drei Lehrer waren gebeten worden, den Klassen Raum für ein Gespräch zu geben. In diesem relativ offenen Unterricht haben die Schüler jeweils die Hälfte ihrer Argumentationszeit einem einzigen Problem gewidmet:

a) Die Klasse kritisiert den Vater von einer Warte sicherer Erziehungsnormen her. Sie fragt, ob der Vater nicht wisse, wie man Kinder richtig erzieht. Man lasse den Ungehorsam doch nicht durchgehen, wie stehe denn der Vater vor den Leuten da!

b) Die Klasse hat ausführliche Überlegungen zu den Motiven des Sohnes angestellt, ob er den Auftrag falsch verstanden habe? Wolle er seinen Vater auf den Arm nehmen? Probiere er nur etwas aus?

c) Die Klasse unterstützt den Sohn in seiner Suche nach Eigenständigkeit: Er solle sich gegen herzlose Einengungen wehren. Er müsse seinen Beruf und seinen Weg selber finden.

Es fällt sicher nicht schwer, die Zusammenhänge zwischen der Sprache der drei Lehrer und den Ergebnissen ihrer Klassen zu erkennen, also
– zwischen dem Insistieren des Lehrers auf der genauen Formulierung und dem Verweis der Schüler auf die richtige Erziehungsnorm,
– zwischen den ständigen Aufforderungen weiterzudenken und der Suche fast aller Schüler nach den möglichen Motiven des Jungen,
– zwischen der persönlichen, emotionalen Wertschätzung, die der Lehrer ausspricht, und der Abwehr aller unpersönlichen Einengungen durch Erwachsene.

Ausgehend von diesen Einsichten soll der Versuch unternommen werden, die dominierenden sprachlichen Züge der vier in diesem Buch vertretenen Lehrer zu benennen.

    5. Klasse: Kommunikationsanregungen, Wertungen, Fragen zum Text, inhaltliche Reaktionen
    8. Klasse: v. a. Fragen (Wörter, Begriffe, zum Text), inhaltliche Reaktionen
    9. Klasse: Inhaltliche Reaktionen (v. a. neue Themen werden eingeführt), Impulse, Fragen (in W-Form)
  12. Jahrgang: inhaltliche Reaktionen (Kommentare zu den Produktionen, Zusammenfassungen), Fragen

Versuchen wir nun abschließend zu skizzieren, welche Leistungen der Schüler, wie sie in den Transkripten sichtbar werden, nach der Voruntersuchung zu erwarten waren:

5. *Klasse:*	Viele Vermutungen der Schüler
8. *Klasse:*	Die Schüler übernehmen die Begrifflichkeit und suchen nach Gründen
9. *Klasse:*	Die Schüler gehen auf viele Themen ein (aber jeweils nur knapp)
12. *Jahrgang:*	Die Schüler bearbeiten ihre eigenen Produktionen differenziert nach Inhalt und Stil

Die Kritiker der vier Stunden hatten einige Wünsche geäußert, wie der Unterricht weitergeführt bzw. verbessert werden könnte. Wagen wir es an dieser Stelle, den Lehrern Ratschläge für die „Ergänzung" ihres Unterrichtsstils zu geben:

Der freundliche Lehrer (5. Klasse) bräuchte genauere Fragestellungen, er könnte auch seine eigenen Begriffe stärker einbringen.

Der begrifflich agierende Lehrer (8. Klasse) sollte Zusammenfassungen nicht erzwingen oder selber vornehmen. Es wäre sinnvoll, wenn er etwas mehr mit den Beiträgen der Schüler arbeitete.

Der viele Themen ansprechende Lehrer (9. Klasse) könnte seinen Aspektreichtum besser vermitteln, wenn er mehr sprachliche Mittel benützte, die eine Beziehung zu dieser (ihm fremden) Klasse herstellen.

Und der produktionsorientierte Lehrer (12. Jahrgang) müßte mehr inhaltliche Hinweise und Informationen geben, v. a. zum Originaltext.

5 Methoden und ihre Wirkungen

5.1 Moralstufen in Texten – interpretiert im entwicklungs-psychologisch-didaktischen Aspekt
(Jürgen Kreft)

5.1.1 Erläuterungen zum Ansatz

Der hier von mir zugrunde gelegte Ansatz der strukturellen Entwicklung bedarf mitsamt seinem Konzept der entwicklungslogischen Sequenz von Niveaus (levels) und Stufen (stages) der Erläuterung, die hier freilich nicht so weit ausgeführt werden kann, daß allen möglichen Mißverständnissen vorgebeugt würde.

Als struktureller bezieht sich der Ansatz nicht unmittelbar auf (kontingente) Inhalte, sondern auf (notwendige) universale Strukturen. Im Bereich der sozialen Kognition ist relativ leicht einzusehen, daß die kognitiven Strukturen der sozialen Perspektivenwahrnehmung universale sind und daß die Abfolge, in der die Kinder zunächst nur die eigene Perspektive, dann die des Anderen, schließlich die Verschränkung beider usw. wahrzunehmen lernen, notwendig ist, also weder eine Vertauschung der Reihenfolge noch ein Überspringen zuläßt.

Aus dem weiteren Bereich von Moral schneidet der Ansatz als Kern den Bereich der Gerechtigkeit heraus und untersucht die Entwicklung des Begriffs des gerechten oder richtigen Handelns, der richtigen Normen usw. Hier werden drei Niveaus (mit je zwei Stufen) unterschieden. Auf präkonventionellen Niveau ist den Kindern die Differenz zwischen Handeln und Norm, Handlungsmotiven und Handlungsfolgen noch nicht deutlich, so wenig wie die zwischen Befehl und Norm. Richtig ist, was Autoritäten gutheißen oder was eigene oder auch fremde Bedürfnisse befriedigt.

Auf konventionellem Niveau ist das Handeln an Normen (z. B. Rollennormen) orientiert, die mit dem Hinweis auf die Tradition, letztlich mit dem Hinweis auf das Faktum ihrer Geltung legitimiert werden. Kennzeichnend für den Übergang zum postkonventionellen Niveau ist das Zerbrechen dieses konventionellen Legitimationsmodus. Auf postkonventionellem Niveau wird dann zwischen kontingenten tradierten (konventionellen) Normen und notwendigen universalen normativen Prinzipien unterschieden, die zur Kritik und eventuellen Rechtfertigung bestehender, aber auch zur Erzeugung neuer, konkreter Normen benutzt werden können. (Vgl. die Tabelle auf S. 114 f.)

5.1.2 Einleitung zur didaktischen Interpretation dreier Texte

Die Fähigkeit, zwischen Realem und Irrealem, Sein und Schein in der äußeren, physischen Realität zu unterscheiden, nennen wir physische Kognition. Eine andere Fähigkeit, die soziale Kognition, beanspruchen wir bei der Unterscheidung zwischen Wesen und Erscheinung einer Person, beim Verstehen solcher Phänomene wie Verblendung und Selbstentfremdung oder auch nur bei der Differenzierung zwischen der eigenen sozialen Perspektive und der des Interaktionspartners. – Einer dritten, der moralischen Dimension und Kognition gehört die Fähigkeit an, zwischen Fakten und Normen, Neigung und Pflicht, allgemeiner: zwischen Sein und Sollen zu unterscheiden. Hierher gehört auch die Beherrschung der Differenz von individuellen Eigenschaften (Sein) und Merkmalen einer normativen Rolle (Sollen). Schließlich konstituiert sich eine ästhetisch-poetische Dimension (von Texten), indem die zuvor genannten Unterscheidungen und das Gesamt der zu ihnen gehörigen physischen, sozialen und moralischen Kognition für poetische Zwecke funtionalisiert, d. h. zur Erzeugung von poetischen Strukturen benutzt wird. (Als Inhalte der poetischen Texte bleiben freilich die Bereiche der physischen, sozialen und moralischen Kognition erhalten.)

Ästhetisch-poetisch funktionalisiert wird die physische Kognition mit ihrer Unterscheidung von Sein und Schein bei der Erzeugung poetischer Fiktionalität. Deren Verständnis hängt deshalb ab von der Entwicklung im Bereich der physischen Kognition. Die Schüler der 5. Klasse sind wohl imstande, nicht nur zwischen Sein und Schein in der physischen Welt zu unterscheiden, sondern auch zwischen Realität und ästhetischem Schein. Daß „Der Bär auf dem Försterball" eine „Geschichte" (fiction) ist, wissen sie wohl. Aber sie unterstellen, daß die Fiktion eine plane Abbildung der Realität ist, obwohl sie die Gattungen Märchen oder Fabel kennen. Diese Gattungen wie literarische Gattungen überhaupt enthalten ein Moment von Normativität, wozu bei Märchen und Fabel bestimmte Idealisierungen und Typisierungen der fiktiven Personen gehören. Darin steckt die Unterscheidung von Sein und Sollen, die im besten Falle am Ende der Adoleszenz voll beherrscht wird, von der 5. Klasse nur in ersten Ansätzen. Deshalb sind ihnen die genannten ästhetischen Strukturen auch fremd, während die 8. und 9. Klasse, auf dem konventionellen Niveau der moralischen Entwicklung, die literarische Typisierung von Bär, Förster und Oberförster begreifen, wenn auch unterschiedlich weit.

Komik, Humor, Ironie haben es – lebensweltlich und literarisch – mit der Differenz von (menschlichem) Wesen (sozialem und persönlich-individuellem) und Erscheinung zu tun. Dergleichen kennen die Schüler in der Lebenspraxis längst, Komik eher als Humor und Ironie und die einfachen Formen früher als die komplexeren. Im übrigen wissen wir nur sehr wenig über die Entwicklung des Verständnisses für diese Phänomene. Der literarische Gebrauch von Komik, Ironie und Humor muß einerseits auf die nicht-verbalen Signale verzichten oder sie ins Sprachliche transformieren, was das Verständnis sehr erschweren kann, andererseits weitet er die genannten Phänomene zur literarischen „Weltsicht" aus, was erst recht Verstehensprobleme hervorbringt.

Die Schüler nehmen in den Texten Komisches wahr, finden die Geschichte lustig oder meinen, der Bär wolle die Förster „veräppeln", aber daß Humor und Ironie Momente des Stils und der Weltsicht dieser Erzählung sind, ist entweder gar nicht wahrgenommen oder doch nur wenig bewußt geworden. Jedenfalls haben die Schüler nichts dergleichen geäußert. So ist die Dimension von Wesen und Erscheinung von den Schülern, wie ich dargestellt habe, beim Problem der Selbstentfremdung, der (verlorenen) Identität des Bären thematisiert worden, aber ohne die Brechung, die die Selbstentfremdungsproblematik im Medium der literarischen Ironie erfährt. – Erst auf der gymnasialen Oberstufe, so scheint es, wird dieses Medium und seine Funktion erfahren.

Im folgenden gebe ich ein noch sehr vorläufiges Schema der Entwicklung in den drei besprochenen Dimensionen – auf der Grundlage von fünfzehn Klassen/Kursen vom 3. bis 13. Schuljahr.

I. Stufe:

Am Sprechen des Bären wird noch kein Anstoß genommen. Mensch und Tier, Bär und Förster sind nicht wesensverschieden. Ein Identitätsproblem kann noch nicht auf-

Entwicklungsstufen der sozialen Perspektivenübernahme und des moralischen Urteilens (nach Selman 1982)		*Stufen des moralischen Urteils (nach Kohlberg 1974)*	
Stufe der sozialen Perspektivenübernahme.	Stufe des moralischen Urteilens.		
Stufe 1: Sozial-informationsbezogene Perspektivenübernahme (6–8 Jahre) Das Kind nimmt wahr, daß der andere eine eigene, in seinem Denken begründete Perspektive hat und daß diese seiner eigenen Perspektive ähnlich oder auch nicht ähnlich sein kann. Jedoch kann sich das Kind nur auf jeweils eine Perspektive konzentrieren und nicht verschiedene Gesichtspunkte koordinieren.	*Stufe 1*: Orientierung an Strafe und Gehorsam Das Kind sieht nur eine Perspektive, die des Mächtigeren bzw. der Autorität. Jedoch versteht es bereits, daß gute Handlungen in guten Absichten gründen. Anfänge des Bewußtseins von Fairneß als Äquivalenz von Handlungen.	*Stufe 1*: Orientierung an Bestrafung und Gehorsam. Egozentrischer Respekt vor überlegener Macht bzw. Prestigestellung. Vermeidung von Schwierigkeiten. Objektive Verantwortlichkeit.	I. Präkonventionelles Niveau
Stufe 2: Selbstreflexive Perspektivenübernahme (8–10 Jahre) Dem Kind ist bewußt, daß jedes Individuum der Perspektive des anderen gegenwärtig ist und daß dies vom jeweils die Sicht seiner selbst wie die von anderen beeinflußt. Eine Möglichkeit, die Intentionen, Absichten und Handlungen eines anderen zu beurteilen, besteht darin, sich an seine Stelle zu versetzen. Das Kind kann eine koordinierte Kette von Perspektiven bilden, aber noch nicht von diesem Prozeß auf die Ebene simultaner Gegenseitigkeit abstrahieren.	*Stufe 2*: Instrumentelle Orientierung Moralische Gegenseitigkeit wird als gleichrangiger Austausch der gegenseitigen Absichten zweier Personen begriffen. Hat jemand eine geringschätzige Einstellung zu sich selbst, so ist es richtig, wenn er entsprechend handelt. Moralisch richtig wird definiert als das, was von mir selbst hochgeschätzt wird.	*Stufe 2*: Naiv egoistische Orientierung. Richtiges Handeln ist jenes, das die Bedürfnisse des Ich und gelegentlich die der anderen instrumentell befriedigt. Bewußtsein für die Relativität des Wertes der Bedürfnisse und der Perspektive aller Beteiligten. Naiver Egalitarismus und Orientierung an Austausch und Reziprozität.	
Stufe 3: Wechselseitige Perspektivenübernahme (10–12 Jahre) Das Kind nimmt wahr, daß sowohl es selbst wie auch der andere den jeweils anderen Teil wechselseitig und gleichzeitig als Subjekt sehen kann. Es kann aus der Zwei-Personen-Interaktion heraustreten und diese aus der Perspektive einer dritten Person	*Stufe 3*: Orientierung an der Aufrechterhaltung wechselseitiger Erwartungen Moralich richtig wird definiert als die goldene Regel: „Sei zu anderen so, wie du willst, daß sie zu dir seien". Das Kind betrachtet alle Gesichtspunkte und reflektiert die Motive aller Beteiligten in dem Versuch, Übereinstimmung	*Stufe 3*: Orientierung am Ideal des „Guten Jungen". Bemüht, Beifall zu erhalten und anderen zu gefallen und ihnen zu helfen. Konformität mit stereotypischen Vorstellungen vom natürlichen oder Mehrheits-Verhalten, Beurteilung aufgrund von Intentionen.	II. Konventionelles Niveau

		III. Postkonventionelles Niveau

| Stufe 4: Perspektivenübernahme mit dem sozialen und konventionellen System (12–15 Jahre und älter) | Stufe 4: Orientierung an der Perspektive der Gesellschaft | Stufe 4: Orientierung an Aufrechterhaltung von Autorität und sozialer Ordnung. Bestrebt, „seine Pflicht zu tun", Respekt vor der Autorität zu zeigen und die soziale Ordnung um ihrer selbst willen einzuhalten. Rücksicht auf die Erwartungen anderer. |
| Die Person sieht, daß wechselseitige Perspektivenübernahme nicht immer zu völligem Verstehen führt. Soziale Konventionen werden als notwendig angesehen, weil sie von allen Mitgliedern der Gruppe (dem generalisierten Anderen) unabhängig von ihrer Position, Rolle oder Erfahrung verstanden werden. | Moralisch richtig wird definiert im Sinne der Perspektive des generalisierten Anderen bzw. der Mehrheit. Es werden die Folgen von Handlungen für die Gruppe bzw. Gesellschaft in Betracht gezogen. Orientierung an der Aufrechterhaltung der sozialen Moral und Ordnung. | Stufe 5: Legalistische Vertrags-Orientierung. Anerkennung einer willkürlichen Komponente oder Basis von Regeln und Erwartungen als Ausgangspunkt der Übereinstimmung. Pflicht definiert als Vertrag, allgemein Vermeidung der Verletzung von Absichten oder Rechten anderer sowie Wille und Wohl der Mehrheit.

Stufe 6: Orientierung an Gewissen oder Prinzipien. Orientierung nicht nur an zugewiesenen sozialen Rollen, sondern auch an Prinzipien der Entscheidung, die an logische Universalität und Konsistenz appellieren. Orientierung am Gewissen als leitendes Agens und an gegenseitigem Respekt und Vertrauen. |

treten. Der Bär ist auf unproblematische Weise Bär und zugleich Oberförster; der Bär in der Erzählung unterscheidet sich nicht von einem realen Bären; entsprechendes gilt für die Förster.

II. Stufe:
1. Sein und Schein.
Die Erzählung vom Bären auf dem Försterball wird als literarisch-fiktionale verstanden. Es wird betont, daß Bären in Wirklichkeit nicht sprechen können. Geschichten mit sprechenden Tieren sind entweder
a) für kleine Kinder, die das noch nicht so recht wissen (Märchen), oder
b) die Tiere in Wahrheit als Menschen zu verstehen, sie sind verkleidete Menschen (Fabel), und insofern bildet die Fabel vom Bären die Realität genau ab. Die fiktiven Personen, Handlungen usw. verweisen auf andere, etwa auf Unterdrückung in der Gesellschaft.
2. Wesen und Erscheinung
Das Handeln des Bären und seine Identität sind unproblematisch, es wird aber dem Bären bewußte Täuschung unterstellt (der Bär will sich einen Jux machen oder will sich gegen seine Feinde, die Förster, sichern oder sucht ihre Freundschaft), oder das Identitätsproblem und alle damit zusammenhängenden Probleme und Inkonsistenzen werden durch Verweis auf die Alkoholisierung der Beteiligten wegerklärt. Es wird unterstellt, entweder sei der Bär völlig Bär geblieben (er täuschte den Oberförster nur vor) oder er sei als Tier in einer Fabel eigentlich ein Mensch, und als Mensch könne er natürlich auch Oberförster sein. Das Identitätsproblem erfährt auf diese Weise eine scheinbar klare Lösung.
3. Jetzt wird auch verstanden, daß der Oberförster, die Förster und der Bär literarische Typen sind, es wird das aber naturalistisch interpretiert: der Typus Oberförster in der Erzählung wird als Abbild eines realen Typus Oberförster aufgefaßt.

III. Stufe:
Auf dieser dritten Stufe wird die komplexe Struktur der Erzählung und ihr komplexes Verhältnis zur Realität durchschaut. Der Bär ist Tier und Mensch (Oberförster) zugleich, wie auf der anderen Seite die Menschen (Förster) zugleich animalisch sind. Das Verhalten der fiktiven Förster stimmt mit dem von realen Förstern oder von anderen Menschen überein und zugleich nicht überein, bildet es ab und stellt es in Frage. Die fiktiven Tiere, Menschen, Handlungen usw. meinen etwas anderes, aber das bleibt unbestimmt. Alles das wird jetzt begriffen, und das fiktive Faktum der Betrunkenheit wird als literarisches Motiv begriffen, das zwar eine Möglichkeit zu eröffnen scheint, das ungewöhnliche Verhalten zu verstehen, aber diese Möglichkeit erweist sich, das wird jetzt eingesehen, als schließlich doch nicht durchführbar und dem Text insgesamt nicht angemessen.

Die Anwendung dieses Ansatzes sollte sich freilich von aller Rigidität und von allem Schematismus freihalten. Der Ansatz ist primär als Diagnoseinstrument gedacht; d. h. er soll die Texte und die Textrezeptionen der Schüler durchsichtiger machen – im Hinblick auf die kognitiv-strukturelle Entwicklung – und damit dem Lehrer besser begründete Entscheidungen ermöglichen. Das Beispiel des Unterrichts über die Erzählung

„Der Bär auf dem Försterball" zeigt, daß man einen Text in sehr unterschiedlichen Klassenstufen durchnehmen kann und jedesmal etwas erkannt wird. Es zeigt aber auch, wie groß dabei die Differenz zwischen den kognitiven Strukturen des Textes und der Schüler sein kann. Auf der Basis dieser Einsicht kann nun der Lehrer begründet entscheiden, ob das, was die Schüler vermutlich werden rezipieren können, ihm für den Unterricht ausreicht bzw. wann erst er diesen Text in den Unterricht einbringen will, einen Text, der erst auf der Sekundarstufe II größere Chancen hat, seinen eigenen Strukturen voll adäquat aufgenommen zu werden, der aber schon auf früherer Stufe einen interessanten und förderlichen Unterricht ermöglichen kann.

5.1.3 Interpretationen

5.1.3.1 Rainer Brambach: Känsterle

Die Kurzgeschichte, deren Handlung schlicht chronologisch abläuft, gliedert sich deutlich in zwei Teile. Der erste ist etwas länger als der zweite (54:46 Zeilen). Zeit der Handlung des ersten Teils: abends, zwei Tage vor St. Nikolaus; des zweiten Teils: abends, St. Nikolaus. Während der erste Teil zu gut zwei Dritteln aus „Gespräch" (wörtliche Rede) besteht, kennt der zweite Teil nur sehr wenig wörtliche Rede (ein Zehntel etwa). Im zweiten Teil laufen die Ereignisse ab, die im Gespräch des ersten Teils angelegt sind. Hauptpersonen sind das Ehepaar Känsterle, Wallfried und Rosa. Nebenrollen haben die Kinder der beiden (Paul und Konradle), Herr Hansmann aus dem Parterre und Frau Wickhammer und ihr gerade verstorbener Mann; diese beiden treten freilich nur in Rosas Rede auf. Von der wörtlichen Rede, die den ersten Teil beherrscht, geht der Löwenanteil an Rosa (sieben Achtel). Känsterle macht nur dreimal den Mund auf. Einmal reicht es zu einem „Ja, ja", ein andermal zu „Gleich, gleich" und ein drittes Mal zu drei allerdings bedeutsamen Zeilen. Dann verstummt Känsterle. Im vierten Teil sagt er gar nichts, aber er schlägt zu. – In der Verteilung der Redeanteile drückt sich das Verhältnis zwischen den Eheleuten aus. Das wird noch deutlicher, wenn man nicht nur die quantitativen Anteile berücksichtigt, sondern auch danach fragt, wer die Rede eröffnet, die Themen bestimmt usw. Stets ist es Rosa. Känsterle reagiert nur, versucht auszuweichen, abzuwehren, aber ohne Erfolg. Auf dieser Ebene betrachtet, hat Rosa „die Hosen an", Känsterle steht „unter dem Pantoffel".

Die verwendeten sprichwörtlichen Redensarten verweisen schon auf ein konventionell-traditionelles Bewußtsein. Entsprechend spielt „Känsterle" in einem engen Kleinbürgermilieu. Wallfried Känsterle ist „ein einfacher Schlosser", also körperlich und in unterer Position tätig, von Berufs wegen kein Redner – wie er selbst sehr gut weiß – und eher zu gehorchen gewöhnt als zu befehlen. Im Fernsehen interessiert ihn, den körperlich Arbeitenden, dem diese Arbeit aber keinen Aufstieg und keinen Ruhm einträgt, die Meisterschaft der Gewichtheber, die mit Körperkraft, ohne Reden zu müssen, Anerkennung gewinnen.

Rosa Känsterle ist wie ihr Mann an die Normen, z. B. an die klar zwischen männlichen und weiblichen Obliegenheiten unterscheidenden traditionellen Geschlechterrollen, und an mehr oder weniger normative Gewohnheiten ihres Milieus angepaßt, wenn nicht gar überangepaßt. Herr Hansmann aus dem Parterre wird von ihr gelobt, weil er die Winterfenster seiner Wohnung neu gekittet und gestrichen hat, und das, „obwohl es gar nicht nötig war". Obendrein hat er dafür noch seine „ganzen Ferien drangegeben". Für dieses (absurde) Übersoll bekommt er von Rosa volle Anerkennung: „So ein ordentlicher Mann . . .", sagt sie von ihm. Ordentlichkeit, Ordnung – das sind in diesem Milieu vorbildliche Tugenden und Werte. Ihre Realisierung oder ihre Defizite lassen sich am Zustand der Winterfenster ablesen: Wichtig dabei ist, daß sie mit dem Urteil der „Gruppe" gekoppelt sind, der die Känsterles zugehören. „Niemand hat so schäbige Winterfenster wie wir. Ich ärgere mich jedesmal, wenn ich die Winterfenster putze." Es kommt nicht so sehr auf den Zustand der Winterfenster an, als auf das, was die anderen für Winterfenster haben und was sie dazu sagen.

Rosas erstes Thema sind die Winterfenster, ihr zweites der Nikolaus. Welche Motive hat sie, wenn sie ihren Mann unter Druck setzt, damit er den Nikolaus macht? Geht es primär um die Ausführung eines Brauchs? Geht es darum, den Kindern die Freude zu machen? Oder geht es darum, den Ehemann zu etwas zu zwingen, das er nicht will, weil er es nicht kann? Wird hier eine doublebind-situation geschaffen? Känsterle soll, wie es seine Vaterpflicht ist, den Kindern zu St. Nikolaus eine Freude machen, indem er den Nikolaus macht, doch er kann ihnen die Freude nicht machen, weil er sich nicht freuen kann, wenn er zu dem gezwungen wird, wozu er nicht taugt.

Wenn Rosas Forderung die Bedeutung hat: Mach' den Kindern, dich selbst freuend, Freude! und wenn zugleich klar ist: Ich (Rosa) will dich eigentlich nur damit kujonieren (daß ich nämlich von dir etwas verlange, was du nicht kannst), und keineswegs geht es mir darum, daß du den Kindern eine Freude machst!, dann liegt eine „Doppel-Bindung" vor. Es scheint mir aber offen, ob der Text diese Interpretation nahelegt. Daß aber das Verhältnis zwischen den Eheleuten Känsterle nicht einfach schon als durch die gewöhnlichen traditionell-konventionellen Geschlechtsrollennormen hinreichend gekennzeichnet gelten kann, ist deutlich genug.

Diese Normen erklären das Verhältnis nicht, wie es sich in den einseitigen „Gesprächen" und schließlich in Känsterles explosivem Aufbegehren darstellt, aber sie ermöglichen es. Daß die von der traditionellen Rollenfestlegung her „normale" Dominanz des Mannes faktisch oft genug durch eine immer irgendwie prekäre Dominanz der Frau ersetzt ist, ist bekannt und soll hier nicht theoretisch erklärt werden. Aber es soll doch angedeutet werden, daß eine solche Erklärung als kausale nicht von genetisch-funktional-strukturellen Ansätzen aus geleistet werden kann. Der Ansatz der soziomoralischen Kognition vermag zu erklären, daß jemand zu bestimmten Leistungen der Perspektivenwahrnehmung nicht fähig ist, weil er kognitiv nicht genügend entwickelt ist; genauer: Er vermag anzugeben, wie die Entwicklung der Perspektivenwahrnehmung erfolgt. Wenn jemand bestimmte Leistungen der Perspektivenwahrnehmung in bestimmten Situationen nicht erbringt, obwohl er sie in anderen Situationen schon erbracht hat, dann handelt es sich nicht um Defizite auf der Kompetenzebene, sondern um solche auf der Performanzebene.

In „Känsterle" liegen die Interaktionen der fiktiven Personen nicht oberhalb der ersten Stufe des konventionellen Niveaus (II,3): Wie ich schon gezeigt habe, handelt es sich um Interaktionen in traditionell-konventionellen Rollen. – Die Frage aber ist, ob bei Rosa ein Mangel an Empathie vorliegt und, wenn ja, ob dieser aus einer niedrigen Stufe in der Perspektivenwahrnehmung, also aus einem Kompetenzdefizit (Stufe I,2) entspringt oder andere Ursachen hat. Rosas Verhalten wird kaum verständlich, wenn wir nicht unterstellen, daß sie in Hinsicht auf die Lage, in die sie Känsterle bringt, und auf das, was in ihm vorgeht, ja, auf ihr Verhältnis zueinander, *nicht* recht Bescheid weiß. (Möglicherweise auch ist Rosa eine „Sadistin".) Es ist also eine Frage der Deutung, ob die Niveau-Bestimmung nicht ergänzt werden müßte: II,3 – teils geringer.

Auf welcher Ebene handelt Herr Hansmann? Seine Frage an Känsterle am Schluß der Kurzgeschichte dürfte die eigentliche Pointe sein: „Mein lieber Känsterle, ist das alles?"

Was kann das anderes bedeuten, als daß Herr Hansmann sein von Rosa hochgelobtes Ferienopfer zugunsten der Vorbildlichkeit der Winterfenster unter ähnlichem uxorialen Druck erbracht hat wie Känsterle den mißglückten Nikolausauftritt. Beide Männer stehen unter dem Pantoffel und bei beiden haben sich in gleicher Weise Agressionen aufgestaut. Hansmann versteht, scheint es, Känsterles Aufbäumen und Ausbruch als eine Befreiungstat, die leider nicht weit genug gegangen ist. Wie aber ist die kaum überhörbare Ironie in Herrn Hansmanns Frage zu verstehen? Einfache Ironie würde ja bedeuten, daß Känsterle zu weit gegangen sei. Oder ist die Frage in der Weise auf Känsterles Elend und Apathie nach dem Wutausbruch zu beziehen, daß Hansmann das allzu frühe „Abschlaffen" ironisch verspottet? Beweist Hansmann damit ein Drüberstehen, daß auch einen strukturellen Überstieg von II,3 beweist?

Von der Handlungsebene der Kurzgeschichte, also der Ebene, auf der die fiktiven Personen einander und ihr eigenes Handeln wahrnehmen, ist die Ebene zu unterscheiden, von der aus die Handlung erzählt, dargestellt wird. Sehr deutlich, so meine ich, ist das konventionelle (vielleicht teils präkonventionelle) Handeln der fiktiven Personen von einem postkonventionellem Niveau aus dargestellt, also von einer Position jenseits der naiven Geltung der Rollennormen aus. Die Kurzgeschichte insgesamt ist eine kritische Infragestellung eines in den Strukturen von II,3 verfaßten Lebens im Medium des Erzählens. Hierbei geht es darum, daß die pathologischen Deformationen auf dieser Stufe selbst nicht aufgehoben werden können. Es gibt nur leidende Hinnahme, explosives Aufbegehren, Zusammenbruch und Resignation. Die Rollennormen lassen eine Metakommunikation über die von ihnen bestimmte Kommunikations- und Interaktionsstruktur und über sich selbst nicht zu.

Auf der Ebene, auf der die Interaktionen selbst liegen, wird die Kurzgeschichte etwa vom 7. Schuljahr an verständlich. Von diesem Alter an haben die Schüler – zunächst der Gymnasien – die präkonventionelle Stufe (ansatzweise) überschritten (einzelne natürlich früher) und beginnen sich auf der dritten Stufe (II,3) der soziomoralischen Entwicklung zu etablieren. Ganz anderes gilt für das Verständnis der Geschichte insgesamt und das heißt ihrer kritischen Spitze. Um diese zu verstehen bzw. um von dieser aus selbst – hinsichtlich der eigenen Konventionalität – erfolgreich in Frage gestellt zu werden, bedarf es des Entwicklungsniveaus (zumindest) der Stufe II,4. Auf diesem müssen die Schüler voll konsolidiert sein, wenn sie die ersten Schritte über die Stufe hinaus wagen sollen. Haben sie solche Schritte bereits unternommen, werden sie auch die kritische Intention der Erzählung wahrnehmen und entfalten können.

5.1.3.2 Gebrüder Grimm: Der alte Sultan

Der Text – man mag ihn eine Schwankfabel nennen – hat eine ziemlich einfache Struktur, wenn vielleicht auch nicht ganz so einfach, wie es auf den ersten Blick scheinen mag. Aus der Perspektive des auktorialen Erzählers, doch bei nur geringen Informationen über das Innere der Aktoren (Bauer, Bäuerin, Hund als „Knecht", Wolf als Freund/ Feind des Hundes) wird eine (teils zweisträngige) Doppelhandlung berichtet. Der eine Handlungsstrang enthält die Interaktionen zwischen Bauer und Bäuerin, der zweite die zwischen Hund und Wolf. Die Stränge laufen, unter Zurücktreten der Bäuerin, ein Stück zusammen und leiten dabei zur zweiten Handlung über. Hat die erste Handlung als Sujet die Problematik der Altersversorgung des Knechts (Hundes) durch den Herrn (allgemeiner: die Treueverpflichtung zwischen Herr und Knecht), so die zweite den Konflikt zwischen der Treueverpflichtung zum Herrn einerseits, zum Freund andererseits.

Die Handlung durchläuft fünf „Szenen": vom Gespräch zwischen Bauer und Bäuerin über das Gespräch zwischen Hund und Wolf zum vereitelten „Kindesraub" und zum Sinneswandel des Bauern, womit die erste Handlung glücklich endet, weiter zum Bruch zwischen Hund und Wolf und zum grotesk-komischen und parodistischen Zweikampf und Schluß des Ganzen.

Abgesehen davon, daß die Handlung überraschend und seltsam ins Groteske umkippt, ist die Erzählung leicht verständlich, obwohl die Motive der Aktoren teilweise zweideutig sind. Das hängt mit der naiv-einfachen Welt und Erzählweise zusammen, mit dem Undifferenziert-Typischen der Aktoren und der „präpsychologischen" Einstellung und dürfte für die ursprünglichen Adressaten kaum gelten.

Im Aspekt der soziomoralischen Entwicklung sind die Kognitionen und Interaktionen der Aktoren auf den Stufen 2 und/oder 3 etabliert. – In der ersten Szene argumentiert der Bauer auf der Stufe des utilitaristischen Austauschs (Stufe 2), während die Argumentation der Bäuerin eine Stufe höher liegt. Der Bauer stellt sein Verhalten gegen den Hund selbst ausdrücklich unter den Nutzengesichtspunkt und zieht aus der Nutzlosigkeit des Hundes die harte Konsequenz. Er unterstellt dabei, daß der Hund reziprok genauso denkt, und das heißt: strukturell identisch: „ . . . hat er uns gedient, so hat ers des Hungers wegen getan, und weil er hier gutes Fressen kriegte . . ." Mit diesem Argument weist er das der Bäuerin zurück, die gesagt hatte: „ . . . laß das treue Tier das Gnadenbrot essen, es hat uns so lange Jahre gedient." Indem die Bäuerin Treue und Dienst betont, interpretiert sie das Verhältnis auf der Stufe normativer Rollen (Stufe 3), auf der das richtige Handeln nicht mehr in der Äquivalenz des Nutzenaustausches, sondern in der intentionalen/motivationalen Konformität mit der Rollennorm begründet ist, hier in der Übereinstimmung mit der Treueverpflichtung, die Bestandteil der komplementären Rollendyade Herr-Knecht ist. Wie der Bauer unterstellt auch die Bäuerin, daß der Hund Sultan das Verhältnis so wie sie selbst sieht. Diese Auffassung der Bäuerin kann man durch die Feststellung des Erzählers bestätigt sehen: „Der Sultan aber war seinem Herrn treu . . ."

Es bleiben aber doch Zweifel oder Unklarheiten. Wenn der Hund gegenüber seinem Herrn auf der Stufe 3 agiert, wie ist dann sein Verhalten gegen den Wolf zu verstehen? Ist er schlicht undankbar? Oder weiß er sich aus dem Konflikt zwischen Diensttreue und Freundestreue keinen Ausweg – der Konflikt ist ja auch auf dieser Stufe nicht auflösbar – und schlägt sich, aus Unterwürfigkeit oder egoistischer Gesinnung, auf die Seite des Stärkeren? Hätte er den Wolf nicht zumindest warnen und ihm abraten müssen? Damit hätte er ja die Diensttreue nicht verletzt. – Schließlich kann der Hund auf dem Standpunkt stehen, daß der Wolf ihm nur aus egoistischem Motiv geholfen habe, nicht aus Freundschaft, nämlich nur, um sich nachher durch das „fett Schaf" belohnen zu lassen. In diesem Falle gäbe es vielleicht noch eine Dankesverpflichtung, aber keine Freundesverpflichtung mehr für Sultan. Überdies ist es ein Verstoß gegen die Normen der Freundschaft, wenn der Wolf, ohne in Not zu sein, vom Hund einen Bruch seiner Treue gegen den Herrn fordert. Dieser hatte ja durch seinen Sinneswandel usw. seinerseits gerade die Bedingungen gegenseitiger Loyalität wiederhergestellt. So jedenfalls scheint der Hund das zu sehen und der Erzähler auch, der an dieser Stelle von Treue spricht. Auch der Wolf redet vom Bauern als Herrn des Hundes („. . . deinem Herrn ein fett Schaf wegholen"). Wenn aber der Erzähler den Bauern nach Sultans vermeintlicher Heldentat geradezu überschwenglich reagieren läßt, scheint die Deutung offen zu sein, ob der Bauer auch hier noch auf Stufe 2 handelt oder auf Stufe 3 gestiegen ist. Vom ganzen Text und von seiner sozialen Funktion aus nehme ich diesen „Aufstieg" an. (Darüber gleich mehr.) Für die Bewertung von Sultans Entscheidung ist freilich gleichgültig, wie der „Sinneswandel" des Bauern einzuschätzen ist. Es kommt nur darauf an, wie Sultan ihn einschätzt.

Und noch etwas: Kindesraub und Rettung sind ja nur vorgetäuscht, d. h. Hund und Wolf handeln hier nicht moralisch, sondern strategisch („Anschlag"), angesichts der Untreue seines Herrn darf der Hund das für legitim halten, zumal wenn er zum moralischen Handeln in dem Augenblick zurückkehrt, in dem sein Herr das auch tut. Der Text macht das alles nicht zum Problem. Der Wolf scheint strategisches Handeln für den Normalfall zu halten bzw. sieht auf Stufe 2 keine Differenz zwischen strategischem und moralischem Handeln.

Der Interpretation bedarf das Umkippen in den grotesken Schwank. Ich versuche sie über die Frage nach der sozialen Funktion des Textes (in seiner Ursprungssituation).

In einer bäuerlichen Gesellschaft dürfte mancher Bauer dazu tendiert haben, einen alternden Knecht wie den Hund Sultan zu behandeln, wenn sich auch die krasse Methode des Totschießens verbot. (Die Bremer Stadtmusikanten liegen ja auf derselben Linie.) Eine solche Handlungsweise ist aber geeignet, das im Dienst der Bauern, der Produktionsmittelbesitzer, stehende Landproletariat zu verunsichern und soziales Konfliktpotential anzuhäufen. Außerdem müssen wir damit rechnen, daß die Bauern insgesamt eher auf der Stufe 3 des soziomoralischen Urteilens etabliert waren und schon deshalb eine Handlungsweise wie die unseres Bauern dem Sultan gegenüber als Perfidie verurteilen müssen. Wir dürfen den Fabelteil der Grimmschen Schwankfabel also als Apell an die agrarischen Produktionsmittelbesitzer lesen, gegenüber den altgewordenen Dienstboten die Treueverpflichtung einzuhalten und das, wenn auch allgemein eher karge, Gnadenbrot nicht zu verweigern.

Was aber fangen wir mit dem Schwankteil an, mit dem grotesken Duell? Es ist ja deutlich, daß hier ein feudales Ritual parodiert wird. Indem die bäuerlichen Adressaten, (Pacht-) Bauern und Knechte, gemeinsam über das feudale Ritual und damit über die adligen Grundherren und Gutsbesitzer lachen, unter deren Herrschaft doch beide stehen, sollen sie sich, über die Differenz von Produktionsmittelbesitzer und -nichtbesitzer hinweg, ideologisch solidarisieren. Zugleich soll das Gesinde (Landproletariat) von einer Solidarisierung mit dem vagabundierenden „Lumpenproletariat" (Wolf) abgehalten werden. Was im Fabelteil noch unaufgelöst geblieben war, soll im Gelächter über das groteske Duell der Tiere untergehen.

Was für Rezeptionen des Textes durch die Schüler sind vom Ansatz der soziomoralischen Entwicklung aus zu erwarten? Wie sehen die Schülerrezeptionen auf den verschiedenen Stufen aus?

Es ging aus meiner Interpretation hervor, daß der Text zur Gattung der Fabel gehört. Wie die Parabel hat die Fabel – das Problem ihrer Differenz muß hier unerörtert bleiben – eine moralisch-didaktische oder pädagogisch-andragogische Intention und Funktion, die sie in gleichnishafter Rede realisiert. Ich verweise auf den Versuch, die parabolische Rede mit der Unterscheidung von „Sachhälfte" und „Bildhälfte" zu fassen, und darauf, daß in der Fabel die Tiere in diesem Sinne „verkleidete" Menschen sind; freilich können Tiere in der Fabel nur deshalb für Menschen stehen, weil die Aktoren in der Fabel Typen sind, nicht Individuen, individualisierte Personen. Das hängt mit der didaktisch-moralisierenden Funktion der Fabel zusammen, und alles das verweist auf eine Gesellschaft, die das konventionelle Niveau nicht überschritten hat. – Ich spreche von der traditionellen Fabel.

Die Fähigkeit, zwischen Sach- und Bildhälfte zu differenzieren, ebenso zwischen Typos und konkreter Person, ist noch nicht auf dem Niveau präoperationalen Denkens gegeben, sondern erst auf dem konkret-operationalen Niveau (das die Kinder sich in der Primarstufe erarbeiten); denn auf diesem Niveau erst wird die Differenz zwischen Faktizität und Fiktionalität beherrscht. Von dieser Unterscheidung hängt die zwischen Sach- und Bildhälfte ab. Es kommen natürlich weitere Bedingungen hinzu. Im sozio-moralischen Bereich müssen die Rezipienten mindestens auf Stufe 3 (der ersten Stufe auf dem Niveau konventionaler Moralität) etabliert sein, um das Nichtfaktische, Normative zu begreifen, das im Typos steckt.

Wie steht es nun mit dem Verständnis der Interaktionen zwischen den Aktoren? Ich habe gezeigt, daß die Aktoren im Urteilen und Handeln nirgends über Stufe 3 hinausgehen, ja, daß der Bauer (teilweise) und der Wolf auf Stufe 2 agieren. Um die Handlung voll verstehen zu können, müssen die Schüler also mindestens auf Stufe 3 etabliert sein, eine Bedingung, die in der 7. Klasse nicht voll erfüllt ist. (Ein Unterricht über diesen Text kann aber gerade für die Schüler, die noch nicht oder noch nicht ganz auf dieser Stufe wahrnehmen und urteilen, eine optimale Herausforderung zur Weiterentwicklung sein.) Schüler der Stufe 2 werden die Handlung eben auf dieser Stufe rezipieren, d. h. die gegenseitige Treueverpflichtung auf das „Wie du mir, so ich dir" reduzieren. (Das heißt: Richtig ist, was Egos Interessen befriedigt und die des anderen soweit berücksichtigt, daß der gewillt bleibt, mit Ego Äquivalente zu tauschen.)

Auf Stufe 3 können die Schüler die Verpflichtung zur Treue dem Herrn gegenüber gegen die Verpflichtung zur Freundestreue abwägen, einer Verpflichtung den Vorzug geben, oder sie können Kompromißvorschläge machen, aber sie sind nicht zu einer grundsätzlichen und normativen Lösung fähig, wie auf Stufe 4. Hier erst können sie diese konkreten Verpflichtungen von einer abstrakten Normativität aus relativieren; z. B.: „Man darf nicht stehlen oder beim Stehlen mithelfen o. ä., aber wenn jemand sehr große Not leidet, gar in Gefahr ist zu verhungern, dann muß man ihm helfen. Wenn man dazu auch fremdes Eigentum benutzt, weil es nicht anders geht, dann stiehlt man eigentlich nicht."

Erst wenn die Schüler Stufe 4 und mit ihr das Niveau der „konventionellen Moral" überhaupt überschritten haben, können sie die Eigentumsverhältnisse, die unser Text als vorgegeben hinnimmt, grundsätzlich in Frage stellen, oder anders, indem sie dies tun, lassen sie die konventionelle Moral hinter sich. Auf postkonventioneller Stufe können die Frage nach der Funktion dieser Schwankfabel innerhalb einer agrarischen Klassengesellschaft, auch die nach der Funktion des grotesk-parodistischen Schlusses angegangen werden, ebenso Fragen nach dem Weltbild der traditionellen Fabel, nach den Grenzen kritischen Denkens in der Fabel usw.

5.1.3.3 Henry Jaeger: Die Henker

Der Plural des Titels bezieht sich auf faschistische Mörder und Kriegsverbrecher in einem alliierten Gefängnis nach 1945, doch als ein erweiterter Plural umfaßt er auch noch den Menschen, der im Auftrag der Alliierten die zum Tode verurteilten faschistischen Massenmörder hinrichtet. Vom Verurteilten als *Henker* apostrophiert, weist er diesen Ausdruck freilich zurück: „Wir sagen dazu Scharfrichter..." (S. 32) Wie verhält sich diese Sprachregelung zur Realität. Der auktoriale Erzähler sagt stets „Scharfrichter" (fünfmal), wie der Scharfrichter selbst (einmal). Fünfmal kommt der Ausdruck Henker vor, vom auktorialen Erzähler auf den verurteilten faschistischen Massenmörder angewendet (einmal), im inneren Monolog vom Verurteilten auf sich selbst und auf den alliierten Scharfrichter bezogen (dreimal) und einmal analog in direkter Rede (s. o.). Das alles erweckt oder betont sogar den Eindruck, daß der Erzähler gerade die Nichtidentität von faschistischem und antifaschistischem Töten und „Tötern" im Auge hat.

Dem scheint zu widersprechen, daß der faschistische Henker und der alliierte Scharfrichter mit denselben Worten beschrieben werden: „Er war vierzig Jahre alt, aber das war ihm nicht anzusehen." (S. 30 und 31) Aber einmal lautet die Fortsetzung: „Nichts war ihm anzusehen, weder sein Alter noch die Zahl seiner Opfer, die er geschlachtet hatte." (S. 30) Das andere Mal heißt es: „Nichts war ihm anzusehen, weder sein Alter noch die Art seines Berufes." (S. 31) Die Parallelisierung gibt der Differenz volles Gewicht. Diese Differenz wird im Text sorgfältig ausgeführt. Die Nazi-Henker sind feige Mörder, Massenmörder, Sadisten, der Scharfrichter der Alliierten stellt fest: „Er habe gegen niemanden einen Haß", und er vergewissert sich mehrfach: „Du trägst mir nichts nach?" Er hat keine eigenen Tötungsabsichten, er sieht seine Tätigkeit, das Hinrichten, als berufliche Pflichterfüllung: „Nicht wahr? Wenn der Staat diese Strafe vorsieht, muß es doch einen geben, der das macht..."

Nicht nur ein Unterschied, ein ganz klarer und unverwischbarer Gegensatz zwischen dem Nazi-Henker und dem Scharfrichter wird herausgestellt. Und auf seine Weise, auf seine perverse Weise sieht der Nazi-Henker das auch: „Er begann zu denken, daß er ein besserer, härterer Henker gewesen sei als dieser da."

So klar, wie es jetzt scheint, dürfte das Verhältnis zwischen „Henker" und „Scharfrichter" aber doch nicht sein. Schon der Plural im Titel mahnt zur Vorsicht. Es bleiben auch einige Fragen? Wenn es sich um klare berufliche Pflichterfüllung handelt – warum dann die Entschuldigung beim Delinquenten, der doch, wenn jemand, die Todesstrafe verdient hat; an der Zulässigkeit der Todesstrafe aber hat der Scharfrichter keine Zweifel, darf er keine haben, wenn er vor sich selbst kein Mörder sein will. Hat er doch Zweifel und also ein schlechtes Gewissen? Steckt im Nachsuchen um Vergebung, vor allem aber in der um Bestätigung nachsuchenden Frage: „Nicht wahr? Wenn der Staat diese Strafe vorsieht, muß es doch einen geben, der das macht...", schlechtes Gewissen? Und wenn es schon einer tun muß, muß *er* sich dazu hergeben? Wie ist er an diesen

Beruf gekommen? „Er habe gegen niemanden einen Haß", sagt er, und er spricht zwei mal in bezug auf die Bitte um Vergebung von einem „Brauch". Aber der Brauch, um Vergebung zu bitten, setzt genauso ein soziales „Schuldbewußtsein" voraus, wie eine lediglich individuell motivierte Bitte um Vergebung individuelles „Schuldbewußtsein". Darin steckt ein Verweis auf verdrängte Tötungsmotive.

Der Scharfrichter begreift seine Tätigkeit und ihre moralischen Implikationen auf der Ebene einer staatsloyalen Law-and-order-Moral, also auf der vierten Stufe des Kohlbergschen Konzepts der Moralentwicklung (II,4), der zweiten Stufe des zweiten, des konventionellen Niveaus. Dieser Stufe entsprechend ist sein Tun für ihn dadurch legitimiert, daß der Staat (in dem sich für ihn die Gesellschaft verkörpert) „diese Strafe vorsieht" und damit auch den Beruf des Henkers. Der Modus der Legitimierung besteht hier also in einem Rückgriff auf Vorgegebenes, auf tradierte Normen und normative Institutionen, auf Faktisches, das zugleich normativ ist. Die Differenz zwischen Faktizität und Normativität ist also auf diesem Level noch nicht voll durchgeführt. Zwar ist sie in der Unterscheidung zwischen „Pflicht und Neigung" ausgebildet – der Scharfrichter folgt (auf bewußter Ebene) keinen „Neigungen" (Haß, Sadismus), sondern seiner Pflicht, aber die Pflicht selbst wird aus der vorgegebenen Normativität abgeleitet, die sich für ihn vor allem im Staat darstellt.

Diese Entwicklungsstufe ist also vor allem in zwei Hinsichten zweifelhaft: in Hinsicht auf eine Legitimierung von nicht hinterfragten Fakten (Staat, Traditionen) aus und in Hinsicht auf die Möglichkeit, daß sich in den nicht hinterfragten Pflichten nicht nur gesellschaftlich vorgegebenes „Böses" verhüllt (Todesstrafe als kaschierte Befriedigung eines sozial existenten Aggressionspotentials), sondern auch individuelles (individuelle Aggressivität).

Es spricht einiges dafür, daß der Scharfrichter nicht vollständig auf der Stufe II,4 etabliert ist. Seine Begründung für die Bitte um Vergebung: „Es ist bei uns der Brauch" (S. 32 und S. 33) verweist eher auf die Stufe II,3 als auf II,4. Konventionelle Rollennormen und ähnliche konkrete Verpflichtungen machen die Stufe II,3 aus.

Soviel zum „Scharfrichter"! Wie steht es mit dem Nazi-Henker? Gewiß gab es auf deutscher Seite Entsprechungen zum Scharfrichter, zumal unter den „Schreibtischtätern". (Kohlberg hat Eichmann auf Stufe II,4 eingestuft in Korrektur einer früheren Einstufung auf I,1, die durch Orientierung mehr an Inhalten als an der Struktur der moralischen Urteile Eichmanns [in seinen Verteidigungsargumentationen] verfehlt war.) Der Nazi-Henker in unserer Kurzgeschichte urteilt und handelt auf niedrigerem Niveau, soweit der Text das erkennen läßt. Hierbei geht es nicht einfach um seine Feigheit und Grausamkeit, sondern darum, daß er sich überhaupt nicht auf „Pflicht", auf „Beruf" oder Befehl beruft, so daß sich nicht einmal die Frage nach der Glaubhaftigkeit oder Plausibilität einer Rechtfertigung oder der in ihr unterstellten Motive erhebt.

Diese Erschließung des Niveaus ex silentio läßt sich positiv ergänzen, und zwar von den Gedanken aus, mit denen er auf die Bitte des Scharfrichters um Vergebung reagiert. Hier heißt es: „Schwerfällig begannen die Gedanken des Verurteilten zu mahlen. Er starrte den Uniformierten an und ganz allmählich begriff er: Der andere war gekommen und bat im voraus um Vergebung für das, was er morgen tun würde. Er war verblüfft. – Morgen früh würde er von ihm mit einer präzise funktionierenden Apparatur getötet werden. Jetzt bat der Henker den Henker um Vergebung. – Glaubte er etwa an eine höhere Instanz? – Dieser Gedanke machte den Gefangenen überheblich. Er begann zu denken, daß er der bessere, härtere Henker gewesen sei als dieser da." (S. 32)

Der Nazi-Henker hat größere Schwierigkeiten, die Handlungsweise des Scharfrichters überhaupt zu begreifen. Das kann kognitiv-strukturelle Ursachen haben: Die entwicklungsstrukturelle Distanz kann so groß sein – mehr als eine Stufe –, daß das Verstehen scheitert. Es könnte auch mehr emotio-affektive Ursachen haben: Der Henker ist so deformiert, daß er allenfalls Ansätze zu moralischer Sensibilität besitzt, aber im wesentlichen amoralisch ist. Für diesen Extremfall scheint mir weniger zu sprechen als für eine Kombination beider Ursachen. Wir haben nicht einfach einen Menschen auf geringer Entwicklungsstufe vor uns – sozusagen ein „erwachsenes Kind", das gibt es ja –, sondern einen zugleich schwer deformierten Menschen. Freilich gibt der Text über die Ursachen der Deformation und über ihre genauere Beschaffenheit keine Informationen. Dennoch muß bei dem Versuch etwas über das kognitiv-strukturelle Niveau auszusagen, die Tatsache der Deformation mitbedacht werden.

Der Henker versucht sich die Bitte um Vergebung einerseits so zu erklären, daß der Scharfrichter an eine höhere Instanz glaube, also aus Furcht vor Strafe handle, andererseits als von Weichheit, Mitleid aus motiviert ist. Im Hinblick auf diese Motivation empfindet er sich als den besseren, nämlich von Mitleid freien Henker. Das verweist auf seine Deformation. – Die Vermutung des Henkers, der Scharfrichter habe Angst vor einer (jenseitigen) Strafinstanz, signalisiert, daß er dessen Argumentation auf der Stufe II,4 („Wenn der Staat diese Strafe vorsieht, muß es doch einen geben, der das macht . . .") nicht auf dieser Stufe versteht, sondern auf präkonventionellem Niveau (I).

Die Protagonisten unserer Kurzgeschichte denken und handeln auf unterschiedlichen Niveaus, wenigstens zwei Stufen trennen sie. Allein schon diese strukturelle Differenz kann ihre Interaktion stark verzerren, scheitern lassen, ohne daß sie es merken müssen. Hinzu kommt die Deformation, die *starke* Deformation des *Henkers*, die zu vermutende Deformation des Scharfrichters (zumindest darf man ein erhebliches Maß an Selbsttäuschung in der so betonten Versicherung: „Er habe gegen niemanden einen Haß" vermuten). Die Antwort des Henker-Delinquenten auf die erneute Frage des Scharfrichters: „Du trägst mir nichts nach . . .?" lautet: „Quatsch! . . . Ich trage dir nichts nach!" Hat der Scharfrichter hier seine gewünschte Vergebung bekommen?

Der Henker hat hier, das ist deutlich genug, nicht die Befürchtung, er trage dem Scharfrichter etwas nach, sondern er hat die Bitte um Vergebung selbst negiert, weil er die Kategorie der moralischen Schuld überhaupt nicht begreift. Der Scharfrichter kann das nicht merken, weil er den Delinquenten naiv-selbstverständlich auf seinem Niveau konventioneller Moral wahrnimmt, von dem er unterstellt, daß es das Niveau von Erwachsenen überhaupt ist. – Der Delinquent genießt die Zigarren, den Alkohol und seine angstaufhebenden Wirkungen, der Scharfrichter geht entlasteten Gewissens. Er hat den normativ verpflichtenden Brauch erfüllt und, wie er meint, Vergebung erlangt, und zwar für etwas, das auf der Stufe II,4 doch eigentlich keiner Vergebung bedarf, sondern Pflicht ist. (Der Brauch stammt ja auch aus älterer Zeit.)

Um die Kognitionen und Handlungen der fiktionalen Aktoren in dieser Kurzgeschichte zu verstehen, müssen die Schüler bis nahe an die Stufe entwickelt sein, die von dem entwickelten Aktor eingenommen wird. Das wäre in unserem Falle die Stufe des Scharfrichters, den wir als auf II,3 und 4 etabliert verstanden haben. – Das Verständnis der fiktionalen Aktoren auf ihrem eigenen Niveau bedeutet allerdings nicht unbedingt schon ein Verstehen des Textes, nämlich dann nicht, wenn dieser die Aktoren gerade von einem entwickelteren Niveau aus kritisch sieht. Das ist in Henry Jaegers Kurzgeschichte der Fall. Die einfache Parallele von Nazi-Henker und „alliiertem" Henker, durch Parallelisierung zunächst betont, wird durch den Gegensatz von Henker und Scharfrichter überwunden. Aber auch dieser Gegensatz ist nicht das letzte Wort der Kurzgeschichte, allzu deutlich sind die Widersprüche beim Scharfrichter: Berufung auf den Staat und noch ein beschwertes Gewissen! Und allzu deutlich ist der Scheincharakter der Interaktion und des Konsensus zwischen Henker und Scharfrichter, als daß hier auf der Stufe II,4 eine heile Welt von Schuld und Sühne vorgestellt würde. Das alles zielt auf Problematisierung der Todesstrafe nicht so sehr, wie allgemein üblich, im Hinblick auf die Delinquenten, sondern vor allem im Hinblick auf den Henker/Scharfrichter und auf die Problematik von Strafe überhaupt, in der die nur scheinbar überwundene Rache überlebt und die Kette der Vergeltung nicht abreißen läßt.

Die Todesstrafe und das Prinzip der Vergeltung im Strafrecht werden erst auf postkonventionellem Niveau zum Problem, und wer dieses Problem und den Text, der zu ihm narrativ hinführt, zum Gegenstand des Literaturunterrichts macht, muß mit den Schülern das konventionelle Niveau überschreiten. Das bringt mancherlei Schwierigkeiten mit sich und ist auf der Klassenstufe, für die Reclams „Arbeitstexte für den Unterricht" (Universal-Bibliothek Nr. 9507, Stuttgart 1973) den Text in den „Deutschen Kurzgeschichten 9.–10. Schuljahr" vorsehen, in aller Regel nicht zu leisten. Viele Schüler sind im 9., ja im 10. Schuljahr noch nicht auf der Stufe II,4. In der 11. Klasse des Gymnasiums aber wird für viele Schüler das konventionelle Niveau der Moral, vor allem sein Legitimationsmodus, brüchig. Hier erst hat diese Kurzgeschichte ihren Platz, wenn ihre Kernthematik zugänglich sein soll.

Kohlberg und andere Autoren haben gezeigt, daß mit dem Überschreiten des konventionellen Niveaus (zumeist) noch keine positive Etablierung auf postkonventionellem Niveau einhergeht, sondern daß die Individuen zunächst auf einer Zwischenstufe (4½) verharren. Sie ist gekennzeichnet durch eine radikale Ablehnung der konventionellen Moral. Solange eine andere, nämlich die postkonventionelle Moral nicht in Sicht ist, gilt auf Stufe 4½ den Individuen die konventionelle Moral als Moral schlechthin, die unter dem Gesichtspunkt der Gerechtigkeit wegen ihrer repressiven und ideologischen Implikationen der Verdammung verfällt. Radikaler Relativismus und Protestzynismus sind die deutlichen Kennzeichen dieser Stufe. Dabei kommt es zu dem „Widerspruch", daß einerseits Moral verworfen wird, diese Verwerfung aber aus moralischen Motiven entspringt. Der Moral wird ja Unmoral vorgeworfen: Moral ist Unterdrückung, Heuchelei, Lüge usw. Dies alles aber soll nicht sein. Dieser moralischen Forderung folgt, wer (auf Stufe 4½) die Moral überhaupt verwirft.

Mit genau diesen Auffassungen oder „Symptomen" muß der Unterricht über unseren Text rechnen. Konkret heißt das vor allem, daß die Schüler dahin tendieren, die Differenz zwischen Henker und Scharfrichter einzuebnen oder gar dem Henker noch den Vorzug vor dem Scharfrichter zu geben, weil dieser ein Heuchler sei, der sein Morden durch Hinweis auf den staatlichen Auftrag bemäntele und sich durch Schnaps und Zigarren von seiner Schuld freikaufen wolle. – Moralisches Handeln und Urteilen auf Stufe 4 findet wenig Verständnis in den Augen der auf Stufe 4½ etablierten Schüler und

Lehrer! (Der Stufe, die man gerade erst überwunden hat, kann man nur schwer gerecht werden. Das gilt besonders bei der Überschreitung der Stufe 4, mit der zugleich die konventionelle Moral, die ja tatsächlich mit Repression, Ideologie, Unaufrichtigkeit usw. durchsetzt ist, überhaupt überschritten wird. Das wird als Befreiung erlebt.) Es ist nun nicht so, daß die angedeutete verzerrende Interpretation eine bewußte Umdeutung durch die Schüler darstellt. Sie nehmen schon den Text selbst hochgradig verzerrt wahr. Angesichts ihres Abscheus vor Tötung und Strafe, erst recht vor der Todesstrafe, verschwindet ihnen tendenziell die Differenz zwischen Tötung aus „niedrigen" Motiven und sozusagen auf eigene Rechnung und Tötung „von Amts wegen". Hierbei ist wesentlich, daß sie einerseits dieser Unterscheidung durchaus mächtig sind, daß sie andererseits aber wegen der Verneinung der konventionellen Moral mit präkonventioneller „Moral" sympathisieren. (Diese ist ja als unmittelbar an Interessen orientierte Handlungsweise (Stufe I,2) frei von Heuchelei und Repression durch Normen.) In dem Dilemma zwischen Ablehnung der konventionellen und Sympathie mit der präkonventionellen Moral einerseits, der Einsicht in die Verwerflichkeit des – im Falle des Nazi-Henkers – durch Grausamkeit motivierten Handelns auf präkonventionellem Niveau andererseits, distanzieren sie sich von beiden Protagonisten „in einem Atemzug". – Der Lehrer wird das alles in Rechnung stellen müssen, wenn er versucht, die differenzierte „Argumentation" des Textes gegen die Rezeptionstendenzen der Schüler zur Geltung zu bringen, und er wird eventuell entsprechend Abstriche machen.

5.1.4 Methodische Hinweise

1. Der Unterricht soll so angelegt werden, daß die Schüler nicht nur kurze Statements abgeben, sondern Interpretationsansätze formulieren und ein Stückchen entwickeln können. Also nicht: In jeder Stunde muß jeder Schüler (wenigstens) einmal drangekommen sein! Sondern: Hinhören und Nachfragen (durch Lehrer und Mitschüler): Wie meinst du das? Herauslocken, entfalten lassen! Das heißt, daß einige Schüler (in *dieser* Stunde) besonders zum Zuge kommen, mit differierenden Ansätzen, deren Differenz diskutiert werden soll.
2. Auf höherer Klassenstufe oder überhaupt ist auch an eine kurze schriftliche Formulierung des „Ersteindrucks" = Interpretationsansatzes zu denken (Stichwörter).
3. Wenn die Interpretation auf dem der Klasse selbständig zugänglichen Niveau in den Grundzügen „ausgereizt" zu sein scheint, *dann* soll der Lehrer durch Impulse, die ein höherstufiges Verständnis anzielen, eingreifen. Es soll aber keine entfaltete Interpretation vorgetragen werden, sondern nur explorativ die bisherigen Interpretationen von höherem Niveau aus verunsichernde Impulse.

Beispiele:
Warum sagt der Bär: Wir wollen jetzt ausgehen, den Bären schießen? Hält er sich für den Oberförster? Könnte es sein, daß er „vergessen" hat, daß er der Bär ist? Warum ist der Bär als Oberförster so sehr hinter sich selbst her? Wie ist der letzte Satz zu verstehen?

5.1.5 Anhang

Rainer Brambach: Känsterle – s. den Anhang zum Beitrag von Els Andringa (S. 105 f.)

Brüder Grimm: Der alte Sultan

Ein Bauer hatte einen getreuen Hund, der war alt, und konnte nichts mehr fest packen. Da sagte der Bauer zu seiner Frau: „ich will den alten Sultan todtschießen, er ist uns doch zu nichts mehr Nutz", die Frau aber antwortete: „thu das nicht und laß das treue Thier das Gnadenbrot essen, es hat uns so lange Jahre gedient." Der Mann sagte: „du bist nicht recht gescheidt, was fangen wir mit ihm an, er hat keinen Zahn mehr im Maul, und es fürchtet sich kein Dieb mehr vor ihm; hat er uns gedient, so hat ers des Hungers wegen gethan, und weil er hier gutes Fressen kriegte; morgen ist sein letzter Tag, dabei bleibts."

Der Hund hatte alles, was Mann und Frau zusammen gesprochen, mit angehört, nun hatte er einen guten Freund, das war der Wolf, zu dem ging er Abends hinaus und klagte ihm sein Leiden und daß sein Herr ihn Morgen todtschießen wolle. „Mach dir keine Sorgen, sagte der Wolf, ich will dir einen guten Anschlag geben: Morgen früh geht dein Herr mit seiner Frau hinaus ins Heu, da nehmen sie auch ihr kleines Kind mit, bei der Arbeit legen sie das draußen hinter die Hecke, da leg du dich daneben, als wenn du es bewachen und da ruhen wolltest; alsdann will ich kommen und das Kind wegnehmen, und du mußt mir nachspringen, was du kannst, und mir es abjagen, dann werden sie glauben, du habest ihr Kind errettet, dadurch wirst du in völlige Gnade kommen und sie werden dirs an nichts fehlen lassen dein Lebelang." Das gefiel dem Hund gut und ward, wie es verabredet war, ausgeführt; der Wolf lief ein Stück Wegs, und als ihn der Hund eingeholt hatte, ließ er das Kind fallen, und der Hund trug es seinem Herrn zurück. Da rief der Bauer überlaut: „weil der alte Sultan unser liebes Kind dem Wolf wieder abgejagt hat, soll er leben bleiben und das Gnadenbrot haben. Frau, geh heim und koch ihm einen Weckbrei, den kann er gut hinunterschlucken, und mein Kopfkissen soll er zu seinem Bett haben, so lang er lebt." Also hatte es der Hund auf einmal so gut, daß er sichs nicht besser wünschen konnte. Der Wolf kam zu ihm und freute sich, daß es so wohl gelungen war: „du wirst nun auch nichts dagegen haben, und mir behülflich seyn, wenn ich deinem Herrn ein fett Schaf wegholen kann." Der Sultan aber war seinem Herrn treu und sagte ihm, was der Wolf im Schilde führe, da paßt' ihm dieser in der Scheuer auf, und als er kam und sich einen guten Bissen holen wollte, kämmte er ihm tüchtig die Haare. Der Wolf war darüber gewaltig aufgebracht, schalt den alten Sultan einen schlechten Kerl und forderte ihn heraus, die Sache auszumachen.

Sie bestellten sich vor den Wald, und jeder sollte einen Secundanten mit sich bringen. Der Wolf war zuerst auf dem Platz und hatte das wilde Schwein zu seinem Beistand mitgenommen, der Hund hatte niemand als eine lahme Katze bekommen können, und ging endlich mit der ab. Wie sie aber der Wolf und das wilde Schwein von weitem kommen und die Katze beständig hüpfen sahen, glaubten sie, die Katze höb jedesmal einen Stein auf, da wurde ihnen beiden Angst, und das wilde Schwein verkroch sich in das Laub, der Wolf aber sprang auf einen Baum. Der Gegenpart kam heran, und beide wunderten sich, daß niemand da war. Das wilde Schwein aber im Laub zwickte mit den Ohren; wie die Katze sich etwas regen sah, sprang sie darauf zu, biß und kratzte; da hob sich das Schwein mit Geschrei in die Höhe, lief fort und rief noch zurück: „dort oben auf dem Baum, da sitzt der Schuldner." Da kam es an den Tag, daß der Wolf sich verkrochen hatte, und wollte er herunter, mußte er sich zum Frieden bequemen.

Henry Jaeger: Die Henker

Sie hörten den Lastwagen in den Hof fahren. Seine Ladung polterte von der Pritsche. Es war Holz: Balken und Bretter. Ein paar Kommandos schallten herauf.

Von dieser Stunde an lauschten sie auf jeden Hammerschlag der Zimmerleute. Manchmal ging einer der Männer zum Zellenfenster, zog sich an den Gitterstäben hoch und spähte durch die Blenden. Zuerst war es ein Gerüst, mit einer Treppe, wie eine Rednertribüne. Dann wuchsen rechts und links zwei vierkantige Pfosten hoch, die einen Querbalken trugen.

Anderthalb Tage bauten die Zimmerleute. Dann wurde es wieder still im Hof. Das Gerüst war abgedeckt mit einer grauen Plane. Mit dieser Verkleidung sah es aus wie ein ungeschickt errichtetes Zelt. Sie hatten von Anfang an gewußt, was da für sie aufgebaut wurde: der Galgen.

Sie waren zu fünft. Die Zelle war nicht groß, aber sie enthielt alles, was Männer brauchen, die nicht mehr lange zu leben haben. Eiserne Betten standen an den Wänden und ließen in der Mitte des Raumes gerade noch Platz für einen klobigen Tisch und einige Hocker.

Auf einem Wandbrett standen Waschschüsseln, und aus den Trinkbechern daneben ragten aufrechtstehende Zahnbürsten, einmal das Eigentum von Menschen, die nun nicht mehr lebten. Die Männer hatten sie in der Zelle vorgefunden und benutzten sie. Sie wuschen und rasierten sich regelmäßig. Sie waren zivilisierte Menschen und legten Wert darauf, mit geputzten Zähnen zu sterben.

Die Zelle lag im Halbdunkel des dämmernden Novembertages. Sie waren Verurteilte, die auf den noch nicht feststehenden Tag warteten, an dem sie gehenkt würden.

Nur einer von ihnen kannte bereits seinen Tag.

Sie hockten in dem dumpfen Schweigen und sahen aneinander vorbei. Manchmal jedoch huschten ihre Augen kurz über den einen, der seit Stunden reglos auf seinem Bett lag und gegen die Decke starrte. Morgen früh, dachten sie dann. Sie dachten es ohne Mitleid. Ihre Gedanken kreisten um die eigene Person, und in dem, was in den frühen Morgenstunden einem von ihnen geschehen würde, fürchteten sie nur das kommende eigene Schicksal. Morgen würden sie nur noch zu viert sein.

Morgen früh, dachte er immer wieder, der eine, der seit Stunden reglos auf seinem Bett lag.

Sein Richter hatte von ihm gesagt, er sei einer jener Männer gewesen, die überall, wo sie während des Krieges aufgetaucht waren, eine blutige Spur hinterlassen hatten. In mehr als tausend Fällen war er des Mordes für schuldig befunden worden.

Er war vierzig Jahre alt, aber das war ihm nicht anzusehen. Nichts war ihm anzusehen, weder sein Alter noch die Zahl seiner Opfer, die er geschlachtet hatte. Die einzige Besonderheit an ihm, die jeder sehen konnte, war die krankhaft blasse Farbe seines Gesichts. Morgen würde er, der Henker, sterben, aber noch nach vielen Jahren würde es Menschen geben, die sich schaudernd seines Namens erinnerten. Die anderen vier waren harmloser. Sie hatten jeder nur ein paar Dutzend Menschen erschlagen, erstochen, gehenkt, erschossen.

Er war still in der Zelle, und es war still draußen vor dem Fenster, wo die letzten Blätter der Bäume zu Boden sanken.

Einmal richtete sich der Blasse auf, sah von einem zum anderen und rief: „Verdammter Mist!" Er war wütend auf das, was er die allmächtige Dummheit des Schicksals nannte, die ihm nicht gegönnt hatte durchzuschlüpfen.

Der Ruf weckte kein Echo bei seinen Mitgefangenen. Sie schwiegen. Es war nie viel gesprochen worden in der Zelle.

Sie haßten einander, denn jeder sah im anderen die eigene Vergangenheit. Sie haßten diese Vergangenheit mit einem stupiden vorwurfsvollen Rachegefühl. Schweigend und mißtrauisch hatten sie sich umschlichen, solange sie nebeneinander in dieser Zelle lebten. Ein paarmal war es zu Auseinandersetzungen zwischen ihnen gekommen. Mit hysterisch überschnappenden Stimmen hatten sie sich aus geringen Anlässen mit Anschuldigungen und Schimpfworten überschüttet. Sie hatten geschrien und getobt, die Fäuste gegeneinander geballt, aber sie hatten nicht zugeschlagen. Keiner von ihnen hatte je einen Mann geschlagen, der sich wehren konnte.

Sie waren keine Kämpfer. Sie verstanden etwas von der Technik des Meuchelns. Sie hatten zynisch gelacht, wenn Mütter um ihre Kinder schrien. Sie hatten gelacht, wenn ein Mann mit seinem Hals an einem Strick hing und das Leben grotesk in seinen Gliedern nachzuckte. Gekämpft hatten sie nie.

Unter den Blicken der fremden Offiziere, die dann und wann ihre Zelle kontrollierten, hatten sie jedesmal unterwürfig Haltung angenommen. Einer der Gefangenen, der die fremde Sprache verstand, hatte gehört: „Die Feiglinge frieren bis ins Mark beim Gedanken an den Strick . . ."

Am späten Nachmittag, als es fast völlig dunkel in der Zelle geworden war, wurde von draußen plötzlich das Licht eingeschaltet, und den Raum betrat ein Mann, den sie alle kannten. Er trug Uniform und am Koppel eine Pistole. Eine schwarze Aktentasche hielt er in der Hand. Stumm sahen ihn die Gefangenen an.

„Ich denke, du weißt, wer ich bin?" sagte er zu dem Blassen.

Er zog einen Hocker herbei und setzte sich neben das Bett. Er war vierzig Jahre alt, aber das war ihm nicht anzusehen. Nichts war ihm anzusehen, weder sein Alter noch die Art seines Berufes.

Der Blasse hatte sich aufgesetzt und fuhr mit einem nervösen Handbewegung durch sein Haar. „Der Henker . . .", sagte er.

Der Mann in Uniform griff nach seiner Aktentasche und erwiderte: „Wir sagen dazu Scharfrichter . . . Ich bin gekommen, um eine Zigarre mit dir zu rauchen. Wenn du willst, können wir auch ein Glas Schnaps miteinander trinken . . . Es ist bei uns der Brauch . . ."

Aus der Tasche holte er eine Kiste Zigarren, eine Flasche Schnaps und zwei Gläser.

Sie tranken sich schweigend zu. Dann zündete sich jeder eine Zigarre an. Die vier, deren Zeit noch nicht gekommen war, hatten sich auf ihre Betten zurückgezogen und sahen scheu herüber. Die Gläser wurden mehrmals geleert.

Der Scharfrichter begann ein Gespräch. Er sprach vom Wetter, von der vergangenen Getreideernte, von Großstädten, die sie beide kannten. Er sprach vom Krieg, seinen Folgen, und vom Haß in der Welt. Er habe gegen niemanden einen Haß.

Er schwieg und sagte dann: „Du trägst mir nichts nach?"

Der Blasse gab keine Antwort. Er hatte nur dann und wann genickt. Der Scharfrichter begann über seinen Beruf zu sprechen. Sein Gesicht nahm einen melancholischen Ausdruck an. Er werde von den Menschen gemieden, sagte er. Aber einer müsse es doch tun.

„Nicht wahr? Wenn der Staat diese Strafe vorsieht, muß es doch einen geben, der das macht . . ."

Schwerfällig begannen die Gedanken des Verurteilten zu mahlen. Er starrte den Uniformierten an und ganz allmählich begriff er: der andere war gekommen und bat im voraus um Vergebung für das, was er morgen tun würde. Er war verblüfft.

Morgen früh würde er von ihm mit einer präzise funktionierenden Apparatur getötet werden. Jetzt bat der Henker den Henker um Vergebung.

Glaubte er etwa an eine höhere Instanz?

Dieser Gedanke machte den Gefangenen überheblich. Er begann zu denken, daß er ein besserer, härterer Henker gewesen sei als dieser da. Sie tranken sich zu. Der Gefangene spürte die lösende Wirkung des Alkohols. Seine Furcht war wie weggeschwemmt. Er fühlte sich erheitert. Er lachte, sah die ängstliche Neugier in den Gesichtern seiner Zellengenossen. Für einen prächtigen Witz hielt er, als er plötzlich laut und herausfordernd rief: „Sterben ist der schönste Tod!"

Dann lachte er wieder und genoß die Angst der anderen.

„Was glotzt ihr?" rief er, und die Angeredeten wandten die Augen ab. Der Scharfrichter redete. Der Verurteilte hörte ihn wie von weitem: „Du trägst mir nichts nach . . . Es ist bei uns der Brauch . . ."

„Quatsch!" rief der Blasse. „Ich trage dir nichts nach!"

Die Wache kam herein: zwei Männer, die vor der Tür gewartet hatten. Sie mahnten zum Aufbruch.

„Noch eine Viertelstunde", sagte der Scharfrichter und schenkte die Gläser voll. „Der Tod dauert kaum eine Sekunde", sagte er. „Tatsächlich ist es nicht so schlimm wie Zahnziehen . . ."

Sie tranken sich zu.

„Wieviel sind es morgen?" fragte der Blasse.

„Vier, du bist der vierte."

Als weitere zwanzig Minuten herum waren, gaben sie sich die Hand. „Auf morgen . . .", sagte der Blasse.

„Auf morgen . . .", erwiderte der Scharfrichter und legte zwei Zigarren auf den Hocker.

Dann ging er. Er schwankte ein wenig beim Hinausgehen. Er hatte schon vorher mit drei anderen getrunken. Die Männer, deren Zeit noch nicht gekommen war, sahen ihm nach mit starren Augen.

5.2 Thematische Kontextuierung (Heiner Willenberg)

5.2.1 Überblick

Wenn man sich die Tabelle am Ende des Analysekapitels „Textstruktur und Rezeption" (S. 52 f.) ansieht, werden die Hauptpunkte der Interpretationen einer Klasse erkennbar, desgleichen die Lücken und Spitzenleistungen. Eine solche Gliederung der Schüleräußerungen selber vorzunehmen, kann für den Lehrer fruchtbar sein, weil er sich damit den Blick für die Surplus-Leistungen wachhält, die ja nicht immer ins Konzept passen, die aber Klassen (und Lehrer) in Bewegung halten und anregen. Schwerwiegender ist es noch für ihn, die Defizite des Ensembles zu erkennen, weil er dann seine nächste Unterrichtseinheit genauer darauf einstellen kann, um die Lücken im Wissen und Können auszufüllen.

Zunächst formuliere ich einige Verbesserungswünsche an unsere vier vorgestellten Klassen, danach stelle ich die thematische Kontextuierung als Methode zur Verstehensförderung vor, indem ich sie psychologisch begründe, didaktisch abgrenze und sie schließlich in einem ausführlich dokumentierten Beispiel vorführe.

5.2.2 Verbesserungswünsche/Zielsetzungen

5. Klasse

Details einer Figur sollten wenigstens für einige Schüler zu Rollen oder Gesamtkonzepten zusammenschießen, damit würde ihnen die Bedingtheit der Menschen durch Äußeres und durch die Einschätzungen anderer ins Blickfeld geraten.

Beziehungen sollten als rückwirkend erkannt werden können, wenn auch noch nach dem einfachen Motto: wenn der eine etwas tut, regiert der andere logischerweise darauf. Grundsätzlich wäre es Zeit, seelische Gründe stärker ins Gespräch zu bringen. Das Manko in diesem Bereich erklärt sich allerdings auch durch den parabolischen Charakter der Geschichte von Peter Hacks, die ja die Motive sehr verbarg.

Sehr wichtig für die künftige Freude der Schüler an der Literatur wäre es, wenn im Gespräch auch andere Gefühle als das der Überlegenheit (die sind ja bloß dumm und zudem betrunken) angeregt würden. Und schließlich, wenn etwas von der Machart eines literarischen Textes ins Bewußtsein käme.

8. Klasse

Die recht ausführliche Nachzeichnung von Gefühlen bleibt auf den Bären begrenzt, sie kann den komplexen Mechanismus, daß eine Person zum „Blitzableiten" benutzt wird, noch nicht umfassen. Für eine solche mehrdimensionale Deutung böten sich die Spitzenleistungen als gute Hinführung an. In dieselbe Richtung könnte die Schlußdiskussion ausgeweitet werden, daß nämlich literarische Konstellationen auch eine weiterführende, außerliterarische Bedeutung besitzen. Und schließlich stehen die Schüler an der Schwelle zur genaueren Textbeobachtung – der Lehrer könnte fragen: Was läßt sich aus den Dialogen auf die Personen schließen, was aus den Kommentaren des Erzählers? Insgesamt steht diese recht gute Klasse am Übergang zur nächsten Komplexitätsstufe, auf der Übertragungen ins Begriffliche stattfinden.

9. Klasse

Im literarischen Bereich sollten auch mehr Details auftauchen, d. h. die Schüler sollten den Sprachgebrauch sowohl der Figuren als auch des Erzählers beachten, denn mit allgemeinen Floskeln über Gattungen und offene Deutungen ist nicht viel gewonnen.

Verglichen mit der komplexen Deutung des Gruppengefüges sind die Beschreibungen der einzelnen fiktiven Personen nicht optimal. Gerade weil der Text einen inneren und äußeren Widerspruch in der Identität des Bären offenlegt, hätte der Bär genauer analysiert werden müssen, und zwar sowohl in seinen Motiven als auch generell als Spielfigur des Erzählers. Möglicherweise verdeckt der schnelle Zugriff auf die Gruppenproblematik die Wahrnehmung des Einzelnen.

12. Jahrgang

Auffällig war die Diskrepanz zwischen hervorragenden Eigenproduktionen und einem Manko in der Textanalyse. Die Schüler kommentieren an keiner Stelle das Arrangement der Vorlage, sie wehren lediglich den Schluß emotional ab. Auf diesem Weg gelangen sie nicht dazu, die Themata Führer/Verführer und Gefolgschaft zu bedenken, sie können gleichfalls keine bewußte Reflexion auf die erzählerische Decouvrierung konventionellen Denkens richten. Das heißt, sie spielen nicht genug mit dem vorgegebenen Erzählmaterial.

Es ist keine Frage, daß die quasi-literarischen Produktionen dieser Klasse in den Spitzenleistungen postkonventioneller Art sind (Überschreiten des gegebenen Rahmens mithilfe eigengesetzter moralischer Ziele). Wahrscheinlich gründen solche Ergebnisse auf den teilweise guten psychologischen Beobachtungen und dem sprachlichen Geschick einzelner. Solche Ergebnisse sollten weiterhin herausgefordert werden, aber wenn es geht, enger am literarischen Text.

5.2.3 Psychologische Begründung: Wissensaufbau

Der eine oder andere Lehrer macht den Fehler, seine eigene Deutungsarbeit an Texten vereinfacht auch von den Schülern zu erwarten. So fragt er sich vielleicht: Warum kapieren sie denn die Beziehung zwischen Maria und Elisabeth in Schillers „Maria Stuart" nicht als mehrfache Konkurrenz mit ideologischem Aspekt? So gestellt scheint die Frage leicht und die Antwort einfach: weil ihnen die Begriffe dafür fehlen. – Aber lernen sie nicht gerade solche menschlichen Verquickungen am Muster der Literatur? so wird der Lehrer weiterfragen. Ja, aber nur, wenn sie in Gedanken, Erfahrungen und Vorstellungen auf solche Konstellationen vorbereitet sind. – Ja, wo fange ich denn dann an, wird unser Lehrer stöhnen. Mit Annäherungen an den Themenkreis, mit Vereinfachungen, mit Hinführungen zu solchen komplexen Beziehungen. Das Ziel sollte sein, einen Freiraum zu schaffen, in dem die Schüler selber entdecken können, was mehrfache Konkurrenz mit ideologischer Verbrämung bedeuten könnte.

Sehen wir uns an, wie die Psychologie heute den Aufbau unseres Wissens bzw. die Hinführung zum Wissen beschreibt.

Das feste Fundament, das sie zuerst in der Beobachtung von Kleinkindern gewonnen hat, läßt sich gut für die Analyse Zehn- bis Zwanzigjähriger wie auch für Erwachsener benutzen. Die Grundthese lautet: Wissen wird durch Wahrnehmung und aktives Erkunden aufgenommen und dabei in Strukturen eingelagert, die meist sprachlich beschrieben und reflektiert werden können.

Kleine Kinder wie auch Schüler sind keine tabulae rasae: die ganz Kleinen besitzen grundsätzliche Aufnahmebereitschaften für Raum und Licht und für einiges mehr. Frederic Vester listet diese Muster auf, sich gleichsam in unsere Zwerge hineinversetzend: „Lichtmuster, Raumgeräusche, viel Weiß, Geruch frischer Wäsche, Bohnerwachs, Stäbe, rechte Winkel, Dinge, die sich bewegen, Kunstlicht, die Stimme der Mutter" (1978, S. 35) und – so kann man hinzufügen – ihre Wärme und Nähe. Mit diesen Teilen geht das Kind langsam aktiver werdend um, es entwickelt Neugier und geht auf die Suche. Piaget schreibt dazu, durch das Handeln baut sich das Kind „die großen Kategorien des Tuns (auf), nämlich die Schemata des permanenten Gegenstandes, des Raumes, der Zeit und der Kausalität, Substrukturen der entsprechenden künftigen Begriffe." (1972, S. 23).

Transponiert auf Zehnjährige z. B. heißt das: Die Kinder kommen mit einem gewissen (Vor)verständnis von Welt in die Schule. Wichtig für den Lehrer ist es, darauf aufzubauen, und das funktioniert überall gleich: Wahrnehmungen (wenn es geht über mehrere Sinne), eigene Aktivitäten und Hinführungen zu Begriffen und Schemata müssen in einem Ablauf miteinander verbunden werden.

So geht der Weg bei Neuem, er muß aber nicht bei jedem Stoff von unten hochgeklettert werden, denn ganz entscheidend kommt es darauf an, *welches Thema* zur Debatte steht. Wenn sich offensichtliche Erfahrungsvielfalt im Schulzimmer artikuliert, muß der Lehrer nur noch klären und ordnen (lassen). Wenn aber ein neues Thema ansteht, dann sollte er sich wie ein Baumeister verhalten: das Werk muß von unten herauf gebaut werden. Bei einem Haus ist die Abfolge jedem klar, bei gedanklichen Gebäuden ist sie oft unübersichtlich. Ziehen wir Aeblis Argumentation heran: Er sagt, jede Handlung (jedes Thema) bestehe aus Teilen, das können Akteure sein oder Beziehungen zwischen ihnen oder Pläne und Schemata (1980, S. 135). Jedes dieser Teile stelle sich selbst wiederum als ein Bündel von Merkmalen dar. Man denke an das Beispiel von Elisabeth/ Maria (Teilnehmer), an ihre Haßverbindung (Beziehung), die sich durch Macht- und Prestigegedanken (Schemata) erklären läßt. Dann ist augenfällig, daß jedes Teilstück aus einer Vielzahl an Beobachtungen, Gedanken, Eigenarten besteht. Jedes wichtige Teilmerkmal muß der Schüler kennen, um das Ganze zu verstehen. Und je fremder ihm ein Merkmalsbündel ist, um so tiefer im Erfahrungskegel (s. S. 135) sollte der Lehrer ansetzen, Wissen und Erfahrung aufzubauen. Zwei Frauen in ihrem Haß aufeinander braucht man Fünfzehnjährigen wahrscheinlich nicht zu konkretisieren. Komplexe Zusammenhänge aber wie Macht, Image und verbale Mittel als Kaschierung einer Position, das haben sie vielleicht noch nicht direkt erfahren. Und damit sie nicht alle Lebensformen vom Anfang an selbst durchmachen müssen, dafür ist ja Literatur auch als Medium der stellvertretenden Erfahrung geschrieben worden.

Gleichwohl kann Schillers Drama mit seiner artifiziellen Duellantensprache nicht als Ort leichter Erfahrung gelten, denn das Stück ist bereits eine hochstilisierte Verarbeitung solcher Erfahrungen und damit zumindest für Schüler nicht unmittelbar zugänglich.

Eine Möglichkeit, um direktere Erfahrungen, die den Text mitbestimmt haben, ins Blickfeld zu bekommen, besteht darin, die Biographie des Autors zu erforschen, seine

Quellen zu suchen, aus denen er schöpfte. Sicher ein guter Weg, der sich aber immer durch die Historie und ihre Sprache kämpfen muß.

Der andere Weg wäre, zu den zentralen Themen des Textes Kontexte aus gegenwärtigen Materialien herzustellen, also – um am Beispiel „Maria Stuarts" zu bleiben die Mechanismen von Macht, Machterhaltung und Stolz auf den Erfolg sichtbar zu machen.

Natürlich selektiert der Lehrer auf diesem Pfade mehr als bei der philologischen Quellenarbeit, er bringt mehr von seinem Zeitverständnis, er öffnet aber auch die Literatur stärker als Medium wichtiger Erkenntnis für die heutige Zeit. Und zugleich quadriert er den Kreis, indem er das spezifisch Literarische auf der Basis eines allgemeinen Themas herausstellen kann. Er könnte fragen: Wie im besonderen verlebendigte Schiller das Problem der Macht? Warum wählt er gerade die beiden Königinnen, wie gestaltet er die Höhepunkte und die dramatische Spannung. Und wie entwickeln sich Annäherung, Unterwerfung und Stolz in den Dialogen? Sind diese Dialoge nicht Exempel eines Eiertanzes unter Mächtigen und Ohnmächtigen überhaupt?

Es ist keine Frage, daß ästhetische Qualität auch durch innerliterarische Kontextuierung aufscheinen kann, wie sie v. a. Karlheinz Fingerhut in vielen Versionen vorgelegt hat. Die subjektive Hinführung aber muß auf Erfahrung der Leser zurückgreifen, muß diese aufbauen und muß eigene Handlungen mit und an der Literatur, bzw. dem Thema erlauben.

Um diese Gedanken ins Didaktische umzusetzen, ist es sinnvoll, Möglichkeiten des Erfahrungsaufbaus, ja der Erfahrungshierarchie zu betrachten. Die wichtigste Anregung kommt aus einem Bereich, der sich sowieso schon mit verschiedenen Arten der Wahrnehmung befaßt, der Mediendidaktik. Schon in den fünfziger Jahren legte Edgar Dale einen berühmten Erfahrungskegel vor, der soweit ich sehe, in der Literaturdidaktik kaum konkret benutzt worden ist.

Direkte absichtliche Erfahrungen finden immer in der Realität des Lebens statt, und Dale hofft, daß sich der Mensch dabei die Fähigkeit erhält, „for taking new impressions and remaking these into new insights" (3. Aufl. 1954, 44). Geplante Erfahrungen finden für ihn an Modellen an Nachbildungen und bei Simulationen statt – ein Weg, der in der literarischen Lektüre kaum zu begehen ist. Dramatische Inszenierungen auf dem Theater, in Filmen bisweilen auch in Erzählungen seien häufig von den Autoren mit der Absicht geschrieben, daß man fühle, „es ist gerade so, als ob ich dort wäre".

Demonstrationen und Experimente können die Wahrnehmung schärfen; und Exkursionen, speziell wenn sie mit Aktivitäten der Schüler/Studenten verbunden sind (wie z. B. bei Interviews), vermitteln über diese Planung hinaus auch viele direkte und unvorhersehbare Erfahrungen. Fernsehen und Film erlauben uns schon, unmittelbare Erfahrungen komprimiert zu erleben, ohne daß wir einen Schritt aus dem Haus tun müßten. Sie zeigen neben der abgebildeten Realität auch Prozesse und Abläufe, aber sie sind von den Filmemachern ausgewählt und eingeengt.

Fotos, Radiosendungen und Schallplatten reduzieren für Dale die Kanäle der Wahrnehmung auf einen, entweder den optischen oder den akustischen. Und die sprachliche, Fixierung schließlich ist der abstrakteste Zugang zu einer Sache, aber auch die Spitze der Erfahrung, weil hier alles auf einen Punkt gebracht und dabei auch verarbeitet, d. h. verändert wird. Sprachliche Symbole sind für Dale gar nicht denkbar ohne den Bezug zu anderen Wahrnehmungen und Erfahrungen (53).

Dale merkt selber an, daß sich die Kategorien überschneiden, vor allem fällt auf, daß er Exkursionen als ein sehr eingeschränktes Verfahren beurteilt. Man kann daran kritisieren, daß Ausflüge meistens weitergehende Erfahrungen ermöglichen als den Anblick berühmter Bauwerke. Und, für den Literaturunterricht ziemlich hinderlich, plaziert der Verfasser alle Textarten gleichermaßen an der Spitze des Kegels. Aus meinen Beobachtungen möchte ich den Wissens- und Erfahrungskegel für den Literaturunterricht etwas variiert darstellen. Der Erfahrungskegel sieht dann so aus:

Abstrakte Texte

Reflexion/Begriff

(Schema und Übersicht)[1]

Literarische Texte

Konkrete Sachtexte, Erlebnistexte

Mediale Erfahrung: Fotos, Bilder,
Hörstücke

Sekundäre Erfahrungen im Film: optisch
akustisch, prozessual, aber selektiert

Gezielte vorbereitende Erfahrungen
(Exkursionen, Interviews, Rollenspiele, Experimente)

Bisherige Erfahrungen: direkte (ungesteuerte) Erfahrungen, die
bewußt geworden ist oder im Gespräch bewußt werden kann

Direkte Erfahrungen in der Wildbahn des Lebens und in der Realität bilden sicherlich die Grundlage allen Wissens. Solche Lernstücke sind meist nicht zielbewußt gemacht sondern zufällig – aber sie werden ins Bewußtsein aufgenommen und gehören dann zur Person. Sie sind zum entsprechenden Stichwort oder zu ähnlichen Situation abrufbar – für uns im allgemeinen über die gesprächsweise Vergegenwärtigung.

Auf der nächsten Stufe liegen gezielte Erfahrungen, die vorbereitet werden können wie z. B. Interviews, Exkursionen, Experimente und auch Rollenspiele, bei denen man sich auf Themen und mögliche Effekte einstellen kann, wo man auch durch Wiederholung zu lernen imstande ist. In der dritten Phase finden sich bereits die sekundären Erfahrungen des Films: noch erfaßt der Zuschauer die sichtbare und hörbare Wirklichkeit bis in alle Details und im Ablauf, aber er ist nicht mehr körperlich am Ort des Geschehens anwesend. Und er bekommt eine gesteuerte Auswahl bis in die Blickrichtungen und die Zahl der Lidschläge hinein.

Auf einen einzigen Wahrnehmungskanal, der immer noch Direktes widerspiegelt, vermindert sich die Wirklichkeit im Bild und im Hörstück – keine Frage, daß auch hier die Manipulation ziemlich groß sein kann.

Ein Sprung führt ins abstrahierende Medium der Sprache – sie kann hochdifferenziert beschreiben, aber sie kann nicht mehr abbilden. Dennoch gibt es durch sie, in bestimmten Texten, sehr konkrete Schilderungen, die der Leser je nach seinen eidetischen Fähigkeiten selber aktualisieren muß. Ein Stück weiter auf der ideellen Skala der Texte befinden sich die meisten literarischen Prosaformen, Erzählungen und Romane zumeist.

---

1 Die schematische Übersicht wird im weitern nicht behandelt – sie ist zwar eine wichtige kognitive Komponente, die aber für die Kontextauswahl im Literaturunterricht nur eine geringe Rolle spielt.

Die interne Arbeit beim Auslegen der Sprache nimmt bei essayistischen und dann bei wissenschaftlichen Schriften immer mehr zu, bis wir nicht mehr in einen Spiegel der Realität schauen sondern in eine kleiner werdende Spiegelflucht, in der letztlich nur noch Merkpunkte übrig sind.

Diese Punkte eignen sich bestens für die Jongleurkünste unseres Bewußtseins, das ja bekanntlich nicht mehr als sieben Bälle auf einmal spielt, d. h. Informationen bedenken kann. Ich brauche kein Plädoyer für die Abstraktion als Mittel der Welt- und Problemdurchdringung zu halten. Notwendig schien mir der Hinweis auf die Fundamente des Wissens und auf die Notwendigkeit, sprachliche Merkzeichen zu rekonkretisieren. Ohne diese Verlebendigung verkümmert ein Gespräch über Literatur zum Austausch philologischer Formeln, wo doch Kunst, wenn man den Ästhetikern glauben darf, Intuitives, Erfahrenes in besonderer Dichte und Bildhaftigkeit sein sollte.

5.2.4 Didaktische Einordnung

Thematische Kontextuierung soll denjenigen Wissensbereich auffüllen, der für den einen literarischen Text besonders grundlegend ist. Im Unterricht zu Hermann Hesses Erzählung „Das Nachtpfauenauge" der weiter unten skizziert ist, habe ich das Sammeln und die Sammelleidenschaft hervorgehoben. Andere Möglichkeiten wären gewesen: Schönheit von Schmetterlingen und von Sammeldingen (um deren Beschreibung und Wertschätzung bewußt zu machen) oder der Pietismus und seine Gedanken über die Verlockungen der Welt und schließlich soziale Spannungen und Gefühle der Zwölfjährigen (Neid, Anpassung, Besitzsucht usw.)

Eine weitere Möglichkeit bestünde darin, das zentrale Thema (das der Lehrer im Blick auf seine Klasse für wichtig hält) mit literarischen Texten einfacherer Machart vorzubereiten. So wäre für Hesses „Nachtpfauenauge" eine Hinführung der Schüler mit Texten aus dem „Demian" und mit der Erzählung „Kinderseele" (GW 5, 167 ff.) aufzubauen.

In diese Richtung arbeiten die beiden Klett-Lesebücher „Lesezeichen" und „Arbeitsreihen". Band 5 des „Lesezeichen" bringt eine Sammlung von Seefahrergeschichten, die ihre Themen gegenseitig präludieren können; allerdings sind dabei die Schwierigkeiten der Texte und das mangelnde Wissen der Schüler nicht bedacht worden. In den „Arbeitsreihen" 7/8 findet sich ein Kapitel mit vier Geschichten, in denen es um den Kampf einzelner Weißer mit Indianern geht. Hier läßt die Auswahl eine sinnvolle Steigerung bei ausreichenden Wissensvoraussetzungen der Schüler erkennen.

Ich werde im Kapitel „Ratschläge" einige Exempel für thematische Kontextuierung vorstellen. Diese Weise der Einbettung hebt sich von fast allen publizierten Vorschlägen ab, die
– ohne erkennbares Prinzip arbeiten und damit den Charakter eines Sammelsuriums haben,
– nach literarischen Gattungen arbeiten wie die Autoren von „schwarz auf weiß" und hoffen, daß literarisches Verständnis für die Texte ausreiche,
– historische Berührungspunkte hervorheben und Motivvergleiche vornehmen wie Karlheinz Fingerhut, um damit die jeweilige Nuance im literarischen Thema zu

zeigen. Das Problem bei dieser Kontextuierung liegt in der mangelnden Motivation der Schüler, wenn sie z. B. die siebente Nachformung eines Kafkatextes lesen sollen.

– literarische und Sachtexte mischen wie viele der neuen Lesebücher (Diesterweg, Klett, und einige der älteren: Begegnungen, Drucksachen, Kritisches Lesen). In ganz wenigen Fällen helfen die Sachtexte der Wissensstruktur. Sie bieten immerhin einen Vergleichspunkt für das Gespräch an.

Stellvertretend für die Probleme mit mangelndem Wissen und mit der Überfrachtung durch literarische Texte sei die Selbstreflexion einer Autorin zitiert, die an einem thematisch aufgebauten Materialband (über Indianer) mitgearbeitet hat: „Hätte nur *ein* Buch (oder ein Text, H. W.) im Mittelpunkt des Unterrichts gestanden, so hätten die Zielsetzungen konkreter formuliert, die Ergebnisse faß- und meßbarer gemacht werden können." (Langemack, S. 56) Und einige Seiten vorher: „Den Grund für dieses *magere* Ergebnis (bei der selbstgesteuerten Lektüre mehrerer Indianerbücher; H.W.) sehe ich ... darin, daß den Schülern die Kenntnisse historischer Zusammenhänge als notwendige Voraussetzung für das Textverständnis fehlten ..." (Langemack, S. 49)

Wahrscheinlich ist es in der Didaktik so, daß in ihren Wellenbewegungen immer wieder einzelne Teile des Lernprozesses verlorengehen und erneut bedacht, begründet und exemplifiziert werden müssen. Das entdeckende Lernen Wagenscheins, die Einstimmung auf Lyrik sind Partikel des thematischen Unterrichts. Zur Warnung sei klargestellt: jede Methode, die absolut gesetzt wird, lähmt Klassen bis zur völligen Langeweile. Thematischer Unterricht kann nur immer eine Phase lang sinnvoll sein – die freie, selbständige und kurze Lektüre bildet auf andere Weise Lesefreuden und gehört wie das Ausatmen zum Einatmen.

Ein anderer Einwand, hier werde zu viel Wert auf Sachtexte gelegt, erledigt sich angesichts der ästhetischen Zielsetzung dieser Methode: gerade wenn die Literatur ihrer Informationspflichten entledigt wird (Merkelbach, S. 74), kann ihre besondere Textualität aufscheinen, ihre Auswahl an Figuren, Gesprächen, Konflikten und Symbolen wird als das Intendierte erkannt. Literarische Wirkung resultiert aus den besonderen Verdichtungen und Querverweisen, die dann auch Schülern klar werden können. Denn Stil ist ja u. a. Auswahl – nur wird bei diesem Vorschlag die Variation nicht im literarischen Zirkel beschrieben sondern als Antwort auf eine Frage, auf ein Thema. Und damit tritt ein ästhetisches Moment hervor, das im Strukturalismus unterdrückt wurde: Differenzqualität muß sich ja nicht nur auf die Neuerungen im literarischen Genre, in der Sprache oder bei kulturellen Normen beziehen (s. Lotman), sie kann auch die Repräsentation von Wissen oder das Bewußtsein selber verändern. Und das zu erkennen, wäre auch Arbeit am Kunstwerk!

Ein weiterer Einwand könnte sein, ob hier nicht die schon abgelegte Taxonomie Blooms in anderem Gewand wiederaufersteht? Einer der gründlichsten Verfechter taxonomischer Gliederungen im Literaturunterricht, Lothar Jegensdorf (1978), hat selbst gezeigt, wie unhaltbar Blooms Stufung (Wissen/Verstehen/Anwendungen/Analyse/Synthese/Bewertung) für den Umgang mit ästhetischen Texten ist, daß diese Abfolge keineswegs eine gradlinige Vertiefung beschreibt. Gleichwohl hat er versucht, die sechs Phasen verändert für einen idealtypisch gedachten Unterricht nutzbar zu machen, seine Liste sieht so aus:

I. Reproduktion (Erinnern)
 – von konkreten Einzelheiten
 – von Methoden
 – von Verallgemeinerungen

II. Analyse
 – Isolieren von Elementen
 – Gliedern
 – Herstellen von Beziehungen
 – Übersetzen
 – Extrapolieren
 – Vergleichen

III. Transfer
 – formaler Transfer
 – typologischer Transfer
 – methodologischer Transfer

IV. Synthese
 – Entwerfen von Textplänen
 – Schreiben von Texten

V. Evaluation
 – Urteilen aufgrund innerliterarischer Kriterien
 – Urteilen aufgrund sonstiger Kriterien

Diese Abfolge wird an einzelnen Texten teilweise oder auch ganz exemplifiziert, wo sie dann in 16 Aufgaben zu einem Gedicht umgemünzt wird. So mag die Methode – wenn die Schüler mitmachen – durchaus in die Tiefe eines kurzen Poems eindringen, sie führt aber nicht (was Jegensdorf auch nicht behauptet) zu größerer Komplexität. Die thematische Kontextuierung braucht nicht alle Stufen in jedem Vortext oder in jeder Hinführung – sie muß dort lediglich Verständnis bis zu jenem Grad erreichen, der es erlaubt, den zentralen Text zum Aha-Erlebnis und damit lebendig werden zu lassen.

Eine Beobachtung aus der Arbeit mit dem Erfahrungskegel und den Denkvorgängen, die dabei initiiert werden, muß noch mitgeteilt werden (Bloom trägt sie im Ansatz auch vor): Ein Text ist dem Leser erst wirklich zur Hand, wenn er im Kontext vom konkreten Erleben zur abstrakten Verdichtung aufsteigen und dort wieder beliebig zur Rekonkretisierung zurückgehen kann. Diese Flüssigkeit zwischen den verschiedenen Repräsentationsweisen zeigt an, daß hier ein Thema vielfältig verankert und zugänglich, d. h. ins Bewußtsein des Lesers angekommen ist.

5.2.5 Zusammenfassung

Es ergeben sich vier Schritte, die der Lehrer gehen kann, wenn er eine thematische Kontextuierung versucht:

1. Den Leitgedanken, die *Zielsetzung* bestimmt die Analyse der Klasse und ihrer speziellen Fähigkeiten in Themenkreisen oder bei Aufgaben.

2. Aus seinem Repertoire literarischer und pragmatischer Texte bestimmt er den *Zieltext* (es können auch mehrere sein) und analysiert dann die Themen, die darin enthalten sind, bzw. von denen er glaubt, daß die Klasse sie aktivieren konnte. Genauer gesprochen, es muß gefragt werden:

– Welches Wissen brauchen die Schüler, um zentrale Aussagen zu verstehen?
– Welche Teilmerkmale der Gesamtaussage sind wahrscheinlich aufzufüllen?

Als allgemeinen Ratschlag kann man formulieren: Wenn ein Lernziel eine kausale Begründung aufstellt, dann ist meistens eine Kontextuierung nötig, ersatzweise kann ein ausführliches Gespräch zur Konkretisierung der Zusammenhänge dienen.

In der Unterrichtseinheit „Seefahrergeschichten/Gefühle" z. B. ist es die These, Phantasien entstehen, weil Menschen Angst haben oder Langeweile empfinden, die nacherlebbar gemacht werden sollte.

3. *Die Auswahl der Kontexte* sollte zu Materialien greifen, die konkret genug sind und die im Erfahrungskegel unterhalb der literarischen Ebene liegen. Für den Fall, daß mehrere Stufen begangen werden müssen, sollten die Kontextuierungen von verschiedener Konkretion sein, sie müssen auch nicht immer von unten anfangen und dann aufsteigen, es sind auch Vorwärts- und Rückwärtsbewegungen im Wechsel sinnvoll.

4. Der Lehrer muß unterscheiden, welche *Arbeitsanforderungen* die Materialien an die Schüler stellen. Manche Kontexte ermöglichen lediglich einen Überblick (historische Einführungen) oder bilden einen Rahmen (Landkarten). Bestimmte Texte erlauben besonders assoziatives Denken (Traumberichte), Bilder regen oft Elaborationen an, indem sie die Schüler dazu bringen, eigene Erfahrungen in die Deutung einzuflechten. Andere Ergänzungen fordern zum Vergleich auf, zur Kontrastierung und schließlich zum Weiterforschen (Biographien, theoretische Texte).

Diese vier Stufen werden an einigen Beispielen im „Ratschlag"-Kapitel exemplifiziert.

5.2.6 Ein Unterrichtsbeispiel

(„Das Nachtpfauenauge" von Hermann Hesse in einer 6. Klasse)

5.2.6.1 Zielsetzung

Es sei noch einmal in Erinnerung gerufen, daß die Analytiker folgende Wünsche für den Unterricht in der 5. (jetzt 6.) Klasse geäußert hatten:
– Die Schüler argumentieren stark von der äußeren Erscheinung her, sie müßten umfassendere Merkmale bilden (Kreft), der Lehrer sollte deshalb mit Frageimpulsen zur Verallgemeinerung auffordern (Hölsken).
– Beziehungen zwischen Figuren müßten als rückwirkende betrachtet werden (Willenberg), die Wechselwirkungen zwischen ihren Handlungen sollten erkennbar werden (Spinner), bzw. die Perspektiven von Akteuren wären zu verknüpfen (Andringa).
– Die Innensicht wäre zu fördern (Spinner), Seelisches müßte als Begründung von Handlungen erscheinen, und Gefühle sollten nicht nur als Überlegenheit und Wunsch nach Stärke erscheinen (Willenberg).
– Erstes Textbewußtsein könnte gebildet werden, erste ästhetische Kategorien im Gespräch benutzt werden (Spinner).

5.2.6.2 Zieltext

Als Zieltext habe ich Hermann Hesses „Das Nachtpfauenauge" ausgesucht. Es folgt ein Auszug:

Das Schmetterlingssammeln fing ich mit acht oder neun Jahren an und trieb es anfangs ohne besonderen Eifer wie andere Spiele und Liebhabereien auch. Aber im zweiten Sommer, als ich etwa zehn Jahre alt war, da nahm dieser Sport mich ganz gefangen und wurde zu einer solchen Leidenschaft, daß man ihn mir mehrmals meinte verbieten zu müssen, da ich alles andere darüber vergaß und versäumte. War ich auf dem Falterfang, dann hörte ich keine Turmuhr schlagen, sei es zur Schule oder zum Mittagessen, und in den Ferien war ich oft, mit einem Stück Brot in der Botanisierbüchse, vom frühen Morgen bis zur Nacht draußen, ohne zu einer Mahlzeit heimzukommen.

Ich spüre etwas von dieser Leidenschaft noch jetzt manchmal, wenn ich besonders schöne Schmetterlinge sehe. Dann überfällt mich für Augenblicke wieder das namenlose, gierige Entzücken, das nur Kinder empfinden können und mit dem ich als Knabe meinen ersten Schwalbenschwanz beschlich.

Und wenn ich dann einen schönen Falter sah, er brauchte nicht einmal besonders selten zu sein, wenn er auf einem Blumenstengel in der Sonne saß und die farbigen Flügel atmend auf und ab bewegte und mir die Jagdlust den Atem verschlug, wenn ich näher und näher schlich und jeden leuchtenden Farbenfleck und jede kristallene Flügelader und jedes feine braune Haar der Fühler sehen konnte, das war eine Spannung und Wonne, eine Mischung von zarter Freude mit wilder Begierde, die ich später im Leben selten mehr empfunden habe.

[Die Sammlung des Icherzählers war, da die Eltern kaum über Geld verfügten, in einfachen Holzkästen aufbewahrt. Der Nachbarjunge Emil hingegen besaß Holzkästen mit Glasdeckeln.]

Dieser Junge hatte das Laster der Tadellosigkeit, das bei Kindern doppelt unheimlich ist. Er besaß eine kleine unbedeutende Sammlung, die aber durch ihre Nettigkeit und exakte Erhaltung zu einem Juwel wurde.

[Einen Schillerfalter, den ihm der Erzähler zeigte, kann er nur nach dem Barwert von 20 Pfennigen taxieren und wegen mangelnder Erhaltung kritisieren. Einige Zeit später verbreitet sich das Gerücht, Emil sollte den seltenen blauen Nachtfalter haben.]

Es stellte sich freilich der Neid ein, und es schien mir schnöde zu sein, daß gerade dieser Langweiler und Mops den geheimnisvollen kostbaren Falter hatte erwischen müssen.

[Der Erzähler möchte das seltene Tier sehen, findet aber Emil nicht im offenen Zimmer. Eine „unwiderstehliche Begierde nach dem Besitz des herrlichen Tiers" erfaßt ihn, er stiehlt den Schmetterling und auf dem Rückweg zerdrückt er ihn aus Furcht vor einer Dienstmagd. Beschämt trägt er die lädierte Kostbarkeit zurück.]

Alsbald wurde mir klar, daß ich den Falter nicht behalten könne und dürfe, daß ich ihn zurücktragen und alles nach Möglichkeit ungeschehen machen müsse. So kehrte ich denn, trotz aller Angst vor einer Begegnung und Entdeckung, schnell wieder um, sprang mit Eile die Stiege hinan und stand eine Minute später wieder in Emils Kammer. Vorsichtig zog ich die Hand aus der Tasche und legte den Schmetterling auf den Tisch, und ehe ich ihn wieder sah, wußte ich das Unglück schon und war dem Weinen nah, denn das Nachtpfauenauge war zerstört. Es fehlte der rechte Vorderflügel und der rechte Fühler, und als ich den abgebrochenen Flügel vorsichtig aus der Tasche zu ziehen suchte, war er zerschlissen und an kein Flicken mehr zu denken.

Beinahe noch mehr als das Gefühl des Diebstahls peinigte mich nun der Anblick des schönen seltenen Tieres, das ich zerstört hatte. Ich sah an meinen Fingern den zarten braunen Flügelstaub hängen und den zerrissenen Flügel daliegen und hätte jeden Besitz und jede Freude gern hingegeben, um ihn wieder ganz zu wissen.

[Die Mutter spürte die Scham und die Trauer ihres Sohnes, sie bringt ihn dazu, den Canossagang zum ungeliebten Emil um Entschuldigung zu machen.]

Nun sagte ich, daß ich es gewesen sei, und versuchte zu erzählen und zu erklären.

Da pfiff Emil, statt wild zu werden und mich anzuschreien, leise durch die Zähne, sah mich eine ganze Weile still an und sagte dann: „So, so, also so einer bist du."

Ich bot ihm alle meine Spielsachen an, und als er kühl blieb und mich immer noch verächtlich ansah, bot ich ihm meine ganze Schmetterlingssammlung an. Er sagte aber: „Danke schön, ich kenne deine Sammlung schon. Man hat ja heut wieder sehen können, wie du mit Schmetterlingen umgehst."

In diesem Augenblick fehlte nicht viel, so wäre ich ihm an die Gurgel gesprungen. Es war nichts zu machen, ich war und blieb ein Schuft, und Emil stand kühl in verächtlicher Gerechtigkeit vor mir wie die Weltordnung. Er schimpfte nicht einmal, er sah mich nur an und verachtete mich.

Da sah ich zum erstenmal, daß man nichts wieder gutmachen kann, was einmal verdorben ist.

Ich ging weg und war froh, daß die Mutter mich nicht ausfragte, sondern mir einen Kuß gab und mich in Ruhe ließ. Ich sollte zu Bett gehen, es war schon spät für mich. Vorher aber holte ich heimlich im Eßzimmer die große braune Schachtel, stelle sie aufs Bett und machte sie im Dunkeln auf. Und dann nahm ich die Schmetterlinge heraus, einen nach dem andern, und drückte sie mit den Fingern zu Staub und Fetzen.

(Aus: Ges. Schriften in sieben Bänden, Frankfurt a. M.: Suhrkamp 1957)

Die Deutung des Textes

Es gibt nur drei Akteure in dieser Erzählung, die beiden Hauptpersonen und die Mutter in einer Nebenrolle. Der Leser wird auch bald gewahr, daß diese Figuren äußerlich kaum beschrieben werden, lediglich Attribute wie „arm" oder „Lehrersohn" und „Musterknabe" werden verwandt. Dabei zeigt das letzte Attribut bereits die *Beziehung* der beiden Jungen, die vom Erzähler her gesehen aus Neid und Mißachtung besteht. Eine Aufzählung möglicher *Taten* versammelt folgende Verben: Schmetterlinge fangen, auf der Lauer stehen, Freude empfinden, Schmetterlinge zeigen und taxieren, Schmetterlinge stehlen, über sich selbst erschrecken, gepeinigt sein, sich entschuldigen, Schmetterlinge zerfetzen.

Es ist fast so, als ob die Geschichte den gesamten Fundus an *Gefühlen* vorführen möchte. Dem jungen Sammler werden „Leidenschaft, Entzücken, Freude mit wilder Begierde" zugeschrieben, die sich mit der Entfaltung der Handlung bald gehindert sehen und in Neid und Gier umschlagen. Der Diebstahl als Folge übergroßer Sehnsucht oder als Ergebnis der Besitzgier, bringt den Jungen in Scham- und Schuldgefühle, d. h. sein Gewissen zeigt ihm die negative Wertung der Tat und damit auch seiner eigenen Person. Die Unruhe steigert sich bis zur Pein, eine solche Abwertung auch von außen (von Emil) zu erfahren. Und es kommt wie befürchtet, die Abwertung durch den Musterknaben ist so kühl, so mit Verachtung vorgetragen, daß die Reaktion tiefgehend sein muß: Der Erzähler vernichtet die Schätze, die eine solche Gier hervorgerufen haben, daß dadurch das Ich in Bedrängnis und Mißachtung geraten ist. Die pietistische Tendenz Hesses kommt klar vor Augen: Zu große Lust auf weltliche Dinge führt zu Missetaten und muß mit dem Verzicht auf weltliches Blendwerk bezahlt werden. *Erzählerisch* dokumentiert sich der innere Kampf der Gefühle so, daß erst nach einer Exposition mit einer Fülle an Reflexionswörtern die Handlung einsetzt, die regelmäßig durch Kommentare und Empfindungen des Ich-Erzählers begleitet wird – auf diese Weise gibt es eine enge Parallelisierung zwischen Außen und Innen.

Der Text führt also – um noch einmal auf die Unterrichtsziele zu kommen – den Leser in die Überlegungen und Gefühle eines Zwölfjährigen ein, der für sich schmerzlich lernt, wie der Raum für seine Absichten einem Billardtisch gleicht, auf dem die Karambolagen unausweichlich sind. Beschreibungen von Äußerlichkeiten beschränken sich auf die Schmetterlinge – so kann die Psyche sich voll entfalten.

Mögliche Themen

Die Kontextuierung ergibt sich aus der Zielsetzung und aus dem Alter der Schüler. Die seelischen Begründungen im Text und der aufkommende Konflikt zwischen den beiden Jungen sind die Achse, um die sich alles dreht. Es wären folgende Kontextuierungen möglich:

a) Wie sehen Leidenschaften und ihre Folgen aus? Für das Alter der Schüler muß diese Fragestellung auf die Sammelleidenschaft eingeengt werden.

b) Was ist Schönheit, und wie kann sie in Gestalt von Sammelgegenständen Menschen verführen?

c) Wie wirkt das Dilemma auf Menschen, das im pietistischen Bild des bequemen lustvollen Weges gezeichnet ist, der in die Verderbnis führt, und dem der schmale Pfad der Entsagung gegenübergestellt wird.

Die Entscheidung fiel für die erste Variante (a), weil die beiden anderen zu kompliziert gewesen wären: Es hätte zu lange gedauert, bis die Schüler selbst ins Schwärmen über schöne Dinge geraten wären (b), und die generelle Lebensentscheidung, die der Pietismus verlangt, ist für Sechstklässler noch nicht nachvollziehbar (c).

5.2.6.3 Kontextuierung im Erfahrungskegel[1]

a) *Bisherige Erfahrungen* der Schüler können sich auf das Sammeln beziehen und auf die Gründe dafür:

> (L) Gespräch: Was sammelt ihr und warum?
> (S) Briefmarken, Münzen, Steine, Bierdeckel, Postkarten.
> Aus Spaß und Freude, aus Neugier, man erfährt etwas Neues, man kann suchen. Man lernt etwas, z. B. über Steine und Mineralien oder über fremde Länder.

b) *Mediale Vermittlung:* Dias zeigen Sammler:

> (S) Die Sammler wirken angespannt beim Kauf. Ein anderer liegt locker zwischen seinen Zinnfiguren, man merkt seine Freude und Entspannung.

Sonst bringt das Gespräch über die Bilder kaum Deutungen.

c) *Konkreter Sachtext* über weitere Gegenstände des Sammelns und über Motive dafür:

> *Joseph Wechsberg: Die Leidenschaft des Sammelns*
> „Die Leidenschaft des Sammelns ist so alt wie die Menschheit. Schon die frühen Höhlenmenschen haben ‚gesammelt‘: Beeren und Pilze und Heizmaterial – überhaupt alles, was man später einmal brauchen könnte. Das haben sie wohl, wie so viele andere nützliche Dinge, den Tieren im Walde abgeschaut.
> Seitdem haben die Menschen niemals aufgehört zu sammeln. Kleine Kinder sammeln Murmeln und Märchen, die sie erfreuen. Große Kinder sammeln Geld und Eitelkeiten, die meist unfroh machen. Wie inmmer, sind die kleinen Kinder vernünftiger als die Großen. Im Augenblick, da man das Geld nur des Geldes wegen sammelt, hat das Sammeln ja schon keinen Sinn mehr.
> Der echte Sammler sammelt aus Liebhaberei, aus Leidenschaft, aus ‚Wut‘. Wobei es gleichgültig ist, ob er alte Münzen oder Schmetterlinge sammelt, so lang er es tut, weil in ihm der Sammeltrieb steckt. Wenn es wahr ist – was durchaus nicht erwiesen scheint –, daß Hunger und Liebe die maßgeblichen Triebfedern des menschlichen Handelns sind, so kommt der Sammlertrieb sehr bald danach.
> Der echte Sammler sammelt vor allem sich – seine Gedanken, seine Wünsche, sein Selbst. Nicht umsonst heißt sich konzentrieren – ‚sich sammeln‘. Er lebt nur für seine Sammlerleidenschaft."

> (S) Als Motive: außer Spaß v. a. Aufregung durch das Sammeln, dazu Eitelkeit und Stolz auf etwas, bzw. jemanden neidisch machen

---

1 Zusammenfassend wiedergegebene Äußerungen vom Lehrer werden mit (L) eingeführt, von Schülern mit (S), direkte mit L oder S.

S Sammler sammeln, weil's ihnen Spaß macht, das den andern zu zeigen. Und daß man einige Dinge herabsetzend macht. Und daß sie Aufregung suchen. Und besonders, wenn man einfach alles will. Man sammelt es gern und ist manchmal auf andere neidisch.

(Eitelkeiten):
S Vielleicht, wenn einer immer Komplimente gesagt haben will
S Wenn jemand ziemlich viel auf sich hält. Zum Beispiel, daß er sich fünfmal oder sechsmal am Tag kämmt oder so, dann ist das auch eitel.

(Gier):
S Also ehm aus Liebhaberei vielleicht, daß man ehm irgendwas ganz arg mag beim Mittagessen, n' Hähnchen oder Pommes frites oder so, und daß der Andere also grad des net hergibt, man bekommt es nicht, obwohl man's gern ißt.

d) *Literarischer Text:* Erste Lektüre bis zum Ende der Exposition (Emil taxiert und kritisiert den Schillerfalter):

Gespräch zieht die Linien nach, Anwendung der Begriffe, Ausmalen der Situation

e) *Gezielte Erfahrung:* Schreibaufgabe über Art und Grund eines möglichen Streits zwischen den beiden Jungen. Im Gespräch waren einige Versionen angedeutet worden.

(S) (Emil oder der Erzähler) will einen bestimmten Schmetterling er tut ihn weg
er wertet den Schmetterling ab, es ist verboten, ihn zu sammeln
er hat Neid und zerstört den Schmetterling

Beispieltext
Und gerade dieser Neid brachte mich dazu, mit ihm einen Streit anzufangen. Obwohl ich ihn auch bewunderte, wollte ich es doch nicht wahrhaben, daß er alles so exakt durchführte. Da kam mir ein Gedanke: Vielleicht hatte er unter seiner so „perfekten" Sammlung einen Falter, den man vielleicht gar nicht fangen dürfte. Ich sprach ihn darauf an, und wahrscheinlich wußte er dazu nichts, denn er schwieg. Doch plötzlich fuhr er mich an: „Woher willst ausgerechnet du das wissen?" „Ich sagte, daß ich es weiß", schrie ich zurück. So entstand ein Streit aus Neid auf den Nachbarjungen, der sehr lange dauerte und damit endete, daß wir beide aufeinander wütend waren und noch sehr lange blieben, nur wegen dieser Frage, die ich ihm stellte. Man darf eben eine Sammler-leidenschaft eines Menschen nicht verletzen. Das habe ich aus diesem Streit erfahren.

Dieser durchschnittliche Schülertext hat einen klaren Aufbau: Reflexion, Dialog und Streit, Nachbesinnung. Dabei sind Gefühle die Triebkräfte für Vorgänge – der eine Kontrahent ist vom Neid auf die besseren Fähigkeiten des anderen erfüllt, er versucht ihn mit dem Hinweis auf Normen (Verbote) in die Enge zu treiben. Darauf antwortet sein Gegner seinerseits mit einer Herabsetzung: „Woher willst ausgerechnet du das wissen?" Die Reflexion am Schluß zielt auf die große Intensität des Sammelns, der man nicht in die Quere kommen dürfe, da es sonst zum Schlagabtausch komme.

Bei diesem Schülerautor ist wie bei den anderen das Movens, Überlegenheit zu suchen, deutlich erhalten geblieben, es ist aber jetzt in ein Ensemble anderer Strebungen und Intentionen eingeordnet. Man kann sagen, die Gefühle sind zweiwertig, komplexer, mehrdimensional beschrieben.

f) *Literarischer Text: Schlußbesprechung.* Das Schlußgespräch konzentriert sich auf die Zerstörungswut des Erzählers, die einigen Schülern zunächst überhaupt nicht verständlich ist, bis andere die Zusammenhänge erkennen:

S Also daß der die Schmetterlinge also kaputt macht, das hätt' man ja eigentlich nicht gedacht.

Dieselbe Schülerin spürt aber schon einen Weg zur Erklärung:

S Ich denk, daß der das kaputt gemacht hat, weil der Emil gesagt hat: Ja, wenn man das sieht, daß du mit Schmetterlingen nicht umgehen kannst. Und dann hat er sie wahrscheinlich kaputt gemacht, weil er (sich) das auch gesagt hat.

Die Herabsetzung der Fähigkeiten, der Identität wirkt auf das eigene Selbstverständnis:

S Der hat's gemacht, weil er gedacht hat: ich habe gestohlen, ich bin ein ganz gemeiner Kerl. Der konnt einfach die Schmetterlinge nimmer sehen, weil's ja grad denen passiert ist.

Dieser Schüler hat die erste Vermutung, daß die innere Norm (gemeiner Kerl) die Objekte der Lust verdammt. Der nächste Schüler (derselbe, der den Prototyp zur Gier gefunden hatte) führt den Begriff der Scham ein:

S Der schämt sich vielleicht, daß er denkt, ha also (daß er) das Ding gestohlen hat, und jetzt macht er halt seine Schmetterlinge kaputt.

Die Verbindung von zu großer Begierde – wie im Rausch handeln – zur Selbstbestrafung gelingt einem der besten Schüler gegen Ende:

S Am Anfang, // da war er ehm wie vom Rausch irgendwie aufgefordert, er mußte das einfach tun. Und nachher da kriegt er wahrscheinlich so'n Haß auf seine Schmetterlinge, da ärgert's ihn eben, kotzt ihn noch so an, daß er die eben tot macht.

5.2.6.4 Resümee

Wenn ich rekapituliere, so scheinen die Ziele in dieser dreistündigen Einheit erreicht worden zu sein: Gefühle sind in ein komplexeres Netz von Wirkungen gestellt worden, und auch die Zusammenhänge von Aktion und Rückwirkung scheinen klar zu sein. Verallgemeinerungen kommen häufiger vor, besonders da, wo der Lehrer Wert auf Bezeichnungen und Begriffe legt. An zwei, drei Stellen finden sich auch prototypische Formulierungen, d. h. sinnvoll erläuternde Beispiele für Bezeichnungen seelischer Zustände (Eitelkeit, Gier).

Offenkundig ist es schließlich, daß den Schülern innere Gründe für die Handlungen im Text selbstverständlich und damit erschließbar werden. Das war in den Antworten zum Fragebogen keineswegs so, den Els Andringa (S.   ff) zu „Känsterle" von Rainer Brambach entworfen hatte. Dort hatten die Schüler unmittelbar nach der Lektüre der Kurzgeschichte (eine Stunde vor Beginn der Hesse-Einheit) zu 58 % keinen einzigen Grund für die innere Emigration des Ehemannes gefunden, 42 % konnten jeweils einen nennen. Im Vergleich dazu bringen ca. 70 % der Schüler in den eigenen Produktionen zum Hesse-Text ein deutlich ausgeführtes System einer oder mehrerer Begründungen für den Streit.

Das heißt zusammenfassend, eine solche auf Analysen aufgebaute Einheit kann Fortschritte erzielen, sowohl wenn man sie mit dem Unterricht vor einigen Monaten vergleicht, als auch wenn man die unbeeinflußte Lektüre der Schüler zur gleichen Zeit heranzieht.

144

5.3 Aktivierung literarischer Erfahrung: Produktionsaufgaben und strukturale Verfahren (Kaspar H. Spinner)

5.3.1 Didaktische Folgerungen aus der entwicklungspsychologischen Analyse der Unterrichtsprotokolle und Fragebogen

In den Analysen, die Els Andringa und ich oben vorgelegt haben, sind die entwicklungspsychologischen Verstehensfähigkeiten und -grenzen von Schülern aus 4 Jahrgangsstufen aufgezeigt worden (5./6., 8., 9./10. Klasse und 12./13. Jahrgangsstufe, jeweils die gleiche Schülergruppe für Unterrichtsprotokoll und Fragebogen, wobei die Angaben mit Schrägstrich – 5./6. usw. – anzeigen, daß zwischen Unterrichtsaufnahme und Fragebogenerhebung die Sommerferienzeit und damit der Schuljahreswechsel lag). In diesem Kapitel möchte ich nun zeigen, welche didaktisch-methodischen Folgerungen aus den Analysen gezogen werden können. In einem ersten Schritt halte ich fest, auf welche Fähigkeiten der Schüler bei den verschiedenen Jahrgangsstufen aufgebaut werden kann und welche entwickelt werden sollten. Dann mache ich in einem zweiten Unterkapitel methodische Vorschläge für die Jahrgangsstufen und zeige anschließend, wie ich, unter Berücksichtigung auch der Analyseergebnisse von Heiner Willenberg, Jürgen Kreft und Hans-Georg Hölsken, selber eine Stunde für eine Klasse geplant und gehalten habe.

Bei den didaktischen Folgerungen, die ich aus den Unterrichtsanalysen ziehe, gehe ich von dem Grundprinzip aus, daß weiterführende Fähigkeiten immer auf der Basis der schon vorhandenen entwickelt werden sollen. Das führt zu einem gestuften Vorgehen im Unterricht; die Fähigkeit z. B., die wechselseitige Beeinflussung von Standpunkten und Verhaltensweisen zu erfassen (Perspektivenkoordination), wird man erst dann gezielt fördern, wenn als Voraussetzung die Fähigkeit, die Perspektive anderer wahrzunehmen, vorhanden ist; die Perspektivenintegration (Deutung einzelner Perspektiven aus übergreifenden Horizonten) wird man erst in den Vordergrund rücken, wenn die Perspektivenkoordination verfügbar ist.

Gestuftes Vorgehen heißt allerdings nicht, daß man sich auf ein Stufenschema mit festgelegten Altersangaben berufen könnte. Solche Stufenschemata gab es auf der Grundlage von Untersuchungen zu Lesestoffen; die Jugendpsychologie hatte Kategorien wie ,,Märchenalter'' und ,,Robinsonzeit'' (so Charlotte Bühler, vgl. Bühler/Bilz [4]1977, S. 26) entwickelt. Die Auseinandersetzung um solche Stufenschemata hat aber ergeben, daß Leseinteressen von so vielen Variablen abhängig sind, daß sie nicht allein in bezug auf das Alter festgeschrieben werden können. Mit der Beschreibung von Verstehensfähigkeiten, wie ich sie hier vorgenommen habe, dürfte man zwar näher als mit der Feststellung der Leseinteressen an die kognitive Entwicklung der Heranwachsenden herankommen, aber Vergleiche zwischen verschiedenen Klassen und Lesern der gleichen Altersstufe zeigen auch da, daß die Unterschiede beträchtlich sind. Damit ist der Entwicklungsaspekt jedoch nicht ad acta gelegt, denn auch wenn die Entwicklung der Verstehensfähigkeiten sich bei verschiedenen Schülern unterschiedlich schnell vollzieht, so durchläuft sie doch Phasen, die nicht gegeneinander austauschbar sind. So sind denn die im folgenden gezogenen Konsequenzen nicht für die jeweilige Altersstufe generell, sondern nur für die von uns untersuchten Schülergruppen gültig. Das Verfahren allerdings, aus entwicklungspsychologischen Beobachtungen Folgerungen für die Unterrichtsplanung zu ziehen, kann, ja sollte überall Anwendung finden.

Welche Fähigkeiten wären also aufgrund unserer Analysen bei den untersuchten Schülergruppen fruchtbar zu machen und zu stärken, welche wären neu zu entwickeln oder anzubahnen?

Klasse 5/6

Die Stärke der Schüler liegt in ihrer Fähigkeit, sich vom erzählten Geschehen eine ausgesprochen lebendige Vorstellung zu machen; dabei konzentrieren sie sich allerdings weitgehend auf das äußere Geschehen und thematisieren noch kaum die Innensicht von Figuren und erfassen deshalb auch noch kaum, wie das Verhalten von Figuren durch wechselseitiges Aufeinander-Reagieren bestimmt ist (koordinierte Perspektivenübernahme). Auch erörtern die Schüler noch keine parabolischen Sinndimensionen, sondern bleiben an der wörtlichen, konkreten Bedeutung hängen. Es wäre also sinnvoll, den Schülern im weiteren Unterricht den Weg zu den Sinndimensionen jenseits der konkreten Handlungsebene und der wörtlichen Bedeutung zu eröffnen, ohne freilich ihnen die Lust an der lebendigen Vorstellung zu nehmen und damit, wie das durch schulische Interpretations- und Analyserituale allzu schnell geschieht, eine vorhandene Teilfähigkeit literarischen Verstehens zu zerstören. Das Bedürfnis der Schüler, das erzählte Geschehen nicht einfach hinzunehmen, sondern auf seine kausallogischen Zusammenhänge hin zu befragen, müßte fruchtbar gemacht werden für Handlungsdeutungen, die die äußere Handlungsfolge in Richtung auf die psychischen Bedingungen hinterfragen.

Klasse 8

Das psychologische Interesse, das man im Unterrichtsprotokoll von Klasse 8 feststellt, sollte genutzt, d. h. vor allem mit entsprechenden Textangeboten und Unterrichtsarrangements zur weiteren Entfaltung gebracht werden. Die Fähigkeit, die wechselseitige Abhängigkeit von Verhaltensweisen und Handlungsintentionen zu erkennen, wäre weiter auszubauen und für Einsichten in unterschiedlichen Bereichen des menschlichen Zusammenlebens fruchtbar zu machen. Die noch zaghaften Versuche parabolischen und symbolischen Verstehens und das in Ansätzen sich zeigende Textbewußtsein müßten gestützt werden.

Klasse 9/10

Der jugendliche Egozentrismus in Klasse 9, der die Schüler vor allem das Identitätsproblem im Text sehen läßt, führt zwar zu interessanten und prägnant erfaßten Gesamtdeutungen, aber auch zur Gefahr einer zu schnellen Abstraktion vom Text. Die Charakterisierung der Förster wird z. B. kaum mehr wahrgenommen. Diese identifikatorische und zugleich vom Text abstrahierende Leseweise am Leitfaden der Hauptfigur müßte ergänzt werden durch eine stärkere Beachtung anderer Figuren. Damit würde die Fähigkeit zur Fremdwahrnehmung und koordinierenden Perspektivenübernahme gestützt, die sich schon in Klasse 8 deutlich gezeigt hat, aber in Klasse 9 durch den jugendlichen Egozentrismus kaum weiterentwickelt und durch die schnelle Abstraktion gleichsam übersprungen ist. Anzuregen wären dabei auch Überlegungen, wie Verhaltens- und Sichtweisen von Figuren auf übergreifende Zusammenhänge zurückgeführt werden können; Ansätze zu solcher Perspektivenintegration sind in der Klasse bereits feststellbar. Die vorhandene Abstraktionsfähigkeit bietet eine gute Voraussetzung für solche Fragestellungen. Sinnvoll wäre ferner, das Interesse für die literaturgeschichtliche Einordnung (Autor, Entstehungszeit) aufzugreifen; eine Beschäftigung mit solchen Fragen stützt ihrerseits die Fähigkeit, von den eigenen Problemen auch mal absehen zu können. Schließlich wäre der Blick für textstrukturelle Aspekte weiter zu schärfen.

Jahrgangsstufe 12/13

Die wesentlichen Aspekte der Kompetenz, die für angemessenes Verstehen literarischer Texte notwendig ist, sind beim untersuchten Kurs vorhanden (z. B. Textbewußtsein, Verwendung metasprachlich-poetologischer Begriffe, Verstehen indirekter Ausdrucksweisen wie Symbolik und Ironie, Perspektivenintegration). Insbesondere bei der schriftlichen Befragung hat sich aber gezeigt, daß die Kompetenzen nicht voll ausgebildet sind und nicht durchgehend angewendet werden. Das jeweilige Unterrichtsarrangement trägt offenbar noch Wesentliches zum angemessenen Verstehen bei. Damit die Schüler nicht ihrer in der schriftlichen Befragung feststellbaren Tendenz zur abstrahierenden und verallgemeinernden Deutung allzu sehr nachgeben, ist es wichtig, den Unterricht so zu gestalten, daß sich die Schüler intensiv auf die Figuren, und das heißt auch: auf den Text einlassen. Man muß also, als Abwehr allzu schnellen Interpretierens und voreiliger Fixierung auf ein Deutungsschema, die Textwahrnehmung stärken und die abstrahierenden Verstehensfähigkeiten so durch ihren Bezug auf die Komplexität des Textes zu differenzierten Verstehensleistungen führen.

5.3.2 Methoden: Produktionsaufgaben und strukturale Verfahren

In der Fachdidaktik Deutsch sind die Unterrichtsmethoden bislang kaum entwicklungspsychologisch begründet worden. Allzu sehr wird stoff- und ergebnisorientiert gedacht, z. B. im Hinblick auf das erwartete Interpretationsergebnis: Gerechtfertigt erscheint eine Methode, wenn sie die erwünschte Interpretation hervorbringt. Inwiefern die Verstehensfähigkeiten der Schüler dabei tatsächlich gefördert werden, wird kaum diskutiert. Nicht viel besser ist es oft, wenn poetologische Kategorien zum Ausgangspunkt der Planung gemacht werden und man den Schülern beizubringen versucht, was eine Metapher, ein Symbol, eine Kurzgeschichte ist. Solche Begriffe sind Hilfsmittel, ihre Kenntnis ist noch kein Ausweis dafür, daß entsprechende Verstehenskompetenzen vorhanden sind. Es gibt Schüler, die können einen Text als Fabel bezeichnen, noch ohne den parabolischen Sinn verstanden zu haben. Ein Unterricht, der die Verstehenskompetenzen der Schüler im Auge hat, wird deshalb weniger ergebnis-, mehr prozeßorientiert sein.

5.3.2.1 Sekundarstufe I: Produktionsaufgaben

Die von uns analysierten Stunden aus der Sekundarstufe I waren methodisch ausschließlich auf das Unterrichtsgespräch abgestellt. Um die beobachteten Verstehensfähigkeiten noch mehr zur Entfaltung zu bringen und fehlende Verstehensdimensionen zu erschließen, scheint mir vor allem eine Ergänzung des Unterrichtsgesprächs durch produktionsorientierte Formen des Umgangs mit Texten angebracht. Durch sie soll vermieden werden, daß den Schülern Literaturunterricht nur als ein Ort vorkommt, wo man über Texte redet, und nicht als Gelegenheit, Erfahrungen an und mit Texten zu machen. Im Rahmen des derzeitigen kreativ-operativen, produktions- und handlungsorientierten Trends der Deutschdidaktik werden Produktionsaufgaben im Rahmen des Literaturunterrichts mannigfach propagiert. Dabei steht vor allem die Entfaltung der kreativ-ästhetischen Potentiale der Schüler im Vordergrund; die Leistung, die die Produktionsaufgaben für die Ausbildung der Verstehensfähigkeit erbringen, ist bislang erst in Ansätzen aufgezeigt worden. Eben darauf kommt es hier aber an. Selber Texte weiter- und umschreiben, rekonstruieren und verfremden, illustrieren und szenisch umsetzen dient nicht nur spielerischem Vergnügen, sondern kann einen je spezifischen Beitrag zur Fortentwicklung bestehender Verstehenskompetenzen liefern. Ausgehend von den festgestellten Leistungen und Defiziten der Schüler mache ich in diesem Sinne für die einzelnen Klassen die folgenden Vorschläge:

Klasse 5/6

Bei dieser Klasse sollte, aufbauend auf die vorhandene Vorstellungsfähigkeit, vor allem Innensicht erschlossen werden; das kann durch Stegreifspiele im Rahmen der Textbehandlung erfolgen: Einzelne erzählte Situationen werden gespielt, anschließend überlegt man gemeinsam, was die Figuren in der gespielten Situation empfunden haben könnten. Damit knüpft man an die äußere Handlung an und erweitert sie durch die Innensicht, und zwar so, daß die Schüler bis zu einem gewissen Grad Beobachtungen am eigenen Leibe machen können: Was empfinde ich als Förster, wenn mir der Bär unerwartet kräftig auf die Schultern klopft oder wenn er mit einer überraschend tiefen Stimme antwortet? Mit solchen Überlegungen wird zugleich die Einsicht in die Wechselseitigkeit von Verhaltensweisen angebahnt: Die tiefe Stimme erschreckt mich und flößt mir Respekt ein, so daß ich mich vorsichtig dem anderen gegenüber verhalte.

Mit dem Stegreifspiel dürfte auch das Problem der realistischen Erwartungshaltung, die den Schülern bei einem Text wie dem „Bären auf dem Försterball" zu schaffen macht, entschärft werden. Da ein Spiel sowieso Verwandlung in Rollen bedeutet, sind die Schüler eher bereit, einen Bären im Spiel sprechen zu lassen als eine erzählte Geschichte mit einem sprechenden Bären zu akzeptieren. Mit der Spielsituation kann weiterhin der Weg zum parabolischen Sinn angebahnt werden: Ausgehend von den Stegreifspielen, die ja schon eine Verbindung der fiktionalen Figuren mit der leibhaftigen Person der Schüler herbeiführen, kann erörtert werden, ob die Schüler analoge Situationen, Reaktionen und Verhaltensweisen kennen (Seid ihr auch schon mal so erschrocken über eine tiefe Stimme?). Solche selbst erlebten Situationen können u. U. ebenfalls gespielt werden. Die Vergegenwärtigung von Parallelen aus der eigenen Erfahrungswelt ist eine vorbereitende Stufe für das parabolische Verstehen, bei dem ein allgemeiner, auf andere Situationen übertragbarer Sinngehalt vergegenwärtigt wird.

Klasse 8

Zur weiteren Entfaltung des psychologischen Verstehens könnte man einen inneren Monolog oder einen Brief einer Figur verfassen lassen. Das führt zu einer intensiven

Auseinandersetzung mit der Innenperspektive der jeweiligen Figuren, so daß dann auch im Unterrichtsgespräch anhand der selbst geschriebenen Texte ausführlicher über Motive, Intentionen und innere Reaktionen der Figuren gesprochen werden kann. Als Ausgangspunkt wären dazu Texte geeignet, die selbst schon mehr Innensicht der Figuren vermitteln als „Der Bär auf dem Försterball".

Die Unterstützung des parabolischen Verstehens und des Textbewußtseins kann durch das Umschreiben des Textes in eine andere Textsorte erfolgen. Bei der Besprechung des „Bären auf dem Försterball" hatten die Schüler selbst den Begriff Fabel ins Spiel gebracht; man könnte also z. B. eine Geschichte wie den „Bären auf dem Försterball" zu einer Fabel verkürzen lassen. Das würde erfordern, daß sich die Schüler eine ausdrücklichere parabolische Aussage vergegenwärtigen, als sie vom Hacks-Text nahegelegt wird. Das hält zur Deutungsarbeit an – und selbst wenn die Schüler dann zur Auffassung gelangten, daß eine Umsetzung in die Fabelgattung nicht möglich sei, dürften Einsichten in parabolische Bedeutungsstruktur und in Gattungscharakteristika gewonnen sein. Den Begriff „Gleichnis", der ebenfalls von den Schülern im Gespräch genannt wurde, könnte man zum Anlaß nehmen, daß sich die Schüler Situationen ausdenken, in denen der „Bär auf dem Försterball" als Gleichnis erzählt werden könnte. Damit würde das parabolische Verstehen des Textes verstärkt und konkretisiert.

Anders als bei Klasse 5/6 wird durch die hier für Klasse 8 gemachten Vorschläge der Text als gestaltetes Produkt ins Bewußtsein gerückt. Das fördert die Distanznahme zur erzählten Geschichte. Da die Distanzierung bei den Vorschlägen aber an anschauliche Vorstellungs- und erzählende Schreibtätigkeit gebunden bleibt, dürfte die Gefahr leeren Theoretisierens vermieden werden.

Klasse 9/10

Eine intensivere Beschäftigung mit der Perspektive mehrerer Figuren kann wie bei Klasse 8 durch das Verfassen eines Briefes oder inneren Monologs, aber auch durch das etwas anspruchsvollere Umerzählen aus veränderter Perspektive angeregt werden (bezogen auf den „Bären auf dem Försterball" z. B. ein Umschreiben aus der Perspektive des jungen Försters). Wichtig ist auf dieser Klassenstufe, daß die wechselseitige Beeinflussung und Abhängigkeit von Perspektiven bewußt wird; das Umschreiben soll deshalb nicht auf die Perspektive einer einzigen Figur beschränkt bleiben. Ausgehend von solchen Schreibaufgaben könnte dann der Blick auch auf Probleme der Erzählperspektive und damit auf die Textstruktur gelenkt werden.

5.3.2.2 Sekundarstufe II: Strukturale Verfahren

Jahrgangsstufe 12/13

In höheren Klassen taucht immer wieder die Gefahr auf, daß die Schüler zu schnell über den Text hinweglesen, sich eine allgemeine Meinung zum Inhalt bilden und nur noch auf einer abstrakten Ebene diskutieren. Strukturale Verfahren der Arbeit am Text können dieser Tendenz entgegenwirken, denn sei lenken das Augenmerk auf den Zusammenhang der einzelnen Textelemente. Bezogen auf den „Bären auf dem Försterball" könnte z. B. durch strukturale Analyse das Auftreten der Bärenfrau, das den Schülern der Jahrgangsstufe 12 so wenig eingeleuchtet hat, besser in den Sinnzusammenhang eingeordnet werden. Die Bärin verkörpert die Gegenposition zur maskulinen „Gesell-schaft", in der sich der Bär aufhält und zu deren Exponenten er wird. Es geht also im Text nicht einfach um eine beliebige Identitätsdiffusion, sondern um die Selbstentfrem-dung, die durch die Interaktionsmuster maskuliner Gesellschaftlichkeit hervorgerufen wird. Wenn im Unterricht Verwunderung über das Auftreten der Frau entsteht, könnte man diese Irritation zum Ausgangspunkt einer weiterführenden Deutungsaktivität machen. Man könnte z. B. fragen, ob der Gegensatz Mann-Frau im Text auch sonst eine Rolle spielt. Man greift also zwei zueinander in Opposition stehende Bedeutungs-elemente heraus und überlegt, ob sie über die gesehene Stelle hinaus im Text eine Rolle spielen. Ein solches Verfahren ist struktural, denn man argumentiert nicht einfach nur auf der Ebene einer globalsemantischen Deutung des Textes, sondern arbeitet mit ein-zelnen Bedeutungselementen im Hinblick auf den Funktionszusammenhang. Ausge-hend von der Opposition Frau-Mann oder weiblich-männlich wird man z. B. die ver-schiedenen Männlichkeitsmerkmale wie Bart (dagegen der junge Förster mit „einem verhältnismäßig kleinen Bart"), tiefe Stimme, kräftige Hiebe, Trinkfestigkeit, Imponie-ren mit den Geweihen usw. genauer in ihrer Funktion für den Gesamtzusammenhang erkennen können. Schüler, die mit dem strukturalen Verfahren vertraut sind, können auf solche Weise selbständig vielfältige Bedeutungsbeziehungen herausfinden. Ziel ist nicht die Darlegung einer objektiven Textbedeutung oder der formalen Struktur des Textes, sondern die Entdeckung möglicher Bedeutungszusammenhänge. Dem Deutenden ist ein gewisser Spielraum gegeben, in dem er selber strukturierend und sinngebend tätig ist – literarische Texte regen ja selbständige Sinnbildungsprozesse an. Strukturales Verfahren ist, richtig angewendet, nicht formalistisch-trockene Analyse, sondern dient, ähnlich wie die Produktionsaufgaben, einer Aktivierung literarischer Erfahrung.

Für den Kurs der 12./13. Jahrgangsstufe würde ich – nicht an Stelle der Produktions-aufgaben, sondern zu ihrer Ergänzung – das Herausarbeiten von Bedeutungsbeziehun-gen im strukturalen Sinne anregen. Dadurch dürfte die von den Schülern bevorzugte ab-strahierende Deutungsaktivität an die Beobachtung von Einzelmerkmalen zurückge-bunden werden und damit ihrerseits zu erweiterten und differenzierteren Ergebnissen führen. Die Abstraktion braucht, soll sie nicht stereotyp bleiben, die konkrete und ins einzelne gehende Wahrnehmung als ihre Basis.

5.3.3 Nachfolgeunterricht in Klasse 10

5.3.3.1 Vorgaben aus den Analysen und methodischen Vorschlägen

Ein halbes Jahr nach der Unterrichsstunde, die ich für unsere Analysen in der 9. Klasse aufgenommen hatte, hielt ich bei den gleichen Schülern (sie waren nunmehr in Klas-se 10) eine weitere Stunde, die auf unseren Untersuchungsergebnissen und methodi-schen Folgerungen aufgebaut war:

Den Ausführungen von Heiner Willenberg entnahm ich, daß sich die Schüler der 9./10. Klasse stärker auch auf Details der Figurengestaltung einlassen sollten, also angeregt werden müßten, den Text genauer wahrzunehmen und sich die Figuren in ihrer jeweiligen Besonderheit, in ihren Verhaltensweisen usw. intensiver zu vergegen-wärtigen.

Jürgen Krefts Hinweis, daß in den Schüleräußerungen die Differenz zwischen bewußt-absichtlichem und unbewußtem Motiv des Handelns noch verwischt sei, legt seinerseits nahe, im Nachfolgeunterricht einen differenzierten Einblick in innere Verhaltenssteuerungen zu vermitteln.

Ähnliche Folgerungen hatten sich aus meiner eigenen Analyse und der Untersuchung von Els Andringa ergeben. Den Text vom „Bären auf dem Försterball" hatten die Schüler identifikatorisch am Leitfaden der Hauptfigur wahrgenommen, sie hatten Globaldeutungen entwickelt und über die konkrete Charakterisierung insbesondere der Förster hinweggesehen. Die Fragebogenuntersuchung hatte gezeigt, daß bei den Schülern die Entwicklung der Fähigkeit zur Perspektivenkoordination in vollem Gange war und ihnen in Ansätzen auch schon Perspektivenintegration gelang. Es erschien also angebracht, im Folgeunterricht dem Perspektivenproblem besondere Aufmerksamkeit zu widmen und daher vor allem die vorhandene, aber aufgrund des jugendlichen Egozentrismus z. T. nicht angewendete Fähigkeit zur Wahrnehmung fremder Perspektiven zu stützen und die Einsicht in Bedingungsfaktoren verschiedener Erlebnisperspektiven, Ansichten und Verhaltensorientierungen zu fördern. Wünschbar erschien es, darüber hinaus die Aufmerksamkeit für erzählstrukturelle Zusammenhänge, z. B. ausgehend vom Perspektivenproblem, anzuregen.

Den Ausführungen von H.-G. Hölsken entnahm ich die grundsätzliche, für alle Klassenstufen gültige Anregung, Unterrichtsarrangement und Gesprächsführung so zu handhaben, daß eine elaborative Textverarbeitung angeregt wird; wenn also, ausgehend von den genannten Konsequenzen aus den Analysen von H. Willenberg, J. Kreft, E. Andringa und mir, eine schärfere Erfassung und vertiefte Deutung von Textdetails und Figurenmerkmalen anzustreben war, so sollte das nicht durch Aneinanderreihung suggestiver Einzelfragen, die je mit einer einzigen Antwort abgetan werden können, erfolgen, sondern vielmehr eine Unterrichtsgestaltung vorgesehen werden, die den Schülern einerseits Raum läßt für die selbständige Entfaltung von Deutungszusammenhängen, die andererseits aber zu einer intensiven Auseinandersetzung mit dem Text und nicht einfach nur zum Austausch beliebiger subjektiver Einfälle anhält.

5.3.3.2 Textwahl

Aufgrund der genannten Vorgaben suchte ich einen Text, der stärker als der „Bär auf dem Försterball" zum Nachvollzug der Erlebnisperspektiven von Figuren anhält und der auch Anlaß bietet, die wechselseitige Abhängigkeit der Perspektiven zu erörtern. Zugleich sollte der Text auch für die Beobachtung formaler Gestaltungselemente geeignet sein. Diese Voraussetzungen schienen mir in der Kurzgeschichte „Augenblicke" von Walter Helmut Fritz gegeben.

Walter Helmut Fritz: Augenblicke

Kaum stand sie vor dem Spiegel im Badezimmer, um sich herzurichten, als ihre Mutter aus dem Zimmer nebenan zu ihr hereinkam, unter dem Vorwand, sie wolle sich nur die Hände waschen.

Also doch! Wie immer, wie *fast* immer.

Elsas Mund krampfte sich zusammen. Ihre Finger spannten sich. Ihre Augen wurden schmal. Ruhig bleiben!

Sie hatte darauf gewartet, daß ihre Mutter auch dieses Mal hereinkommen würde, voller Behutsamkeit, mit jener scheinbaren Zurückhaltung, die durch ihre Aufdringlichkeit die Nerven freilegt.

Sie hatte – behext, entsetzt, gepeinigt – darauf gewartet, weil sie sich davor fürchtete.

– Komm, ich mach dir Platz, sagte sie zu ihrer Mutter und lächelte ihr zu.

– Nein, bleib nur hier, ich bin gleich soweit, antwortete die Mutter und lächelte.

– Aber es ist doch so eng, sagte Elsa, und ging rasch hinaus, über den Flur, in ihr Zimmer. Sie behielt einige Augenblicke länger als nötig die Klinke in der Hand, wie um die Tür mit Gewalt zuzuhalten. Sie ging auf und ab, von der Tür zum Fenster, vom Fenster zur Tür. Vorsichtig öffnete ihre Mutter. Ich bin schon fertig, sagte sie.

Elsa tat, als ob ihr inzwischen etwas anderes eingefallen wäre, und machte sich an ihrem Tisch zu schaffen.

– Du kannst weitermachen, sagte die Mutter.

– Ja, gleich.

Die Mutter nahm die Verzweiflung ihrer Tochter nicht einmal als Ungeduld wahr.

Wenig später allerdings verließ Elsa das Haus, ohne ihrer Mutter adieu zu sagen. Mit der Tram fuhr sie in die Stadt, in die Gegend der Post. Dort sollte es eine Wohnungsvermittlung geben, hatte sie einmal gehört. Sie hätte zu Hause im Telefonbuch eine Adresse nachsehen können. Sie hatte nicht daran gedacht, als sie die Treppen hinuntergeeilt war.

In einem Geschäft für Haushaltungsgegenstände fragte sie, ob es in der Nähe nicht eine Wohnungsvermittlung gebe. Man bedauerte. Sie fragte in der Apotheke, bekam eine ungenaue Auskunft. Vielleicht im nächsten Haus. Dort läutete sie. Schilder einer Abendzeitung, einer Reisegesellschaft, einer Kohlenfirma. Sie läutete umsonst.

Es war später Nachmittag, Samstag, zweiundzwanzigster Dezember.

Sie sah in eine Bar hinein. Sie sah den Menschen nach, die vorbeigingen. Sie trieb mit. Sie betrachtete Kinoreklamen. Sie ging Stunden umher. Sie würde erst spät zurückkehren. Ihre Mutter würde zu Bett gegangen sein. Sie würde ihr nicht mehr gute Nacht zu sagen brauchen.

Sie würde sich, gleich nach Weihnachten, eine Wohnung nehmen. Sie war zwanzig Jahre alt und verdiente. Kein einziges Mal würde sie sich mehr beherrschen können, wenn ihre Mutter zu ihr ins Bad kommen würde, wenn sie sich schminkte. Kein einziges Mal.

Ihre Mutter lebte seit dem Tod ihres Mannes allein. Oft empfand sie Langeweile. Sie wollte mit ihrer Tochter sprechen. Weil sich die Gelegenheit selten ergab (Elsa schützte Arbeit vor), suchte sie sie auf dem Flur zu erreichen oder wenn sie im Bad zu tun hatte. Sie liebte Elsa. Sie verwöhnte sie. Aber sie, Elsa, würde kein einziges Mal mehr ruhig bleiben können, wenn sie wieder zu ihr ins Bad käme.

Elsa floh.

Über der Straße künstliche, blau, rot, gelb erleuchtete Sterne. Sie spürte Zuneigung zu den vielen Leuten, zwischen denen sie ging.

Als sie kurz vor Mitternacht zurückkehrte, war es still in der Wohnung. Sie ging in ihr Zimmer, und es blieb still. Sie dachte daran, daß ihre Mutter alt und oft krank war. Sie kauerte sich in ihren Sessel, und sie hätte unartikuliert schreien mögen, in die Nacht mit ihrer entsetzlichen Gelassenheit.

(Aus: *W. H. Fritz,* Umwege. Prosa. Stuttgart 1964, S. 47–49)

Auf knappem Raum wird in dieser Kurzgeschichte eine alltägliche Szene erzählt, unter deren Oberfläche sich – vom Erzähler mehr angedeutet als ausdrücklich benannt – ein ungelöst bleibender Konflikt zeigt. Handlung ist kaum vorhanden, scheint in gewisser Weise gar nicht möglich zu sein, weil die Figuren in einer ausweglosen Beziehungskonstellation gefangen sind; umso mehr wird der Leser zur Deutungsarbeit, insbesondere zur Vergegenwärtigung der inneren Befindlichkeit der Figuren und der versteckten Konflikte, angeregt. Da es inhaltlich um eine Mutter-Tochter-Beziehung geht, konnte ich hoffen, daß für die Schüler ein Identifikationsangebot gegeben ist und sie sich auf die im Text entfaltete Problemkonstellation einlassen. Zwar sind die Schüler noch nicht zwanzigjährig wie die Tochter in der Erzählung, aber der Zwiespalt zwischen Gebundensein ans Elternhaus und Ablösungswunsch gehört durchaus schon zu den Hauptproblemen 16- bis 18-jähriger. Die Kurzgeschichte führt ihnen die eigene Situation sozusagen in der biographischen Verlängerung vor. Zudem bietet der Text Gelegenheit, erzählerische Mittel, die für die Vermittlung von Innenperspektive typisch sind (z. B. erlebte Rede), kennenzulernen und so die Erörterung der erzählten Problemsituation mit der Untersuchung von Erzählstrukturen zu verbinden. Die Erzählperspektive ist im Text nicht einheitlich; sie ist überwiegend der Erlebnisperspektive der Tochter angenähert, aber es wird auch die Erlebnisperspektive der Mutter vermittelt, an einer Stelle („Ihre Mutter lebte seit dem Tod ihres Mannes allein. Oft empfand sie Langeweile...") übrigens mit einem allzu abrupten und erzähltechnisch nicht recht gelungenen Perspektivenwechsel. Die doppelte Perspektive regt den Leser an, sich die Erlebnisperspektive beider Figuren zu vergegenwärtigen und somit eine Perspektivenkoordination zu leisten.

5.3.3.3 Unterrichtsgestaltung und -ergebnisse

Um die Schüler gleich von Anfang an zu einem Nachvollzug des inneren Geschehens des Textes anzuhalten, gab ich den Text ohne Schluß aus (bis zur Mitte des zweitletzten Satzes: „Sie dachte daran, daß") und bat die Schüler, den Text selbst zu Ende zu schreiben. Sie waren damit vor eine doppelte Aufgabe gestellt: Sie mußten sich mögliche Gedanken der Tochter vergegenwärtigen und zugleich ein mögliches Ende des Textes erfinden. Die Vorschläge der Schüler waren recht unterschiedlich: Bei den einen dachte Elsa zufrieden an die neue Wohnung, bei anderen fühlte sie sich plötzlich allein oder es tat ihr ihre Mutter leid. An die Wiedergabe von Gedanken der Tochter schloß sich bei den meisten Schülern eine erzählte Abschlußhandlung der Geschichte an: Die einfachste Variante bestand im Einschlafen der Tochter, viele entwarfen aber eine Lösung des Mutter-Tochter-Konflikts, z. T. als Vorausdeutung (die Tochter nimmt sich vor, mit der Mutter über alles zu reden), z. T. mit einer erzählten Handlung (z. B.: Die Tochter geht zur Mutter hinüber und legt sich ins Bett des Vaters). Eine andere Variante bestand darin, daß die Mutter die Tochter nun in Ruhe läßt, weil sie eingesehen hat, daß sie ihre Tochter bedrängt. Mehr als einmal ließen die Schüler die Geschichte sogar mit dem unerwarteten Tod der Mutter enden. Für viele der selbst verfaßten Schlüsse hatte offenbar das wiederholte „still" („war es still", „es blieb still") vor dem weggelassenen Textende die ideenanregende Wirkung ausgeübt (plötzliche Einsamkeitserfahrung Elsas in der Stille; Stille als Zeichen dafür, daß die Mutter Elsa jetzt in Ruhe läßt; Vorgefühl der Stille, die Elsa in der eigenen Wohnung erwartet; es ist still, weil die Mutter tot ist). Insgesamt fällt auf, daß die meisten Schüler mit dem Ende des Textes eine Konfliktlösung herbeiführen wollten, während der Originaltext den Konflikt ja bestehen läßt. Die Schüler folgten damit dem Schema, das in der Mehrzahl erzählerischer Texte wiederzufinden ist. Es mag sein, daß durch ihr Bestreben, einen „richtigen" Schluß zu finden, die Schüler ihre Aufmerksamkeit etwas rasch von den Gedanken und Gefühlen der Tochter abzogen. Wenn man das vermeiden wollte, müßte man den Text nur bis „Sie ging Stunden umher. Sie würde erst spät zurückkehren" ausgeben; die Gedanken Elsas würden dann ohne Anspruch auf ein Abschließen der Geschichte aufgeschrieben.

Nach dem Vorlesen einiger selbst verfaßter Schlüsse und einem kurzen Gespräch darüber forderte ich die Schüler auf, ausgehend von der Annahme, die Mutter liege in ihrem Zimmer und denke ihrerseits nach, nun auch einige Gedanken der Mutter aufzuschreiben. Auch da gab es ganz unterschiedliche Ergebnisse – die Palette reichte von Fragen (z. B. „Was mache ich bloß falsch?") und Vorwürfen der Mutter (z. B.: „Das ist der Dank! All die Jahre hab ich mich um sie gekümmert – und so zeigt sie, wie lästig ich für sie bin") bis zu ihrem Entschluß, mit Elsa sich auszusprechen oder sie in Ruhe zu lassen. Z. T. arbeiteten die Schüler sogar die Wechselseitigkeit der Erlebensperspektive von Elsa und ihrer Mutter heraus (z. B.: „Ich bin doch ihre Mutter, warum lehnt sie mich so ab? Sie muß verstehen, daß ich versuche, sie auf dem Flur zu erwischen. . .").

Erst nach dieser Unterrichtsphase gab ich den originalen Schluß bekannt. Er hielt die Schüler einerseits dazu an, die Erlebnisperspektive von Elsa und von ihrer Mutter miteinander in Verbindung zu bringen (es heißt im Text: „Sie dachte daran, daß ihre Mutter alt und oft krank war."; eine Schülerin sagte dazu: „(. . .) die weiß nicht, wie sie vor her so zu ihrer Mutter sein konnt"', ein Schüler: „Da kann man also irgendwie noch'n bißchen Mitleid und Verständnis für die Mutter haben.").

Mit wiederholter Aufforderung hielt ich anschließend die Schüler dazu an, sich zu überlegen, was mit dem abschließenden Ausdruck „in die Nacht mit ihrer entsetzlichen Gelassenheit" gemeint sein könnte. Es handelt sich um eine metaphorische Ausdrucksweise, die mir im Hinblick auf eine Sensibilisierung für dichterische Ausdrucksweise besonderer Beachtung wert schien. Es war interessant, daß die Formulierung in der Tat aspektreiche Deutungen provozierte; die Schüler verwiesen auf Gefühle bedrückender Einsamkeit in der Nacht, auf die Gleichgültigkeit der Nacht („Daß die Nacht also keinen Einfluß darauf nimmt, wer sich sorgt und so"), aber auch darauf, daß sich Elsa vielleicht „über ihre eigene Gelassenheit also ärgert, daß sie sich vielleicht wünscht, mal richtig aus der Haut fahren zu können, daß die Mutter sie versteht"; dann wurde auch anhand des Begriffs „Gelassenheit" eine Parallele zwischen Mutter und Tochter aufgezeigt: „Ihr Gefühl ist ja wahrscheinlich so ähnlich, wie sich die Mutter immer fühlt / mit ihrer Tochter // mit der Gelassenheit". In solchen Äußerungen zeigt sich, daß die Schüler in dieser Phase die Perspektive von Mutter und Tochter gleichzeitig im Bewußtsein hatten – ich sehe das als Beleg dafür, daß den Schülern eine Perspektivenkoordination gelang. Das Unterrichtsarrangement mit dem doppelten perspektivischen Schreiben (Gedanken der Mutter und Gedanken der Tochter) und der verzögerten Bekanntgabe des Schlusses dürfte wesentlich dazu beigetragen haben, daß es zu dieser Perspektivenkoordination kam. Anzeichen für die Perspektivenkoordination sehe ich auch in Äußerungen wie „Ihr ist aber auch schon die ganze Zeit einsam. Aber das hat, glaub ich, auch nur sie verursacht. Auch zum Teil natürlich die Mutter." Auch hier denkt die Schülerin offensichtlich an die beiden Figuren zugleich. In dieser Unterrichtsphase tauchte übrigens auch das Grundmuster wieder auf, das das Gespräch über den „Bären auf dem Försterball" bestimmt hatte: das Verhältnis einzelner/Gruppe. Eine Schülerin erläuterte das Einsamkeitsgefühl Elsas in ihrem Zusammenleben mit der Mutter mit dem folgenden Beispiel: „Ja, ich hab' ein Beispiel, zum Beispiel, wenn, wenn man jetzt mit eh mehreren zusammen ist, aber man fühlt sich trotzdem einsam. Das gibt's ja auch. Wenn jetzt mehrere in einer Wohnung sind, und dann fühlt man sich aber trotzdem total einsam." Die Schüler verharrten aber nicht bei so allgemeinen Deutungen, sondern argumentierten dann (allerdings ausgehend von einer Frage meinerseits, ob die Tochter nicht einfach zur Mutter rübergehen könnte) mit der Beziehung zwischen den beiden, indem sie herausarbeiteten, daß auch „Trotz" die Beziehung bestimme, daß Elsa nicht „nachgeben" wolle und sich auch „schämen" würde, einfach zur Mutter zu gehen. In solchen Äußerungen zeigt sich m. E., daß die Schüler durchaus bestrebt waren, das Beziehungsgeschehen zwischen Mutter und Tochter konkret und differenziert zu erfassen.

Der letzte Teil der Stunde galt der Frage, mit welcher Figur man sich eher identifiziere. Die Schüler argumentierten zunächst inhaltlich mit dem Hinweis, daß „die Tochter schon eher in unserem Alter" sei. Dadurch, daß ich erklärte, auch ich, obschon älter, würde mich eher mit der Tochter identifizieren, und ich den Anfang des Textes zur Diskussion stellte, wurden die Schüler auf die erzähltechnische Steuerung der Leserperspektive aufmerksam: „(. . .) man sieht ja nur die Sicht der Tochter, und man wa-, weiß nicht, wie die Mutter darüber denkt", sagte eine Schülerin. Im weiteren Verlauf verwiesen die Schüler auf das Wort „kaum" und den Ausdruck „unter dem Vorwand", in denen sie die Perspektive ausgedrückt fanden. Zum Ausdruck „unter dem Vorwand" entstand eine Diskussion, ob nur in der Perspektive der Tochter von „Vorwand" gesprochen werden könne oder ob die Mutter tatsächlich unter einen Vorwand gehandelt habe. Die Schüler stellten dann fest, daß der Ausdruck im Text eine negative Einschätzung enthalte und daß dies natürlich der Perspektive der Tochter entspreche. Diese Beiträge der Schüler zeigen m. E., daß sie ein differenziertes Gespür für die perspektivische Gestaltung von Erzähltexten zu entwickeln begannen.

Leider kam ich nicht mehr, wie ich es vorgesehen hatte, zu einer genaueren Erörterung erzähltechnischer Mittel wie der erlebten Rede (ich wäre gerne noch auf die Textpassage „Sie würde erst spät zurückkehren . . ." eingegangen). Auch die Texte der Schüler, insbesondere die Wiedergabe von Gedanken der Mutter, hätten Anlaß für erzähltechnische Beobachtungen geboten: Es finden sich da Gedankenwiedergabe im abhängigen Objektsatz („Sie dachte daran, daß sie ihre Tochter in Ruhe lassen sollte"), innerer Monolog („Warum ist Elsa so abstoßend zu mir?") und Übergänge in die erlebte Rede („Doch die Mutter dachte daran, wie sie Elsa auf die Nerven geht, wenn sie ins Badezimmer kommt. Doch es gibt ja keinen anderen Platz, wo sie ihre Tochter mit Sicherheit trifft. Vielleicht sollte sie doch direkt auf ihre Tochter zugehen"). Da insgesamt die Stunde wegen verminderter Bereitschaft zur Mitarbeit etwas schleppend verlief – es war die erste Stunde an einem Montag, unmittelbar vor einer Klassenarbeit – mußte ich von meinen Erwartungen Abstriche machen.

5.3.3.4 Was mit der Klasse weiter zu tun wäre

Der Text „Augenblicke" veranlaßte im vorgegebenen Unterrichtsarrangement die Schüler offensichtlich zum perspektivischen Nachvollziehen einer Konfliktkonstellation und lenkte in Ansätzen ihre Aufmerksamkeit auf die erzähltechnischen Mittel der perspektivischen Gestaltung. Die Möglichkeiten, die eine Kurzgeschichte bietet, sind allerdings begrenzt. Insbesondere für die Weiterentwicklung von der Perspektivenkoordination zur Perspektivenintegration wäre die Arbeit mit längeren Erzähltexten angebracht. Dabei könnte noch besser herausgearbeitet werden, wie Wahrnehmungs- und Verhaltensweisen von früheren Entwicklungen der Figuren, von Milieu, Zeitströmungen usw. abhängig sind. Bei Kurzgeschichten besteht zwar der Vorteil, daß wegen ihrer Kürze und Offenheit die Schüler zu Deutungen mit Hilfe von Parallelen aus der eigenen Erfahrungswelt angeregt werden, begrenzt sind aber die sinnerschließenden Verweisungsmöglichkeiten innerhalb des Textes. Zur weiteren Differenzierung des literarischen Verständnisses und der sozialen Kognition wäre also im folgenden Unterricht die Behandlung längerer Erzähltexte sinnvoll.

5.4 Rezeptionshandlungen und Alternativ-Versionen zu Hacks: „Bär auf dem Försterball" und Kaschnitz: „Das dicke Kind". Aspekte fachdidaktischer Handlungsforschung im Grundkurs der Sekundarstufe II[1] (Gerhard Rupp)

5.4.1 Vorüberlegungen zur Umsetzung der Rezeptionspragmatik im Literaturunterricht

Die beiden im folgenden dargestellten Projekte zu Hacks' „Bär auf dem Försterball" und Kaschnitz' „Das dicke Kind" werden im Rahmen der literarischen Rezeptionspragmatik[2] entwickelt. Diese Konkretisierung des rezeptionsästhetischen Interesses am Leser rückt neben den Bedingungen, Voraussetzungen und situativen Abhängigkeiten der literarischen Rezeption im Anwendungsfeld Literaturunterricht die komplexe Aneignungstätigkeit des Schülers in den Mittelpunkt und die Möglichkeiten, diese im Unterricht bewußtzumachen und darzustellen (d. h. auch in eigenen Rezeptionstexten der Schüler zu objektivieren). Dazu sind methodische Variationen zum meist vorherrschenden freien Unterrichtsgespräch notwendig, Ergänzungen und Erweiterungen sowie Alternativen zum Interpretieren und – als Folge davon – neue Formen der Textpräsentation (Teil-Version des Originaltextes etc.). Auch zu den beiden modernen Kurzgeschichten werden demnach konkrete literarische Rezeptionshandlungen[3] vorgeschlagen, durch die Schüler und andere Laien sich diese Texte aneignen (d. h. hier aber auch umsetzen, verändern, kritisieren).

Mit „Rezeptionshandlungen" sind zunächst immer implizit auch die kognitiven Operationen beim hermeneutischen Textverstehen gemeint, aber im darüber hinausgehenden Sinn meinen Rezeptionshandlungen alternative Aneignungsweisen wie Vorwegnehmen, Ergänzen, Erweitern oder Umschreiben, mit denen Schüler zu ihren eigenen Rezeptionstexten, Gegen-Texten und Vor-Entwürfen gelangen, die sie mit den literarischen Texten vergleichen. Die Schüler sollen durch diese Rezeptionshandlungen zwar zunächst den literarischen Text und seine Thematik, Situation, Struktur und Intention verstehen, aber im Zentrum des Unterrichts soll nicht primär die Ausarbeitung dieses Textverständnisses stehen, sondern die Weiterarbeit am Rezeptionstext der Schüler. Für den *Lehrer* ergibt sich nur so die Möglichkeit, das tatsächliche Rezeptionsverhalten seiner Schüler zu erkunden, und die *Schüler* können nur so Erfahrungen beim weitgehend selbstbestimmten Umgang mit literarischen Texten machen. Folgende Zieldimensionen lassen sich dabei unterscheiden:

---

1 An dieser Stelle möchte ich denen danken, ohne die dieser Unterricht und seine Auswertung nicht möglich gewesen wären: den Schülerinnen und Schülern des Grundkurses Deutsch 12. Jgst./1983 der Bochumer Heinrich-von-Kleist-Schule, dem Fachlehrer Egbert Naujoks, den Protokollantinnen Gabriele Bräckle und Isabel Stang-Hensch und Marie Theres Bochnig für die zahlreichen Transkriptionen.

2 Zu Peter Hacks vgl. die Nachweise in den vorigen Beiträgen. Marie Luise Kaschnitz' Text „Das dicke Kind" erschien in der Sammlung „Lange Schatten" (Hamburg 1960). Zur literarischen Rezeptionspragmatik vgl. meine jüngste Darstellung in meinem Beitrag „Melancholischer Protest? Aktualisierungen des Prometheus-Mythos in Schüler-Rezitationen von Goethes Sturm- und Drang-Hymnen" im Jahrbuch der Deutschdidaktik 1985.

3 Vgl. dazu demnächst meine Habilitationsschrift „Kulturelles Handeln mit Texten. Rezeptionshandlungen im Literaturunterricht – Fallstudien aus dem Schulalltag" (Paderborn 1986).

1. *Unterscheidung zwischen der ästhetisch-fiktionalen Konstruktion*
   in den literarischen Texten und thematisch-lebensweltlichen Alltagsorientierung
   in der literarischen Rezeption

Mit dieser Unterscheidung ist es möglich, die ästhetische Darstellungsintention des Autors (Wirkung in der literarischen Öffentlichkeit, Durchsetzung am literarischen Markt) von der thematisch gebundenen, alltagsorientierten Rezeptionsdisposition des literarischen Laien (Bewältigung oder Entlastung von Lebenssituationen, Behauptung in Institutionen) abzuheben. Für den Lehrer markiert diese Unterscheidung das Spannungsfeld zwischen der finalen Ausrichtung des literarischen Textes auf Sinn und Bedeutung und den breiten, ungerichteten lebensweltlichen Orientierungen der Schüler. Sie erlaubt damit die Planung des Lehrerverhaltens (strategisches Fragen im Unterrichtsgespräch, vgl. hier den Beitrag von H. G. Hölsken) sowie die „Passung" bei der Textauswahl (vgl. den Beitrag von J. Kreft). Für den Forscher eröffnet diese Unterscheidung das Feld empirischer laienhafter Rezeption, die ihrerseits die Spanne zwischen der „reichen" unausgegrenzten alltäglichen Weltorientierung in der primären Rezeption und deren Verarbeitung durch Techniken und Elemente fiktionaler Bedeutungskonstruktion in der sekundären Rezeption durchläuft.

2. *Folgerungen für den Literaturunterricht, die sich aus dem Spannungsverhältnis*
   zwischen Literatur und Alltag ergeben

Der Lehrer plant Phasen der Selbsterfahrung der Schüler im eigenen ästhetischen Ausdruck bewußt im methodischen Wechsel mit Phasen kognitiver Erarbeitung ein (vgl. dazu Beiträge von K. H. Spinner und H. Willenberg). Er bekundet immer wieder sein authentisches Interesse an den spontanen, assoziativen Rezeptionen der Schüler und bringt dadurch den „Dialog der Perspektiven" (H. Müller-Michaels)[4] in Gang. Dies führt in systematischer Hinsicht dazu, daß Unterrichtsmodelle zu kanonischen Texten mit entsprechenden Rezeptionshandlungen erstellt werden. Wenn ein breites Repertoire hierzu vorhanden ist (als Vorstufe zu entsprechenden Literaturlehrbüchern und Kursmaterialien), kann das Fernziel kultureller Teilhabe und Mündigkeit angestrebt werden.

Um diese hochgesteckten Ziele zu erreichen, ist zweifellos eine intensive Zusammenarbeit zwischen Lehrern als Praktikern im Handlungsfeld Schule und von Wissenschaftlern in konkreten Projekten vonnöten. Anfangs bietet sich an, mit konkurrierenden Versionen desselben Originaltexts zu beginnen, um für das aktive Eingreifen, Werten und Neugestalten verfestigter literarischer Traditionen Begründungen in Händen zu halten, die in der Sachlage der Literaturgeschichte selbst liegen. In der spezifischen Aneignungsweise literarischer Texte durch Schüler liegt jedoch in systematischer Hinsicht die Perspektive einer generellen Kritik an literarischer Fiktion überhaupt verborgen, die sich gegen die Reduktion thematischen Reichtums und die Ausgrenzung alltäglichen Wissens richtet (im folgenden kurz „Fiktionalitätskritik"[5]. Diese steht in dialektischer

---

4 *Harro Müller-Michaels:* Dialog der Perspektiven. Ein Unterrichtsversuch mit Texten über das 3. Reich. In: DU (West) 35. Jg. H. 5/1983, S. 21–31

5 Diese „Fiktionalitätskritik" basiert auf dem schon von Lukács in seiner späten Ästhetik gemachten kategorialen Unterschied zwischen alltäglicher, fiktionaler und wissenschaftlicher Weltverarbeitung (vgl. „Die Eigenart des Ästhetischen. 1. Halbband. Werke Bd. 11, Neuwied

Spannung zur gleichermaßen auszuarbeitenden „Kritik des Alltagslehens" (Lefebvre)[6] vom Pol der Fiktion aus.

Die folgenden beiden Projekte können diese sehr weitreichenden Ansprüche nicht einlösen, sondern sie versuchen zunächst beispielhaft den systematischen Zusammenhang von Rezeptionshandlungen, Textpräsentationen und ihrer Institutionalisierung im Schulalltag deutlich zu machen.

5.4.2 Der Unterricht über Peter Hacks: „Der Bär auf dem Försterball"

Der Unterricht über Peter Hacks' „Der Bär auf dem Försterball" bildet den Vorlauf der eigentlichen Untersuchung der literarischen Rezeption der Schüler und soll erste Ergebnisse über die rezeptionspragmatische Methode und die Fähigkeiten der Schülerinnen und Schüler des Grundkurses Deutsch 12. Jahrgangsstufe der Bochumer Heinrich-von-Kleist-Schule liefern.

Bei diesem Grundkurs handelt es sich um 4 Mädchen und 16 Jungen. Aus der durchschnittlichen Lerngruppe ragen mit häufigen engagierten Beiträgen Linda, Gunda und Regina sowie Martin und Christian heraus. Durch die methodisch variierten schriftlichen und mündlichen Gestaltungsaufgaben soll die Beteiligung verbreitert werden. Dazu wird den Schülerinnen und Schülern aus dem Bochumer Norden ein unmittelbarer, primärer Zugang zu den literarischen Texten eröffnet, durch den sie ihre individuellen Alltagsorientierungen der fiktionalen Konstruktion durch eigene Vorwegnahme und Ausgestaltung gegenüberstellen können.

Hacks' Kurzgeschichte, eine satirische Märchen-Parodie, wird über die Aufgabenstellung der Ergänzung des ausgelassenen Schlusses erarbeitet. Die Schüler beschäftigen sich demnach nur mit einer als „Version 1" bezeichneten Fassung des Originaltextes (= „Version 2"), die die letzten beiden Abschnitte mit der Szene der im Wirtshaus eintreffenden Frau des Bären ausspart. Der literarische Text wird durch die Version 1 kurz vor der „Auflösung" des Konflikts zwischen der Förstergesellschaft und dem als Oberförster angesehenen Bären unterbrochen. Hinter diesem Verfahren liegt die Kritik an dem mechanischen deus-ex-machina-Schluß der Originalversion, der keine Lösung im Sinn einer Ausarbeitung bringt, sondern den abrupten Abschluß der vorher ausgebreiteten Parabel durch den lose motivierten Auftritt der Bärenfrau. Die Schüler-Kritik an dem Schluß und an der gesamten Geschichte ist durch die Zäsur an dieser „Schwachstelle" des Textes zumindest vorgespurt. Die hier gegebene formale Möglichkeit der Schlußergänzung wird aber erst dadurch inhaltlich aufgefüllt, daß die Schüler den thematischen Horizont der literarischen Vorlage aktualisierend, kritisch erweiternd und variierend überschreiten.

1963, S. 207f), die zuletzt bei *Heinz Hillmann* („Alltagsphantasie und dichterische Phantasie – Versuch einer Produktionsästhetik". Kronberg 1977, bes. S. 4ff) wiederaufgenommen worden ist. Die didaktische Umsetzung eines verwandten Konzepts hat schon früher *Kaspar H. Spinner* versucht („Totalitätsanspruch des poetischen Zeichens? Semiotische Klärung und didaktische Konsequenzen". In: LiLi 7. Jg. H. 27/28 1977, S. 137–153). Vgl. auch die Diskussion bei *Reinhold Frigge:* Das erwartbare Abenteuer. Massenrezeption und literarisches Interesse am Beispiel der Reiseerzählungen von Karl May. Bonn 1984, S. 74–84.

6 *Henri Lefebvre:* Kritik des Alltagslebens, Kronberg 1977

Die *Schüler* werden durch die Aufgabe der Ergänzung des Schlusses dazu angeleitet, Fabel, Stilebenen und Intention des Textes zu erfassen, darzustellen und (kritisch)weiter- und zu Ende zu führen. Der dabei gewährte Freiraum dient dazu, Elemente der Geschichte in ihren Ausgestaltungen ebenso aufzunehmen wie ihre eigenen Kritikpunkte, z. B. an dem formalen Verwirrspiel Bär-Förster. Dabei wird erwartet, daß die Schüler dem Autor in der satirischen Überziehung vorgefundener Muster folgen und nun seine Satire nochmals überziehen und dabei aus ihrer eigenen Lebenswelt und Erfahrung stammende „querstehende" Assoziationen einbringen[7].

Unterrichtsgegenstand ist somit nicht mehr der literarische Text allein, sondern der literarische Text in seiner Verhakung mit der literarischen Rezeption der Schüler. Im Auswertungsgespräch geht deswegen der Lehrer von einzelnen Schülerschlüssen aus, vergleicht sie hierauf mit der Originalversion der Geschichte und läßt die Schüler aus diesem Anlaß ihre Interpretationen überprüfen, also im Rahmen ihres eigenen Arbeitsvorhabens.

Dieser Unterricht ist in seiner praktischen Durchführung selbst Beispiel *literaturdidaktischer Handlungsforschung* im strengen Sinn, da er durch mehrere Beobachter und Auswerter überprüft wird[8]. Indem der Fachlehrer das Konzept übernimmt und selbst unterrichtet, wandelt er es dem Unterrichtsstil in der Lerngruppe an und verändert es für die gegebene Situation. Dadurch werden Durchführungen und Beobachtung voneinander getrennt und entlastet, außerdem wird die Konzeption verdeutlicht, vereinfacht und objektiviert. Leider wurde das erwünschte feed-back von Schülerseite kaum realisiert, da die Schüler zu den – allerdings von mir nur spärlich kommentierten – Protokollen keine Anmerkungen machten.

Auf die 19 Schülerschlüsse kann hier nicht im einzelnen eingegangen werden. Folgende Tendenzen zeichnen sich jedoch ab und sollen exemplarisch im Anschluß an das folgende Zitat von Volkers Schluß-Version aufgewiesen werden:

‚Ja, dann bin ich wohl der Bär', sagte der Bär. ‚Aber nicht doch, Herr Oberförster, Sie sind doch der Oberförster', widersprachen die anderen Förster. In dem Augenblick ging die Tür auf, und jemand, der wie ein Bär aussah, kam herein. Dieser Jemand hatte eine sehr tiefe Stimme; den grünen Rock, die fabelhaften Stiefel und die Flinte hatte er aber zu Hause gelassen: Ihr merkt schon, das war der Oberförster.
Nun waren sich alle Förster einig: Das war der Bär. Sie nahmen alle ihre Flinten und richteten sie auf den als Bär verkleideten Oberförster. Als der als Oberförster verkleidete Bär das sah, tappte er unbemerkt aus dem Haus.
In dem Haus sah der als Bär verkleidete Oberförster schon sein Ende kommen, als von draußen plötzlich ein echter Bärenschrei erscholl. Das war der als Oberförster verkleidete Bär.
Der als Bär verkleidete Oberförster nutzte die Gelegenheit und zog sich die Maske vom Gesicht. Die Förster waren entsetzt. Ihnen war nun aber jede Lust auf eine Bärenjagd vergangen.
So tranken sie noch ein paar Kübel Bärenschnaps, bis sie irgendwann einschliefen, um dann von dem als Bär verkleideten Oberförster, von dem als Oberförster verkleideten Bär zu träumen.
Begründung: Dieser Schluß erschien mir passend, weil er deutlich macht, daß die Förster (stellvertretend für alle Menschen) andere nur aufgrund von Äußerlichkeiten beurteilen."

7 Vgl. dazu die verwandte Rezeptionstypologie bei *Bettina Hurrelmann:* Erzähltextverarbeitung im schulischen Handlungskontext. In: *Konrad Ehlich* (Hg.): Erzählen im Alltag. Frankfurt 1980, S. 296–334 sowie das methodisch verwandte Vorgehen bei *Konrad Ehlich:* Handlungsstruktur und Erzählstruktur. Zu einigen Kennzeichen des Weiterentwickelns von Erzählanfängen. In: K. E. (Hg.): Erzählen in der Schule. Tübingen 1984, S. 126–175.
8 Vgl. dazu Harro Müller-Michaels: Positionen der Deutschdidaktik seit 1949. Königstein 1980, S. 203–242.

- Die Schüler ergänzen den Text um mehr, als es der Originaltext-Schluß tut, also um etwa ¼ bis ⅓ seines Volumens. Es handelt sich meist kaum um bloße Schlußpointen wie bei Hacks, sondern um eigene Texte oder sogar um Gegenentwürfe.
- Die Schüler führen – anders als Hacks – fast immer die unterbrochene Gesprächssituation weiter und vermeiden jeden brüsken Wechsel. Sie führen die Geschichte auch meist zu der – im Original ebenfalls nicht expliziten – Moral weiter. Bei aller Kritik und Ironie kehrt auch Volker zu einer der Intentionen von Peter Hacks zurück, der Kritik an leeren Konventionen und außengeleitetem Verhalten.
- Die kreativen Weiterführungen sind auch materiell durch zahlreiche Wiederaufnahmen typischer Stilelemente gestützt: „tiefe Stimme" „grüner Rock", „fabelhafte Stiefel", „Ihr merkt schon" etc. Andererseits werden diese Vorgaben ständig und systematisch überschritten.

Aus Volkers Text wird die weitreichende Erfassung von Hacks' Kritik an den außengeleiteten, „autoritären Charaktern" der Förstergesellschaft deutlich, die Volker zugleich wiederholt und in ihrem literarischen Formalismus überzieht. Bei der Besprechung anderer Schüler-Textschlüsse sagt ein Schüler treffend:

„Obwohl, ich weiß nicht, ob das Absicht beim Christian war oder nicht / aber da er den sauren Regen erwähnt hat und das übertrieben hat / hat er doch den Stil weitergeführt / indem er das alles in Lächerliche gezogen hat."

Neben dieser Gestaltungstendenz der Befreiung von der literarischen Vorlage wird im Unterrichtsgespräch beim Vergleich der Textschlüsse mit der Vorlage (Version 1) deutlich, wie präzise und ausführlich die Schüler Hacks' Text beschreiben:

S: „Ja, in der ganzen Geschichte werden die Ideale der Förster so lächerlich gemacht / also wer die meisten Geweihe hat, ist da der Oberförster / und so das Idol / und jetzt kommt da etwas dazu, was sie im Grunde verachten / und ich glaube nicht, daß sie das bemerken / dann würde die Intention der Geschichte in eine andere Richtung gehen."
L: „Was heißt hier Intention?"
S: „Ich seh das darin, daß der Bär so was Unsinniges tut und daß die das nicht merken, eben die Lächerlichkeit ihres ganzen Tuns zutagebringt / genauso wie die da durch den Wald laufen und Halali schreien / wovon alles nichts bedeutet / was alles sinnlos war / wenn die das den ganzen Abend machen."

Linda antwortet auf die zu Recht gestellte Frage, ob die Förster wissen, daß der Oberförster ein Bär ist. Die Frage zielt auf die Intention der Geschichte, den Bären als etwas herauszustellen, „was sie (die Förster) im Grunde verachten", und zugleich gar nicht als Bären mehr bemerken. Dieser komplexe Sachverhalt muß durch Interpretation herausgearbeitet werden. Aber er sollte – wie in diesem Unterricht – als spezifische Leistung der Fiktion erfahrbar und kritisierbar bleiben. Diese Kritik vollzieht Volker in seinem Rezeptionstext, wenn sich der „als Bär verkleidete Oberförster (. . .) die Maske vom Gesicht" nimmt und damit das Verwirrspiel zugunsten klarer Fronten aufhebt. Volker verbleibt zwar im Medium der Fiktionalität, aber er setzt der fiktionalen Konstruktion seine Alltagsorientierung entgegen. So lehnen auch andere Schüler die Fassung des Originalschlusses ab:

S: „Ich weiß nicht, wie das hier steht / fand ich das echt öde / da fand ich den Schluß von Martin schon besser / lustiger / die Spannung da (im O-Text) geht dem Höhepunkt zu / und da nimmt das so eine ganz andere Wendung / das setzt eigentlich gar nicht fort, wo der Text aufgehört hat."

S: „Auch die Art und Weise wie die Frau hier eingeführt wird / jetzt muß ja irgendwie was Entscheidendes passieren / und dann an der Stelle ne neue Person einführen / das kann irgendwie nicht so belanglos gemacht werden, wie da ist / also die kommt da rein, als wär das ganz normal, daß da irgendwer reinkommt / hätt anders eingeführt werden müssen / schon allein deswegen geht das nicht (. . .)"

S: „und dann scheint es mir so, als ob der Bär selber in einer Persönlichkeitskrise drinstecken würde / denn er hat selbst gar nicht richtig gemerkt, daß er der Bär ist (Heiterkeit bei allen Schülern) / ,Eben hatten wir ihn gefunden, den Bären' / also der spricht doch von sich in der dritten Person / die ganze Zeit über / selbst seiner Frau gegenüber."

In diesen und anderen Stellungnahmen der Schüler zum Originalschluß lassen sich – wie immer vorgespurt durch die Zäsur an der „Schwachstelle" des Textes – folgende Kritikpunkte unterscheiden:

– die Fabel wird einfach abgebrochen bzw. nicht ausgeführt (weder die Situation, das Gespräch, noch die Identitätsproblematik oder die „Moral");
– Das Verwirrspiel Bär-Förster wird nicht aufgelöst, sondern in die Kommunikation mit der Bärenfrau hinein fortgesetzt, wodurch es sich nochmals potenziert;
– die Autoritätshörigkeit der tumben, ich-schwachen und vorurteilsblinden Förster wird durch den Abbruch nicht mehr deutlich genug (und damit auch die Übertragbarkeit der Parabel).

In diesem sich an die Lektüre des Originalschlusses anschließenden Gespräch äußern die Schüler ihre Kritik immer wieder aus ihrer Erkenntnis der literarischen Intention, aus ihrer praktischen Erfahrung mit der Gestaltungssituation und aufgrund ihres „gesunden Menschenverstandes". Der Hauptanteil ihrer Arbeit besteht auch hier wiederum in der Interpretation des Schlusses, der Motive der Angst, des Respekts und der Hilflosigkeit bei den Förstern und der aus umgedrehter Perspektive vorgenommenen Bewertung ihres Umgangs als „schlechte Gesellschaft" durch die Frau des Bären. Was die Schüler am literarischen Text kritisch aufnehmen, bezieht sich somit nur auf den brüsken Abbruch und die kapriziöse, den Leser verwirrende Pointe. Diese Kritik wird zwar ansatzweise konstruktiv als Alternative vorgebracht, bleibt aber als „Antwort" auf den literarischen Textanfang unselbständig und auf die Ergänzung des Schlusses begrenzt. Vielleicht ist ihr Anspruch auch deswegen ungerechtfertigt, weil, wie die Schüler von sich aus zugeben, sie „einen ganz besonderen Schluß" erwartet haben, „nachdem sich jeder vorher den bestmöglichen Schluß überlegt hat".

So sind diese drei Stunden über den gewohnten Interpretationsunterricht hinausgegangen, lassen jedoch bei der Präzisierung der Fiktionalitätskritik, der Ausarbeitung alternativer Texte und der Selbständigkeit eigenen konstruktiven Arbeitens beim Umgang mit literarischen Texten noch zu wünschen übrig. Diese Aufgaben wurden – nach einigen wenigen Rezeptionsübungen, z. B. mit dem Fragebogen Frau Andringas (s. S. 106 f.) – erst wieder nach gut einem halben Jahr thematisch mit dem Unterricht über Kaschnitz' „Das dicke Kind" angegangen.

5.4.3 Der Unterricht über Marie Luise Kaschnitz: „Das dicke Kind"

Bei der Behandlung von „Der Bär auf dem Försterball" haben die Schüler-Textschlüsse im Mittelpunkt des Unterrichts gestanden, obwohl gerade in der Auswertung der Schüler-Texte der literarische Text sich als Hauptgegenstand des Unterrichts erwies. Da aber besonders sein Schluß gegen die thematische Fülle und die epische Ausladung der Schüler-Schlüsse (und die dadurch geweckten Erwartungen) abfiel, wurde auch der gesamte Text vorschnell abgewertet. Das wurde seiner virtuosen Entlarvung schematischen, vorurteilsgeleiteten Verhaltens in seiner fiktionalen Dichte und Verweisungskraft nicht gerecht.

Folgende Zielperspektiven für den Anschluß-Unterricht lassen sich hieraus ableiten:

- Das Thema der Identitätsbildung wird an einem weiteren literarischen Text erarbeitet, in dem es in seiner Entwicklung aus der Kindheitsverarbeitung im Mittelpunkt steht (wie im „Dicken Kind").
- Im Spannungsverhältnis zwischen Literatur und Alltag muß die Unterrichtsarbeit stärker auf Literatur und Texterfassung hinführen. Diese methodische Innovation steht im Vordergrund der folgenden Dokumentation (Hinweis H. Willenbergs).
- Der Lehrer soll durch nachhakende Frageimpulse die Schüler nach Erst-Äußerungen zur weiteren Ausarbeitung ihres Textverständnisses anleiten (Hinweis H. G. Hölskens).

Der Anschluß-Text „Das dicke Kind" wird schritt- und ausschnittsweise erlesen, wobei die Schüler in Gruppen jeweils nur Teile des Textes (wieder bis auf den Schlußabsatz, der erst bei der Lektüre des intakten Originals mitgelesen wird) genau lesen und in die richtige Reihenfolge bringen sollen. Weniger Text soll dabei zu mehr und genauerer Textwahrnehmung führen. Das Schwergewicht liegt nicht in der alternativen, sondern in der textzentrierten Bedeutungserschließung, denn die Schüler sollen die Teile wie in ein Puzzle zusammenfügen, und zwar nicht nach Logik einer anderen oder „ihrer" Geschichte, sondern nach der vorgegebenen Struktur. Erst nachdem sie durch ihre Lektüre „ein Puzzle-Teilchen geschaffen", d. h. den Textteil genau beschrieben und den anderen Mitschülern vermittelt haben, können sie ihre Phantasie entfalten und den weiteren Verlauf der Geschichte vorwegnehmen, d. h. die „Passung" ihres Teils ausprobieren. Bei der thematischen Kindheitsverarbeitung ist dies Puzzle-Spiel auch inhaltlich ein motiviertes Verfahren.

Dieses Verfahren wird eingeübt und gleichsam in nuce voorerprobt durch pauschale Assoziationen zum Titel „Das dicke Kind" und hierauf zum Titel und ersten Abschnitt. Hierdurch werden die Schüler für die Öffnung des thematischen und identifikatorischen Projektionsraumes durch den Anfang literarischer Texte sensibilisiert. In ihren Assoziationen füllen die Schüler diesen Projektionsraum auch prompt aus und bestimmen ihn aufgrund des Titels und ersten Abschnitts wie folgt:

S: „Ja, ich stell mir jetzt im weiteren Verlauf vor, daß das dicke Kind auftaucht / wie eben die andern Kinder auch / und daß er dann irgendwie damit ins Gespräch kommt, und ich glaub auch schon, daß irgendwie / weil der Titel ‚Das dicke Kind' heißt / . . ."

L: „Darf ich dich mal unterbrechen / du sagst jetzt ‚er' . . ."

S: „Ja, also, daß jetzt die Person ins Gespräch kommt / und daß sie eben auch die Probleme des Kindes bespricht / die aufgrund seiner körperlichen Beschaffenheit entstehen / ich kann mir auch vorstellen, daß da so ein offenes Ende ist."

Die Öffnung des Projektionsraums hat eine inhaltlich-thematische und eine syntaktisch-strukturelle Dimension: die Schüler antizipieren also *Thematiken* die Ausgestaltung der Freundschaft zwischen der „Person" und den Kindern, des Gesprächs zwischen der „Person" und dem dicken Kind, eines offenen Endes oder einer Lösung seiner Probleme. Besonders ausführlich führt Gunda ihren thematischen Vor-Entwurf aus, der die Perspektive des Originaltextes umdreht und so wie eine vorweggenommene Kritik wirkt, indem er sich viel enger an die Ausgangslage anschließt:

S: „Ich hab noch ne Alternative / daß das Kind / es wird ja von mehreren Kindern angesprochen / zu dem Ich-Erzähler kommt und sich an den Tisch setzt / und daß die eine / wenn sie was nicht verstehen / Fragen an den Ich-Erzähler stellen und vielleicht über ihre gelesenen Bücher / so miteinander Kontakt kriegen / also, daß die Kinder untereinander diskutieren über die Bücher oder vielleicht Anregungen zu spielen kriegen, die sie innerhalb der Wohnung oder draußen im Schnee spielen können."

Die Schülerin lehnt sich in ihrer identifizierenden Lektüre stärker an das dicke Kind und die Kommunikation der Kinder untereinander an und entwirft eine Frage-Perspektive vom Kind aus zum Erzähler-Ich hin. Daß der literarische Text sich in der von ihm selbst entworfenen thematischen Dimension nicht fortentwickeln wird, zeigt die syntaktisch-strukturelle Öffnung von Projektionsräumen. So wird zwar im Titel „Das dicke Kind" als personaler Projektionsraum geöffnet, aber seine semantische Füllung (wer ist es? ein Junge oder Mädchen?) zugunsten der ausführlichen Einführung des Erzähler-Ichs aufgeschoben. Mit diesem wird ein zweiter Projektionsraum geöffnet und zugleich offengelassen. Im Einklang mit den Gewichtungen des Textes fordert das Erzähler-Ich die Schüler zu fünf Identifizierungsversuchen heraus: älterer, allein lebender Mann, „Ich-Erzähler", Muttergestalt, Mann („Er"). Deutlich stellt Gunda die Funktion heraus:

S: „Ich hatte nur erwähnt, daß das hier ein Ich-Erzähler ist und überhaupt nichts über irgend ne Person ausgesagt ist: was die für ne Beschaffenheit hat / männlich / weiblich / alt / jung (. . .) das ist einfach offengelassen / das fehlt da absichtlich / daß man da ne beliebige Person mit assoziieren kann / vielleicht ne Art Muttergestalt."

Das Unterrichtsgespräch dreht sich hauptsächlich um die Identifizierung des Erzähler-Ichs; das sich immer wieder entziehende dicke Kind wird als „Mädchen" bestimmt, als Hauptperson der Geschichte, die im Mittelpunkt steht, „anders" ist (durch ihre Korpulenz) und deren Problem einer Lösung zugeführt wird. Eine hiervon abweichende Rezeption weisen die vorher zuhause schriftlich fixierten Antizipationen des zweiten Absatzes auf, die Identifikationen des dicken Kindes versuchen. Am entschiedensten bemüht sich Christian, die im ersten Absatz aufgeworfenen Probleme zu lösen, indem er kurzerhand das Thema satirisch aufhebt und zugleich die Geschichte beendet:

„Dicke Schneeflocken fielen gegen mein Fenster, und die Kälte in meinem Zimmer war so groß, daß ich beschloß, noch einige Scheite Holz in den Ofen zu schieben. Das Holz knisterte im Ofen, eine gemütliche Wärme breitete sich im ganzen Zimmer aus.
Den Kindern wurde es warm, und sie zogen ihre kleinen Mäntel und Jacken aus. Mit Staunen beobachtete ich das dicke Kind. Das mir anfangs „dick" erschienene Mädchen zog nacheinander sieben Mäntel aus und war nachher das dünnste von allen. So kann man sich irren!"

Zweifellos hält sich Christian etwas oberflächlich an einige Elemente der thematischen Dimension (Dicksein, Anderssein, vorurteilsgeleitetes Handeln). Aber ähnlich wie Gunda in ihrer vorausweisenden Kritik hält er der Geschichte die Reste von Äußerlichkeit vor, von der sie sich bis zum Schluß nicht lösen kann (wie sich das Erzähler-Ich nicht vom optischen Schein lösen kann) und die er – Christian – wenigstens satirisch aufheben möchte.

Beim Vergleich dieser Antizipation mit dem Original (2. Absatz) wird sehr klar, daß Text und Schüler-Rezeption als Orientierung am Erzähler-Ich bzw. am dicken Kind auseinanderklaffen. Die Schüler erkennen deutlich, daß das dicke Kind nur als thematischer und lebensweltlicher „Aufhänger" für die Identitätsbildung[9] des Ich fungiert

---

9 Diese Form der Identitätsbildung entspricht der bei Els Andringa beschriebenen Perspektivenübernahme, vgl. ihren Beitrag in diesem Buch.

und die syntaktisch-strukturelle Öffnung von Projektionsräumen nur zum Schein geschieht:

S: „Ich glaub, wir sind davon ausgegangen, daß das Kind irgendwie welche Probleme hätte, daß es deshalb dahinkommt und da Bücher ausleiht / das geht ja jetzt von dem Ich-Erzähler aus / daß er jetzt gestört wird / oder sie / weil die Türen nicht abgeschlossen sind / das war ja ein Zufall / vorher dachte man ja / daß die Kinder da drin sitzen und lesen / daß das gerade offen war / daß da so reinkommt, um sich zu unterhalten."

Folglich ist auch das Unterrichtsgespräch nicht mehr um die eigentliche Hauptperson zentriert, weil der Text selbst deren Identität nur zusammen mit Bewußtseinsprozessen des Ich entfaltet. Mit der im Unterrichtsgespräch fast ausschließlich erörterten *geschlechtlichen* Identität wird das dicke Kind in der Rezeption der Schüler so reduziert, wie der Text selbst die Perspektive stärker zum Erzähler-Ich hin verlagert.

In diesem Rahmen der um das Ich bemühten Rekonstruktion steht auch das Verfahren der Texterschließung aus den etwa vier gleichumfänglichen Teilen, die die Schüler einzeln in Gruppen lesen, beschreiben und dadurch den anderen Gruppen (ohne wörtliches Zitat) vermitteln. Die Textteile sind im folgenden in der Reihenfolge ihrer Numerierung, nicht in der ihrer tatsächlichen Aufeinanderfolge im Text aufgeführt:

Text 1: Abschnitt 19 („Es war am frühen Nachmittag gewesen (. . .)" –
Abschnitt 22 („(. . .) einer der kleinen einsamen Buchten zu."):
dritter Textteil des Originaltextes

Text 2: Rede 1/Abschnitt 3 („Kenne ich dich?") – Abschnitt 12 („(. . .) und ich betrachtete es feindlich und stumm"):
erster Textteil des Originaltextes

Text 3: Abschnitt 23 („Ich konnte das alles genau sehen (. . .)") –
Abschnitt 25 („(. . .) ich hatte es erkannt . . ."): letzter Textteil vor Schlußabschnitt 26

Text 4: Abschnitt 13 („Denn nun war es schon soweit (. . .)") –
Abschnitt 18 („(. . .) um das Kind nicht aus den Augen zu verlieren."):
zweiter Textteil

Diese Einschnitte gewährleisten die Gleichverteilung der Textmasse, folgen aber auch den Stationen der Kindheitserinnerung: Gespräch mit dem dicken Kind zuhause – Aufbruch – Auf dem Eis draußen – Todeskampf des dicken Kindes (zugleich Selbsterkenntnis). Dabei ist der mittlere Einschnitt zwischen dem zweiten und dritten Textteil des Originaltextes als Einschnitt zwischen „Drinnen" und „Draußen" ungleich stärker motiviert als die Binnengliederungen zwischen diesen großen Teilen. Die sollten die Schüler in ihren Zuordnungen der Teile anhand des makrostrukturellen Verlaufs der Fabel bemerken (und nicht anhand der Anschließbarkeit auf Satzebene – deswegen auch keine wörtlichen Zitate, neben der hierdurch gegebenen ständigen Notwendigkeit eigener, möglichst genauer Textparaphrasen bzw. „Identifizierungen").

Die Schüler haben in ihren Gruppen jeweils nur ein Viertel des Gesamttextes vorliegen und sollen daran den Stand des Handlungsverlaufs sowie die Angaben zum Erzähler-Ich und zum dicken Kind analysieren, um ihr Textteilstück in das übrige Corpus einzugliedern. Wie gut Analyse und Antizipation im einzelnen geleistet werden, zeigt sich beispielhaft an den Gruppenarbeitsergebnissen zum „Text 1":

Ich: Kindheit in dieser Stadt verbracht
dickes Kind: hat Schwester (Tänzerin, anmutig); ist ängstlich
Inhalt: Spaziergehen in der Dämmerung vor die Stadt zu einem See. Tauwetter. Schlittschuhlaufen. „Schwester" tritt auf. Gefahr, daß die Eisdecke bricht. Erzähler hat Angst.
Weiterer Verlauf: Kind bricht in das Eis ein, ertrinkt möglicherweise. Tänzerischer Schwester geschieht nichts. Inhalt und Moral: Wenn Kind nicht dick gewesen wäre, wäre es nicht in das Eis eingebrochen.

Besonders durch die Vorwegnahme des weiteren Verlaufs, aber auch durch die Globalerfassung der „Moral" erkennen die Schüler Gestaltungselemente des Gesamttextes anhand ihres schmalen Ausschnitts. Dies scheint mir durch die zugreifende Applikation ihrer aktiven Rezeption bewirkt, die sie schon beim Hacks-Text von sich aus einbrachten und jetzt übertragen.

Auch die übrigen drei Gruppen belegen stets die exakte Erfassung des Fabelverlaufs und der Konstellation dickes Kind – Ich. Die Ergebnisse werden auf DIN-A 4-großen Blättern festgehalten, und die Schüler bringen anschließend mühelos die Blätter und damit die Texteile in die richtige Reihenfolge: 2 – 4 – 1 – 3: „Essen – Schlittschuhlaufen vorhaben – Realisation – Einbruch in das Eis". Die Schüler selbst geben an, nur durch die Ortsangaben „drinnen" – „draußen" auf die Reihenfolge gekommen zu sein, und meinen, es sei nur die geringfügige Alternative möglich, daß Text 2 am Ende stehen könnte und es nach dem Einbruch zu essen gebe. Damit ist das Ziel des Auswertungsgesprächs schon vor Augen, nämlich nach tieferliegenden Motiven und Strukturen der Anordnung zu fragen.

Materielle Basis bleibt dabei die kritische Lektüre des Textbeginns und jeweils eines Textviertels sowie die durch die Mitschüler vermittelte Kenntnis des Restes. Ziel ist, über die Handlungselemente hinaus Stadien der Personencharakterisierung dickes Kind-Ich zu benennen. Die in Teile aufgespaltene Textpräsentation und die Lektüre von Textteilen lenkt die Schüler auf die entsprechenden Brüche und Wendepunkte statt auf ein „natürliches" Ganzes. Ähnlich wie sie durch die unterbrochene Lektüre des Anfangs deutlich bemerkt haben, daß das dicke Kind nur ein vorgeschobenes Ich ist, werden sie darauf aufmerksam, daß jedes der vier Texteile ein bestimmtes Stadium der Beziehung zwischen dem Ich und dem dicken Kind bezeichnet:

S: „Im Text 3 wird deutlich, daß er seine Meinung ändert / Am Anfang ist das dicke Kind ungeschickt und unbeholfen / und wenn er jetzt überlegt, ob er helfen soll oder nicht / das sind dann doch positive Gedanken ihr gegenüber, ob er seine Bereitschaft zeigen soll."

Die Schüler erkennen klar, daß auf dem Höhepunkt der Abneigung und des Hasses des Erzähler-Ichs gegenüber dem dicken Kind die Ambivalenz seiner Haltung ausschlägt und zu „positiven Gedanken ihr gegenüber" umschwingt. Diese „Wende" führt zugleich zum zentralen Gehalt der Kurzgeschichte. An ihr machen die Schüler ihre schon vorher angedeutete Kritik fest. Sie kritisieren, daß die „positiven Gedanken" Gedanken bleiben und auch die Hilfsbereitschaft bloßes Gedankenspiel bleibt. Das dicke Kind erleidet so auch physisch, daß es nur in der Vorstellung des Erzähler-Ichs existiert, das Erzähler-Ich aber nicht aus seiner Vorstellung heraustritt und auf das dicke Kind zugeht, um ihm wirklich beizuspringen:

S: „Das sind noch keine Anhaltspunkte, daß sich das Verhalten des Ich-Erzählers ändert / das ist eigentlich das Normale, daß er hilft, wenn es ins Eis einbricht / aber der im Gegenteil hilft ja nicht / steht da und überlegt / wenn er sich wirklich ändern müßte er helfen und nicht lange warten / (...)"

S: „Ich glaube auch, daß das Verhalten, daß er da steht und sagt, das Kind wird sich alleine helfen, da steckt im Unterbewußtsein hinter, daß er auch nicht so unbedingt bereit ist, da aktiv zu werden / daß er möglicherweise, wenn die Schwester eingebrochen wäre, sofort da hingeeilt wäre / was ja auch normal ist / einem Kind das ins Eis einbricht, sofort zu helfen / daß da ne negative Einstellung hintersteckt, daß er nicht sofort da hingeht / und nur immer dadrauf vertraut, das wird sich schon allein helfen und sich das mehr oder weniger nur anguckt."

Die schöne Schwester hätte demnach sofort und fraglos geholfen bekommen; das dicke Kind löst keine spontane Sympathie aus, sondern eine pädagogische Aktion; es wird auf sich selbst verwiesen und dadurch belohnt, was ein Schüler so ausdrückt:

S: „Aber trotzdem er macht sich ja Gedanken / er glaubt, daß es wichtig ist für das Kind, daß es sich selber befreit hat / das Stehen und Warten hat trotzdem was Positives."

Wie immer das Kind sich selbst befreit und dadurch zu einem „Selbstbewußtseinsakt" (so ein anderer Schüler) gelangt, zu gleichen Zeit sinkt die Beziehung dickes Kind – Erzähler-Ich auf einen Tiefpunkt, „weil das Kind da versucht, den Steg hochzuklettern / und da könnte er im Grunde die Hand reichen / steht auf jeden Fall im Text / aber er macht das nicht / und dann fällt das Kind auch voll wieder rein (Heiterkeit)". Diesen Tiefpunkt verantwortet das Erzähler-Ich, denn selbst wenn es sein muß, daß sich das Ich zurückhält, damit sich das dicke Kind selbst hilft, so bleibt das Ich doch mit seinem Stehen, Denken und Warten allein und kommt zu keiner praktischen Erfahrung.

Daß dem Erzähler-Ich das gesamte Geschehen letztlich äußerlich bleibt und er sich darin nicht engagiert, obwohl es seine eigene Geschichte ist, zeigt sich an der Hochwertung der schönen Schwester. Die Schüler erkennen deutlich, daß es zwar vordergründig um die Übernahme männlicher Urteilsstrukturen geht. Aber sie bemerken zugleich,

„daß er sich nicht von dem optischen Eindruck befreien kann / daß er nicht den Charakter des Kindes betrachtet, sondern nur sein Äußeres und seine Angewohnheiten, die er schon am Anfang kritisiert hat."

Aus diesem mangelnden Durchdringen des dicken Kindes entwickeln die Schüler den Vorwurf, daß er

„in starken Schemata denkt, in Vorurteilen / die er eigentlich nicht überwinden kann / obwohl er ja anscheinend clever ist / er versucht das zwar zu überdecken, aber das gelingt ihm nicht."

Die Schüler sind an dieser Stelle zu einer eigenständigen kritischen Rezeption des Textes gelangt, die freilich auf Hilfen von „Vorspurungen" durch die Textpräsentation (Einschnitte, Heraushebung des Textanfangs) und damit auf die Sensibilisierung für inhaltlich-thematische und syntaktisch-strukturelle Dimensionen angewiesen bleibt. Die Schüler verfolgen ihren Rezeptionsansatz jedoch selbständig weiter. Nach der Lektüre des gesamten Originaltextes mit dem noch unbekannten Schlußabsatz, der nicht nur das dicke Kind, sondern die gesamte Fabel in einen zwischen Wirklichkeit und Vorstellung schwebenden „relativierenden" Rahmen einbettet, baut Martin seine Einschätzung des Erzähler-Ichs zu einer Gesamteinschätzung des Textes aus:

„Ich mein, hier tut sich jetzt die Frage auf, ob / bis zu diesem letzten Abschnitt / jetzt die Erzählung eben reine Phantasie ist und sie sich nur irgendwie in die eigene Kindheit zurückversetzt und die Geschichte nachvollzieht, oder ob das jetzt ein reales Erlebnis war an diesem Nachmittag und Abend, das sie dann nur auf ihre eigene Kindheit überträgt / aber ich würd eher für die erste Hypothese mich entscheiden wollen / weil eben hier jetzt am Ende erwacht sie wie aus einem Traum / also daß sie so einen Spaziergang gemacht hat, und dabei sind ihr diese Sachen so durch den Kopf gegangen und hat sich das so irgendwie nochmal vor Augen geführt diesen Abend, der bei ihr tief im Gedächtnis war."

Mit diesem von Martin selbstgefundenen Kriterienpaar Phantasie/Realität bringen die Schüler ihre identifizierende Textarbeit zum Abschluß. Sie haben in textzentrierter Einfühlung die Bewegung vom dicken Kind als realem Gegenüber zu einem Vorstellungsobjekt im Denken des Ichs nachvollzogen. Dabei haben sie sowohl die thematischen wie die syntaktisch-strukturellen Dimensionen der zu Anfang eröffneten Projektionsräume (also problemlösende Gespräche zwischen dickem Kind und Erzähler-Ich, Freundschaften, Gespräche der Kinder untereinander, andere personale Füllungen dickes Kind – Ich) fortschreitend mit dem linearen Textverlauf immer mehr eingeengt. Durch die mit der entsprechenden Textpräsentation anvisierte aktive Rezeption haben die Schüler daran zugleich ihre Kritik entwickelt, daß nämlich das Kind im Erzähler-Ich als Moment von dessen Vorstellungskraft fast vollständig aufgeht.

Die Textpräsentation hat auch den Schlußabschnitt der Geschichte bis zuletzt aufgeschoben, allerdings ohne ihn vorher antizipieren und damit eigene Vorstellungen der Schüler dazu bewußtmachen zu lassen. Die fehlende eigene Urteilsbildung und die beiden am Schluß manifesten sehr dominanten Strukturen, nämlich die erst jetzt vollzogene Identifizierung des Erzähler-Ichs und die damit eingeführte neue Wirklichkeits-bzw. Vorstellungsdimension, bewegen die Schüler zum Aufgeben ihrer Distanz zum literarischen Text und zur Rücknahme ihrer Kritik am Erzähler-Ich. Wenn noch wenige Passagen im Unterrichtsgespräch zuvor das Erzähler-Ich für seine passive Beobachter-Rolle kritisiert wurde, urteilen die Schüler jetzt, sogar in Überbietung des Gegensatzes Phantasie/Realität, aus der Perspektive des Erzähler-Ichs und *seines* Textes. Freilich ist der „Wendepunkt", den Christian erwähnt, eine zweite Wende, die er aus der Kenntnis des Schlusses nach vorn projiziert[10]:

„Ich glaub, das ist der Wendepunkt, den wir vorher schon beschrieben haben / und zwar wo sich das Verhalten der Erzählerin gegenüber dem Mädchen ändert / nämlich in dem Augenblick, wo sie ihr Gesicht sieht / und dann sagt sie ja auch im letzten Abschnitt: ‚Ich hatte es erkannt' / daß sie ihre eigene Vergangenheit / ob Phantasie oder Realität / sich widerspiegelt / und daß sie dann dem dicken Kind nicht helfen braucht / weil sie ja weiß, wie die Geschichte ausgeht / aus ihrer eigenen Erfahrung heraus / so daß die Geschichte in dem Augenblick eben anders ausgeht wie ihre eigene / das heißt, daß sie ein vergangenes Erlebnis überarbeitet (verarbeitet?) hat / daß sich das Kind rettet / während sie im Eis steckengeblieben ist."[11]

---

10 Diese Rückprojektion vom Schluß nach vorn auf die gesamte Geschichte führt zu vielen Einzelbeobachtungen, ab wann denn die „Phantasie" einsetzt und der Boden der Wirklichkeit verlassen wird. An all diesen Stellen erweist sich das dicke Kind abermals als das Mittel, mit dem das Ich den Wechsel aus der Realität in die Phantasie (bzw. die Verarbeitung der eigenen Kindheit) bewältigt:
S: „Ich find es nicht gut, Phantasie zu sagen, weil das Kind konkret so geschildert wird, wie die Erzählerin früher gewesen ist, und das stellt sich dann ja auch auf dem Bild raus / so daß die Phantasie erst da ansetzen würde, wo die Erzählerin hinter dem Kind hergeht" (. . .)
S: „Ich glaub auch eher, daß es irgendwie / die Phantasie einsetzt, wo sie das Tablett absetzt und das Foto sieht."
Die letzte Beobachtung stellt eine sehr feine, weitreichende Interpretation des Rückgangs am Schluß zur Schreibtischsituation des Drinnen dar, die im Text selbst nur angedeutet ist und die den Anfang und den Schluß zusammenbindet. Dadurch würde die Schlußperspektive auf den ganzen Text ausgedehnt.

Am Ende des Unterrichts verstehen Christian und andere Schüler[12] den Schluß der Geschichte adäquat, und damit erfassen sie zugleich die gesamte komplexe Textstruktur. Noch einmal muß an dieser Stelle hervorgehoben werden, daß während dieser textzentrierten Lektüre des Schlusses keine Vor-Entwürfe und Alternativen von den Schülern entwickelt wurden. Das literarische Verstehen der Schüler an dieser Stelle bedeutet daher, daß die Schüler die Perspektive des Textes mitübernehmen, in der das dicke Kind in der Erzählerin „aufgeht" bzw. ihre bloße Projektion bleibt. Damit werden aber zugleich die mit dem Titel „Das dicke Kind" versprochenen thematischen Lebenswelten (und damit die konkrete Dimension des eigenen Alltags) in der literarischen Fiktion „aufgehoben", d. h. als bloßes Material verwandt und entwertet, da sie nur noch für den Aufbau fremder symbolischer Bedeutung in Betracht kommen.[13]

5.4.4 Resümee

In beiden Projekten – zu Hacks' „Der Bär auf dem Försterball" und Kaschnitz' „Das dicke Kind" – ist das Thema der Identitätsbildung zunehmend genauer und textzentrierter erfaßt worden. Auch die Vermittlung zwischen den anfangs herausgestellten Polen „Literatur" und „Alltag", durch die die literarische Rezeption bestimmt wird, wurde dabei weiterverfolgt und zumindest ansatzweise realisiert. Neben dem Nachvollzug literarischer Bedeutung macht die rezeptionspragmatische Methode damit die Bedeutungsbildungsprozesse als kreative Akte sichtbar, durch die das literarische Material auf seinen Sinn und die literarische Rezeption der Schüler auf die Perspektive des Textes hingelenkt wird. Daß dieser „einlinige" Prozeß literarischer Kommunikation (zu Recht) auch Widerstände hervorruft bzw. an Grenzen stößt, wo die Schüler als „Rezipienten" ihre Alltags-Perspektive einbringen, hat der Unterricht über das „Dicke Kind" deutlich gemacht.

---

11 Christian spricht in Wirklichkeit von zwei unterschiedlichen Stellen, nämlich der im dritten Textteil des Originals vorbereiteten und im vierten Textteil deutlichen Ambivalenz des Erzähler-Ichs zum dicken Kind, die oben als Wende charakterisiert ist (markant im Abschn. 24: „Ich muß gleich sagen, daß dieses Einbrechen kein lebensgefährliches war . . .") und der Stelle am Ende des vierten Textteils (markant am Schluß von Abschnitt 25: „(. . .) und jetzt hätte ich dem Kind wohl helfen mögen, aber ich wußte, ich brauchte ihm nicht mehr zu helfen – ich hatte es erkannt. . ."). Die zweite Stelle stellt eine zweite Wende dar, weil sie die Ambivalenz in der Selbsterkenntnis aufhebt.

12 Dieses z. T. sehr gute und weitreichende Verstehen wird z. B. durch folgende Schüleräußerung belegt.
S: „Also irgendwie ist die Erzählerin mit ihrer Vergangenheit, wo sie Kind war, nicht fertig geworden / denn / als das dicke Kind auftaucht / obwohl sie es erkennt, wünscht sie im Grunde, daß es schnell gehen würde / und trotzdem geht sie dem Kind hinterher / und am Schluß der Geschichte, wo das dicke Kind / sie irgendwie aufwacht und was anderes in dem dicken Kind als diesen Eßwahn oder diese Trauer im Grunde nicht beachtet wurden / da ist ja auch irgendwie die Erzählerin glücklich."

13 Diese zentralen Einwände gegen die fiktionale Konstruktion dürfen nicht als die unangemessene Erwartung mißverstanden werden, als würde das „Praktisch-Werden" der Fiktionalität vermißt, sondern hier geht es gerade um die symbolische Verschüttung von Kognitionen und Orientierungen durch die fortschreitende thematische Reduktion in der modernen literarischen Produktion. Die Kritik der Schüler konkretisiert und verschärft damit implizit (ohne Kenntnis und auf einem anschaulichen Niveau) die linguistische und literaturwissenschaftliche Fiktionalitätskritik (vgl. dazu *Roland Harweg:* Textanfänge in geschriebener und gesprochener Sprache. In: Orbis 17/1968, S. 343–388).

Nach Meinung der Schüler übrigens war der Unterricht nur halb gelungen – auch dies zeigt, wie sehr die rezeptionspragmatische Methode noch die Bewährungsprobe alltäglichen Unterrichts und institutioneller Zwänge bestehen muß. Zwar heben die Schüler lobend hervor: „wenn man nur Teilstücke hat / kann man viel mehr Phantasie hereinbringen", aber „wenn wir das immer so machen würden / würden wir unseren Stoff nicht durchkriegen / das dauert ja tierisch lange / normalerweise haben wir immer eine Stunde für einen Text gebraucht." Volker fordert so zu Recht dazu heraus, die Leistung des Experiments für eine längere Zeit zu erweisen, ehe er das ernst nehmen kann.

Aber die Chance, daß sich die Schüler tatsächlich stärker und umfassender im Literaturunterricht in ihrer literarischen Rezeption ausdrücken können, hängt auch von der Bereitschaft der Lehrer ab, ihr Interesse an der Art und Weise zu bekunden und handelnd umzusetzen, wie Schüler Literatur aufnehmen. Ein erster Schritt dazu wäre getan, wenn sie sich durch diese Dokumentation anregen ließen,
- bei der Auswahl von Texten Eingriffsstellen für die Rezeption der Schüler vorzusehen,
- die Rezeption literarischer Texte stets zusammen mit mehreren alternativen Rezeptionshandlungen zu planen und
- an mindestens einer Stelle des Unterrichts durch die Erstellung von Rezeptionstexten Textvergleiche mit der Originalversion auszuwerten.

6 Ratschläge

6.1 Thematische Kontextuierung (Heiner Willenberg)

Zum Schluß wollen wir die Einsichten aus den Kapiteln „Analysen" und „Methoden" in praktikable Ratschläge ummünzen. In diesem ersten Teil sollen Übersichten und Beispiele zur Thematischen Kontextuierung dargestellt werden. Die Einteilung folgt dem Vierschritt 1. Zielsetzung 2. Zieltext 3. Auswahl der Kontexte 4. Arbeitsanforderungen. (s.S. 138 f.) Dazu muß allerdings angemerkt werden, daß hier nicht die Ziele für eine einzelne Klasse beschrieben werden können, sondern nur die Beobachtungsweisen, von deren Ergebnissen dann Ziele abhängen werden. Und schließlich findet die Aufgabenbeschreibung nicht getrennt statt, sondern wird in die allgemeinen Reflexionen und in die Beispiele eingearbeitet.

6.1.1 Beobachten (Grundlage für Ziele)

Mit unseren Beobachtungen wollen wir dem Lehrer den Blick schärfen und Entwicklungstypisches in Verstehensabläufen darstellen. Daraus folgt nicht, daß jede unserer Kategorien deckungsgleich auf alle Klassen zu übertragen wäre. Mit diesem Vorbehalt setze ich die Raster der vier Analysen (in vereinfachenden Stichworten) hierher (s. S. 171).

6.1.2 Texte und Kontexte

Die verschiedenen Varianten der thematischen Kontextuierung tragen ihre jeweiligen Eigenarten in sich, v. a. was die Stellung im Ablauf einer Sequenz betrifft. So haben z. B. in dem auf S. 139 ff. dargestellten Unterricht über Hesses „Nachtpfauenauge" die meisten methodischen Entscheidungen positiv gewirkt, eine erwies sich als Reinfall, nämlich die Vertiefung des Themas „Sammler" durch Dias. Die Schüler hätten in dieser Phase mehr Zeit gebraucht, um die Deutungen von der äußeren zur inneren Haltung vollziehen zu können. Und noch gravierender: für das Verstehen insgesamt hatte dieser Schritt keinen Zugewinn gebracht. Am Schluß fehlten vielmehr zehn Minuten zur Vertiefung des Gesprächs.

Solche Reflexionen sind nie völlig verallgemeinerbar, sie müssen von jedem nachdenklichen Lehrer immer wieder selber angestellt werden – so soll das vorgeführte Repertoire auch nur zur Anregung dienen. Die folgenden Hinweise orientieren sich am Aufbau des „Erfahrungskegels", wie er auf S. 135 beschrieben ist.

0. Interessenrichtungen erfassen

Das kann jeder Lehrer vor Ort besser als ein Ratgeber aus der Ferne. Erwähnt seien aber Els Andringas Fragebögen zur Freizeit-Lektüre (S. 106 f.) und einige objektivierte Beobachtungen zur jetzigen Jugendgeneration, wie sie die Shell Studien „Jugend 81" und „Jugendliche und Erwachsene 85" vorlegen.

	5. Klasse	8. Klasse	9. Klasse	12. Jahrgang
Entwicklungs-psychologie (Spinner)	Orientierung am äußeren *Geschehen* Interesse für Kausalzusammenhänge Detailfreudigkeit und Einfallsreichtum	Psychologisches Interesse Sinn für wechselseitige Abhängigkeiten von Verhaltensorientierungen Möglichkeitssinn	Lesen im Horizont der Selbstfindungsproblematik	nicht-identifikatorische Fremdwahrnehmung
	normorientierte *Argumentation*	hypothetisches Argumentieren	verallgemeinernde Bedeutungsübertragungen	
	wörtliches *Verstehen*	Ansätze zum parabolischen Verstehen	Parabolisches Verstehen	
		Ansätze eines Textbewußtseins	Textbewußtsein	Erkennen von Textstrukturen situationsübergreifende Bewußtseinsstrukturen
Textrezeption (Willenberg)	*Attribute* der Figuren werden erst langsam klar	erste Rollenansätze	Rolle, Identität und Gruppe	Identität spielerisch dialektisch
	Beziehungen nicht thematisiert	Beziehungen in Ansätzen		Beziehung komplex
	nur einfachste, äußerliche *Motive*	Psychologische und soziale Motive beginnen	Motive prinzipiell differenzierter	Motive werden an eigenen Normen überprüft
	Erzählweise wird nicht beachtet	Literarische Gattungen in Ansätzen	Gattungsbegriffe dienen der Deutung	Stilbegriffe in Analyse u. Produktion
Kognition in der sozialen Wahrnehmung – Moralstufen (Kreft)	möglich: naiver Realismus Irrealitätskritik	möglich: Intentionalität der Figuren Parabolik im Verstehen	möglich: Rollenkonzept Parabolik	
	nicht möglich: Unterschiede zwischen real und irreal, Individuum und Rolle	nicht möglich: Unterschied zwischen Bewußtem und Unbewußtem	mehrere „Provinzen" einer Person: Widerspruch zwischen Handlungen	erste Erkenntnis der Selbstentfremdung
Perspektivübernahme/ Perspektivkoordination (Andringa)	Der Leser „kann sich *jeweils* nur auf *eine* Perspektive konzentrieren" (noch vertreten)	Unverbundene Perspektiven (kommen noch vor)	Perspektivverbindungen nehmen zu	
	Der Leser kann mehrere Perspektiven unterscheiden, aber nicht verbinden (häufig)	Verbindung mehrerer Gesichtspunkte: „Einsicht in die psychologischen Bedingungen von Gegensätzen und . . . Konflikte(n)" (Die Haltung entwickelt sich)	Perspektivintegration: „Handlungen und Motive (sind) oft in einen weiten Kontext eingebettet." (Erste Ansätze zu dieser Integration)	Die Perspektivintegration nimmt zu, ist aber noch nicht voll entwickelt

1. Bisherige Erfahrungen (Subjektiver Zugang)

Offenes Gespräch über das Thema
Gelenktes Gespräch mit Vorgaben

10. Klasse: Die Schüler kennzeichnen verschiedene Typen von Kriminalkommissaren aus ihrer Lektüre und aus den Seherfahrungen als Vorbereitung für die Lektüre Dürrenmatts „Der Richter und sein Henker".

Selbststeuerung in der Besprechung einer Lektüre

Die Schüler entscheiden selbst, welche Textpassagen unter welchen Fragestellungen besprochen werden sollen. Dieses Vorgehen ist u. a. bei kürzeren Texten wie Schillers „Verbrecher aus verlorener Ehre" sinnvoll.

Produktionsaufgaben, die das derzeitige Bewußtsein aktivieren

10. Klasse: Die Schüler werden aufgefordert, nach der Quelle für Kleists „Kohlhaas" die erwähnten Personen näher zu charakterisieren.

2. Simulierte Erfahrung

Rollenspiele und Feldforschungen (Interviews, Besuche, Besichtigungen)

5. Klasse: Ein Spiel, bei dem die Schüler Zettel in Fließbandmanier stempeln müssen. Der erfahrene Zeitdruck von Arbeitern, Chef und Abnehmern dient als Vorbereitung für Texte aus der Arbeitswelt.

Vorbereitung auf Mark Twains berühmte Geschichte „Tom streicht einen Zaun": Rollenspiel, in dem ein Zaunstreicher versuchen muß, Vorbeikommende zur Hilfe zu überreden.

Die beiden unter 1. und 2. beschriebenen Vorgehensweisen aktivieren vorhandenes Wissen oder bringen Neues ins Bewußtsein: Sie bilden damit die Basis, auf der Literatur überhaupt erst wirken kann:
a) Es geht mich etwas an.
b) Es besteht ein Problem, ein Thema, auf das Literatur antwortet.

3. Sekundäre Erfahrung: Fernsehen/Film

Durch ihre besonderen Mittel wie bildliche Darstellung, Handlungen, in realen Umgebungen und plastisch erkennbare Figuren wirken Filme intensiver und unterschwelliger als Worte. Sie lenken im Unterricht dann ab, wenn sie
a) nur zur Wissensvermittlung benutzt werden,
b) wenn nicht genügend Zeit, Wissen und optische Präsenz vorhanden sind, um eine sinnvolle Besprechung zu ermöglichen,
c) wenn ihr Einsatz in kleine Schritte zerlegt wird, die den Unterrichtszielen genau zugeordnet werden können.

Gut dokumentierte Stunden zu diesem Thema finden sich bei Ben Bachmair, Medienverwendung in der Schule (Berlin 1979).

4. Mediale Erfahrungen: Bild/Hörtext

Das gleiche gilt für die schwächeren Medien wie Bilder und Hörtexte. Auch ihr Einsatz erfordert genügend Zeit, und auch sie haben ihre Eigenarten, die leicht als störende Nebeneinflüsse wirken, nämlich eine Fülle anderer Informationen (Geräusche, Hintergründe, Macharten wie Farbe, Stimmen, Perspektiven usw.)

Für den Literaturunterricht eignen sich diese Medien zur Kontrolle und zum Vergleich mit dem Text nach der Lektüre.

5. Klasse: Einheit über Indianer (mit der Autobiographie des Häuptlings Büffelkind Langspeer): Dias über Indianer damals und heute. Aus den Materialien ergeben sich Vergleichsmöglichkeiten

10. Klasse: Plenzdorf: „Die neuen Leiden des jungen W." Nach der Lektüre des Textes beschreiben die Schüler, wie sie sich mögliche Schauspieler für eine Verfilmung vorstellen. Darauf folgt ein Gespräch über die individuelle Rezeption der Figuren im Text

Sek. II/Studenten: Die Leser schreiben nach der Lektüre des Buches Teile einer Drehvorlage. Danach sehen sie den Film. Im Anschluß vergleichen sie die Eigenarten der Medien.

Studenten/Sek. II: Nach der Lektüre von E. T. A. Hoffmanns Kriminalgeschichte „Das Fräulein von Scuderi" sehen sich die Studenten/Schüler Sequenzen von Illustrationen an. Diese Verbindung erfordert eine exakte Sehschulung, die zu einer genauen „Lektüre" sowohl des Textes wie der Bilder führt.

Die optischen Medien können das Verständnis von Literatur vertiefen, die Literatur ihrerseits erlaubt durch ihre sprachliche Präsentation von Themen eine Durchdringung der Bildmedien. Bilder können bisweilen auch als Hinführung dienen, da sie Themen kürzer und müheloser repräsentieren, als es Texte könnten.

10. Klasse: Thema „Mut". Präsentation anhand von vier Bildern zu physischem Mut (Bergsteiger, Großwildjäger) un zu sozialem Mut (Aussteiger, Karnevalsprinzessin). Schnellere Aktivierung und Ergänzung des bisherigen Wissens.

Aber: Bilder dürfen nicht zu viele Nebeneffekte haben und nicht zu schwer deutbar sein, ihr Einsatz erfordert genügend Zeit, damit die Schüler den Weg vom optischen Kanal zum verbalen Sinn gehen können.

5. Erlebnistexte/Vortexte

Autobiographische Berichte, Briefe, journalistische Texte (Reportagen, Interviews, Augenzeugenberichte von Zeitgenossen) Tagebücher bieten einen guten Einstieg in Themen und Probleme. Wichtig dabei ist, daß dem Lehrer als Aussuchendem und dann den Schülern die Vergleichspunkte klar sind bzw. klar werden. Eventuell hilft eine explizite Problematisierung (advances organizer).

Studenten: Es soll der neue Ton in Goethes Lyrik erkannt werden. Der Zieltext ist sein Maigedicht im Vergleich mit einem motivähnlichen Poem von Hagedorn. Als Vortext lesen sie die entsprechende Stelle aus „Dichtung und Wahrheit" sowie einen Brief Hagedorns, in dem dessen Lebensplanung und sein buchhalterisches Dichten beschrieben werden. Voraussetzung ist die Bereitschaft der Studenten über Verliebtheit im Frühling zu sprechen.

7. Klasse: Auch scheinbar spannende Texte haben genügend Leerstellen, über die pure Aufregung oft hinwegführt. Honolkas Schilderung der Magellan-Fahrt (Klett Lesezeichen Bd. 5) läßt die Motive des Kapitäns völlig im Dunkeln. Sein Auftritt vor König Manuel macht blitzartig seine Lebenssituation klar und bietet Hintergrundmaterial für die gesamte Fahrtschilderung (s. Materialien, S. 182 ff.).

6. Literarischer Zieltext

Zentral für die Auffaltung des Textes ist ja, wie beschrieben, daß er auf einen Aspekt der Fähigkeiten und Interessen in der Klasse bezieht und daß die notwendigen Strukturelemente durch die Kontextuierung erkennbar werden. Die Frage wird also immer lauten: Wie sehen die Teilmerkmale der Textpointe aus, können sie von den Schülern verstanden werden, sind Grundlagen im Wissen dafür vorhanden?

Als ausführliches Exempel möge der Unterricht über Hesses „Nachtpfauenauge" dienen (s. oben S. 139 ff.).

7. Abstraktion / Begriffliche, theoretische Einordnung

Für die komplexeren Denkvorgänge müssen zunächst die Ergebnisse der Lektüre in zusammengedrängter Form präsent sein. Hans Georg Hölsken hat in seinem Beitrag die Mechanismen der Zusammenfassung und die Funktion der Begriffsspitze einleuchtend beschrieben (s. S. 65 f.). In einem weiteren Schritt ist es notwendig, die Elemente des abstrakten Zusatztextes mit denen des literarischen zu vergleichen und zu kontrastieren. Es ist gar keine Frage, daß jetzt vom Schüler verlangt wird, den gesamten Verstehensdurchgang beim Erweiterungstext viel schneller zu durchlaufen. Um dem Schüler diese – für den Lehrer selbst meist selbstverständliche – Arbeit zu erleichtern, bedarf es genauer Vergleichsstellen, klarer Hinweise und genügender Zeit. Methodisch am sinnvollsten scheint die Besprechung im Plenum, weil sich durch die vielfältige Ausweitung der Abstraktionen im Klassenensemble am ehesten Ergebnisse erzielen lassen.

Eine Einheit über Kleists „Michael Kohlhaas" wird mit einem Text über das Rechtsgefühl abgeschlossen (Hans Ornstein, Macht, Moral und Recht. Bern 1946) Der Auszug enthält zwei Vergleichspunkte zur Thematik des Unterrichts und zwei Erweiterungsgedanken:
a) Erweiterungspunkt: Wie sieht das Rechtsgefühl bei Kindern aus? Worin besteht es?
b) Vergleichspunkt: Warum wird das Rechtsgefühl im Prozeß oft überspannt?
c) Vergleichspunkt: Wodurch wird es, laut Ornstein, gehindert und wo träfe das bei Kohlhaas zu?
d) Erweiterungspunkt: Wieviel kindliches, natürliches Rechtsempfinden gäbe es denn unabhängig von den sozialen Überformungen?

Im folgenden sind Materialien zu bekannten Texten und Themen abgedruckt, die einige Gedanken zur thematischen Kontextuierung exemplifizieren können.

6.1.3 Exemplarische Unterrichtseinheiten zur thematischen Kontextuierung

Im folgenden werden die vier Schritte der thematischen Kontextuierung am Beispiel von zwei Unterrichtseinheiten vorgeführt, die in einer 5. bzw. einer 7. Klasse durchgeführt wurden. Die Zählung kennzeichnet dabei nur die vier Schritte, die Stufen des Erfahrungskegels werden der Übersicht halber nicht mehr mit Ziffern versehen.

6.1.3.1 Indianer (5. Klasse)

1. Zielsetzung
Die Schüler sollen einen spannenden Text aus dem klassischen Genre der Indianergeschichten lesen. Es ist wünschenswert, im Kontrast zu den üblichen Klischees einen realistischen Zugang zu wählen.

2. Zieltext und Themen
Ausschnitte aus dem autobiographischen Text des Häuptlings Büffelkind Langspeer (Klett Lesehefte) erscheinen für Elfjährige zugänglich:
– Erziehung der Kinder (besonders der Jungen) in einer „wilden" Umwelt
– Die Jagd auf Büffel aus dringender Notwendigkeit
– Eigene kulturelle Sphäre der Indianer, besonders der Mütter
Da der Text zu viele Aspekte anspricht, von denen die Schüler keine Kenntnisse besaßen, ist eine Kontextuierung unumgänglich.

3. Erfahrungskegel und Kontexte

Bisherige Erfahrungen:
Statt mit einem Gespräch zu beginnen, kann der Lehrer einen Fragebogen einsetzen, der leicht modifiziert dem Buch von Claus Biegert über „Indianerschulen" (1981) entnommen wurde (s. S. 178). Damit kann er die zentralen Themenbereichstufen gezielter ins Plenum bringen, nämlich das vorhandene Faktenwissen (a und b), Klischees (c), Hintergrundwissen (d) und einen ersten Reflexionsansatz über die Herkunft der Informationen (e).

Diese Phase wird mit einem – letztlich beliebigen – Comic weitergeführt, um die wichtigste Quelle der Schüler zum Sprudeln zu bringen. In unserem Exempel aus „Lucky Luke" werden die Uramerikaner klischeehaft, aber auch leicht witzig übertrieben ins Bild gesetzt.

Bilder:
Echte Sachinformationen über ein leicht zugängliches Medium bauen solide Kenntnisse über Aussehen, Jagdweisen, Landschaften und Wohnorte auf.

Zieltext / Konkreter Sachtext:
Auf dem bisher erarbeiteten Hintergrund werden die Themen der Autobiographie des Häuptlings schärfer erkennbar:
– Erziehung zur Härte (wegen der schwer zu erreichenden Nahrung)
– Hungersnöte als Ergebnis fremder Einwirkungen
– Kulturelle Erziehung, Sprache, Mythen: der eigene seelische Raum
Diese Themen können verglichen werden
a) mit den Klischees,
b) mit anderem Sachwissen;
sie können hinterfragt werden nach den Gründen
c) für den Kampf mit den Weißen,
d) für die Betonung der kulturellen Eigenarten.

Zwischeninformationen:
Informationen über die geschichtlichen Abläufe, über die Büffel und über die weiße Eroberung sollten nur zwischendurch und in kleinen Dosierungen mitgeteilt werden, weil die Schüler Generalisierungen in einem nur partiell beleuchteten Feld sehr reduziert verstehen.

Literarischer Text:
Wer in diese Einheit einen literarischen Text einbauen möchte, findet z. B. in I. Heynes Erzählung „Die Perlenmokassins" ein passendes Bauteil: Ein junger Indianer weigert sich, am rituellen Büffeltanz teilzunehmen (und die dazu gehörenden Perlenmokassins anzuziehen), weil er eingesehen hat, daß es nicht magische Kräfte sind, die die Büffel fernhalten, sondern die Weißen mit ihren Mordmethoden. Erziehung auch zur emotionalen Härte wird sichtbar, als der Krieger gefangen gesetzt wird und seinen jüngeren Bruder als Bewachung erhält.

Abstraktionen:
Schematische oder begriffliche Übersichten können die Schüler dieser Klasse noch nicht selbst erarbeiten. Übertragungen sollten deshalb durch handlungsorientierte Aufgabenstellungen ermöglicht werden.

4. Arbeitsanforderungen

Die meisten Aufgaben legen es nahe, Wissen zu aktivieren, neue Informationen zu integrieren und beide Sparten schließlich mit eigenen Erfahrungen zu vergleichen. Auf dieser Stufe findet dann auch die Übertragung ins Bewußtsein statt: zu den Dias kann eine Malaufgabe hinzugefügt werden, die Schüler sollen Details aus dem Leben der Indianer aufzeichnen – so können sie ihr Wissen zunächst auch nichtsprachlich mitteilen.

Nach der Lektüre und der Besprechung sollten die Leser versuchen, gleichsam in die Biographie des Indianers einzusteigen und einen Tag als Indianerjunge/mädchen nachzuempfinden. Mehrere Varianten sind dabei zu erwarten:

- Völlige Übernahme heutigen Lebens im Gewand der Indianer,
- Übertragung des Wissens über Indianer heute (das Leben in den Reservaten),
- Einfühlung in die damaligen fremden Bedingungen, meist doch mit Nebenbemerkungen aus dem eigenen Empfinden.

Materialien

Zieltext: Häuptling Büffelkind Langspeer erzählt aus seinem Leben (Auszug)

Dann war noch jenes große Geheimnis der Ferne, das uns Knaben beständig lockte. Über die flache Wölbung unserer Ebenen sahen wir, soweit das menschliche Auge reichte – und dachten dennoch immer, was wohl jenseits läge. Wir hörten: Es gäbe „große Wasser", größer sogar als unsere Prärien; daß Tausende von weißen Menschen in einer anderen Welt jenseits dieser großen Wasser lebten, wo gar keine Indianer wären; daß sie in „großen Häusern", die wie Fische das Wasser durchschwammen, umherreisten; und auch, daß sie ein „langes Haus" besäßen, das Feuer und Rauch ausspie und über die Erde dahinlief, schneller, als ein Büffel zu laufen vermag. Solche Dinge erfuhren wir als Legenden von anderen Stämmen. Sie erzählten uns sogar von „schwarzen weißen Männern", die unter der Sonne lebten, dort wo sie sich ausruht, wenn sie unter den Sehkreis steigt, und wo die Menschen „verbrannt" würden, bis sie schwarz seien.

Unter all diesen Rätseln führten wir ein Leben voll von Ungewißheiten, immer auf dem Zuge, von einem Lager zum anderen umherwandernd. Es kam vor, daß wir im Tipi Feuer machten und uns dann mit den Decken ins Freie, auf die offene Prärie, legten, damit wir nicht etwa im Schlafe umgebracht würden.

Und gehungert haben wir auch manchmal. Wir konnten wenig für den Winter beiseitelegen, weil der Büffel immer seltener wurde und wir beständig weiterzogen. Es ist schlimm zu hungern. Ich erinnere mich, einmal so hungrig gewesen zu sein, daß wir Knaben uns zusammentaten, in die Tipis unserer Mütter schlichen und die wildledernen Beutel, in denen sonst das Fleisch getragen wurde, nahmen, sie am Feuer rösteten und aßen. Das war im „Jahr des großen Schnees", als wir alle dem Hungertode nahe kamen. Unsere Väter streiften über die Prärie und suchten Büffelköpfe, die bei den Herbstjagden liegengeblieben und nun hart gefroren waren; mit Beilen hackten sie die Haut von dem oberen Teil dieser Köpfe und kochten sie zum Essen. Endlich stießen wir auf eine Herde Bergschafe, die der tiefe Schnee herab in die Vorberge getrieben hatte; wir töteten die ganze Herde und verzehrten sie an Ort und Stelle. Wir aßen so viel, daß wir wie betrunken umhertaumelten.

Im Winter zogen wir wenig von Ort zu Ort, der Schnee lag zu tief. Wir suchten uns einen guten Windschutz in der Talsohle einer tiefen Präriewelle, bauten unser Lager und überdeckten die Büffelhaut-Tipis mit Baumrinde, um sie vor dem Blick von Umherstreichern und Feinden zu verbergen. Dort blieben wir, solange der Schnee wehte. Während der langen, finsteren Winterabende sangen wir am Lagerfeuer im großen Versammlungszelt; das half uns die schwere Zeit ertragen.

Immer, winters wie sommers, beobachteten wir genau das Verhalten von Tieren und Vögeln. Wenn die Antilope und der Büffel ruhig grasten, wußten wir, daß alles gut war. Aber wenn die Vögel oder die andern Tiere in ihren Bewegungen oder Rufen Erregung zeigten, so wußten wir, daß irgend etwas Fremdes umherstrich; wir schickten dann Kundschafter aus, um das Lager zu sichern.

Die Indianer griffen immer kurz vor Tag an, wenn der Geist weitab ist und sich nur langsam zu sammeln vermag. Darum verließen jeden Morgen vor der Dämmerung zwei unserer Späher das Lager, bestiegen die höchste Erhebung der Umgegend und lagen dort bis Tagesanbruch. Sie überblickten sorgfältig das ganze Gebiet, um zu sehen, ob irgendein Feind auf unserem Pfad läge oder einen Überfall vorbereitete.

Während der langen Winter in den hohen nördlichen Breiten, wo die Tage nur wenige kurze Stunden dauerten, verwendeten unsere Mütter einen großen Teil jedes Tages dazu, uns Kinder in Sitte und Brauch des Indianers zu unterrichten. Wie der weiße Knabe erhielten auch wir unsere Schulung hauptsächlich im Winter. Die Mütter belehrten uns täglich etwa zwei Stunden lang im richtigen Gebrauch der Stammessprache. Dies – ein fehlerloses und gewandtes Beherrschen der Sprache – ist ungemein wichtig für den Indianer, denn seine gesellschaftliche Stellung in späteren Jahren hängt davon ab. Ein Indianer, der ins Mannesalter wüchse, ohne seine Sprache mit peinlicher Genauigkeit gelernt zu haben, würde sich zu einem Rechtlosen im Stamme erniedrigen; nie dürfte er öffentlich reden, denn seine Sprachfehler könnten an andere – besonders an Kinder – weitergegeben werden und so die Stammessprache verderben. Darum mußten, weil wir weder Bücher noch eine geschriebene Sprache besaßen, unsere Mütter uns stundenlang die alten Formen und Regeln unserer Stammessprache einlernen; und das war gar nicht leicht – es gab neun Abwandlungen der Zeitwörter, vier Geschlechter und achtzig verschiedene Formen.

Die Väter überwachten unsere körperliche Ausbildung, die sehr streng war. Den Hauptzweck suchten sie darin, uns abzuhärten und uns die Fähigkeit zu geben, jeden Schmerz zu ertragen. Der einzige Beruf des Indianers war der des Kriegers und Jägers. Darum galt, abgesehen von dem Unterricht in Sprache und Sitte, unsere ganze Ausbildung nur dem einen Ziel, uns zu guten und furchtlosen Kriegern zu machen.

Um unsere Körper zu stählen, peitschten in jeder Familie die Väter ihre Knaben, sobald sie morgens aufwachten. Nachdem sie uns gehörig geschlagen hatten, gaben sie uns die Fichtenzweige und hießen uns an den Fluß gehen und im kalten Wasser zu schwimmen. Im Winter badeten wir im Schnee. Bei jedem Regen mußten wir uns ausziehen und zu einem Regenbad hinauslaufen. All dies galt der Abhärtung des Körpers.

Fern lag es uns, an solcher Behandlung Mißfallen zu finden – im Gegenteil, wir Buben zeigten die Striemen auf unserer Haut mit dem größten Stolz. Manchmal baten wir sogar um mehr Schläge. Wenn wir im Winterlager lebten, ersuchten wir unsere Väter, einen Prügelbarren für uns im großen Versammlungszelt zu errichten. Zwei Pfosten wurden in die Erde gelassen; über ihnen wurde ein Barren befestigt, ungefähr in der Höhe, die ein mittelgroßer Knabe zu erreichen vermochte. Dann, an besonders kalten Tagen, wenn wir unsere Spiele und Wettkämpfe im Freien nicht abhielten, kamen wir alle zusammen und baten unsere Väter um „die Peitschung der Tapferen".

Während ringsum die Leute des Stammes zusahen, entblößten wir einer nach dem anderen den Rücken, traten heran an den Barren und ergriffen ihn. Dann begann der „Peitscher", den unsere Väter dazu ausgesucht hatten, uns mit einem Bündel fester Fichtenzweige schwer zu schlagen. Man hielt das aus, solange es irgend ging, dann ließ man den Barren los; das war das Zeichen, daß man genug hatte, und der Peitscher hörte auf. Die besonders Tapferen unter uns hielten manchmal stand, bis der Peitscher seine Gerten gänzlich abgenutzt hatte. Er hörte dann von selbst auf und überreichte uns den Stummel, den wir aufbewahrten und mit großem Stolz zur Schau trugen, solange wir zu den Knaben gehörten.

Ich erinnere mich sehr deutlich an meine erste Bekanntschaft mit dem eisigen Morgenbad. Ich mag etwa fünf Jahre alt gewesen sein, da kam an einem kalten Morgen mein großer Bruder herüber an mein Schlafnest, zog mich aus dem Bettzeug und lief mit mir unter dem Arm hinunter an den Fluß. Ich strampelte, schrie und wand mich, um loszukommen. Es war sehr kalt, ich hatte keine Ahnung, was er mit mir vorhatte. Darüber sollte ich nicht lange im ungewissen bleiben. Wir erreichten das Flußufer, er schlug mit dem Fuße ein Loch in das dünne Eis und warf mich hinein – der Schreck nahm mir fast den Atem. Als er dann hinabgriff und mich herauszog, kämpfte ich heftig gegen ihn; aber er packte mich einfach unter den Arm und trug mich zurück ins Lager, als sei gar nichts geschehen.

Im warmen Tipi kam ich bald wieder zu Atem, und ich fragte ihn, warum er das getan habe; er antwortete, es sei ihm vom Vater befohlen worden. Ich ging zu meinem Vater und fragte, warum er dem Bruder befohlen habe, mir das anzutun. Der antwortete:

„Du wirst das von jetzt an jeden Morgen selbst tun müssen, außer du willst ein Mädchen sein – dann ziehen wir dir Mädchenkleider an." Ich beteuerte, kein Mädchen sein zu wollen, und er sprach: „Nun gut, dann werden wir einen Krieger aus dir machen."

(*Aus:* Häuptling Büffelkind Langspeer erzählt sein Leben. München: List 1958)

Fragebogen

a) Welche Indianerstämme kennst Du?
b) Nenne, wenn möglich, einige berühmte Häuptlinge!
c) Welche Eigenschaften haben Indianer?

fleißig – faul	friedlich – angriffslustig
tapfer – feige	freundlich – verschlossen
ehrlich – heimtückisch	mitfühlend – grausam
zivilisiert – wild	harmlos – gefährlich

d) Weshalb haben Indianer gekämpft?
e) Woher weißt Du etwas über Indianer?

Comics (*aus:* Lucky Luke)

178

Fotografien und Zeichnungen zur Büffeljagd und zum Leben der Indianer

(Quelle: Fronval, George / Hetman, Frederik: Das große Buch der Indianer, Stuttgart 1973, S. 37/62)

Literarischer Text: Isolde Heyne: Die Perlenmokassins (Auszug)

Als die Büffel immer mehr ausbleiben, sieht der Medizinmann eines Indianerstammes als einzigen Ausweg den großen Kriegstanz gegen die Weißen. Ein junger Krieger weigert sich mitzumachen und die rituellen Perlenmokassins dafür anzuziehen. Sein Stamm setzt ihn in Haft und läßt den jüngeren Bruder des Kriegers als Bewachung im Zelt.

Der Junge wandte seinen Blick ab. Er ertrug nicht, daß ihn der Bruder mit seinen Augen fangen wollte. Deshalb erhob er sich und stieß mit dem Fuß gegen die Mokassins. Nun lagen beide da als eine Anklage gegen den jungen Krieger Helles Wasser. Der spürte das wohl.

Heftiger stieß er hervor: „Ja, ich würde noch einmal in ihren Reihen tanzen. Ohne die Perlen, die auf den Sohlen der Mokassins aufgenäht sein sollen. Damit sie endlich erwachen aus ihrem Traum;"

Ein heftiger Windstoß beutelte die Zeltwände. Durch den Rauchabzug konnte man den fahlen Winterhimmel sehen. Er sah unheimlich und drohend aus. Großer Geist – deine Kinder hungern – gib uns die Büffel wieder; Helles Wasser löste seinen Blick von dem winzigen Stück Himmel, das sich ihnen darbot. Aber seine Augen hatten nicht mehr den gleichgültigen Ausdruck von vorher. Ein gespanntes Lauschen schien seinen Körper zu straffen. Er maß den Jungen mit einem langen Blick. Seine Gesichtszüge waren hart und kantig. Hunger und Strapazen hatten ihre Spuren hineingegraben. Aber in den Augen lebte noch ein warmer Glanz, als er auf den jüngeren Bruder blickte.

„Mein kleiner Bruder täte gut daran, seinen Zorn zu begraben und mir zuzuhören."

Doch der setzte eine Miene der Verachtung und Ablehnung auf.

„Dieser Wovoka, den sie den Großen Geheimnismann nennen, ist ein Betrüger", fuhr Helles Wasser fort, ohne sich um die schweigende Abwehr des Jungen zu kümmern. „Er verspricht den Untergang der Weißen. Aber sterben werden wir."

Eine neue Windböe trieb feine Schneekristalle herein. Das Heulen des Windes mischte sich mit dem Stampfen der Tanzenden, wurde begleitet vom Dröhnen der Zaubertrommel.

Helles Wasser lauschte wieder angespannt. „Es wird Sturm geben", sagte er dann, mehr zu sich selbst als zu dem Jungen. Der verzog nur die Mundwinkel.

(Aus: Tschaske Wolkensohn und andere Indianergeschichten. Hg. von Isolde Heyne. Reinbek: Rowohlt 1982. rororo Rotfuchs 320)

6.1.3.2 Seefahrergeschichten / Gefühle (7. Klasse)

1. Zielsetzung

Ungewöhnlich sachlich trocken hatte diese Klasse bisher Literatur behandelt – erste Lockerungsversuche zeigten Wirkung, so daß der Lehrer versuchte, die Gefühle indirekt und direkt ein wenig zu bewegen und mit der Literatur in Verbindung zu setzen.

2. Zieltext und Themen

Noch bedurfte es der Spannung als Vehikel, um von dort an differenziertere Empfindungen heranzukommen – also waren Seefahrergeschichten vom Typ des Fliegenden Holländers und eventuell der großen Entdecker das Mittel der Wahl, sofern sie plastisch genug geschrieben und mit genügend Motiven versehen waren. Es wurde eine Einheit mit zwei Zieltexten zusammengestellt, die jeweils für sich kontextuiert werden mußten: eine anonyme Erzählung über den Fliegenden Holländer und Kurt Honolkas Geschichte über Magellan (beide in Klett Lesezeichen 5). Der Einfachheit halber beschreibe ich hier nur den ersten Teil.

In der Erzählung über das Schreckgespenst aller Seefahrer ist es die lange Entbehrung, die die Matrosen zu einer Vision des Geisterschiffes führt. Die Öde des Segelns bietet eine realistische Erklärung für die Halluzinationen. Aber der Leser wird damit nicht entlassen, denn die fürchterliche Schuld des Kapitäns erscheint den Seeleuten als

Magnet für das Gespensterschiff. An der Oberfläche wird die Spannung dieser Erzählung dadurch aufgebaut, daß sich jeder fragt, ob die Matrosen überleben werden. Eine Schicht tiefer wirken die Emotionen der Akteure auf den Rezipienten, auch er kann sich die Angst und Verzweiflung, den Mut, die Aggressionen und die Neugier der Beteiligten vergegenwärtigen und sie im Gespräch der Klasse artikulieren.

3. Erfahrungskegel und Kontexte

Die Kontextuierung muß sich in einer solchen Situation nach zwei Seiten orientieren: Ist genügend Sachwissen vorhanden, und wie bereiten sich die Wahrnehmungen der Emotionen vor, wie werden die Leser angeregt, solche Erzählungen mit ihren subjektiven Empfindungen zu verknüpfen?

Bisherige Erfahrungen:

Ohne Anlaß kann kein Schüler in einer beliebigen Stunde über seine Gefühle reden. Da auch eine ungeschützte Selbstdarstellung des Lehrers zu persönlich wirkt, sind grundsätzlich offene Texte oder phantasievolle Bilder als Gesprächsauslöser vorzuziehen. In einer fünften Klasse hatten wir ein Stück aus Tormod Haugens Roman „Die Nachtvögel" zusammen mit Michael Endes Bild vom Schlafittchen herangezogen. Für die Dreizehnjährigen sollten es realistischere Beispiele sein. Als Anregung ist in den Materialien (s. S. 184) die Klage eines kleineren Geschwisters über einen schlechten Traum abgedruckt.

Bilder:

Gefühle meiden gern die festen Körper der Wörter und suchen sich dafür bildliche Ausdrücke, ein authentisches Beispiel aus der Zeichenfeder einer Vierzehnjährigen löste vielen Schülern die Zungen, weil sie ja nur die optischen Reize und Empfindungen mitteilen mußten.

Konkrete Texte / Subjektive Aneignung:

Ein konkreter Bericht über einen Alpenbauern, der beim Skifahren von einer Lawine verschüttet wurde und drei Tage in dieser Ungewißheit blieb, bis er gerettet wurde, gab den Anlaß, seine Empfindungen und Gedanken nachzuvollziehen. Welche Ereignisse und Versäumnisse seines Lebens gehen ihm durch den Kopf? In einer solchen Pointierung verbanden sich aktuelle Gedanken mit großen Problemströmen des fiktiven Bauern oder des realen Schülers. Gefühle sind nicht nur situationsentsprungen, sondern sie umkreisen die Leitmotive eines Lebens.

Vor-Text:

Eventuell ist es sinnvoll, einen sachlich informierenden Text der eigentlichen, spannenden Geschichte vorauszuschicken. Auf diese Weise kann die Rezeption des literarischen Zieltextes von der Aufgabe entlastet werden, die zum Verständnis notwendigen Informationen zu sichern.

Literarischer Zieltext:

Auf diese Weise vorbereitet, lasen die Schüler die Erzählung über den Fliegenden Holländer bis an die Stelle vor seinem Erscheinen. Den Höhepunkt zu beschreiben, war ihre Aufgabe, und sie erfanden mancherlei Varianten:

a) Es geht gut aus, das Geisterschiff dreht ab.

b) Der Fliegende Holländer bekommt Mitleid mit dem Kapitän und fährt davon.

c) Nur der Kapitän wird mitgenommen, weil er Schuld auf sich geladen hat.

d) Ein blinder Passagier verwirrt den Fliegenden Holländer, für den ja die Zahl der Matrosen wichtig ist.

e) Die Hälfte der Mannschaft stirbt.

f) Alle sterben bis auf den Erzähler.

Wenn der Lehrer in der Besprechung behutsam vorgeht, gelangen die Schüler zu einigen wichtigen Einsichten über ihre Emotionsverarbeitung. Mögliche Fragestellungen: Bei welcher Geschichte kommt die Angst am klarsten zum Ausdruck? (e und f, vielleicht c). Wieso kann eine solche Erscheinung wie der Fliegende Holländer überhaupt Angst einjagen? (Schuldbelastung in c und generelles Gespräch über Visionen bei Reizarmut auf See). Wo ist Angst sichtbar, wird aber bewältigt? (b). Und wo hat der Erzähler keine Angst (d), oder weicht er ihr aus? (a).

Materialien

Vor-Text:Martin Hieronymus Hudtwalker: Der Fliegende Holländer

In einer Sturmnacht am Kap der Guten Hoffnung. Die Besatzung eines Schiffes glaubt, den Fliegenden Holländer gesehen zu haben. Furcht kommt auf; da beginnt der alte Matrose Tom die Geschichte des Fliegenden Holländers zu erzählen:

„Es ist ein behexter holländischer Ostindienfahrer, der hier in dieser vertrackten Gegend (– dem Vorgebirge der Guten Hoffnung –) vor hundert und mehr Jahren weggekommen ist; man weiß selbst nicht, wie und wohin. Der Kapitän war ein Mann, der sich den Teufel selbst nicht anfechten ließ. Ihn überfiel hier ein Sturm. Seine Offiziere rieten, in die Tafelbai einzulaufen. Er ward zornig und schrie: Ich will ewig verdammt sein, wenn ich das tue, und sollten wir bis zum jüngsten Tag vor der Teufelsbai herumfahren. Das soll nun wahr geworden sein. Er fährt noch immer herum, aber nur bei Sturm sieht man ihn. Es ist kein gutes Zeichen, wenn man ihn sieht. Aber wenn er beigelegt und ein Boot aussetzt, so ist es noch schlimmer. –

„Ja, wenn er ein Boot aussetzt", sagte ein anderer Matrose, „so hat er Briefe abzugeben an längst verstorbene Leute, die in Straßen wohnen, welche kein Mensch kennt. Annehmen muß man sie, sonst ist der zweite Verdruß schlimmer als der erste. Aber diese Unglücksbriefe, die sich ganz leicht anfühlen wie ordinäres Papier, wiegen zentnerschwer im Schiff und werden alle Tage schwerer. Man hat Beispiele, daß sie Schiffe in den Grund gezogen haben. [. . .]

„Also fünf Mann im Boot, sagst du?" fiel Tom ein. „So ist es auch gewiß wahr, was mir der alte Jänky aus Boston erzählt hat, daß der Fliegende Holländer, wenn er das Boot mit einer graden Zahl Leute aussetzt, keine Briefe abzugeben hat, sondern Leute abholen will. Er nimmt dann halb so viele von der Besatzung des Schiffes mit, das er anspricht, wie er selbst im Boot hat. Was dann aus denen wird, weiß Gott oder vielmehr der Teufel. Der Bootsmann vom Holländer aber legt an und ruft die Leute beim Namen, die er haben will, und das sind immer die gottlosesten. Mit müssen sie, da hilft nichts. Ist aber die Zahl der Leute im Boot ungrade, so hat der Holländer nur Briefe abzugeben. Man kann also gleich sehen, was er will."

(Aus: Bruchstücke aus Berthold's Tagebuch, hg. v. Oswald. Berlin: Duncker und Humblot 1826. Auch in: Lesezeichen [Grundausgabe] 5. Stuttgart: Klett 1982)

Zieltext: Unbekannter Verfasser: Der Fliegende Holländer (Auszug)

[. . .] „So kam das Unglücksschiff bis hierher in die Tafelbai. Und hier war die Fahrt zu Ende. Ein heftiger Wind blies ihnen entgegen, und welche Manöver auch immer Vanderdecken ausführen ließ, er kam nicht weiter. Kaum hatte er nach einer Backbord-Halse ein Stück gewonnen, in der anderen Richtung verlor er es wieder. So vergingen Wochen und Monate. Da packte Vanderdecken eine verzweifelte Wut, und er lästerte den Himmel und schwor, daß es ihm gar nichts ausmachen würde, in alle Ewigkeit dahinzusegeln. Da drehte sich der Wind, blähte die Segel, und das Schiff flog dahin. Und seit dem Tag ist es so, daß jeder Segler, der sein Kielwasser kreuzt, untergehen muß."

Die Dämmerung war hereingebrochen, die Zeit, in der sich der Fliegende Holländer gerne sehen läßt, und ein unheimliches Gefühl beschlich den Jungen.

„Und du glaubst wirklich, daß das alles wahr ist?" fragte er leise, aber der Spott, den er in seine Fragen legen wollte, gelang ihm nicht.

Die Pfeife des Bootsmannes schrillte über das Deck. Der Wind hatte sich gedreht, und es gab endlich wieder etwas zu tun. Kapitän van Belem brüllte seine Befehle übers Verdeck, er tobte und schrie und war nicht zufriedenzustellen.

„Jetzt will er wieder sein Gewissen niederbrüllen", schrie hoch oben in der Takelage ein Toppgast dem anderen zu. „Der große Kerl hat Angst vor dem kleinen Ding in seiner Brust."

„Was für einem Ding?" schrie der andere.

„Das man Gewissen nennt. Am liebsten ist es ihm, wenn es schläft. Aber wenn es zu sprechen beginnt, dann schreit er eben noch lauter, damit er es nicht hört."

Jeder an Bord wußte, daß Claas van Belem schwere Schuld auf sich geladen hatte. Er war ein reicher Mann aus guter Familie gewesen und hatte eine wunderschöne Frau, die er vielleicht sogar liebte. Aber Gefühle zu zeigen war ihm nicht vergönnt, und sein Herz war voll Eifersucht und Argwohn, bespitzelt, betrogen, verraten zu werden. Als er eines Abends seinen Garten betrat, sah er seine Frau im Dunkeln mit einem Mann. Sie flüsterten einander etwas zu. Verblendet zog Claas seinen Degen und stach die beiden tot. Zu spät erkannte er in dem Mann den Vater seiner Frau.

An diese Mordtat mußten sie jetzt alle denken, als der Wind zum Orkan wuchs. Drohende Wolken kamen näher.

„Wer weiß?" flüsterte ein Offizier seinem Kameraden zu. „Auch der Fliegende Holländer büßt für eine blutige Tat. Vielleicht wittert er das Blut an den Händen des Kapitäns."

„Da sei Gott vor", sagte der alte Graubart, der eben vorübergekommen war. „Dann sind wir alle verloren."

„Ein Segel!" schrie der Mann vom Ausguck herunter. „Ein Segel!"

Am Horizont war etwas Weißes aufgetaucht. Es konnte ein Segel, aber ebenso eine Fata Morgana sein. Bald war es auch wieder verschwunden. Aber die Männer hatten es gesehen. „Wenn er es ist . . ." flüsterten sie einander zu.

„Gott steh uns bei, wenn er ein Boot zu uns herüberschickt."

„Einen Mann mit der Bitte, Post in die Heimat zu befördern."

„Das tut er immer, wenn ein Schiff verurteilt ist."

„Ein Segel!" erscholl es wieder hoch vom Mast. Und wieder war der weiße Fleck zu sehen – nur näher diesmal.

Kapitän van Belem wußte, was die Leute redeten, wenn sie die Köpfe zusammensteckten. Er dachte ja das gleiche. Aber je mehr die Ahnung ihn bedrängte, desto verzweifelter versuchte er, sie zu leugnen.

„Den ersten Narren, der behauptet, ein Segel zu sehen, lasse ich an den Mast binden und auspeitschen!" brüllte er.

Mit vor Entsetzen geweiteten Augen blickten die Männer über das dunkle Wasser auf die geblähten Segel, die immer größer und immer heller wurden: auf das unheimliche Schiff, das lautlos auf sie zuflog.

„Ich sehe nichts!" geiferte der Kapitän. „Ich sehe nichts!"

[. . .]

(*Aus:* Die schönsten Sagen aus aller Welt. Wien 1977)

Bisherige Erfahrung (durch Bilder und konkrete Texte angeregt)

Vater und Mutter sind ausgegangen

Ulrike und Uli sind allein, da ihre Eltern ins Kino gegangen sind. Plötzlich wacht Ulrike auf, da sie Uli neben sich im Bett weinen hört. „Was hast du denn? Warum weinst du, Uli?" fragt Ulrike ihren Bruder. „Ich hab so schlecht geträumt", stammelt Uli. Ulrike knipst das Licht an.

Michael Ende: Schlafittchen (Aus: Das Traumfresserchen. Stuttgart 1970)

Jens (14 Jahre) „The bad town" (*Aus:* Kinderträume)

6.2 Zur Rolle des Lehrers im Unterrichtsgespräch

(Kaspar H. Spinner)

In unseren Analysen haben wir die Verstehensprozesse der Schüler untersucht; die Rolle des gesprächsführenden Lehrers ist dabei vor allem im Beitrag von Hans-Georg Hölsken und im kurzen Kapitel „Der Einfluß des Lehrers auf die Unterrichtsergebnisse" von Heiner Willenberg in den Blick gekommen. Dabei hat sich gezeigt, daß das Lehrerverhalten im Unterrichtsgespräch wesentlichen Einfluß auf die Qualität der Verstehensleistungen der Schüler hat. Ich stelle deshalb im folgenden die Ratschläge zusammen, die auf der Basis unserer Analysen für die Steuerung des Unterrichtsgesprächs gegeben werden können. Zuerst formuliere ich 3 Maximen, die als Leitlinien gedacht sind. Dann folgt eine Auflistung derjenigen textbezogenen Frage- und Impulstypen, mit denen der Lehrer den Maximen gerecht werden kann, und abschließend gebe ich noch Hinweise für die kommunikationsanregende Formulierung von Fragen.

6.2.1 Drei Maximen

1. Maxime
Gängeln Sie die Schüler nicht mit Fragen, für die eine abrufbare Antwort bereitsteht, sondern geben Sie Impulse, die die Schüler zur Entfaltung ihrer Verstehensansätze anregen!
Um Problemlösen, nicht um Fragen-Beantworten soll es gehen.

2. Maxime
Gestalten Sie den Literaturunterricht so, daß ein Wechsel zwischen abstrahierenden und veranschaulichenden Verarbeitungsweisen stattfindet! Wenn Interpretation nur in verallgemeinernde Begrifflichkeit mündet, verliert der literarische Text seine ästhetische, vorstellungsaktivierende Kraft; wenn nur in Beispielen und Analogien auf Texte reagiert wird, bleibt die Interpretation in einer Aneinanderreihung kleiner, veranschaulichender Parallelerzählungen stecken.

3. Maxime
Halten Sie Gesprächsergebnisse nicht zu früh an der Tafel fest! Die Schüler arbeiten sonst nicht mehr an ihrem eigenen Textverständnis, sondern suchen nur noch nach passenden Wörtern für die Tafel und reduzieren so die Komplexität der literarischen Sinnzusammenhänge auf eine Addition von Einzelmerkmalen.

6.2.2 Vorschläge für textbezogene Fragen und Impulse

Ein Unterricht, der auf einen selbständigen Umgang mit Texten zielt, darf nicht von Fragen und Impulsen dominiert sein. Auf sie verzichten kann man freilich auch nicht, denn oft sind die Schüler hilflos angesichts eines Textes oder verfangen sich in einer einseitigen, unfruchtbaren Argumentation. Mit seinen Fragen und Impulsen muß der Lehrer Aufmerksamkeitsrichtungen öffnen und Probleme bewußt machen. Das kann nicht nach einem festen Schema, sondern muß in beweglicher Abstimmung auf den jeweiligen Unterrichtsverlauf erfolgen. So sind auch die Typen von Fragen und Impulsen, die ich hier zusammenstelle, nicht in ein festes Modell des Unterrichtsverlaufs eingebunden, sondern für den variablen Einsatz gedacht; der Tendenz nach wird man aber die zuerst genannten eher am Anfang von Interpretationsgesprächen, die später genannten eher in deren weiterem Verlauf einsetzen. In allen Fällen geht es darum, Problemstellungen zu präsentieren, deren Bearbeitung vertieftes Verstehen herbeiführen kann.

1. *Stellungnahmen anregen*

   z. B.: „Ich glaube, mir wäre X. unsympathisch, wenn ich ihm begegnen würde." – „Viele würden sagen, Y. hat wie ein Verbrecher gehandelt!" – „Würdet ihr das Buch Mitschülern zur Lektüre empfehlen?"

2. *Analogiebildungen / Veranschaulichungen / Beispielnennungen anregen*

   z. B.: „Vielleicht habt ihr so etwas selbst schon erlebt!" – „Du sagst, X. habe sich nicht gemein verhalten. Könntest du an einem ausgedachten Beispiel zeigen, was ein gemeines Verhalten wäre?" – „Fallen euch dazu andere Geschichten ein, die ihr kennt?"

3. *Konkretisierungen anregen*

   z. B.: „Bei einigen Textstellen habt ihr gelacht!", – „Wie stellt ihr euch X. vor?" – „Was meint ihr, wenn ihr sagt, Y. sei böse?"

4. *Nach Hintergründen / Motiven von Geschehnissen / Figuren fragen*

   z. B.: „Warum verhält sich X. denn so?" – „Was könnte Y. veranlaßt haben, so zu handeln?" – „Weshalb ist Z. denn jetzt nicht glücklich?"

5. *Ein Nachdenken über mögliche Reaktionen / Folgen anregen*

   z. B.: „Was könnte sich X. gedacht haben, als sie das hörte?" – „Wie wird sich Y. wohl das nächste Mal in einer entsprechenden Situation verhalten?" – „Ich möchte nicht in der Haut von Z. stecken und mit diesem Brief nach Hause gehen müssen!"

6. *Ein Problem als Lücke oder als Widerspruch vergegenwärtigen*

   z. B.: „Im vorigen Kapitel hat X. noch ganz anders geredet" – „Hat denn der Titel / das Motto / die Schlußsentenz überhaupt einen Bezug zum übrigen Text?" – „Was hat denn diese ausführliche Landschaftsschilderung mit dem übrigen Text zu tun?"

7. *Einen Problemzusammenhang zusammenfassend ansprechen und ihn dann entfalten lassen*

   z. B.: „Es gibt Leser, die sehen in diesem Text auch eine politische Intention des Autors!" – „Ist der Text eigentlich als komisch / ironisch / satirisch zu bezeichnen?" – „Wie stellt sich der Konflikt zwischen Natur und Zivilisation hier dar?"

8. *Den gemeinsamen Kern von Begriff / Text und veranschaulichendem Beispiel herausarbeiten lassen*

   z. B.: „Inwiefern siehst du hier eine Parallele?" – „Ich verstehe noch nicht recht, was dein Beispiel mit Eifersucht zu tun hat".

9. *Erörterte Zusammenhänge auf einen Begriff bringen lassen*

(als begriffliche Reduktion von Komplexität; aber nicht Begriffe losgelöst vom Textzusammenhang definieren lassen!)

z. B.: „Wie könnte man das Verhalten von X. zusammenfassend charakterisieren?"– „Wenn ihr X. ‚versponnen' nennt, wie könnte man denn nun Y. bezeichnen?" – „Jetzt haben wir lauter Einzelheiten genannt und den Überblick dabei fast verloren!"

6.2.3 Kommunikationsanregendes Fragen

Die angeführten Frage- und Impulstypen sind nach der unterschiedlichen Art und Weise, wie sie den Untersuchungsgegenstand (den Text und seine Deutung) zum Problem machen, aufgegliedert. Äußerungen im Unterrichtsgespräch sollen aber nicht nur am behandelten Gegenstand, sondern ebenso an den anderen Äußerungen der Beteiligten ausgerichtet sein. Nur so entsteht wirklich ein Gespräch, ein Miteinander und Gegeneinander, das Erkenntnisfortschritt verspricht. Bei seinen Impulsen und Fragen sollte der Lehrer deshalb immer auch im Auge haben, wie er ein wechselseitiges Argumentieren anregen kann. 2 Grundprinzipien können dazu aufgestellt werden:

1. *Durch seine Fragen und Impulse soll der Lehrer die Schüler dazu anregen, auf andere Schülerbeiträge einzugehen,* z. B. durch Formulierungen wie „Meinst du das gleiche wie Peter?", „Sonja hat aber gerade das Gegenteil behauptet!", „Sind die anderen der gleichen Ansicht wie Andreas?"

2. *Durch seine Reaktionen soll der Lehrer zeigen, daß ihm selber daran gelegen ist, die Schüler zu verstehen,* und es ihm nicht nur darauf ankommt, die Stichworte zu erhalten, die ihm ein Fortspinnen des geplanten Unterrichtsfadens erlauben. Dieses Interesse an den Äußerungen des Schülers zeigt sich in den Fragen und Impulsen durch Formulierungen wie: „Das verstehe ich nicht genau, was du jetzt gesagt hast", „Mich würde interessieren, wenn Maria ihre These noch einmal etwas ausführen würde". Nur wenn der Lehrer sich in dieser Weise als interessierter Gesprächspartner zeigt, werden sich auch die Schüler eine entsprechende Einstellung aneignen.

6.3 Rezeptionshandlungen / Produktionsaufgaben

(Kaspar H. Spinner)

Unsere Versuche und Analysen legen neben einer Kontextuierung der Textangebote und einem am Problemlösen orientierten Unterrichtsgespräch auch eine vermehrte Berücksichtigung schriftlicher Arbeitsformen nahe, und zwar nicht nur als Klassenarbeiten zur Überprüfung und Notengebung, sondern als Möglichkeit, die Auseinandersetzung mit den Texten zu intensivieren und schülerbezogener zu gestalten. Wir sehen die Leistung einer schriftlichen Reaktion auf Texte vor allem unter den folgenden Aspekten:

– Schreibend mit Texten umzugehen heißt, selbst literarisch tätig zu sein und somit die Distanz zur oft so einschüchternden Schriftlichkeit abzubauen.

– Über einen Text zu schreiben statt über ihn zu reden erlaubt, zunächst vom Kommunikationspartner abzusehen. Man kann sich ungestörter in den Raum der Fiktion hineinbegeben, kann seinen eigenen Gedanken nachgehen, ohne gleich durch Argumente anderer zurückgerufen zu werden, kann sich Zeit nehmen, weil niemand wartet, daß man weiterredet, und man nicht anderen zuhören muß.

– Wenn ihre schriftlichen Äußerungen Ausgangspunkt für weiterführende Gespräche sind, erfahren die Schüler, daß ihre eigenen Reaktionen auf Texte interessant und der Beachtung wert sind. Literaturunterricht erscheint dadurch nicht nur als Arbeit am Text, sondern zugleich als Arbeit an Rezeptionsäußerungen der Beteiligten.

– Schreiben zu Texten kann voller Überraschungen sein, wenn es als kreative Auseinandersetzung verstanden wird. Literarische Texte erscheinen dann nicht nur als ein Unterrichtsgegenstand, der richtig verstanden werden muß, sondern zugleich als Auslöser für eigene Weiterführungen und Gegenentwürfe.

– Ein Unterricht, der sich verstärkt auf schriftliche Äußerungen der Schüler stützt, kann auch für den Lehrer anregender sein, weil die Dominanz, die er beim Unterrichtsgespräch durch die Gesprächsleitung meist hat, abgebaut ist und die Chance für unerwartete Schülerreaktionen größer ist.

Die Erstellung eigener (schriftlicher, aber auch mündlicher) Rezeptionstexte, mit denen die Schüler ihre Aneignungsweisen zum Unterrichtsthema machen, ist von Gerhard Rupp in seinem Beitrag mit dem Begriff „Rezeptionshandlung" bezeichnet worden. Die Unterrichtsstunden, von denen er berichtet, stützen sich wesentlich auf solche Rezeptionshandlungen, aber auch im Nachfolgeunterricht von Heiner Willenberg und von mir spielen sie eine wichtige Rolle. Ein breites Spektrum entsprechender methodischer Möglichkeiten ist in jüngster Zeit im Rahmen der produktionsorientierten Literaturdidaktik entwickelt worden (vgl. vor allem Haas 1984, Waldmann 1984, Praxis Deutsch 65/1984 mit dem Hefttitel „Schreiben nach Texten"). Auf diesen Verfahren liegt denn auch in der folgenden Zusammenstellung der Schwerpunkt. Zur Ergänzung sind abschließend auch die Möglichkeiten, mit anderen Medien als der Schrift auf Texte zu reagieren (Spiel, Film u. a.), genannt. Die einzelnen Typen von Rezeptionshandlungen werden jeweils kurz beschrieben und mit lernpsychologischen Hinweisen versehen. Damit möchte ich deutlich machen, daß die verschiedenen Verfahren nicht spielerischer Selbstzweck und nicht beliebig gegeneinander austauschbar sind, sondern ihre je spezifische Funktion für die Förderung literarischen Verstehens und die kognitive und affektive Entwicklung der Schüler haben können, – vorausgesetzt, daß sie in überlegter Weise eingesetzt werden. Ich ordne die einzelnen Rezeptionshandlungen vier Grundtypen zu, nämlich

1. Beschäftigung mit einem unvollständigen/veränderten Text

2. Erweitern und Umschreiben

3. Über einen Text schreiben

4. Medienwechsel

6.3.1 Beschäftigung mit einem unvollständigen/veränderten Text

Intensive Wirkung entfalten literarische Texte, wenn der Leser das Geschriebene nicht einfach nur zur Kenntnis nimmt, wie er das bei informierenden Texten im Alltag gewöhnlich tut, sondern sich angeregt sieht, eigene Vorstellungen, Empfindungen, Gedanken während der Lektüre zu entwickeln. Literarische Texte sind darauf angelegt, daß der Leser sie in dieser Weise mit Eigenem auffüllt. Er macht sich aufgrund der Angaben, die er zu Figuren im Text findet, ein lebhaftes Bild von Personen, er stellt sich die Räumlichkeiten und Landschaften vor, oft so, als befände er sich selbst darin, er denkt über mögliche Weiterentwicklungen des erzählten Geschehens nach, er spürt auf, was zwischen den Zeilen gesagt ist, überträgt das Erzählte auf andere Situationen, sieht sich und seine Welt aufgrund der Texterfahrung neu, phantasiert sich selbst in den Text und die Figuren hinein oder lehnt sich gegen das Erzählte auf und entwickelt Gegenentwürfe. Eine solche lebendige Lesehaltung ist freilich nicht immer selbstverständlich – oft lesen Schüler Bücher und Heftchen, als seien sie Wegwerfartikel zum raschen Konsum. Ein Text, der den Schülern unvollständig oder verändert zur Bearbeitung gegeben wird, vermag dem allzu schnellen und oberflächlichen Lesen entgegenzuwirken, er steigert die Aufmerksamkeit und aktiviert die Vorstellungstätigkeit. Durch eigene Ergänzungen und Rekonstruktionen sehen sich die Schüler in eine produktive Auseinandersetzung mit dem Text hineingezogen, noch bevor sie ihn als ganzen kennen.

a) Texte selber zusammensetzen

Arrangement:

Ein Text wird, in Teile auseinandergeschnitten, den Schülern gegeben. Sie rekonstruieren daraus einen Text, der ihnen gefällt (vielleicht ist es der Originaltext – aber darauf kommt es nicht an). Das Verfahren ist vor allem bei der Behandlung von Gedichten gebräuchlich (Auseinanderschneiden in die einzelnen Verse), eignet sich aber auch bei manchen kürzeren Prosatexten.

In unteren Klassen versuchen die Schüler im allgemeinen, die Fragmente zu einem Text mit linearer Handlung zusammenzustellen; man wird deshalb Texte auswählen, die entsprechend aufgebaut sind. Der Lernertrag für die Schüler liegt vor allem in einer geschärften Aufmerksamkeit für die Handlungszusammenhänge in einem Text. Bei Gedichten kann auch der Reim zum Kriterium für die Rekonstruktion werden. In oberen Klassen sind zunehmend Zusammensetzungen möglich, bei denen die Teile mehr nur assoziativ miteinander verbunden sind. Da kann dann auch herausgearbeitet werden, wie bei unterschiedlichen Zusammenstellungen die Konnotationen variieren und wie durch die bloße Umstellung von Textelementen der Gesamtsinn eines Textes beeinflußt wird. Damit wird die Auswirkung verschiedener Aufbaumöglichkeiten auf den Textsinn diskutierbar.

b) Texte entflechten

Arrangement:

2 Texte sind ineinandermontiert; die Schüler suchen die jeweils zusammengehörenden Teile heraus.

Das Verfahren fördert eher detektivische als kreative Fähigkeiten. Je nach Textmaterial wird die Aufmerksamkeit auf stilistische Merkmale oder/und auf Aspekte der inhaltlichen Kohärenz gelenkt. Letzteres ist z. B. der Fall, wenn ein Abend- und ein Morgengedicht zusammenmontiert sind. Mehr um Stilistisches geht es, wenn etwa ein romantisches und ein expressionistisches Gedicht zum gleichen Thema Ausgangsmaterial sind oder wenn Ausschnitte aus einem Groschenroman mit Ausschnitten aus anspruchsvollerer Erzählliteratur miteinander kombiniert sind.

c) Vers-/Abschnittgliederung herstellen

Arrangement:

Ein Gedicht oder ein in kleine Absätze gegliederter Prosatext wird fortlaufend geschrieben ausgegeben. Die Schüler stellen nun selbst die Zeilen- und Strophenbzw. Absatzgliederung her.

Mit dem Verfahren kann die Bedeutung, die der Zeilen- und Absatzgliederung zukommt, ins Bewußtsein gehoben werden. Voneinander abweichende Schülervorschläge können Anlaß sein, das Wechselverhältnis von äußerer Form und Sinn eines Textes zu erörtern. Insbesondere bei Gedichten kann auch der visuelle Eindruck des Gesamttextes in unterschiedlichen Gestaltungsvarianten vergleichend erörtert werden (wenn ein Textcomputer mit Drucker zur Verfügung steht, kann man sich verschiedene Varianten ausdrucken lassen).

d) Aus Formulierungsangeboten auswählen

Arrangement:

Ein Text wird so ausgegeben, daß zu einzelnen Stellen mehrere Varianten vorgegeben sind. Die Schüler entscheiden, welche Formulierungsvariante ihnen am einleuchtendsten erscheint. Das Verfahren kann punktuell an einer besonders interessanten Textstelle eingesetzt werden, man kann aber auch einen kürzeren Text vollständig mit Varianten anreichern (z. B. bei einem Gedicht für jede halbe Zeile 3 Formulierungsvarianten). Als Ausgangstexte sind vor allem Gedichte geeignet.

Das Verfahren regt das Nachdenken über die Textkohärenz auf denotativer und konnotativer Ebene an (Mit welcher Formulierung ergibt sich ein sinnvoller Handlungs-/ Darstellungszusammenhang? Welche Formulierung reiht sich am besten in den Stimmungston und -verlauf des Textes ein bzw. stützt den symbolischen Sinn?) Da Formulierungsvorschläge vorgegeben sind, werden auch Schüler, denen bei Aufträgen zum selbständigen Formulieren wenig einfällt, zum Durchprobieren verschiedener Formulierungsmöglichkeiten und damit zum assoziationsreichen Nachdenken angeregt (dem Lehrer muß allerdings bei der Vorbereitung einiges einfallen!).

e) Den Schluß eines Textes schreiben

Arrangement:

Die Schüler schreiben einen Text, der ohne Schluß ausgegeben wird, zu Ende.

Arbeitsziel ist nicht, dem originalen Schluß möglichst nahe zu kommen (das würde allzu schnell zu einer bloßen Raterei führen). Vielmehr darf und soll der selbst geschriebene Schluß eigene Vorstellungen spiegeln; er kann dann als Folie für die Auseinandersetzung mit dem u. U. ganz anderen originalen Schluß dienen. Bei der Mehrzahl literarischer Texte findet sich kurz vor Schluß ein Höhe- und Wendepunkt, der für den Gesamtsinn eines Textes entscheidend ist. Wenn man den ausgegebenen Text abbrechen läßt an der Stelle, wo der Höhe- und Wendepunkt eingeleitet, aber noch nicht vollzogen ist, werden selbst verfaßte Schlüsse besonders interessant. Zugleich stößt man bei der Besprechung direkt auf zentrale Gesichtspunkte der Interpretation. Überraschende Schlußpointen oder offener Schluß wirken im übrigen oft besonders intensiv, wenn sich die Schüler zuerst eigene Schlüsse, die meist konventioneller ausfallen, ausdenken.

f) Eine Lücke in einem Text ausfüllen

Arrangement:

> Beim ausgegebenen Text ist ein Abschnitt, ein einzelner Satz, eine Wortgruppe oder auch nur ein Wort ausgelassen. Die Schüler entwickeln Vorschläge, wie diese Lücke gefüllt werden könnte.

Im Vergleich zum Schreiben eines Schlusses ist beim Ausfüllen einer Lücke die Kreativität stärker eingeschränkt, da nicht in eine beliebige Richtung weitergeschrieben werden kann, sondern der Anschluß an die Fortsetzung des Textes gesichert bleiben muß. Der Schüler muß sich überlegen, wie er den Textteil vor der Lücke mit dem anschließenden zusammenknüpfen kann, und richtet somit sein Augenmerk vor allem auf die Textkohärenz. Das Ausfüllen einer Lücke wirkt einem nur auf den Schluß hin ausgerichteten Lesen entgegen, wie es bei Jugendlichen zuweilen allzu sehr vorherrscht; der Schüler wird durch das Verfahren angehalten, sich auch auf den Ablauf des Textes im einzelnen einzulassen.

g) Einen Titel formulieren

Arrangement:

> Der Text wird ohne Titel ausgegeben. Die Schüler machen selbst Vorschläge für einen Titel.

Einen Titel kann man als kondensierte Interpretation eines Textes betrachten. Mit der Formulierung eines Titels geben die Schüler also kund, worauf es ihrer Ansicht nach im Text ankommt. Das kann entweder gleich nach dem Lesen des Textes oder erst nach einem Unterrichtsgespräch geschehen.
> Beide Varianten können auch bei Kapitelüberschriften eingesetzt werden.

6.3.2 Erweitern und umschreiben

Die folgenden Rezeptionshandlungen bestehen nicht mehr in der Ergänzung eines unvollständig ausgegebenen oder der Rekonstruktion eines veränderten Textes, sondern in einer Erweiterung oder Veränderung von Texten oder Textteilen. Damit wird verstärkt das kreative Vermögen der Schüler angesprochen.

a) Nacherzählen

Arrangement:

> Im Rahmen der hier vertretenen Konzeption der Rezeptionshandlungen ist das schriftliche Nacherzählen vor allem in den beiden folgenden Varianten sinnvoll:

1. Die Schüler erzählen einen Text (oder Textausschnitt), der in einer von ihrem eigenen Sprachgebrauch abweichenden Sprachform geschrieben ist, in ihrer eigenen Sprache nach.
2. Ein Text (Textausschnitt) wird für einen anderen Adressaten umgeschrieben (z. B. für jüngere Kinder oder für ausländische Mitschüler, die das Deutsche noch nicht vollkommen beherrschen).

Die schriftliche Nacherzählung traditioneller Art, bei der der Schüler sich in Inhalt, Aufbau und Sprache an den vorgegebenen Text anlehnen soll, wirkt so sehr als rein schulische Übungsform und als Benotungsinstrument, daß von ihr kaum ein Beitrag zur Förderung des literarischen Verstehens zu erwarten ist und sie auch nicht die Lust am Schreiben steigert. Interessant wird die Nacherzählung, wenn sich die Schüler nicht an die Sprachform der Vorlage halten sollen, wie es bei den hier vorgeschlagenen Arrangementvarianten der Fall ist. Die Schüler übertragen den Text und machen ihn damit für sich und/oder andere verständlicher. Das Nacherzählen hat damit einen einsehbaren Sinn, weil ja ein veränderter, besser verständlicher Text entsteht. Bei der Erarbeitung sollen die Schüler den Ausgangstext vor sich liegen haben – es geht ja nicht um Gedächtnisleistung. Sie werden allerdings merken, daß ein reines Satz-für-Satz-Übertragen kaum zu einem flüssigen eigenen Text führt; es empfiehlt sich also, jeweils einen ganzen Abschnitt zu lesen und nachzuerzählen, wobei nur bei Unsicherheit noch einmal in der Vorlage nachgesehen wird.

b) einen Text weiterschreiben

Arrangement:
    Zu einem vorgegebenen Text wird eine Fortsetzung geschrieben.

Mit diesem Verfahren wird in eine Schreibhandlung umgesetzt, was bei der Lektüre oft im Kopf des Lesers vor sich geht: Er malt sich aus, wie es mit den Personen der Geschichte weitergehen könnte. Für das schriftliche Weitererzählen eignen sich vor allem Texte, deren Schluß eine gewisse Offenheit besitzt, wie das etwa bei moderner Kurzprosa immer wieder der Fall ist. Auch Texte mit aneinandergereihten Handlungsepisoden eignen sich für Fortsetzungen (weitere Abenteuer/Streiche des Helden). Wichtig für die Anwendung des Verfahrens im Unterricht ist, daß die Richtung möglicher Fortsetzungen nicht bereits im Unterrichtsgespräch allzu sehr festgelegt wird, weil dann der Eindruck entstehen könnte, dem Texte fehle noch das richtige Ende und wenn man dieses herausgefunden habe, seien auch die offengebliebenen Probleme gelöst; eine intendierte beunruhigende Wirkung könnte auf diese Weise verloren gehen. Wenn die Schüler aber voneinander abweichende Fortsetzungen schreiben, wird die Offenheit nicht verdeckt, sondern bewußt gemacht und der durch sie eröffnete Assoziations- und Gedankenspielraum ausgeweitet.

c) Eine Vorgeschichte schreiben

Arrangement:
    Zu einem Text wird eine Vorgeschichte geschrieben, z. B. ausgehend von der Frage: Was könnte die Figur X. früher erlebt haben?

Für dieses Verfahren sind vor allem Texte geeignet, bei denen auffällige Verhaltensweisen und Charaktereigenschaften von Figuren durch deren Biographie begründet werden können. Gefördert wird das psychologische Verständnis der Schüler.

d) Ausfüllen von Handlungssprüngen

Arrangement:

> In erzählenden und dramatischen Texten wird nicht immer kontinuierlich erzählt / dargestellt, sondern oft von Situation zu Situation gesprungen, so daß der Leser Zwischenschritte der Handlung erschließen muß. An solchen (Leer-)Stellen können die Schüler eine Zwischenhandlung schriftlich ausformulieren.

Das Verfahren ist dem bereits aufgeführten Ausfüllen einer Lücke verwandt, mit dem Unterschied, daß hier nicht ein weggelassenes Textstück, sondern eine im Text selbst gegebene Leerstelle gefüllt wird. Geschult wird dabei die Fähigkeit, den Handlungszusammenhang in einem Text genau wahrzunehmen und die Lücken oder Leerstellen, die der Text läßt, mit Hilfe der eigenen Vorstellungskraft zu füllen. Damit diese sich entfalten kann, muß den Schülern bei ihren Ausfüllungen ein breiter Freiraum gelassen werden; z. B. kann es durchaus sehr anregend sein, wenn aus Fabulierfreude ganze zusätzliche Nebenhandlungen entworfen werden. Leitfrage ist also nicht nur: Was ist hier inzwischen geschehen, sondern: Was könnte hier inzwischen geschehen sein? Orientierungskriterium bleibt natürlich, daß die hinzuerfundenen Textteile mit den Handlungsdaten des vorgegebenen Textes vereinbar sein müssen. Eine reizvolle Variante des Ausfüllens von Handlungssprüngen ist das Dialogisieren einer szenisch nicht entfalteten Textstelle (wenn im Text z. B. nur gesagt wird, X. und Y. hätten sich über eine bestimmte Ansicht gestritten, das Gespräch selbst aber nicht wiedergegeben ist).

e) Ergänzung durch einen inneren Monolog, eine erlebte Rede, einen Brief oder eine Tagebuchnotiz

Arrangement:

> Ausgangspunkt sind Stellen in erzählenden oder szenischen Texten, bei denen sich über die Angaben im Text hinaus Gedanken oder schriftliche Äußerungen von Figuren entwickeln lassen (z. B. bei Stellen folgender Art: „In der Nacht konnte sie nicht schlafen und wälzte alle Probleme noch einmal in ihrem Kopfe herum"). Die Schüler schreiben in der Form eines inneren Monologs (Gedankenwiedergabe in Ich-Form) oder – anspruchsvoller – als erlebte Rede (Er-Form, z. B. „Hatte sie denn nicht alles getan, was in ihren Kräften stand? Sie war doch . . .") die Gedanken einer Figur phantasierend auf oder entwerfen einen Brief oder eine Tagebuchnotiz, die eine Figur geschrieben hat oder haben könnte.

Mit dem Verfahren wird die Fähigkeit, sich in die Perspektive anderer Personen hineinzuversetzen, gefördert. Es setzt sowohl affektive (sich in die Figur hineinfühlen) als auch kognitive (vor allem: sich klar machen, was eine Figur wissen kann, wie sie eine Situation wahrnimmt und wie sie auf sie reagiert) Prozesse in Gang. Der Schreibende projiziert dabei auch eigene Vorstellungen, Gefühle usw. in die Figuren hinein. Das soll nicht vorschnell unterbunden werden, denn jedes Fremdverstehen beruht auf einem Wechselspiel zwischen Projektion von Eigenem und Erkennen des Fremden: Ich versuche einen anderen zu verstehen, indem ich mich, denkend und fühlend, in seine Situation hineinversetze und so selber erlebe und empfinde, was er erlebt und empfunden haben könnte. Verhaltensweisen Reaktionen, Äußerungen des anderen, die mir dann immer noch unbegreiflich sind, halten mich an, mir die fremde Situation in variierter Form zu vergegenwärtigen, nach weiteren Motiven zu suchen, um mich so, verschiedene Möglichkeiten durchspielend, dem mir Fremden zu nähern. Sicherheit gewinne ich in der Einschätzung des anderen kaum – aber es macht ja gerade die Humanität im menschlichen Verhalten aus, daß man sich zwar um das Verstehen des anderen bemüht, ihn aber nicht festlegt auf ein bestimmtes Bild, das man von ihm zu haben glaubt. Diesen Charakter der experimentierenden Offenheit soll auch das Verfassen eines inneren Monologs, einer erlebten Rede, eines Briefes oder einer Tagebuchnotiz im Rahmen der literarischen Fiktion prägen. Der vorgegebene Text ist Ausgangspunkt für eigene Vorstellungen, die man dann wieder überprüfend auf ihre Vereinbarkeit mit den Aussagen des Ausgangstextes hin befragt.

f) Erzählperspektive ändern

Arrangement:
   Ein Text oder Textteil wird von der Er-Form in die Ich-Form oder umgekehrt umgeschrieben.

Das Verfahren ist dem eben genannten verwandt. Während aber dort ein Stück Text verfaßt werden soll, das in den Ausgangstext eingefügt werden könnte, geht es hier darum, den Text oder einen Textausschnitt aus veränderter Erzählperspektive umzuschreiben. Das Verfahren ist also stärker poetologisch begründet und damit etwas anspruchsvoller. Entsprechend wird nicht nur die Fähigkeit zur Perspektivenübernahme gefördert, sondern zugleich Einsicht in die Erzählstruktur vermittelt. Die Schüler merken, wie sich durch Veränderung der Erzählperspektive die Gestaltungsmöglichkeiten ändern: Die Ich-Perspektive eignet sich z. B. durch das Auseinandertreten von erzählendem und erzähltem Ich dazu, eine distanzierende Selbstreflexion einzubauen; durch umgangssprachlichen Sprachstil kann das erzählende Ich charakterisiert werden; äußerliche Charakterisierungen der Er-Erzählung werden bei der Ich-Form in die Darstellung innerer Reaktionen umgesetzt usw. Es versteht sich, daß die Umformung in eine veränderte Erzählperspektive eine sehr genaue Lektüre des Ausgangstextes verlangt und damit die Aufmerksamkeit beim Lesen schult. Das Verfahren kann darüber hinaus Mittel für eine problemorientierte Reflexion sein, wenn z. B. das Opfer einer Handlung zum Ich-Erzähler gemacht und damit eine veränderte Einschätzung des Geschehens zum Ausdruck gebracht wird. Man kann auf diese Weise bis zur Ideologie- und Gesellschaftskritik vorstoßen (man stelle sich einen Text, der in traditionellem Rollenverständnis geschrieben ist, aus der Perspektive einer Frauenfigur so umerzählt vor, daß deren Entbehrungen, Zurücksetzungen usw. zur Sprache kommen). Als Aufhänger für den Wechsel der Erzählperspektive können bestimmte Textstellen dienen (wie das beim vorher genannten Verfahren der Ergänzung durch inneren Monolog usw. der Fall ist), etwa wenn im Ausgangstext Angaben wie „Da erzählte sie ihrem Vater alles, was vorgefallen war" vorkommen; wenn der hier genannte Bericht von den Schülern aufgeschrieben wird, findet ein Perspektivenwechsel statt. Es handelt sich dabei zunächst noch um das Auffüllen einer Leerstelle (vgl. oben das entsprechende Arrangement unter d]), aber der Schritt zum poetologischen Problem der Erzählperspektive ist damit angebahnt.

g) Sich selber in einen Text hineindichten

Arrangement:

Ausgangspunkt ist die phantasierte Annahme, man sei selbst am erzählten/dargestellten Geschehen beteiligt. Dabei sind zwei Varianten möglich:

1. Man dichtet sich als zusätzliche Person in die Geschichte/Szene hinein (z. B. als jemand, der einen Streit zwischen Figuren schlichten will oder der einer Figur brieflich einen Rat gibt oder der sich etwas nicht bieten läßt und sich gegen eine Figur auflehnt).

2. Man versetzt sich in eine Person hinein und phantasiert, wie man selbst an deren Stelle gefühlt und gehandelt hätte.

Das Verfahren hält vor allem zu einer persönlichen Auseinandersetzung mit dem erzählten Geschehen an. Dadurch kann eine verstärkte Betroffenheit entstehen, aber auch ein kritischer Blick auf das erzählte Geschehen entwickelt werden (wenn man z. B. als phantasierte Figur Auffassungen, die den Figuren und u. U. auch dem Autor selbstverständlich sind, in Frage stellt). Die Variationsmöglichkeiten des Verfahrens erlauben einfachere und anspruchsvollere Aufgaben und Lösungen; so kann man schon in unteren Klassen einen Brief an eine Hauptfigur schreiben lassen (wichtig dabei ist: Die Schüler müssen sich die Schreibsituation vorstellen können; sie sollen z. B. annehmen, sie seien mit der Figur/Person, der sie schreiben, befreundet; sie versetzen sich in die fiktive Welt des Textes hinein und vergessen dabei ihre eigene Welt; erst in oberen Klassen kann auch die Diskrepanz zwischen Textwelt und eigener Welt als Ausgangspunkt für verfremdende Konfrontation fruchtbar gemacht werden). Bei älteren Texten kann in oberen Klassen das Verfahren auch dazu dienen, die historische Distanz bewußt zu machen: Indem man sich in den Text hineinphantasiert, führt man sozusagen einen Dialog über die Zeiten hinweg.

h) Ein Handlungs- oder Personenmerkmal ändern und den Text umschreiben

Arrangement:

Ausgangspunkt ist die Annahme, an einem bestimmten Punkt der erzählten Geschichte sei ein anderes Ereignis eingetreten oder verhalte sich eine Figur anders als in der Vorlage. Der Text wird nun ausgehend von dieser Annahme in veränderter Form fortgeschrieben. (Besonders reizvoll ist die Annahme einer Veränderung kurz vor dem Ende einer Geschichte, weil mit den Schlüssen der Schüler dann jeweils verschiedene abgeschlossene Texte gegeben sind, die miteinander verglichen werden können.)

Das Verfahren lenkt die Aufmerksamkeit vor allem auf die Bedingungszusammenhänge im Handlungsgefüge. Indem die Schüler erfahren, wie veränderte Ereignisse und Reaktionen das Folgegeschehen beeinflussen, wird ihnen bewußt, von welchen Faktoren Ereignisfolgen abhängen können. In gewisser Weise bildet das Verfahren ab, was in alltäglichen Entscheidungsprozessen den Betroffenen durch den Kopf geht: Man überlegt sich, was geschehen könnte, wenn ... und trifft seine Entscheidungen in der Vorwegnahme möglicher Entwicklungen. Die Frage, „was wäre, wenn . . .“, die dem Verfahren zugrunde liegt, ist nicht nur Auslöser für die Bildung von Fiktion, also eine Wurzel von Dichtung, sondern zugleich eine Voraussetzung für die Fähigkeit des Menschen, planend und erwägend im Alltag zu handeln.

i) Aufbaustruktur ändern

Arrangement:

Ein Text wird nach verändertem Aufbaumuster umerzählt, z. B. ein analytisch erzählter Text (vgl. die Detektivgeschichte: die Ereignisse werden von hinten her aufgerollt) wird linear umerzählt, oder man nimmt an, ein gegebener Text solle, beginnend mit den Ereignissen des 3. Kapitels, so erzählt werden, daß die Vorgeschichte in Rückblenden eingebaut wird.

Das lineare Umerzählen eines komplex strukturierten Textes dient schon in unteren Klassen dazu, den Handlungszusammenhang zu klären. Andere Varianten des Verfahrens sind anspruchsvoller; sie vermitteln Einsichten in Erzählstrukturen, z. B. in Möglichkeiten des Spannungsaufbaus durch analytische Erzähltechnik.

k) In anderem Stil / in eine andere Textsorte umschreiben

Arrangement:

Ein Text (Textausschnitt) wird in verändertem Stil (z. B. ironisch, expressionistisch, in jugendlicher Umgangssprache) bzw. nach dem Muster einer anderen Textsorte (z. B. Gedicht oder Zeitungsmeldung statt Kurzgeschichte) umgeschrieben.

Das eher anspruchsvolle Verfahren schult die Einsicht in stilistische und textsortentypische Merkmale. Eine einfachere Vorstufe stellt das übertragende Nacherzählen, wie es oben unter a) angeführt worden ist, dar. Meist löst das Verfahren sowohl eine Lust am Spielen mit Sprache als auch ein kritisches Beleuchten des Ausgangstextes oder des angewandten Stil-/Textmusters aus (man stelle sich z. B. ein traditionelles Naturgedicht als Werbeanzeige für Seife oder in Jugendjargon geschrieben vor). Es ergibt sich eine Nähe zur Parodie. Durch die Umformulierungen können aber auch Interpretationsansätze zum Vorschein kommen und damit diskutierbar werden, etwa wenn die Umformung eines Kurzprosatextes in ein Gedicht eine Verdichtung und Konzentration der Aussage nötig macht und damit faßbar wird, was dem Schüler am Ausgangstext wichtig erscheint.

l) Einen Gegentext schreiben

Arrangement:

Zu einem vorgegebenen Text (Textausschnitt) wird ein Gegentext geschrieben, in dem gezielt eine *inhaltliche* Gegenposition ausgeführt wird (z. B. zu einem Gedicht über Liebesglück ein Gedicht über eine scheiternde Beziehung, zu einer Landschaftsschilderung in einem älteren Erzähltext eine Schilderung, in der sich unser modernes ökologisches Bewußtsein Ausdruck verschafft).

Das Verfahren kann sich mit dem Umschreiben aufgrund eines veränderten Handlungs- oder Personenmerkmals und dem Umschreiben in anderem Stil berühren. Der

Unterschied besteht darin, daß beim Schreiben eines Gegentextes, wie es hier gemeint ist, die Absicht eines inhaltlichen Gegenentwurfs am Anfang steht und die Wahl der Mittel aus dieser Absicht folgt. Das Verfahren ist anspruchsvoll, stärkt aber umso mehr die kritische Reflexionsfähigkeit der Schüler. Wenn man die Aufgabe erleichtern will, kann man Eingangsformulierungen vorgeben (z. B. in der Art von „Nein, von Glück konnte keine Rede sein, so etwas kannte er nur aus alten Texten . . .", „Dann sah er den Fluß, braun wie immer . . .", „Ein gutes Hausmütterchen ist sie, hätte man früher gesagt, aber heute . . .", jeweils kontradiktorisch auf den Ausgangstext bezogen).

m) Textcollagen herstellen

Arrangement:

Teile aus verschiedenen Texten werden zusammenmontiert, eventuell auch mit eigenen Formulierungen ergänzt. Zusätzlich kann Bildmaterial eingebaut werden.

Das Verfahren hat einerseits spielerischen Charakter, vermag andererseits aber Problemzusammenhänge ins Bewußtsein zu heben (z. B. wenn Kriegsmeldungen mit Werbesprüchen zusammenmontiert werden). Bei entsprechender Hinführung können auch Schüler mit Formulierungsschwierigkeiten interessante Texte herstellen, weil sie mit vorformuliertem Material arbeiten. Vor dem 7. Schuljahr sollte das Verfahren allerdings nicht eingesetzt werden, da die Botschaft der herzustellenden Texte zwischen den Zeilen steht und jüngeren Schülern eine solche Ausdrucksweise kaum einsichtig ist.

n) Analogiebildungen

Arrangement:

Nach dem formalen Muster eines vorliegenden Textes wird ein Text mit neuem Inhalt geschrieben.

Das Verfahren ist in jüngster Zeit vor allem bei der Behandlung von Gedichten beliebt (am verbreitetsten sind Analogiebildungen zu konkreter Poesie). Es führt zu einer intensiven Wahrnehmung der Struktur eines Textes und läßt am eigenen Tun erfahren, wie Ausdrucksmöglichkeiten durch Textmuster erschlossen werden (z. B. moderne Alltags-Kurzgeschichten und -gedichte als Muster für den Ausdruck des Leidens an Langeweile, Unentschlossenheit und Antriebsschwäche). Bei den Analogiebildungen wird meist so vorgegangen, daß zunächst der Ausgangstext in seiner Struktur analysiert und die gewonnene Einsicht in die Textstruktur dann bei der Formulierung eines analogen Textes umgesetzt wird. Man kann aber auch umgekehrt vorgehen und Analogiebildungen vor der Analyse erstellen lassen. Anhand der Resultate läßt sich dann erörtern, welche strukturellen Merkmale übernommen worden sind. Es gibt ja, wie der Streit um Gattungsbeschreibungen zeigt, durchaus einen Spielraum bei der Entscheidung, was man bei einem gegebenen Text für strukturell ausschlaggebend hält. Die Analogiebildung ohne vorherige Analyse ermöglicht einen induktiven Zugang zu Problemen der Textstruktur. Dabei zeigt sich, daß Schüler oft einleuchtende Analogiebildungen erstellen können, ohne daß sie die strukturellen Merkmale explizit benennen könnten. Das Tun ist nicht immer der bewußten Einsicht nachgeordnet – oft kommt man auf dem umgekehrten Weg weiter.

6.3.3 Über einen Text schreiben

Die bislang hier genannten Rezeptionshandlungen zielen alle auf die Anwendung literarisch-fiktionaler Schreibweisen. Bei den nun vorzuschlagenden Verfahren wird auf einer Metaebene über die Texte geschrieben, diese werden zum Gegenstand, über den man schreibt. Das ist traditionell die gebräuchliche Form des Umgangs mit Texten in der Schule. Insofern handelt es sich nicht unbedingt um „alternative Aneignungsweisen", als welche Gerhard Rupp oben die Rezeptionshandlungen definiert hat. Die Verfahren des Schreibens über Texte sollen hier aber so akzentuiert werden, daß sie nicht nur, wie allzu oft im Unterricht, als Instrumentarien zur Überprüfung von Textverständnis erscheinen, sondern auch in erster Linie als Teil eines lebendigen Umgangs mit Texten, bei dem sich die Schüler als Partner in der Auseinandersetzung empfinden dürfen.

a) Texteindrücke formulieren

Arrangement:
> Die Schüler notieren persönliche Eindrücke, während oder nach der Lektüre. Vor allem bei kurzen Texten können Bemerkungen auch an den Rand geschrieben werden (wenn der Text fotokopiert mit viel freiem Platz am Rand ausgegeben wird, geht das besonders gut). Eine erweiterte Form des Verfahrens besteht darin, daß die Schüler über längere Zeit ein Lesetagebuch führen, in das sie auch Bemerkungen zu ihrer Privatlektüre eintragen.

Das schriftliche Festhalten von Leseeindrücken vermag in mehrfacher Hinsicht die Auseinandersetzung mit Texten zu intensivieren: Während bei einer Textbehandlung, die mit einem Klassengespräch beginnt, oft die allerersten Schüleräußerungen oder bereits die Leitfragen des Lehrers eine Interpretationsrichtung vorgeben, von der man nicht mehr wegkommt, garantieren schriftlich festgehaltene Eindrücke eine breitere Ausgangsbasis. Nicht nur sind alle Schüler angehalten, sich zum Text zu äußern, so daß vielfältigere Aspekte zu erwarten sind, es kann auch, wenn das Gespräch eine einseitige Richtung nimmt und Schüler, die abweichende Einschätzungen des Textes haben, keinen Anlaß mehr sehen, in die Argumentation einzusteigen, auf deren Notizen zurückgegriffen werden. Ein Aufschreiben von Texteindrücken vor dem Klassengespräch erlaubt den Schülern zudem, zunächst ohne Rücksicht auf andere sich über ihren eigenen Bezug zum Text klar zu werden. Wenn sie ihre eigene erste Einschätzung schriftlich vor sich liegen haben, können sie dann in einem zweiten Schritt ihre eigenen Eindrücke zum Gegenstand der Reflexion machen. Das soll nicht nur im Sinne einer nachträglichen Korrektur geschehen, sondern auch im Bewußtsein, daß erste, noch wenig kontrollierte Eindrücke oft interessante Aspekte der Wirkungsweise eines Textes verraten. So kann z. B. ein anfängliches Befremden, das dann in eine glatte Interpretation aufgelöst wird, etwas von der Irritation verraten, die ein Text auszulösen imstande ist und die in der deutenden Argumentation oft allzu schnell untergeht. Die wesentlichste Leistung des Verfahrens ist jedoch darin zu sehen, daß durch ein ausdrückliches Eingehen auf erste, subjektive Texteindrücke die Schüler erfahren, daß bei der Auseinandersetzung mit Literatur nicht einfach das Interpretationsergebnis wichtig ist, sondern ebenso der Prozeß des

Verstehens, das Wechselspiel von Befremden und Entdecken, von Wahrnehmen und Ausphantasieren, von subjektiver Reaktion und Überprüfung am Text.

b) Analyse, Interpretation, Textvergleich

Arrangement:

Texte werden nach den mündlich erarbeiteten Methoden der Textanlyse, der Interpretation und des Vergleichens schriftlich bearbeitet.

Analyse, Interpretation und Textvergleich sind die gängigsten schriftlichen Aufgaben, die in den oberen Klassen gestellt werden. Auf eine genaue Darstellung des methodischen Vorgehens wird hier deshalb verzichtet. Es seien allerdings mit Bezug auf die von uns vertretene Literaturdidaktik die folgenden Akzente gesetzt: Hermeneutik und Rezeptionsästhetik haben aufgezeigt, daß jede Interpretation eine Verschmelzung von Text-und Leserhorizont darstellt. Texte müssen deshalb immer wieder neu interpretiert werden, weil sich der Horizont der Leser im Laufe der Zeit ändert und weil jeder Leser sich seinen Zugang selbst schaffen muß. Es gibt deshalb auch im Schulunterricht nicht die einzig richtige Interpretation, die die Schüler nur noch herausfinden müssen; es geht vielmehr darum, daß sich die Schüler so auf einen Text einlassen, daß die Interpretation einerseits dem Text gerecht wird, andererseits aber auf dem ihnen eigenen Zugang basiert. – Für die Textanalyse, die im Vergleich zur Interpretation als das kontrolliertere, objektivere Verfahren gilt, hat der Strukturalismus die umfassendste und stringenteste Methodik geschaffen, zugleich aber gezeigt, daß durch das analysierende Zerlegen eines Textes in seine Elemente und die Rekonstruktion ihres Funktionszusammenhanges ein Modell der Textfunktionen geschaffen wird, das zwar erklärend und abbildend auf den Text verweist, aber doch das Modell des Analysierenden ist und deshalb ebensosehr seine denkende Tätigkeit wie den Text spiegelt. Genau so wie ich bei einer Skizze unterschiedliche Elemente akzentuieren bzw. weglassen kann, setze ich bei der Textanalyse meine Akzente. Auch beim analysierenden Umgang mit Texten soll den Schülern deshalb klar sein, daß sie in den Text eingreifen und ein zwar nicht unbegründetes, aber doch ihren eigenen Zugriff spiegelndes Konstrukt schaffen. Nicht anders ist es beim Textvergleich, bei dem insbesondere die Wahl der Vergleichskriterien unterschiedliche Zugriffe erlaubt und Ergebnisse zeitigt.

Wenn die Schüler im Unterricht erfahren, daß Analyse, Interpretation und Vergleichen selbständig gestaltendes und entdeckendes Tun ist – wohl ausgerichtet am Text, aber doch in der Wahl der Perspektive und in der Akzentuierung frei und die eigene Beziehung zum Text als konstitutives Element enthaltend – dann werden sie diese Verfahren nicht als bloße Erfüllung eines schulischen Lern- und Überprüfungsrituals empfinden. Für den Lehrer werden Analysen, Interpretationen und Vergleiche, die in diesem Bewußtsein geschrieben sind, interessant, weil sie nicht einfach Belege dafür sind, ob die Schüler die intendierten Ergebnisse herausgefunden haben, sondern Auskunft darüber geben, wie sich ein literarischer Text im Sinnhorizont der jeweiligen Schüler konkretisiert. Der Lehrer lehrt und überprüft in einem solchen Unterricht nicht nur, sondern lernt und erfährt, wie literarische Texte immer neu ihre Wirkung entfalten.

c) Buchbesprechungen verfassen

Arrangement:

> Die Schüler verfassen Buchbesprechungen zu gelesenen Büchern für gedachte oder – besser – wirkliche Adressaten (z. B. Abdruck in Schülerzeitung, Erstellung einer Mappe für die Klasse oder einer Besprechungskartei für die Schulbücherei). Als Variation: Artikel für ein (erdachtes) literarisches Lexikon, Klappentext, Text für einen Werbeprospekt verfassen.

Das Verfahren von Buchbesprechungen ist im Gegensatz zum Festhalten von Leseeindrücken eine ausdrücklich adressatenbezogene Schreibform. Sie erfordert von den Schülern deshalb eine gewisse Distanz zum subjektiven Bezug, den sie zu einem Buch haben. Empfindungen und Meinungen müssen zu intersubjektiv vermittelbaren Urteilen verarbeitet werden. Vor den eigenen Schreibversuchen sollen die Schüler mit publizierten Besprechungen bekannt gemacht werden, damit sie eine Orientierung in bezug auf Funktion und Form von Buchbesprechungen haben. In unteren Klassen empfiehlt es sich, die Besprechungen nach einem einfachen vorgegebenen Strukturschema verfassen zu lassen, etwa der folgenden Art: Angaben zum Buch (Autor, Titel usw.) – Inhalt – Warum ich das Buch empfehle/nicht empfehle – Wem ich das Buch besonders empfehle (vgl. dazu das Unterrichtsmodell „Texte zu Büchern verfassen" von Gerhard Haas in Praxis Deutsch 65/1984). Eine solche Buchbesprechung ist ein einsehbarer Anlaß für Inhaltsangaben, die in den Zusammenhängen, in denen sie sonst gewöhnlich im Unterricht verlangt werden, den Schülern zu Recht meist wenig sinnvoll erscheinen. Für die Formulierung von Inhaltsangaben gibt es zwei Schwierigkeitsstufen: Einfacher ist es, den Inhalt wie eine äußerst verknappte Nacherzählung im Präsens wiederzugeben (in der Art von „Jan und Peter sind 2 Freunde, die. . ."). Etwas schwieriger, aber einer Buchbesprechung angemessener ist es, den Inhalt zusammenfassend zu benennen mit Formulierungen wie „Das Buch handelt von . . ."

Von den Besprechungen mit klarer Strukturvorgabe kann im Unterricht dann zu freieren Formen fortgeschritten werden, bei denen die Inhaltsangabe nicht mehr am Anfang nach den Titelangaben stehen und auch nicht in sich geschlossen formuliert sein muß. – Bei den angeführten Variationen wie Klappen- oder Werbetext usw. tritt das beurteilende Moment zurück, dafür ist die Ausrichtung an der Verwendungssituation und dem mit ihr gegebenen Adressatenbezug umso wichtiger.

d) Einen Brief über einen Text verfassen

Arrangement:

> Die Schüler schreiben an einen fiktiven (unspezifischen) Adressaten einen Brief, in welchem sie über einen Text schreiben (etwa in der Art von: „Lieber X., eben habe ich eine Kurzgeschichte von Kurt Marti gelesen, die mir unheimlich gut gefällt . . ./die ich überhaupt nicht verstanden habe . . . / über die ich mich fürchterlich geärgert habe . . ."). Die Briefe werden eingesammelt und in zufälliger Verteilung wieder an die Schüler ausgegeben, die nun einen Antwortbrief verfassen.

Das Verfahren, für höhere Klassen geeignet, hat spielerischen Charakter, mag etwas künstlich erscheinen, führt aber zu einer oft überraschend intensiven Auseinandersetzung. Der Schwebezustand zwischen Fiktion und Authentizität, zwischen Anonymität und Bekenntnis, der das Verfahren kennzeichnet, verlockt zu mancherlei Aussagen, die man in stärker verpflichtenden und weniger geschützten Situationen zurückhalten würde. Durch die Antwortbriefe wird in das Schreiben ein dialogisches Element eingebracht, das sonst den schriftlichen Aufgaben im Unterricht fehlt. Die Erwartung, was der Antwortende schreiben wird, kann das Arrangement spannend machen (wenn die Texte nicht alle vorgelesen werden können, legt man sie aus, so daß die Verfasser des jeweils ersten Briefes ihren Text samt Antwort heraussuchen können).

6.3.4 Medienwechsel

Alle bislang genannten Rezeptionshandlungen beziehen sich auf einen schreibenden Umgang mit Texten. Unter der Kategorie Medienwechsel sollen hier noch die wichtigsten Formen des Umgangs mit Texten, die nicht auf dem Unterrichtsgespräch oder dem Schreiben beruhen, genannt und knapp begründet werden. Die Grenzen des Literaturunterrichts werden mit diesen Verfahren in unterschiedliche Richtungen überschritten; die lernpsychologischen Hinweise beschränken sich auf Aspekte, die das literarische Verstehen betreffen.

a) Texte vortragen

Arrangement:

Ein Text wird von einzelnen Schülern (oder auch in Gruppen aufgrund einer Sprechpartitur) vorgelesen oder auswendig vorgetragen.

Das Vortragen von Texten gehört zu den ältesten und gängigsten Formen des Umgangs mit Texten. Ein Medienwechsel findet insofern statt, als geschriebene Texte mündlich umgesetzt werden. Dieser Übertragungsvorgang schließt immer eine Interpretation des Textes ein. Deshalb sollte das Vortragen auch für die Schüler nicht nur unter dem Aspekt des korrekten Aussprechens und sinngemäßen Vorlesens, sondern auch als Möglichkeit für eigenständige Gestaltung in Erscheinung treten. Durch das experimentierende Vorlesen einzelner Textstellen, bei dem verschiedene Sprechweisen durchgespielt werden, kann das Vortragen auch eine heuristische Funktion für die Interpretation haben: Man erprobt die Deutungen sprechend und urteilt hörend.

b) Szenische Darstellung

Arrangement:

Unter szenischer Darstellung sei hier die ganze Palette der Spielformen von der Präsentation einer Situation im lebenden Bild über pantomimische Darstellung, Stegreifspiel, darstellendes Spiel bis zum Puppen-, Marionetten- und Schattenspiel und zum Film verstanden.

Seit Jahrhunderten bekannt und viel praktiziert ist das darstellende Spielen von szenischen Texten, oft mit dem Ziel einer Vorführung im Rahmen der Schule. Für die Auseinandersetzung mit Texten ist aber ebenso das kurze Anspielen kleiner Handlungsabschnitte wichtig. Es aktiviert die Vorstellungskraft und schult die Aufmerksamkeit für die Personenbeschreibung und -charakterisierung in Texten – eine im Text nur knapp benannte Geste kann z. B. durch das Nachspielen in ihrer Bedeutung für den

202

Ausführenden und in ihrer Wirkung auf andere ins Bewußtsein gehoben werden. Insbesondere kann durch die szenische Darstellung auch das für literarisches Verstehen grundlegende Wechselspiel von Identifikation und Distanzierung intensiviert werden: Der Spielende versetzt sich identifizierend in die gespielte Figur, zugleich bleibt die unaufhebbare Differenz zwischen Alltagsperson des Spielenden und gespielter Figur bewußt, da diese Differenz leibhaft vom Spielenden empfunden wird und für die Zuschauenden sichtbar bleibt (das ist beim professionellen Theater weniger der Fall, da die Schauspieler den Zuschauern meist nicht als Privatpersonen bekannt sind). Für den Unterricht ist es wichtig, daß der Spielraum zwischen Identifikation und Distanzierung offen gehalten wird: Die Schüler sollen nicht gezwungen sein, sich mit Leib und Seele in die zu spielenden Figuren hineinzuversetzen, ebenso sind übertriebene Distanzierungen, wie z. B. clowneskes Herumalbern, mit denen Schüler Identifikation abwehren, durch behutsamen Umgang mit den Spielformen zu vermeiden.

Bei der Erarbeitung von Filmszenen sind die zusätzlichen medienspezifischen Gegebenheiten wie Bedeutung der Mimik bei Nahaufnahmen zu beachten. Zur Vorbereitung können schriftliche Aufträge wie Erstellung eines Drehbuchs, Aufstellung eines Figurenverzeichnisses mit Charakterisierungen ausgeführt werden.

c) Hörszene erarbeiten

Arrangement:
Die Schüler formen einen Text oder Textausschnitt in ein Hörspiel bzw. in eine Hörszene um.

Die Umformung macht die jeweiligen Spezifika der Vermittlungsweisen deutlich. So zeigt sich bei der Bearbeitung von erzählenden Texten z. B., daß Dialoge ziemlich direkt übernommen werden können, die Erzählerrede aber eine besondere Umsetzung erfordert, weil sie in der Breite, in der sie erzählende Texte meist bestimmt, für Hörtexte ungewöhnlich ist. Eine Voraussetzung für das Gelingen einer Arbeit an Hörszenen ist die Bereitschaft und Fähigkeit der Schüler zu intensiver Zusammenarbeit in Gruppen. Die Prozesse, die in solcher Gruppenarbeit ablaufen, sind oft aspektreicher und inhaltlich differenzierter als das erstellte Endprodukt, die Hörszene auf der Kassette. Deshalb tut der Lehrer gut daran, dem Arbeitsprozeß größere Bedeutung als dem faßbaren Ergebnis zuzumessen.

d) Illustrieren

Arrangement:
Ein Text wird mit Illustrationen versehen, wobei eigene Zeichnungen angefertigt oder gedrucktes Bildmaterial verwendet werden kann.

Die Auseinandersetzung mit dem Text wird durch Illustration vor allem dann verstärkt, wenn die Bilder als Interpretation des Textes verstanden werden können. Oft ist schon die Auswahl der Elemente, die die Schüler in eine Zeichnung aufnehmen, aufschlußreicher Hinweis auf die Textdeutung. Noch deutlicher wird die Deutungsaktivität, die hinter dem Illustrieren steckt, wenn die Illustrationen verfremdenden Charakter haben (z. B. ein Naturgedicht mit einer Fabriklandschaft illustriert). Verschiedene Gestaltungen der Schüler können dabei zur Erörterung des Textes zurückführen.

Literaturhinweise

Aebli, Hans: Denken. Das Ordnen des Tuns. Bd. 1: Kognitive Aspekte der Handlungstheorie. Stuttgart 1980

Aebli, Hans: Denken. Das Ordnen des Tuns. Bd. 2: Denkprozesse. Stuttgart 1981

Aebli, Hans: Zwölf Grundformen des Lehrens. Eine allgemeine Didaktik auf psychologischer Grundlage. Stuttgart 1983

Anderson, R. C. / Reder, L. M.: An elaborative processing explanation of depth processing. In: *Cermak L. S. / Craik F. J. M.* (Eds.): Levels of processing in human memory. Hillsdale N. J. 1979, S. 385–403

Andringa, Els: Text-Assoziation-Konnotation. Frankfurt a. M. 1979

Applebee, Arthur N.: The Child's Concept of Story. Ages Two to Seventeen. Chicago 1978

Bachmair, Ben: Medienverwendung in der Schule. Berlin 1979

Ballstaedt, Steffen P. / Mandl, Heinz / Schnotz, Wolfgang / Tergan, Sigmar O.: Texte verstehen, Texte gestalten. München 1981

Bottenberg, Ernst Heinrich: Emotionspsychologie. München 1972

Brown, Ann L.: Metacognitive Development and Reading. In: *Spiro, J. R. / Bruce, B. C. / Brewer, W. F.* (Eds.): Theoretical Issues in Reading Comprehension. Perspectives from Cognitive Psychology, Linguistics, Artificial Intelligence and Education. Hillsdale N. J. 1980

Bühler, Charlotte / Bilz, Josephine: Das Märchen und die Phantasie des Kindes. Berlin [4]1977

Chatmann, Seymour: What novels can do that films can't (And Vice Versa). In: *Mitchell, W. J. T.* (Ed.): On Narrative. Chicago 1981

Dale, Edgar: Audio-Visual Methods in Teaching (rev. ed.). New York [3]1954

Dijk, Teun van: Textwissenschaft – eine interdisziplinäre Einführung. Tübingen 1980

Dörner, Dietrich: Problemlösung als Informationsverarbeitung. Stuttgart 1967

Ehlich, Konrad: (Hg.) Erzählen in der Schule. Tübingen 1984

Elkind, David: Children and Adolescents. Interpretative Essays on Jean Piaget. New York [2]1974

Erikson, Erik H.: Jugend und Krise. Die Psychodynamik im Wandel. Frankfurt a. M. 1981

Euler, Harald A. / Mandl, Heinz (Hg.): Emotionspsychologie. Ein Handbuch in Schlüsselbegriffen. München 1983

Fingerhut, Karlheinz: Affirmative und kritische Lehrsysteme im Literaturunterricht. Beiträge zu einer Theorie lernziel- und lernbereichsorientierter Textsequenzen. Frankfurt a. M. 1974

Fingerhut, Karlheinz (Hg.): Umerzählen. Ein Lesebuch mit Anregungen für eigene Schreibversuche. Frankfurt a. M. 1982

Flavell, John H.: Kognitive Entwicklung. Stuttgart 1979

Frigge, Reinhold: Das erwartbare Abenteuer. Massenrezeption und literarisches Interesse am Beispiel der Reiseerzählungen von Karl May. Bonn 1984

Geulen, Dieter (Hg.): Perspektivübernahme und soziales Handeln. Texte zur sozial-kognitiven Entwicklung. Frankfurt a. M. 1982

Grewenig, Adi / Hölsken, Hans-Georg: Sich über Verstehen verständigen – oder: Was tun Schüler, wenn sie Texte interpretieren? In: Osnabrücker Beiträge zur Sprachtheorie, 20 (1981), S. 182–216

Groeben, Norbert: Leserpsychologie: Textverständnis-Textverständlichkeit. Münster 1982

Haas, Gerhard: Handlungs- und produktionsorientierter Literaturunterricht in der Sekundarstufe I. Hannover 1984

Harweg, Roland: Textanfänge in geschriebener und gesprochener Sprache. In: Orbis 17 (1968), S. 343–388

Hillmann, Heinz: Alltagsphantasie und dichterische Phantasie – Versuch einer Produktionsästhetik. Kronberg 1977

Honeck, Richard P. / Sowry, Brenda M. / Voegtle, Katherine: Proverbial Understanding in a Pictorial Context. In: Child Development, 49 (1978), S. 327–331

Hörmann, Heinz: Meinen und Verstehen. Frankfurt a. M. 1976

Hurrelmann, Bettina: Erzähltextverarbeitung im schulischen Handlungskontext. In: *Ehlich, K.:* (Hg): Erzählen in der Schule. Tübingen 1984, S. 296–334

Hunt, J. / Cole, M. / Reis E.: Situational cues distinguishing anger, fear, and sorrow. In: American Journal of Psychology 71 (1958), S. 136–151

Ingarden, Roman: Vom Erkennen des literarischen Kunstwerkes. Tübingen 1968

Iser, Wolfgang: Der Akt des Lesens. München 1976

Izard, Carroll E.: Die Emotionen des Menschen. Eine Einführung in die Grundlagen der Emotionspsychologie. Weinheim 1981

Jegensdorf, Lothar: Lernplanung im Literaturunterricht. Düsseldorf 1978

Jugend 81. Lebensentwürfe, Alltagskulturen, Zukunftsbilder. Studie im Auftrag des Jugendwerks der Deutschen Shell. Opladen 1982

Jugendliche und Erwachsene 85. Generationen im Vergleich. Studie im Auftrag des Jugendwerks der Deutschen Shell. Opladen 1985

Joffe-Falmagne, R.: Ein psycholinguistischer Ansatz zur Entwicklung logischer Kompetenz. In: *Kluwe, R. H. / Spada, H.* (Hg.): Studien zur Denkentwicklung. Bern 1981

Kaschnitz, Marie Luise: Das dicke Kind. In: M. L. K.: Lange Schatten. Hamburg 1960

Kluwe, Rainer: Wissen und Denken. Stuttgart 1979

Kohlberg, Lawrence: Zur kognitiven Entwicklung des Kindes. Drei Aufsätze. Frankfurt a. M. 1974

Kohlberg, Lawrence: Stufe und Sequenz. Sozialisation unter dem Aspekt der kognitiven Entwicklung. In: *L. K.:* Zur kognitiven Entwicklung des Kindes. Drei Aufsätze. Frankfurt a. M. 1967/1974

Kreft, Jürgen: Grundprobleme der Literaturdidaktik. Eine Fachdidaktik im Konzept sozialer und individueller Entwicklung und Geschichte. Heidelberg 1977

Kreft, Jürgen: Zur Erforschung der literarischen Rezeption im Unterricht auf der Grundlage einer kognitiv-genetischen Kompetenztheorie. In: *Ossner, J. / Fingerhut, K. H.* (Hg.): Methoden der Literaturdidaktik. Methoden im Literaturunterricht. Beiträge des V. Symposions Deutschdidaktik. Ludwigsburg 1984

Kuhl, Julius: Emotion, Kognition und Motivation. In: Sprache und Kognition, 2 (1983), S. 1–27 und 228–253

Kunze, Reiner: Die wunderbaren Jahre. Frankfurt a. M. 1976

Labov, William / Waletzky, Joshua: Erzählanalyse: Mündliche Versionen persönlicher Erfahrung. In: *Ihwe, Jens* (Hg.): Literaturwissenschaft und Linguistik. Frankfurt a. M. 1973, S. 78–126

Langemack, Lieselotte: Individualisierender Umgang mit verschiedenen Jugendbüchern in einer Unterrichtseinheit – Hinführung mit Kurztexten. In: *Dahrendorf, M. / Zimmermann, P.* (Hg.): Indianer in Erzählung und Sachbuch, Sekundarstufe I. Hamburg 1985, S. 38–57

Lefebvre, Henri: Kritik des Alltagslebens. Kronberg 1977

Looft, William R.: Egocentrism and social Interaction across the Life Span. In: Psychological Bulletin, 78 (1972), S. 73–92

Lotman, Jurij M.: Die Struktur literarischer Texte. München 1972

Lukács, Georg: Die Eigenart des Ästhetischen. Werke Bd. 11, 1. Halbbd. Neuwied 1963

Mandl, Heinz (Hg.): Zur Psychologie der Textverarbeitung. Ansätze, Befunde, Probleme. München 1981

Marx, Werner: Das Wortfeld der Gefühlsbegriffe. In: Zeitschrift für experimentelle und angewandte Psychologie 29, 1, (1982), S. 147–159

McClelland, David: A Scoring Manual for the Achievement Motive. In: *Atkinson, J. W.* (Ed.): Motives in Fantasie. Action and Society. New York 1958, S. 179–204

Menzel, Wolfgang: Schreiben über Texte – Ein Kapitel zum Aufsatzunterricht. In: Praxis Deutsch (1984), H. 65, S. 13–22

Merkelbach, Valentin: Sollen Lesebücher nach Gattungen oder nach Themen gegliedert werden? Abgedruckt in: *Geiger, H.* (Hg.): Lesebuch-Diskussion 1970–1975. München 1971, S. 63–75

Müller-Michaels, Harro: Positionen der Deutschdidaktik seit 1949. Königstein 1980

Müller-Michaels, Harro: Dialog der Perspektiven. Ein Unterrichtsversuch mit Texten über das 3. Reich. In: Der Deutschunterricht 35 (1983), H. 5, 5 S. 21–31

Müller-Michaels, Harro: Entfaltung des Verstehens – ein Handlungsforschungsobjekt auf der S II. In: Jahrbuch der Deutschdidaktik 1983/84, S. 84–94

Nickel, Horst: Entwicklungspsychologie des Kindes- und Jugendalters. Bd. 2: Schulkind und Jugendlicher. Bern [2]1976

Peters, H. N.: The judgemental theory of pleasentness and unpleasentness. In: Psychological Review 42 (1935), S. 354–386

Piaget, Jean: La psychologie de l'intelligence. Paris 1967

Piaget, Jean / Inhelder, Bärbel: Die Psychologie des Kindes. Olten 1972

Piaget, Jean: Das In-Beziehung-Setzen der Perspektiven. In: *Geulen, D.* (Hg.): Perspektivübernahme und soziales Handeln. Frankfurt a. M. 1982, S. 75–85

Piaget, Jean / Inhelder, Bärbel: Von der Logik des Kindes zur Logik des Heranwachsenden. Essays über die Ausformung der formalen operativen Strukturen. Olten 1977

Remplein, Heinz: Die seelische Entwicklung des Menschen im Kindes- und Jugendalter. Grundlagen, Erkenntnisse und pädagogische Folgerungen der Kinder- und Jugendpsychologie. München [17]1971

Rupp, Gerhard: Melancholischer Protest? Aktualisierung des Prometheus-Mythos in Schüler-Rezitationen von Goethes Sturm-und-Drang-Hymnen. In: Jahrbuch der Deutschdidaktik 1985, S. 12–28

Rupp, Gerhard: Rezeptionshandlungen im Literaturunterricht – Fallstudien aus dem Schulalltag. 1986 i. V.

Rumelhart, David E.: Schemata: The building blocks of cognition. In: *Spiro, R. / Bruce, B. / Brever, W.* (Eds.): Theoretical issues in reading comprehension Hillsdale, N. J. 1980, S. 33–58

Samlowski, W.: Konzepttheorie – ein praktischer Beitrag zur Textverarbeitung und Textrezeption. In: *Burghard, W. / Hölker, K.* (Hg.): Text Processing, Textverarbeitung. Berlin 1979, S. 296–337

Schenk-Danzinger, Lotte: Entwicklungspsychologie. Wien [11]1977

Schmidt-Atzert, Lothar: Emotionspsychologie. Stuttgart 1981

Selman, Robert L.: Sozial-kognitives Verständnis: Ein Weg zu pädagogischer und klinischer Praxis. In: *Geulen, D.* (Hg.): Perspektivübernahme und soziales Handeln. Frankfurt a. M. 1982, S. 223–256

Selman, Robert L.: Die Entwicklung des sozialen Verstehens. Frankfurt a. M. 1984

Spinner, Kaspar H.: Entwicklungsspezifische Unterschiede im Textverstehen. In: *Spinner, K. H.* (Hg.): Identität und Deutschunterricht. Göttingen 1980, S. 33–50

Spinner, Kaspar H.: Das mißverstandene Humpf und die verstehenden Schüler. Beobachtungen zur kognitiven Verstehenskompetenz vom 5. bis zum 12. Schuljahr. In: Jahrbuch der Deutschdidaktik 1983/84, S. 23–35

Spranger, Eduard: Psychologie des Jugendalters. Heidelberg [28]1966

Vester, Frederic: Denken, Lernen, Vergessen. München 1978

Waldmann, Günter: Grundzüge von Theorie und Praxis eines produktions-orientierten Literaturunterrichts. In: *Hopster, N.* (Hg.): Handbuch „Deutsch" für Schule und Hochschule. Sekun-
darstufe I. Paderborn 1984, S. 98–141
Wort und Bild. Ein Sachlesebuch für die Sekundarstufe, hg. von *Lehmann, J. u. Liepe, J.* Frank-
furt a. M. 1974
Willenberg, Heiner: Zur Psychologie literarischen Lesens. Wahrnehmung, Sprache und Gefühle.
Paderborn 1978
Willenberg, Heiner: Der didaktische Blick. Oder: Zentrale sprachliche Fähigkeiten im Deutschun-
terricht. In: Jahrbuch der Deutschdidaktik 1983/84 S. 9–22
Willenberg, Heiner: Differenzierung – eine Handwerkskunst? In: Der Deutschunterricht, 37
(1985), H. 4, S. 24–31
Wimmer, Heinz / Perner, Josef: Kognitionspsychologie. Eine Einführung. Stuttgart 1979

Diesterwegs Rote Reihe